Luftbilder im Vor- und Nachsatz: Stadtplanungsamt der Stadt Bamberg

© 2008 Verlag Fränkischer Tag, Bamberg
Alle Rechte vorbehalten

Produktion: Silke Barthel
Lektorat: Eva Harker
Gestaltung & Satz: Wolf Hartmann, Jürgen Rosa
Druck: creo Druck & Medienservice, Bamberg

Printed in Germany
ISBN 978-3-936897-59-3

DER OBERBÜRGERMEISTER DER STADT BAMBERG

Historische Abhandlungen über Bamberg gibt es viele und man möchte fast meinen, es gäbe nichts mehr Neues zu entdecken. Doch diese neuerdings vorgelegte Bamberger Stadtgeschichte einer Vielzahl hervorragender Historiker und Kunsthistoriker bietet einen ungewöhnlichen Blickwinkel auf die spannende Geschichte Bambergs, wenn sie sich strikt an die stadthistorische Struktur hält und es damit schafft, so selbst für die Bamberger – die, wie man weiß, besonders an der Historie ihrer Stadt interessiert sind – ein anschauliches Bild der Entwicklung Bambergs zu geben.

Die drei Herausgeber Prof. Dr. Dr. Ulrich Knefelkamp, der früher an der Otto-Friedrich-Universität Bamberg lehrte und heute an der Europa-Universität Frankfurt/Oder eine Professur für mittelalterliche Geschichte innehat, Dr. Robert Zink, der Leiter des Stadtarchivs und einer der profundesten Kenner der Bamberger Geschichte, sowie Dr. Wolfgang F. Reddig, der als freiberuflicher Historiker unter anderem die Sonderausstellung zum Bistumsjubiläum im Jahr 2007 konzipierte und bereits zahlreiche Publikationen zur Bamberger Stadtgeschichte veröffentlicht hat, haben ein überzeugendes Konzept gewählt, das die Stadt in ihren historisch begründeten unterschiedlichen Teilen zeigt.

Diese Vielgestaltigkeit Bambergs – auch außerhalb des Altstadtbereichs – wird am Beispiel der einzelnen Stadtviertel dargestellt: Vermittelt werden daran exemplarisch die Geschichte, die bauliche und kunstgeschichtliche Entwicklung sowie die sozialen Strukturen. Wenn dazu die eingemeindeten Teile und Denkmäler der direkten Umgebung wie die Altenburg und Schloss Seehof gehören, dann zeigt das die enge Beziehung von Stadt und Umland.

Stolz auf den eigenen Stadtteil, eine Bamberg-spezifische Form der klösterlichen stabilitas loci, der Ortsbindung, hat die Stadtviertel geprägt und macht sie heute noch zu vielerlei eigenständigen Gebilden, die in der Summe den Reiz und das Wesen Bambergs ausmachen. Dies deutlich gemacht zu haben, ist ein großer Verdienst dieser neuen Stadtbeschreibung. Zum Lesen und Nachschlagen ist das neue Werk für Bamberger und Besucher der Stadt sehr empfehlenswert und für jedes Bücherregal eine Zier.

Andreas Starke
Oberbürgermeister

Vorwort
der Herausgeber

Der Blick auf Bamberg zeigt eine Stadt mit Vielfalt. Ob als Einheimischer, als Zugereister, als Student und Schüler in der Bildungsstadt oder als Besucher des Weltkulturerbes: Jeder erlebt Bamberg aus seinem eigenen Blickwinkel. Jedem zeigt die Stadt andere Facetten und eröffnet überraschende Schauplätze ihrer mehr als tausendjährigen Geschichte. Schon im Mittelalter war Bamberg der „Nabel der Welt", hier trafen sich Kaiser, Könige und Päpste, im Barock der Schönborn-Bischöfe erstrahlte Bamberg in neuer Pracht, das Zeitalter der Industrialisierung entwickelte die Strukturen und Formen weiter. Als modernes Oberzentrum mit hohem Kulturanteil und zahlreichen Industriebetrieben kommt Bamberg heute eine bedeutende Funktion im Raum Oberfranken zu. Was über die Jahrhunderte erhalten blieb, ist der Lebensraum für Menschen, die in dieser Stadt wohnen und sie täglich erleben, und die Faszination, die sie auf ihre zahlreichen Besucher ausübt.

Bewusst geht das vorliegende Buch über die Grenzen des Weltkulturerbes hinaus, das grob gesprochen an der Bahnlinie endet. Auch das weitere Wachsen der Stadt wird aufgezeigt, dabei stellen Fluss, Verkehr und Industrialisierung wichtige Elemente dar. Drei historische Kapitel erläutern diese Geschichte von der Wende des ersten Jahrtausends bis in die Zeitgeschichte und sind in diesem Sachbuch der Darstellung der Stadtquartiere vorangestellt. Mit Bergstadt, Inselstadt und Theuerstadt gliedern sich diese nach den großen topographischen und siedlungsgeschichtlichen Entwicklungslinien, ergänzt um Ausführungen zur Baugestalt des 19. und 20. Jahrhunderts. Dabei fehlen die neueren Eingemeindungen ebenso wenig wie die Altenburg oder das fürstbischöfliche Schloss Seehof vor den Toren der Stadt. Historische Gemälde und Fotografien stehen kontrastreich neben heutigen Aufnahmen, Bekanntes mischt sich mit Neuem und macht neugierig, Bamberg für sich selbst neu zu entdecken.

Nach außen präsentiert sich die Stadt im Glanz der Jahrhunderte. Bedeutende Werke der Romanik und Gotik verbinden sich mit der Baukunst der Renaissance und des Barock. Über Bauten des Historismus und Jugendstils führt der Weg in die Gegenwart. Doch eröffnet sich Bambergs Vielgestaltigkeit und Vielschichtigkeit erst dem, der hinter den Fassaden auch die historischen Zusammenhänge erkennt.

Wir danken den Autoren für ihre engagierte und sachkundige Mitarbeit, den Institutionen und Personen, die umfangreiches Bildmaterial zur Verfügung gestellt haben, und dem FT-Buchverlag für die Aufnahme in sein Programm.

Inhaltsverzeichnis

1. Geschichte der Stadt Bamberg

1.1 Fränkisches Rom – Vom hohen Mittelalter bis in die Reformationszeit

Königsgut, Kaiserresidenz und Bischofsstadt

Das „castrum Babenberh"

Die Geschichte Bambergs – seit dem Mittelalter aufgrund seiner Lage auf sieben Hügeln als „fränkisches Rom" bezeichnet – reicht mit dem „castrum Babenberh" bis in das 9. Jahrhundert zurück. Mit dieser Burg hatten sich die Babenberger, Grafen des Grab- und Volkfeldgaus, nach dem Zerfall des karolingischen Großreiches hier einen festen Stützpunkt erbaut. Er lag auf der an drei Seiten steil abfallenden Bergzunge des späteren Dombergs und deckte an strategisch günstiger Position den Regnitzübergang unweit der Mündung in den Main. Hier traf sich eine alte, von Würzburg über den Steigerwald führende West-Ost-Straße mit einer viel benützten, von Bardowik in Niedersachsen bis in die Nähe Regensburgs reichenden Nord-Süd-Verbindung. Handelstätigkeiten sind bereits seit 805 im Diedenhofer Kapitular Karls d. Gr. bezeugt, das die Region um Bamberg als deutsch-slawische Handelsgrenze ausweist. Dabei lagen die Burg und eine wohl noch im Laufe des 9. Jahrhunderts entstandene Kirche mit angeschlossenem Friedhof auf einer älteren, archäologisch nachgewiesenen Siedlungsanlage des 7. Jahrhunderts. Zu einer ersten Erwähnung des „castrum Babenberh" kam es in Zusammenhang mit der reichsgeschichtlich bedeutsamen Fehde zwischen den Babenbergern und den Konradinern (902–906) in der Chronik des Abtes

Regino von Prüm. Der Kampf der Babenberger gegen das in ihre östliche Machtsphäre eindringende rheinische Geschlecht der Konradiner endete mit einer völligen Niederlage. Im Jahre 906 wurde der letzte Babenberger Adelbert enthauptet. Seine Güter und die Burg fielen an das Reich. Den Sohn seines Gegners, Konrad, wählten fünf Jahre später die Stammesherzöge im nahegelegenen Forchheim zum ersten deutschen König. Das „castrum Babenberh" und das dazugehörige Gebiet behielt er als Königsgut. Das weitere Schicksal der Burg ist erst wieder in der 2. Hälfte des 10. Jahrhunderts fassbar: Unter Kaiser Otto I. diente sie von 964 bis 966 als Verbannungsort für den italienischen König Berengar II. und dessen Gattin

ABB. 2: EIN MÖNCH ÜBERGIBT KAISER HEINRICH II. EIN BUCH, OBEN PAPST GREGOR DER GROSSE, 11. JH.

ABB. 1 LINKS: DOM, BISCHOFS-EPITAPHIEN, 15./16. JH.

ABB. 3: KAISER HEINRICH II. MIT ZWEI ERZBISCHÖFEN, PONTIFIKALE, UM 1020

Willa. Das nunmehr königliche „praedium Babenberg" schenkte im Jahre 973 Kaiser Otto II. seinem Vetter Heinrich dem Zänker von Bayern, der es 995 an seinen Sohn, den späteren König und Kaiser Heinrich II., vererbte. Als einzig geliebt seit seiner Jugend beschreibt der zeitgenössische Chronist Thietmar von Merseburg das Verhältnis Heinrichs zu diesem Ort. Bei seiner Heirat mit Kunigunde von Luxemburg um das Jahr 1000 überließ er den Lieblingsplatz seiner Jugend seiner jungen Frau als Morgengabe.

Die Bistumsgründung 1007 und Kaiser Heinrichs Hauptstadt-Idee

Mit dem weiteren Aufstieg Heinrichs war auch der Aufstieg Bambergs verbunden. Am 7. Juni 1002 wählte man ihn in Mainz als letzten Nachkommen des sächsischen Herrscherhauses zum König. Bereits zu diesem Zeitpunkt entschloss sich das kinderlos geblie-

bene königliche Paar zur Gründung eines neuen Bistums in Bamberg. Heinrich selbst beschrieb seine Beweggründe mit den Worten: Um der einstigen Wiedervergeltung willen habe ich Christus zu meinem Erben erwählt, weil mir keine Hoffnung bleibt, Nachkommenschaft zu erlangen, und ich habe schon längst das Vorzüglichste, was ich hatte, mich selbst samt allem, was ich erworben habe und noch erwerben werde, dem Vater von Ewigkeit her zum Opfer dargebracht. Dieses Vorhaben gelang jedoch nicht ohne Schwierigkeiten, denn die Bischöfe von Würzburg und Eichstätt widersetzten sich zunächst den Plänen, Teile ihrer Diözesen für ein neues Bistum abzutreten. Zur Bistumsgründung kam es am Allerheiligentag 1007 auf der Reichssynode in Frankfurt, auf der König Heinrich die anwesenden Bischöfe inständig bat, der Errichtung zuzustimmen. Zum ersten Bischof von Bamberg ernannte Heinrich seinen Kanzler Eberhard I.

Als kirchliche Institution verdankte das Bistum seine Entstehung der weltlichen Initiative des Königs.

ABB. 4: HEILIGES HERRSCHERPAAR HEINRICH UND KUNIGUNDE, BAMBERGER MISSALE (AUSSCHNITT), 1507

ABB. 5: STERNENMANTEL HEINRICHS II., 11. JH.

Es war Ausdruck der persönlichen Frömmigkeit Heinrichs und sollte als geistliches Instrument, aber auch den politischen Zielen des Herrschers dienen. Das Bistum erhielt außer Gütern in und um Bamberg den Königshof Forchheim, die Reichshöfe Fürth und Hersbruck, Schenkungen im Nordgau, Besitzungen in Reichenhall und in Niederbayern. Des Weiteren Neuburg an der Donau und Stein am Rhein sowie Kitzingen und das Stift der Alten Kapelle in Regensburg. Mit den Städten Villach und Tarvis in Kärnten kam ein wichtiger Alpenübergang hinzu. Dabei sollte die Fülle der Besitzungen des neuen Bistums sowohl der Ehre Gottes und der Slawenmission dienen als auch die Verpflegung des Königs und seines Gefolges sicherstellen. Günstig gelegen zwischen den Herrschaftsschwerpunkten Heinrichs in Bayern und Sachsen, ermöglichte es zudem eine Kontrolle der mächtig gewordenen Grafen von Schweinfurt, die sich gegen Heinrich mit dem Polenherzog Boleslaw verbündet hatten. Bamberg wurde zu einem bevorzugten Pfalzort Heinrichs; wichtige politische Ereignisse seiner Herrschaft fanden hier statt.

Mehrere Italienfeldzüge in den ersten Jahrzehnten des 11. Jahrhunderts führten zur Festigung des römischen Papsttums, zeigten den deutschen König als Schutzherrn der Kirche. 1004 wurde er in Pavia lombardischer König, 1014 folgte schließlich die Krönung zum Kaiser durch den Papst in Rom. Unter Kaiser Otto III. hatte Heinrich dessen Idee von Rom als dem „caput orbis" kennen gelernt, und als ehemaligem Herzog von Bayern lag ihm der Gedanke an eine Hauptresidenz nahe. Gingen seine Vorstellungen auch nicht so weit wie die weltumspannenden Gedanken seines Vorgängers, so sollte doch der Lieblingsplatz seiner Jugend eine sakrale Überhöhung erfahren: Heinrichs Rom sollte Bamberg werden. Der Hofdichter, Abt Gerhard von Seeon, fasste dies später in die Worte: Hier ist die Hauptstadt der Welt, die Wiege jeglichen Ruhmes.

Beim Bau des Kaiserdoms, der 1012 am 40. Geburtstag Heinrichs geweiht worden war, nutzte man die in der Romanik so beliebte Zweichörigkeit der Anlage, indem man den Hauptaltar dem hl. Petrus, dem Patron des Papsttums, und den Ostchor dem hl. Georg als Vorbild des Herrschers und christlichen Kämpfers weihte. Weltliche und geistliche Gewalt – das mittelalterliche Universum – sollten hier ihr Abbild finden. In engster Nachbarschaft zum Dom hatte Heinrich den alten Sitz der Babenberger zu einer vom Bischof bewohnten Pfalz ausgeweitet. Hier hatte auch das Domkapitel, die in klösterlicher Gemeinschaft lebenden Georgsbrüder, sein Konventsgebäude.

Heinrich verlieh seiner Hauptstadt-Idee dadurch Ausdruck, dass er Bamberg zum Schauplatz wesentlicher Ereignisse seiner Regierung machte. Eines der herausragendsten ist das Zusammentreffen mit Benedikt VIII. auf dem Domberg am Osterfest des Jahres 1020. Grund dieser bedeutsamen Konferenz waren die für Papsttum und Reich gleichermaßen bedrohlichen Expansionsbestrebungen des oströmischen Imperators Basileios II. in Unteritalien. Im päpstlichen Gefolge reiste einer seiner unteritalienischen Bundesgenossen, dessen Grab sich im Dom befindet, der Kleinfürst Melus. Sein Geschenk sollte eines der kostbarsten Stücke des Bamberger Domschatzes werden: der Sternenmantel Kaiser Heinrichs. Dieses alte Symbol umfassender Herrschaft, das heute neben vielen Kostbarkeiten im Diözesanmuseum Bamberg zu sehen ist, zeigte deutlich, wen Fürst Melus als Herrscher der Welt angesehen wissen wollte.

Der an den Osterfeierlichkeiten teilnehmende Diakon Bebo schilderte wenige Jahre danach den mit feierlichem Gepränge und im Geleit hoher kirchlicher Würdenträger Italiens stattfindenden Einzug Benedikts VIII. in das neue Reichsbistum. Von vier Klerikerchören empfangen, von denen zwei an beiden Seiten des linken Regnitzarmes, ein dritter am Eingang zum Domberg, der letzte schließlich im Domvorhof aufgestellt waren, erreichte der Zug den Kircheneingang, wo Kaiser Heinrich den Papst begrüßte. Nachdem Benedikt VIII. den Dom betreten hatte, betete er vor drei Altären und ließ sich anschließend auf dem Bischofsstuhl nieder. Nach der Vormesse begab er sich vor die Domtür, um reuige Sünder loszusprechen oder wiederaufzunehmen. Der Predigt am Gründonnerstag folgten Lesungen, bei denen sich der hohe Gast mit dem Patriarchen von Aquileja und dem Erzbischof von Ravenna abwechselte, und die mit allem Prunk gefeierte österliche Papstmesse. An die Feierlichkeiten schloss sich ein Festmahl an; die nachfolgenden Beratungen gehörten wieder Kirche und Reich. Bald darauf verließ Benedikt VIII. Deutschland mit Erneuerungen des kaiserlichen Garantiepaktes für die römische Kirche und den Kirchenstaat. Mit der Begegnung zwischen Papsttum und Kaisertum hatte Heinrichs Bamberg-Idee, über die reichspolitischen Verhandlungen hinaus, ihre Weihe erfahren.

ABB. 6: DOM, PAPST CLEMENS II., GRABFIGUR

Seit dem Tod Heinrichs II. (1024) verlor sich zwar der Glanz Bambergs als politischer Mittelpunkt des Reiches, es blieb jedoch dank der Herrschaftspolitik des Kaisers ein geistliches und kulturelles Zentrum. Seine Bischöfe waren weiterhin eng mit der Reichspolitik verbunden. So wurde der dem sächsischen Hochadel entstammende Halberstädter Domkanoniker und königliche Kaplan, der zweite Bamberger Bischof Suidger, 1046 im Petersdom inthronisiert. Als Papst

Clemens II. nahm er die Kaiserkrönung Heinrichs III. vor. Bereits ein Jahr später verstorben, bestattete man Clemens II. – wie vor ihm Kaiser Heinrich II. – im Bamberger Dom. Bamberg wurde so zum einzigen Platz nördlich der Alpen, an welchem Repräsentanten beider Häupter der mittelalterlichen Welt ihr Grab gefunden haben.

Die Stadt der Bücher und die Bamberger Domschule

Die Bamberger Bischofskirche war mit einer überreichen Fülle von Schätzen, Reliquien und prunkvollen Handschriften beschenkt worden. Sie stammten von Vorgängern Heinrichs oder aus Klöstern. Darüber hinaus hatte der Kaiser auch Kostbarkeiten eigens für das neue Bistum anfertigen lassen. Die staunenden Zeitgenossen behaupteten sogar, dass Bamberg wegen seiner reichen Bücherschätze, wie z. B. der „Bamberger Apokalypse", die neben dem Perikopenbuch des Kaisers zu den Höhepunkten in der ottonischen Buchmalerei gerechnet werden muss, in der Wissenschaft auf gleichem Rang mit Athen stehe. Neben biblischen und liturgischen Handschriften besaß man Werke zu allen Wissensbereichen der „sieben freien Künste": Grammatik, Rhetorik, Dialektik, Arithmetik, Geometrie, Astronomie und Musik. Die in rascher Folge gegründeten Stifte und Klöster vermehrten und hüteten diese Schätze. Der Bamberger Klerus stellte im 11. Jahrhundert einen erheblichen Anteil am Nachwuchs des Reichsepiskopats und an den diplomatischen Mitarbeitern der königlichen Kapelle. Ihre Ausbildung erhielten sie an der Bamberger Domschule, die die ehemalige Hauptstadt Heinrichs zu den wichtigsten geistigen Zentren ihrer Zeit aufrücken ließ.

Von der bereits in hohem Ansehen stehenden Schule von Lüttich kam der erste Lehrer Durandus zu Beginn des 11. Jahrhunderts nach Bamberg. Ein Schüler der Domschule und 1050 selbst Scholaster war der Schwabe Anno, der 1056 als Erzbischof von Köln ins Reichsepiskopat überwechselte. Auch einer der Chronisten des Investiturstreites, Lampert von Hersfeld, war an der Domschule ausgebildet worden, von der er behauptete, sie habe zu Annos Zeit alle Schulen in Deutschland an Disziplin, Eifer im Studium

und religiöser Haltung überragt. Mit dem Eintritt in die Domschule, der Zugehörigkeit zum Bamberger Klerus, stieg für die adeligen Schüler die Aussicht auf eine große Karriere. Mancher Werdegang verzeichnet eine Ausbildung in Bamberg, wie etwa im Falle der Erzbischöfe Aribo von Mainz oder Heribert von Köln, der Bischöfe Udalrich von Trient, Heimo von Konstanz, Bruno von Würzburg oder Gebhard von Regensburg, um nur einige aus einer langen Reihe einflussreicher Männer des salischen Reiches zu nennen. Auch im 12. Jahrhundert behauptete Bamberg seinen Ruf. Der deutsche Geschichtsschreiber Gottfried von Viterbo (1125–1202) wurde von Kaiser Lothar zum Studium an die Bamberger Domschule geschickt. In seiner Universalgeschichte, dem „Pantheon", beschrieb er die Landschaft um Bamberg und seinen Studienort mit den Worten: Der bayerische Fluss mit dem Namen Rednitz, der das Norische Land durchstreift und dabei manche Windungen hinter sich gebracht hat, sorgt

ABB. 7: SKRIPTORIUM DES KLOSTERS MICHELSBERG, UM 1180

für die Anmut der Stadt „Mons Pavonis". Allgemein nennt man sie „Babenberg". Der Fluss macht sie fruchtbar und bewässert das umliegende Land. Eine darüber geschlagene Brücke gürtet beide Ufer zusammen. Die preiswürdige Stadt wächst vom Fuß des Berges hinauf und ragt auf, von den ersten Türmen besetzt ...

Doch kehren wir zur Blütezeit der Bamberger Domschule zurück: Seit 1057 wirkte der spätere Bischof von Würzburg, Meinhard, in Bamberg als Domscholaster. Für den Michaelsberger Mönch Frutolf, der selbst eine Weltchronik hinterlassen hat, war er an wissenschaftlicher Bildung, an Geist und Fähigkeiten nur mit dem Superlativ „vir scolasticissimus" – Lehrer schlechthin zu beschreiben. Meinhards Briefwechsel bezeugt die Beziehungen Bambergs zu anderen bedeutenden Ausbildungsstätten in Reims, Speyer, Köln und Lüttich. Mit diesen Domschulen kam es nicht nur zu einem lebhaften Schüleraustausch, belegt sind auch wertvolle Büchergeschenke sowie eine Art Bücherfernleihe. Nach Reims übersandte Meinhard die Reden Ciceros gegen Verres, in Köln fertigte man von der Bamberger Handschrift des berühmtesten Vermittlers des geistigen Erbes der Antike an das Mittelalter, Cassiodor, eine Abschrift an. Meinhards Korrespondenz enthält eine große Anzahl klassischer Zitate und zeugt von einer Rezeption der Werke Vergils, Ovids oder Ciceros, die in antikem und christlichem Gedankengut keine zwangsläufigen Gegensätze erblickte. Über die von ihm meisterhaft beherrschte Stilkunst, den rhetorischen Schmuck seiner Schriften, erhob sich eine geistige Freiheit, deren intellektuelles Ausdrucksmittel oft Ironie und Sarkasmus waren. Die Lebensweise des häufig auf seinen Besitzungen in Kärnten weilenden Bischofs Gunther (1057–1065) war Gegenstand seines Tadels. Meinhard kritisierte dessen Vorliebe für deutsche Spielmannspoesie und Heldendichtung. Dennoch fällt in die Zeit des Episkopats Gunthers mit dem „Lied von den Wunden Christi" des Scholasten Ezzo ein geistliches Werk, das Ausdruck eines Strebens nach verinnerlichterem Leben war. In deutscher Sprache geschrieben und von Willo von Michaelsberg vertont, schrieb Ezzo ein Lied von der Heilsgeschichte, das mit der Erschaffung der Welt begann und im Leben und Wirken Christi seinen krönenden Abschluss fand. In diesem Werk mit seiner unangefochtenen Heils- und Glaubensgewissheit veranschaulicht sich die geistige und geistliche Bedeutung des Bamberger Bistums zur Zeit seiner Domschule.

Bamberger Bischöfe als Politiker des salischen Reiches

Die erste Hälfte des Investiturstreites (1075–1122), in dem Papst und Kaiser um das Recht der Einsetzung in geistliche Ämter stritten, sah die Bamberger Bischöfe an der Seite des Kaisertums. Einen gefälligen Verfechter der Verbrechen seines Herrschers nannten seine Gegner den seit 1075 regierenden Bischof Rupert (1075–1102). Er unterzeichnete ein Jahr später auf der Synode in Worms den Absagebrief der deutschen Bischöfe an den Papst und folgte dem gebannten Heinrich IV. nach Canossa (1077). Seine Osterpredigt, 1080 im Bamberger Kaiserdom vor Parteigängern des weltlichen Herrschers gehalten, wurde zum flammenden Protest gegen Papst Gregor VII. und zum Aufruf, ihn nicht mehr anzuerkennen. So musste der Dombrand von 1081 der päpstlichen Seite als Bestrafung der frevelhaften Anmaßung ihrer Gegner erscheinen. Unbekümmert um Reformideen und im Einklang mit dem reichskirchlichen Verfahren schickte man nach dem Tod Ruperts Ring und Stab des Bischofs an den Kaiser, der einen geeigneten Nachfolger ernennen sollte. Seine Wahl fiel auf den zuletzt als Kanzler tätigen schwäbischen Edelfreien Otto, der zu einer der bedeutendsten Persönlichkeiten auf dem Bamberger Bischofsstuhl werden sollte.

Bischof Otto der Heilige (1102–1139) – Politiker und Missionar

Am Weihnachtsfest 1102 in Mainz von Kaiser Heinrich IV. investiert, verließ Otto (1102–1139) den Konfrontationskurs seines Vorgängers. Den Ausgleich mit Rom suchend, ließ er sich 1106 von Papst Paschalis II. weihen. Seine Politik war auf Kompromiss angelegt und er verstand es, sich sowohl die Sympathien der kaiserlichen wie der päpstlichen Partei bei den langwierigen Verhandlungen der ersten Jahrzehnte des

12. Jahrhunderts zu erhalten. So gelang es dem klug taktierenden Politiker in der Schlussphase des Investiturstreites, auf die Ausgestaltung des Wormser Konkordats vom 23. September 1122 maßgebenden Einfluss zu nehmen. Bevor die Ergebnisse nach Rom gemeldet wurden, fand die Ratifikation des Vertrages im November auf dem Hoftag in Bamberg statt, das sich in der Pracht neuer Kirchenbauten Ottos präsentierte.

Bischof Otto wirkte aber nicht nur in der großen Reichspolitik. Neben anderen Klöstern sah ihn das Benediktinerkloster auf dem Michaelsberg, das 1139 zu seiner Ruhestätte werden sollte, als Gönner und Reformer. Zusammen mit Abt Wolfram führte er 1112 in seinem bischöflichen Eigenkloster die Hirsauer Reformstatuten ein. Mönche von St. Michael waren es auch, die ihn bei der zweiten großen Aufgabe seines Episkopats, als Missionar in Pommern, in den Jahren 1124 und 1128 begleiteten.

Der polnische Herzog Boleslav hatte den Bamberger Bischof um die Bekehrung der heidnischen Pommern gebeten. Boleslavs Ansuchen geschah nicht ohne Grund, denn Otto hatte vor seiner Zeit als Kanzler Gelegenheit gehabt, sich als Kaplan der angeheirateten Polenherzogin Judith Kenntnisse über Land und Leute und deren Sprache anzueignen. Bei der Heidenmission galt es aber auch, die schwierige kirchenpolitische Situation in der Region zu berücksichtigen. Die beiden Kirchenprovinzen Magdeburg und Hamburg-Bremen waren um eine Erweiterung ihres Einflusses nach Osten bestrebt, während Boleslav mit einer Missionierung der Pommern eine Stärkung des polnischen Bistums Gnesen beabsichtigte. Nach sorgfältiger diplomatischer Sondierung und ausgestattet mit der Legitimation Papst Calixt II. für die „Heidenfahrt", verließ Otto 1124 am Hoftag Heinrichs V. Bamberg zu seiner ersten Pommernmission. Der Weg führte über Prag und Posen in die polnische Metropole Gnesen, in der ihn Herzog Boleslav mit großem geistlichem und weltlichem Gefolge willkommen hieß. Erste erfolgreiche Stationen der Missionsarbeit waren Pyritz und Cammin, während sich die reichen Handelsplätze Wollin und Stettin gegen die christliche Lehre und die politische Unterwerfung unter den Polenherzog sperrten. Erst nach diplomatischen Verhandlungen waren hier die Bemühungen Ottos von Erfolg gekrönt. Die

Rückreise über den polnischen Hof und Böhmen endete mit dem triumphalen Einzug Ottos in seinen Bischofssitz.

Die zweite Pommernreise stand von vornherein unter reichspolitischen Vorzeichen. Der Weg Ottos als Gesandter des Papstes und Lothars, des neuen Herrschers mit starken ererbten sächsischen Interessen an der Slawenwelt des Ostens, führte diesmal vor allem nach Westpommern. Nach einem Zusammentreffen mit König Lothar in Merseburg kam es zu einer kühlen Begegnung mit dem Erzbischof Norbert von Magdeburg, der in Otto vor allem eine Konkurrenz zu seinen eigenen, wenig erfolgreichen Missionsversuchen erblickte. Das zu Pfingsten einberufene Treffen der pommerschen Großen in Usedom unter ihrem Herzog Wratislav endete mit der Annahme des Christentums. Obwohl es Bischof Otto gelungen war, vermittelnd zwischen Wratislav und dem Polenherzog Boleslav einzugreifen, musste er seine zweite Missionsreise abbrechen. Grund hierfür waren die eindringlichen Mahnungen Lothars an den allzu erfolgreichen Bischof, sich um sein Bistum zu kümmern. Die Entscheidung über eine Bistumsgründung in Pommern wurde nun wieder von dem reichskirchlichen Magdeburg und dem polnischen Gnesen dominiert.

ABB. 8: SZENE DER OTTO-LEGENDE, ST. MICHAEL, 17. JH.

Welch große Wirkung Bischof Otto auf seine Zeitgenossen und auf die Nachwelt ausübte, wird aus der ungewöhnlichen Tatsache ersichtlich, dass bereits kurze Zeit nach seinem Tode (1139) drei Darstellungen seines Lebens und Wirkens erschienen. Den Anfang machte ein Mönch im fernen Prüfening, der Otto selbst nicht erlebt hatte. Hingegen konnte der in den 50er Jahren des 12. Jahrhunderts schreibende Ebo vom Michaelsberg auf eigene Erlebnisse mit dem Missionar zurückblicken. 1158 folgte sein Konventsbruder Herbord. In ihren Schriften wird das Drängen nach einer Kanonisation spürbar, die, 1184 eingeleitet, fünf Jahre später schließlich zur Heiligsprechung Bischof Ottos führte.

Bamberg und die „renovatio imperii"

Bambergs in der Reichspolitik bewährte, herrschernahe Haltung unter den Saliern war auch weiterhin von Bestand, als 1138 mit Konrad III. der erste Staufer den Thron bestieg. Dabei behielten auch die Nachfolger Bischof Ottos den erfolgreichen Kurs zwischen weltlichem Herrscher und geistlichem Oberhaupt bei. Der in engem Kontakt mit dem Hof stehende Bischof Eberhard II. (1146–1170) ließ sich von Papst Eugen III. die Weihe erteilen. Das Jahr 1147 sah Konrad III. vor seinem Kreuzzugsunternehmen in Bamberg am Grab des ein Jahr zuvor heiliggesprochenen Kaisers Heinrich, und hierhin kehrte er auch 1149 zurück, als das Unternehmen misslang. Am Ende der wenig glücklichen Ära Konrads, der ebenfalls im Dom beigesetzt wurde, befand sich der Bamberger Bischof unter den Königsmachern in Mainz. Bereits vor der Königswahl unterhielten der Würzburger Bischof Gebhard und Eberhard II. Kontakte zu Friedrich von Schwaben. Dieser beabsichtigte 1152 bei seinem Regierungsantritt eine Wiederherstellung des Reiches in seinem alten Glanz, die „renovatio imperii". Der Bamberger Bischof folgte Friedrich Barbarossa bei dem Versuch, gegen das Papsttum und die aufstrebenden Nationalstaaten des Westens Frankreich und England, die geschichtliche Entwicklung zurückzudrehen. In den 50er und 60er Jahren begleitete er Friedrich nach Italien und war Zeuge der Kaiserkrönung von 1155. Maßgeblich beteiligte er sich an einer Normalisierung der Beziehungen zum Papsttum nach dem Reichstag von Besançon (1157). Auf dem Reichstag hatte die Frage einer etwaigen Lehensnahme des Kaisers vom Papst zum Eklat geführt. Die gegensätzlichen Positionen führten schließlich zu einem weiteren, 18 Jahre andauernden Kampf zwischen „Sacerdotium" und „Imperium", dessen Ende Eberhard II. nicht mehr erlebte. Erst 1177 gelang im Frieden von Venedig der Ausgleich zwischen Kaiser Friedrich Barbarossa und Papst Alexander III., der zwei Jahre später in geübter Tradition die Bischofsweihe Ottos II. (1177–1196) von Andechs für Bamberg vornahm.

Das Bistum im Jahrhundert der Andechs-Meranier

Mit der Ernennung Ottos II. zum Bischof von Bamberg gelang es einem der führenden Geschlechter des Obermains, den Grafen von Andechs, die weltliche und geistliche Macht in ihrer Familie zu vereinen. Für ein Dreivierteljahrhundert sollte es den Herren der Plassenburg in Kulmbach gelingen, fast ununterbro-

ABB. 9: SO GENANNTER STAB DES HL. OTTO, 13. JH.

ABB. 10: BISCHOF EKBERT VON ANDECHS, STAMMBAUM DES HL. OTTO, AUSSCHNITT, KLOSTER MICHELSBERG, 1628

chen den Inhaber des Bamberger Bischofsstuhles zu stellen. Von weitreichender Bedeutung für die Geschichte Bambergs und eng mit der Reichspolitik verbunden war zu Beginn des 13. Jahrhunderts der Andechser Bischof Ekbert (1203–1237). Interessant erscheint er im Netz seiner verwandtschaftlichen Beziehungen: Er war Großneffe Bischof Ottos II., Bruder der hl. Hedwig von Schlesien und Onkel der hl. Elisabeth von Thüringen, die sich 1227 zu ihm flüchtete und auf dem Domberg und auf der Burg Pottenstein wohnte.

Nachdem der Familie unter Friedrich Barbarossa der Titel „ducatus" verliehen worden war, sollte 1208 die Heirat Herzog Ottos VII. mit Beatrix von Burgund, einer Nichte des Stauferkönigs Philipp, die endgültige Verbundenheit der Andechser mit der staufischen Politik bringen. Doch diese dynastischen Pläne wurden von einem Ereignis überschattet, das Bamberg in unrühmlicher Weise im Reich in aller Munde brachte. Der über die Aufhebung seines Verlöbnisses mit einer Königstocher aufgebrachte Pfalzgraf Otto von Wittelsbach erstach im bischöflichen Palast Philipp von Schwaben: Königsmord 1208!

Weder Markgraf Heinrich noch sein Bruder Bischof Ekbert konnten sich von dem Verdacht frei machen, Mitwisser des Mordes gewesen zu sein. Die Folgen waren für Bamberg verheerend. Der Fürstentag in Frankfurt, der den Welfen Otto IV. zum neuen König wählte, richtete sowohl über den Mörder als auch über dessen mutmaßliche Mitwisser. Das Urteil lautete auf Reichsacht und Verlust sämtlicher Würden und Lehen. Bereits 1209 endete die Reichsacht gegen Otto von Wittelsbach mit dessen Tod; den geächteten Andechsern gelang die Flucht zu ihrem Schwager, dem ungarischen König Andreas. Jahrelang bemühte sich Ekbert um seine Rehabilitierung, bis er 1212 durch päpstliche Vermittlung wieder in sein bischöfliches Amt eingesetzt wurde. Indes verlief die reichspolitische Entwicklung günstig für das Haus Andechs – seit 1215 war mit Friedrich II. wieder ein Staufer deutscher König. Die 20er und 30er Jahre sahen Bischof Ekbert erneut in diplomatischen Diensten. Er verhängte sogar – einst selbst gegen ihn vollstreckt – die Reichsacht über den Babenberger Herzog Friedrich von Österreich und starb 1237 in Wien.

Während seiner Abwesenheit erfuhr der Bamberger Dom den Ausbau zu seiner heutigen Gestalt. Hierzu hatte der Andechser seine politischen Kontakte eifrig eingesetzt: Ablassprivilegien des Papstes ermöglichten die Finanzierung des Unternehmens und die europäischen Verbindungen der Meranier nützten dem Vorhaben, sachverständige Künstler des französischen Kirchenbaus zu gewinnen. Sie halfen mit, ein der allgemeinen deutschen Stilentwicklung voraneilendes Zeugnis der Gotik zu schaffen.

Bamberg im Zeitalter von Wahlkönigtum und Großem Schisma

In der Mitte des 13. Jahrhunderts kam es zu einer entscheidenden Zäsur in der mittelalterlich feudalen Gesellschaftsordnung und in der seit den Ottonen geltenden Herrschaftsstruktur, der Stellung von Kaiser und Reich. Innerhalb weniger Jahre starben drei Geschlechter aus, die die deutsche, aber auch die europäische Politk nachhaltig beeinflusst hatten: die Babenberger in Österreich, die Andechs-Meranier in Oberfranken und schließlich, auf Reichsebene, die Staufer. Dies führte zu einem Niedergang der zentralen Reichsgewalt und leitete eine Phase in der deutschen Reichspolitik ein, die durch das Erstarken regionaler und lokaler Mächte gekennzeichnet ist. Die nachfolgenden deutschen Könige gehörten bis zur Mitte des 14. Jahrhunderts unterschiedlichen Geschlechtern an. Ihre Wahl lag nur mehr im Ermessen von drei geistlichen und vier weltlichen Kurfürsten, die selbst eine intensive Territorialpolitik betrieben. Im oberfränkischen Raum übernahmen drei edelfreie Familien das Erbe der ausgestorbenen Andechs-Meranier: die Truhendinger aus Schwaben, die thüringischen Orlamünder und die zollerschen Burggrafen von Nürnberg. Am erfolgreichsten waren dabei die Zollern, die während des gesamten späten Mittelalters den bestimmenden Gegenpol zu den ebenfalls um ihren Territorialausbau bemühten Bamberger Bischöfen bildeten.

Letzteren gelang Mitte des 14. Jahrhunderts wieder eine stärkere Bindung an das Reichsoberhaupt durch den gelehrten Rechtstheoretiker Bischof Lupold von Bebenburg (1353–1363). Er hatte in Bologna studiert und promovierte zum Doktor im kanonischen Recht. In dem seit Ludwig dem Bayern (1314–1347) andauernden Streit mit dem Papsttum findet man ihn – Bamberger Tradition fortsetzend – auf der Seite des Kaisers. In seiner Abhandlung von 1340 über Königs- und Kaiserrechte vertrat er die Selbstständigkeit des Reiches gegenüber der päpstlichen Gewalt und trug damit nicht unwesentlich zur „Goldenen Bulle" Karls IV. bei. In Verständigung mit der Kurie und den Kurfürsten gelang 1356 die Wahl Karls zum deutschen König, welcher gleichzeitig römischer Kaiser wurde. Der in seinen Diensten stehende Lamprecht von Brunn erhielt durch seine Fürsprache nacheinander das Episkopat über Brixen, Speyer und Straßburg, bis er schließlich 1378 neuer Bischof in Bamberg wurde. Für Karls Sohn und Nachfolger, Wenzel, wurde Lamprecht bei dessen Landfriedenspolitik zum geschickten Verhandlungsführer gegenüber den Städten und stieg 1384 sogar zum Kanzler auf.

Das Jahr 1378 hatte aber auch mit der päpstlichen Doppelwahl von Urban VI. in Rom und Clemens VII.

in Avignon ein Ereignis hervorgebracht, welches Europa in zwei Lager trennen sollte, das „Große Schisma" (1378–1417). Die abendländische Glaubenswelt war gespalten. Eine Lösung und wirksame Reformen sollten die Konzile der ersten Jahrzehnte des 15. Jahrhunderts bringen: Konstanz (1414–1418), Basel (1431–1437) und Ferrara-Florenz (1438–1442). Bamberger Bischöfe waren auf ihnen jedoch nicht vertreten. Die Bindung in Reichsgeschäften, Spannungen mit den neuen Adelsgeschlechtern in Franken, Reformbestrebungen im Bistum und Konflikte mit dem nach Mitherrschaft strebenden Domkapitel hatten das 14. Jahrhundert geprägt und sollten im 15. Jahrhundert weiter andauern. Innerhalb der Stadt kam es zu einer Auseinandersetzung mit dem politisch erstarkten Bürgertum. Hatte während der Zeit des Hochmittelalters der geistliche Bereich seine dominierende

ABB. 11: GRABMAL DES BISCHOFS FRIEDRICH I. GRAF VON HOHENLOHE, AUSSCHNITT, DOM

ABB. 12: DER BURGBERG VOM GRABEN AUS, AQUARELLIERTE FEDERZEICHNUNG, UM 1485

Stellung behaupten können, so verzeichnet das Spätmittelalter einen zunehmenden Drang der bürgerlichen Stadt nach Eigenständigkeit.

Exkurs: Die Immunitäten – Kirchliche Freibezirke in Bamberg

Die historische Entwicklung der Stadt wurde in Mittelalter und früher Neuzeit maßgeblich von einer sozialtopographischen Besonderheit bestimmt: den Immunitäten. Hierbei handelte es sich um kirchliche Freibezirke, die in rechtlicher, administrativer und wirtschaftlicher Hinsicht eine autonome Stellung innerhalb des Siedlungsgefüges einnahmen. Außer dem Klerus lebten in ihnen die anfänglich grund- und leibherrlich abhängigen Muntäter, die gegenüber der Stadt von Steuerleistungen befreit waren.

Die Immunitätsbezirke waren durchwegs bischöfliche Gründungen des 11. Jahrhunderts und gruppierten sich, dem Prinzip des ottonischen Kirchenkranzes folgend, um die königliche Gründung des Domstifts. Ihre Kirchen bilden, verbunden mit dem Dom, eine gedachte Kreuzform, die für den mittelalterlichen Menschen, als Sinnbild der Erlösung, von hohem symbolischem Wert war. Den Anfang machte die Gründung des ersten Bamberger Bischofs Eberhard. Unter Mitwirkung der Kaiserin Kunigunde rief er zwischen 1007 und 1009 das Kollegiatstift St. Stephan ins Leben, für dessen Kirche Papst Benedikt VIII. während seiner Anwesenheit in Bamberg (1020) die Weihe vornahm. Die erste Ausstattung des Stiftes, an das sich in der Anfangszeit auch ein Frauenstift anschloss, umfasste das Gebiet um den Stephansberg, auch Hochzeitsschleier der hl. Kunigunde genannt, und reichte bis zum Dorf Bug. Gemäß ihrer Vita hat die hl. Kunigunde selbst die Auszahlung der Bauhandwerker für die neue Kirche vorgenommen.

Der ummauerte, die Immunität des Domstiftes umfassende Bezirk wurde vor allem vom Bischof, den Domherren, einigen Adeligen und deren Bediensteten bewohnt. Neben seinem vornehmsten Bauwerk, der

Kathedralkirche Kaiser Heinrichs II. und dem nachmaligen Dom der Andechs-Meranier, sowie dem bischöflichen Palast beherbergte er eine größere Anzahl von Domherrenhöfen. Mit der Beendigung der „vita communis", der gemeinsamen Lebensweise der Domherren zu Beginn des 13. Jahrhunderts, ließen diese sich Kurien erbauen – kleine Burgen innerhalb der großen. Eine dieser Kurien ist der so genannte „Meranierhof", die „Curia S. Elisabethae", die 1227 die Nichte des Bamberger Bischofs Ekbert, die spätere hl. Elisabeth von Thüringen, bewohnte. Das sich bildende „capitulum clausum", das Domkapitel, bestand fast ausschließlich aus Mitgliedern edelfreier Familien. Es beanspruchte seit 1215 das alleinige Recht zur Bischofswahl und darüber hinaus die Mitregierung im Bistum. Als Verwalter seiner Güter und deren Vermögen fungierte ein Propst, der auch die Vertretung des Kapitels nach außen übernahm.

Der älteste Zugang zur Domburg erfolgte vom Westen her durch das Jakobsberger Tor (porta vetus). In seiner Nähe unterhielten die Klöster Langheim, Ebrach und Heilsbronn seit 1154 einen Hof als gemeinsames „hospitium". Mehrere Brände verwüsteten die entlang der Befestigungsmauer errichtete Herberge, die als „Langheimer Hof" seit dem 13. Jahrhundert nur mehr von einem Kloster unterhalten wurde. Nach Osten hin öffnete sich die Dombergbefestigung seit dem 12. Jahrhundert mit der „porta nova" in Richtung bürgerliche Sandstadt. Im Süden der Domburg, erreichbar durch die Pfisterpforte, lagen der zur Immunität gehörende Bach und daran anschließend der Kaulberg. Am Kaulbergfuß vermutet man eine frühe landwirtschaftliche Siedlung, die der Versorgung der Domburg diente, und deren Ursprung sogar in die Zeit vor der Entstehung des „castrums" zurückgehen könnte. Nach der Bistumsgründung bot sich im Bereich des Kaulberges die Möglichkeit zur Ansiedlung der bäuerlich-handwerklichen Immunitätsbewohner.

Außerhalb des Jakobsberger Tores, ursprünglich durch einen Halsgraben vom Domberg getrennt, erstreckte sich westlich die Immunität des von Bischof Hermann I. im Jahre 1071 gegründeten Kollegiatsstifts St. Jakob. Der teilweise ummauerte, teilweise nur mit Hecken gekennzeichnete Freibezirk reichte den Jakobsberg hinauf bis zum oberen Tor, bezog aber auch das offene Land bis zur Altenburg und zum Rothof mit ein. In Höhe der Maternkapelle und Sutte grenzte er dabei an die Immunität des Klosters St. Theodor am mittleren Kaulberg. Im Jahre 1015 hatte Eberhard I. die als bischöfliches Eigenkloster gegründete Benediktinerabtei St. Michael ins Leben gerufen. Ihre engere Immunität machte die Klosterburg aus, im Stadtgebiet kam lediglich der Abtswörth hinzu. Im Übrigen erstreckte sich der Einflussbereich von St. Michael vor allem auf das flache Land. In der ebenfalls abgegrenzten Immunität St. Stephan kam es um 1200, ähnlich der Entwicklung bei St. Jakob und der Domkirche, zur Auflösung des gemeinsamen Lebens. Einer der dabei entstandenen Stiftsherrenhöfe (St.-Stephans-Platz 1) ging auf die legendäre Wohnung der Kaiserin Kunigunde, die „Curia habitationis S. Chunigundis", zurück.

Auf der gegenüberliegenden Flussseite des rechten Regnitzarmes, in der Theuerstadt, schloss sich als Gründung Bischof Gunthers der Bezirk des Kollegiatsstifts St. Gangolf an. Auch hier wies der engere Immunitätsbereich eine Ummauerung auf, während sich die dazugehörigen Felder und Äcker vom Fluss bis zum Hauptsmoorwald hinzogen. Im Norden erreichten sie den an der Ausfallstraße nach Hallstadt gelegenen Siechhof zu Unserer Lieben Frau mit dazugehöriger Sebastianikapelle. Am südlichen Abschluss lag das Rodungsgebiet beim Gereuth. Eingeschlossen war der unter bischöflicher Gerichtsbarkeit stehende Bereich der Wunderburg. Des Weiteren zeigten Ketten und Schranken das bischöfliche Besitzrecht über die Seesbrücke, den Brückenübergang über die Regnitz und die Verbindung zum Steinweg an.

Die Bewohner dieser kirchlichen Sonderbezirke verfügten nur über ein eingeschränktes Mitspracherecht über die Belange ihrer Gemeinde. Lediglich zwei von den Muntätern gewählte Gemeindemeister vertraten diese gegenüber der Stadt, dem Bischof und dem Domkapitel. Mit den Immunitäten erhielt die Entwicklung der Stadt Bamberg zu einem eigenständigen Gemeinwesen von Anfang an eine eigene Prägung. Dieser städtebaulichen wie politischen Polarität innerhalb des Siedlungsgefüges galt daher ein jahrhundertelang andauernder Versuch der Beseitigung durch die Bewohner des bürgerlichen Stadtbezirks.

Die Geschichte des bürgerlichen Bamberg in Hoch- und Spätmittelalter

Vom Forum zur Civitas

Die Rolle Bambergs als salische Quasi-Residenz seit Beginn des 11. Jahrhunderts hatte auch für die Entwicklung der späteren Bürgerstadt eine ausschlaggebende Bedeutung. An Hoftagen oder bei anderen wichtigen politischen Zusammenkünften, wie dem Osterfest im Jahre 1020, bei dem man Kaiser und Papst mit ihrem Gefolge beherbergte, strömten viele Menschen in der neuen Bischofsstadt zusammen, deren Lärmen und Treiben auch der Domscholaster Meinhard für das Weihnachtsfest von 1066 erwähnt. Die Bedürfnisse dieser Volksmengen und die gehobenen Ansprüche der geistlichen und weltlichen Adelswelt konnten von der angestammten bäuerlichen Bevölkerung nur bedingt abgedeckt werden. So entstand außerhalb der engen Burgmauern des Dombezirks schon frühzeitig ein zeitlich begrenzter Markt, auf dem Fernhandel treibende Kaufleute ihre Waren anboten: feine Textilien, Gewürze, Schmuck, Waffen oder Pelzwerk. Mit dem allmählichen Aufstieg des „forum" siedelten sich auch Handwerker und Kleinhändler an, prägten sich bald charakteristische Merkmale städtischen Lebens heraus: Markt, Münze und Zoll.

Diese Ansiedlung, in der sich auch bischöfliche Ministeriale niederließen, befand sich zunächst nur zwischen dem Burgberg und dem linken Regnitzarm, im Sand. An sie schloss sich im Süden, wahrscheinlich schon seit der Bistumsgründung, eine jüdische Niederlassung an. Dies belegt erstmals 1097 ein päpstliches Schreiben, das sich mit Zwangstaufen im Zusammenhang mit dem ersten Kreuzzug befasst, die mit Erlaubnis Bischof Ruperts wieder rückgängig gemacht wurden. Bereits gegen Ende des 11. Jahrhunderts wurde die Marktsiedlung zu eng und griff auf das Auengelände zwischen den beiden Regnitzarmen über. In einer Urkunde Heinrichs IV. aus dem Jahre 1103 für Bischof Otto d. Hl. werden Markt und Hofstätten zu beiden Seiten des Flusses erwähnt. Über dieses Gebiet erwarb der stets wirtschaftlich interessierte Bischof die Vogteirechte vom ehemaligen Hochstiftsvogt aus dem Hause Abenberg-Frensdorf. Die Vogtei wurde nie wieder als Lehen ausgegeben,

ABB. 13: BAMBERG IN DER SCHEDEL'SCHEN WELTCHRONIK, 1493

sie machte damit den Bamberger Bischof für künftige Zeiten zum alleinigen Stadtherrn.

Als zentrale Achsen des Inselgebietes bildeten sich die „lang gass" und der „grune markt" heraus, um die sich schon bald eine stadtähnliche Ansiedlung von Gebäuden und Plätzen gruppieren sollte. Gegen Ende des 12. Jahrhunderts existierte bereits eine Pfarrkirche, (Alt-)St. Martin, für das Inselgebiet. Hierhin verlagerten sich auch wichtige Einrichtungen der Marktsiedlung, wie das vormals im Sand gelegene „praetorium". Am heutigen Obstmarkt fand das neue obrigkeitliche Gebäude seinen Platz. Als auf der Nahtstelle zwischen bürgerlicher und geistlicher Stadt 1386 das Brückenrathaus erbaut wurde, blieb das ehemalige Versammlungsgebäude in der Nutzung als Kaufhalle, Brothaus und Getreidespeicher bestehen. Den Eindruck einer Stadt, einer „civitas", bot Bamberg seit dem 13. Jahrhundert, als es durch Mauern, im Inselgebiet durch Palisaden, geschützt wurde. Von einer ersten kleinräumigen Ummauerung des Siedlungsgebietes zeugt nur noch ein Turm im heutigen Burgershof. Hingegen umschloss der gotische Mauerring, der in die Zeit Bischof Ekberts datiert, ein weiter gefasstes Areal. Zwei Flankenmauern verliefen vom Domberg herab und schützten das Sandgebiet; das ummauerte Zinkenwörth öffnete sich am Ende der Langgasse mit seinem Tor. Von hier aus zog sich die Befestigung der heutigen Promenade folgend bis zur Hauptwachstraße hin, wo das Martinstor stand. Der weitere Verlauf ging durch den Graben und die Kapuzinerstraße und endete bei der „Rednitz pruk", der heutigen Oberen Brücke. Dennoch war das bebaute Berggebiet mit der Domburg und den Immunitätsbezirken weiterhin dominierend. Die städtische Siedlung strebte ihrem Höhepunkt erst noch zu.

Königliche Privilegien und wirtschaftliche Entfaltung

Von wichtigen Handelswegen berührt und als Endpunkt der Mainschifffahrt hatte Bamberg gute Voraussetzungen für einen wirtschaftlichen Ausbau. Hinzu kam, dass Boden und Klima den Anbau hochwertiger Agrarerzeugnisse ermöglichten. Über Handelstätigkeit im Bamberger Raum berichtete schon 805, wie bereits erwähnt, das Diedenhofer Kapitular. Der Aufschwung blieb nicht aus, im Jahre 1062 stellte ein königliches Privileg die Bamberger Kaufleute mit denen der alten Römerstadt Regensburg und mit Würzburg, der alten Metropole Ostfrankens, gleich. Als Grundlage günstiger Handelsverbindungen erwiesen sich auch die Besitzungen in Kärnten, die Bamberg Handelswege mit Italien eröffneten, sowie die frühen Kontakte zum Ostseeraum durch die Missionstätigkeit Ottos in Pommern und Polen. Auf diesen Reisen in den 20er Jahren des 12. Jahrhunderts wurde der Bischof von dem „oeconomicus" Rudolf begleitet, dem ersten namentlich genannten Bamberger Kaufmann. Als Otto erfuhr, dass in den neu bekehrten Gebieten Christen in die Sklaverei verkauft wurden, war es Rudolf, der in seinem Auftrag kostbare Waren auf den Jahrmärkten von Halle erwarb, um die begehrten Handelsgüter in Pommern an einflussreiche Leute zu verschenken oder aus ihrem Verkaufserlös die Gefangenen freizukaufen.

Des Weiteren profitierten Bamberger Kaufleute von der engen Reichsverbundenheit ihrer Bischöfe. So reisten die Bamberger und die zum bischöflichen Herrschaftsbereich gehörenden Amberger Handeltreibenden durch die Einflussnahme Bischof Eberhards II. bei Kaiser Friedrich Barbarossa seit 1163 mit ähnlichen Freiheiten und Sicherheiten wie ihre Nürnberger Konkurrenten. Zu welchem Einfluss die Kaufleute der Stadt bereits Anfang des 13. Jahrhunderts gelangt waren, zeigt der Fall des Klosters St. Michael, das im Jahre 1238 nicht mehr in der Lage war, seine Darlehen bei Bamberger Kaufleuten zurückzuzahlen.

Umschlagplätze für die Handelsgüter waren im Mittelalter große Messen oder Jahrmärkte, auf denen die Kaufleute ihre Waren zum Kauf anboten oder gegen andere Güter eintauschten. Ab 1245 hatte die Stadt selbst das Recht, im Mai einen dreiwöchigen Jahrmarkt abzuhalten, aus dem ihr unter Karl IV. (1355) zwei achttägige Messen erwuchsen. Ihren Bedarf an Naturalien oder an handwerklichen Erzeugnissen deckte die Stadt- und Landbevölkerung auf den Tages- oder Wochenmärkten. Ort dieser Handelsvorgänge war zum einen die Lange Straße und der Grüne Markt, wo die Verkäufer ihre Tische, Buden, Hürden, Schragen und Bänke aufgestellt hatten. Zum anderen geben noch heute die alten Lagebezeichnungen Auskunft von vielen kleinen Nebenmärkten: Milchmarkt, Obstmarkt, Fischmarkt, Salzmarkt, Holzmarkt oder Seumarkt (später Heumarkt). Ganze Straßenzüge waren nach den darin angesiedelten Gewerben benannt, wie die Keßlergasse, die Fleischbänke an der Zeile, die Metzlergasse, Unter den Krämen; die Schuster saßen beim Reußenturm. Doch die Wochenmärkte erfuhren Konkurrenz aus nächster Umgebung. Bereits für das Jahr 1275 ist ein Markt in den Immunitäten bezeugt. Zwar war er dem städtischen Markt in Kauf und Verkauf gleichgestellt, doch seine Zollfreiheit machte ihn von vornherein überlegen. Dies betraf jedoch nur den Vertrieb von Lebensmitteln, Getränken und Erzeugnissen der gewerblichen Produktion durch Kleinhändler und Handwerker. Den Fernhandel behielten die Stadtbürger.

ABB. 14: ÄLTESTER SIEGELSTEMPEL DER STADT BAMBERG, UM 1230

Stadtgericht und Stadtherrschaft im 13. und 14. Jahrhundert

Sowohl für den reisenden Kaufmann, der sich außerhalb der Mauern seiner Stadt bewegte, als auch für die Bürger eines Gemeinwesens war die Gewährung rechtlicher Privilegien durch König oder Kaiser ein wichtiger Garant der Rechtssicherheit für ihre Tätigkeiten. 1234 erhielt der Bischof das „ius de non evocando" für die Stadtbürger und Friedrich II. verbot drei Jahre später den Richtern des Reiches, die Bürger der Stadt, die Ministerialen der Bamberger Kirche oder ihre Kleriker vor ihre Gerichte zu ziehen. Innerhalb der Stadt übte der Bischof als alleiniger Stadtherr auch die Gerichtshoheit aus. Diese erstreckte sich von der Fraisch- oder Blutgerichtsbarkeit, d.h. der Aburteilung von Schwerverbrechen, bis zur niederen Straf- und Zivilgerichtsbarkeit. Während er diese hohe Gerichtsbarkeit durch einen Centgrafen ausführen ließ, wurden alle anderen Vergehen durch einen bischöflichen Repräsentanten in der Stadt, den Schultheißen in seiner Funktion als Stadtrichter, abgeurteilt. Die Bewohner der Stadt fungierten als Schöffen, und angesehene Bürger, die Genannten, traten frühzeitig bei Rechtsgeschäften als Zeugen auf.

In das 13. Jahrhundert datiert ein Gremium der Bürger, welches vom Bischof bei schwierigen Entscheidungen herangezogen wurde. Ein autonomer Stadtrat hingegen, der über Selbstverwaltungsrechte verfügte, kam lange nicht zustande. Die ersten rechtsverbindlichen Statuten als Vorläufer eines Stadtrechts stammen aus dem frühen 14. Jahrhundert. Entscheidend blieb auch hier der Schultheiß, ihm zur Seite standen ein bis zwei Bürgermeister. Nur die patrizischen Ratsherren dürften von den Bürgern selbst gewählt worden sein.

Machtverschiebungen innerhalb der Stadt führten seit der Mitte des 13. Jahrhunderts dazu, dass der Bischof als Grund- und Gerichtsherr gegenüber dem erstarkenden Domkapitel an Bedeutung verlor. Daher sah ihn die Bürgergemeinde in der nachfolgenden Zeit als Gegenspieler des Domkapitels oft auf ihrer Seite. In einer Urkunde des Jahres 1275 grenzte Bischof Berthold von Leiningen (1257–1285) die Rechte von Civitas und Immunitäten gegeneinander ab. Dabei vertrat er die Civitas, das Domkapitel die vier Immunitäten. Die einzelnen Bestimmungen, die auch Eingang in die Bamberger Stadtordnung von 1320 gefunden haben, regelten die Gleichstellung der Märkte, die finanzielle Unterstützung der Stadt durch die Muntäter in Notfällen und stellten den Zuzug in die Immunitäten frei. Von dieser Möglichkeit wurde aufgrund der wirtschaftlichen Vorteile Gebrauch gemacht, obwohl eine vermehrte Übersiedlung von reichen Bürgern in die Freibezirke erst ab 1370 zu verzeichnen ist.

Insgesamt kam es während des 14. Jahrhunderts von Seiten der Stadt zu mehreren Versuchen, eine stärkere Selbstständigkeit zu erreichen. Förderlich war hierzu das gute Verhältnis der Bamberger Bischöfe zu König und Kaiser. 1333 billigte Ludwig der Bayer die Besteuerung von Muntätern und Karl IV. bestätigte der Stadt alle ihre Rechte. Im Jahre 1397 hob König Wenzel sogar die Immunitätsgerichte auf. In der Praxis blieben diese Maßnahmen jedoch oftmals ohne Folgen für die Stadt. Denn den um Privilegien für ihre Stadt bemühten Bischöfen setzte die Macht des Domkapitels Grenzen. Seit 1328 wählte das Domkapitel den neuen Bischof nur nach vormaliger Anerkennung von Wahlkapitulationen, einer Art Bedingungskatalog, der die Rechte und Privilegien des Domkapitels garantierte. So musste sich Bischof Albrecht von Wertheim 1398 verpflichten, nur Domkapitulare zu Pröpsten der Nebenstifte zu ernennen. Diese hatten jedoch die Gerichtsbarkeit über die Immunitätsmärkte inne. Von einer Abschaffung oder Beschneidung der Machtbefugnisse, wie sie das königliche Privileg von 1397 geboten hatte, konnte keine Rede sein. Auch bestand die rechtliche und administrative Eigenständigkeit der Immunitäten nicht nur in Regelungen und Statuten. Im Straßenbild schufen Schranken und Ketten Grenzen gegenüber dem Stadtbezirk.

Doch der weitere Aufstieg Bambergs sollte sich im Bereich des bürgerlich geprägten Inselgebietes vollziehen. Mehr und mehr wechselten Angehörige von Familien, die aus Ministerialen des Bischofs und des Domstifts hervorgegangen waren, auf das Inselgebiet über, um dort Handel zu betreiben. Hier wohnten sie neben den Abkömmlingen der Kaufmannsfamilien, die wie die Familie Tockler ihrerseits zu Amtsinhabern bei Bischof und Stiften wurden. Während der Kern der Insel das Quartier dieser vornehmen Familien bildete, nahmen die jüngeren Siedelgebiete des Mühl-, Zinken- und Abtswörths vermehrt Handwerker auf.

Handel und Gewerbe im Spätmittelalter

Für ihre Handelstätigkeit konnten sich die Bamberger im 14. Jahrhundert wichtiger königlicher Privilegien versichern. Nach dem Vorbild der Nürnberger Kaufleute erhielten sie durch Ludwig dem Bayern 1335 Zollfreiheit an 72 Orten des Reiches. Der ungarische König gewährte den Bambergern 1366 günstige Handelsverbindungen, die ihnen den Weg donauabwärts eröffneten, und stellte sie damit den Kölner, Nürnberger und Prager Kaufleuten gleich. Auskunft über Handelswaren geben die Bamberger Zolltarife des 14. und 15. Jahrhunderts. Das Einzugsgebiet der Stadt lieferte dabei Getreide, Obst, Gemüse und Wein. Die Veredelungskünste der Bamberger Gärtner lobte bereits das Gartenfachbuch Gottfrieds von Franken (1350). Der Frankenwald bot Gelegenheit zu ausgedehntem Holzhandel, des Weiteren kamen von dort Walderzeugnisse wie Pech, Holzkohle und Honig. Eisen lieferte die Oberpfalz, mit Erfurt hatte man Kontakte über dessen Waidhandel, Metallwaren kamen aus Nürnberg. Ebenso bezog man von dort Gewürze wie Pfeffer, Salz und Safran, wenn man sie nicht direkt aus Italien über Venedig einführte. Lübeck war seit mindestens 1425 in den Bereich des Bamberger Handels als Hauptlieferant für den Hering, einer wichtigen Fastenspeise, mit einbezogen. Als Direkthandel fertigten die Bamberger Kaufleute jedoch nur den Waidhandel mit Erfurt und die Metallwaren aus Nürnberg ab. Luxusgüter, wie sie am Bischofssitz nachgefragt wurden, lieferten die großen Umschlagplätze Frankfurt und Nürnberg. „Daß kein großer kaufslag zu Bamberg sey, dann mit wein" heißt es in einer Schlichtungsurkunde des Jahres 1420, die einen Eindruck davon vermittelt, wie man die eigene Wirtschaftskraft im Spätmittelalter einschätzte.

Handwerk und Zunft

Im Gegensatz zur neuen Metropole Nürnberg fehlte der Stadt eine hoch spezialisierte Handwerkerschaft, deren gefragte Erzeugnisse eine europaweit operierende Kaufmannschaft vertrieb. Bambergs Wirtschaft gestaltete sich hingegen in Mittelalter und Neuzeit nach den Regeln des zünftig organisierten Handwerks. Oberstes Prinzip war die Sicherung einer auskömmlichen und standesgemäßen Existenz der einzelnen Werkstätten. Die Anfänge des Zusammenschlusses von Handwerksgruppen zu einem zunftähnlichen Verband reichen in Bamberg bis in das 14. Jahrhundert zurück. In einer Wehrliste von 1306 werden erstmals sieben unterschiedliche Gewerbe mit dem jeweiligen Zusatz „und daz handwerch daz darzu gehort" erwähnt. Jede Gewerbegruppe war verpflichtet, eine bestimmte Anzahl von Armbrusten und Schilden für die städtische Verteidigung bereitzuhalten.

Die Zunft regelte als korporativer Verband einer Gewerbeart vor allem Produktionsart und Produktionsumfang innerhalb des Handwerks; Konkurrenz und Wettbewerb waren verpönt. Die gerichtlichen und innerzünftigen Auseinandersetzungen, wie die der nachfolgenden Textil, Metall und Leder verarbeitenden Handwerksgruppen, zeichnen davon ein beredtes Bild. Die Bamberger Beutler, Gürtler, Taschner und Nestler erhoben zu Beginn des 16. Jahrhunderts Klage gegen die Riemenschneider, denen die Anfertigung von Gürteln untersagt werden sollte. Die örtlichen Schmiede wandten sich gegen wandernde Kesselflicker. 1489 mussten Herstellung und Vertrieb von Tuch durch fremde Gewandschneider in der Stadt mittels obrigkeitlicher Verordnung geregelt werden.

Persönliche Voraussetzung für die Aufnahme in ein Handwerk war eine freie, eheliche und ehrliche Geburt. Den Nachweis erbrachte man durch einen Geburtsbrief, wie ihn 1410 ein Lehrjunge bei den örtlichen Schustern vorlegen musste. Dieser bestätigte ihm, dass er „in der heiligen ehe geboren ... und in gutem leymunde herkomen sey". Redlichkeit und Unbescholtenheit waren wichtige Normen, soziales Fehlverhalten jedes Einzelnen fiel auf den Verband zurück und wurde von ihm bestraft. Interne Kontrollen garantierten die Güte der hergestellten oder vertriebenen Waren. Hierüber kam es häufig zu Streitereien, wie im Falle des Hafners Puchler (1500), des Kleinhändlers Mercklein (1504) oder des Fischers Finster (1507), die sich jeweils wegen Missachtung und Beleidigung der zünftigen Kontrollorgane verantworten mussten.

Bereits frühzeitig setzte eine Differenzierung innerhalb der Gewerbearten ein. Die Huter lösten sich 1406 aus einer gemeinsamen Zunft mit den Gürtlern, Beutlern und Taschnern, denen sich wiederum die Nestler anschlossen. Um 1400 hatten sich bereits die

Schuhmacher von den Flickschustern abgesetzt, die lediglich Reparaturen an altem Schuhwerk ausführen durften. Die obrigkeitliche Gesetzgebung bezog sich jedoch nicht nur auf die Abgrenzung einzelner Gewerbezweige, auch das ausgeprägte Verbandsbrauchtum des alten Handwerks findet sich in den Ratsbüchern der Stadt wieder. So ermahnte z.B. der Schultheiß Hans von Schaumberg im Jahre 1504 die Bäckerzunft zur Mäßigung bei ihren ausgelassenen Feiern auf ihrer Trinkstube im Abtswörth.

In den Bruderschaften vollzog sich das religiöse Leben des zünftig organisierten Handwerks. In Erscheinung traten sie innerhalb der städtischen Gesellschaft durch den gemeinsamen Besuch des Gottesdienstes, die Präsentation ihrer Gemeinschaft bei Prozessionen sowie die Stiftung und den Unterhalt eigener Altäre in den Pfarrkirchen. Beispielsweise bestä-

ABB. 15: EHEMALIGES GERBERHAUS, OBERE BRÜCKE

tigte Fürstbischof Anton von Rotenhan 1435 den Bamberger Bäckergesellen das Eigentum am St.-Ni-kolaus-Altar in der Oberen Pfarre. Zusammen mit den Müllerknechten schloss man zehn Jahre später einen Vertrag mit dem Pfarrer der Oberen Pfarre, der Seel-messfeiern für die Bruderschaft garantierte. Durch re-gelmäßige Beiträge in eine Zunftkasse versuchte man Vorkehrungen gegen Krankheit, Invalidität oder Ar-beitslosigkeit zu treffen, um einen sozialen Abstieg zu verhindern. 1373 kauften sich die Bäckergesellen in das St.-Katharinen-Spital ein, in dem sie fortan das Recht besaßen, kranke Gesellen bis zu deren Gene-sung unterzubringen.

Aussagen über eine hierarchische Gliederung der handwerklichen Gewerbe lassen sich aufgrund von Prozessionsordnungen des 15. Jahrhunderts gewin-nen. Diese Listen, die gleichzeitig die Aufgebotsord-nung im Kriegsfall anzeigen, geben die Stellung der Handwerke in der Fronleichnamsprozession wieder. Zu den angesehensten Zünften gehörten demnach die Bäcker und Metzger, die zusammen mit dem Rat der Stadt in unmittelbarer Nähe des Allerheiligsten gehen durften. Die Aufstellung in der Fronleichnams-prozession spiegelte die Werteskala der städtischen Gesellschaft wider, auf der ein Ab- oder Aufstieg von entscheidender Bedeutung für das Ansehen des Handwerks war. Durch den Kauf prunkvollen liturgi-schen Geräts versuchten die Zünfte, sich einen guten Platz in der Prozession zu sichern.

Bürgerliche Caritas – Bettelorden und soziale Stiftungen

Das Streben nach bürgerlicher Frömmigkeit hatte auch zu neuen Ordensniederlassungen in Bamberg geführt. Inmitten der bürgerlichen Wohnquartiere lie-ßen die Bettelorden seit dem 13. Jahrhundert ihre Klöster errichten. Da diese keinen Immunitätsbereich aufwiesen, hatten die Mönche die gleichen Rechte und Pflichten wie jeder andere Stadtbürger. Den An-fang machten die Franziskaner. Seit 1223 bei den Sie-chen in der Hallstadter Straße ansässig, übersiedelten sie im zweiten Viertel des 14. Jahrhunderts an den Schrannenplatz. Im Sand hatten die Dominikaner seit dem Jahre 1310 Kirche und Kloster errichtet. Auf dem Inselgebiet bezogen um 1273 die Karmeliten ihr Kloster. Nach einer Pilgerfahrt ins Heilige Land stifte-te das Bamberger Bürgerehepaar Münzmeister das Hl.-Grab-Kloster der Dominikanerinnen (1355); zwei Töchter wohlhabender Bürgerfamilien, Kunigunde Hutwan und Elisabeth Zollner, gründeten das Klaris-senkloster im Zinkenwörth, dem sie als Äbtissinnen vorstanden. Auch in den Stiftskirchen kam es zu einer stärkeren Betonung des bürgerlichen Elements. Hier wurden Vikarien gestiftet, deren Inhaber Bürgerfa-milien entstammten oder doch von diesen mit Schen-kungen bedacht wurden. Die Bürger rückten zu Chorherren der Nebenstifte auf, desgleichen zeugen Gemeinschaften, wie die der Stuhlbrüder am Dom und bei St. Gangolf, vom damaligen Frömmigkeits-empfinden und vermehrten bürgerlichen Einfluss. Aber auch die Folgen von religiösem Fanatismus ha-ben ihre Spuren im Bamberg des 14. Jahrhunderts hinterlassen. Das Auftreten der Pest diente um 1350 als Vorwand für die Vertreibung der Juden aus ihren Häusern in der Judengasse. Das Eigentumsrecht am jüdischen Besitz hatte sich der Bischof zuvor von Kai-ser Karl IV. zusichern lassen. Die vormalige Synagoge wurde in eine Marienkapelle umgewandelt und erst 1365 finden sich wieder Anzeichen einer jüdischen Gemeinde in der Bischofsstadt.

Die Sorge um das Wohlergehen ihrer Mitbürger und das Erlangen des eigenen Seelenheils veranlasste Bamberger Patrizierfamilien zur Stiftung sozialer Ein-richtungen. Dem schon zu Beginn des 13. Jahrhun-derts bezeugten St.-Katharinen-Spital im Inselgebiet schloss sich 1328 das St.-Elisabethen-Spital im Sand an. Beide standen unter bürgerlicher Verwaltung. Die Kontrolle übten drei Spitalpfleger aus, von denen zwei dem Rat der Stadt entstammten, der dritte kam aus der Familie der Stifter. Den Tocklern, die die reiche Grundausstattung für das St.-Katharinen-Hospital lieferten, taten es die Eseler als Gründer des St.-Elis-abethen-Spitals gleich. Beide Spitäler bauten in den nachfolgenden Jahrhunderten in und um Bamberg einen großen Haus- und Grundbesitz auf und wurden neben Bischof und Domkapitel zu den größten Grundherren. Das spätmittelalterliche Pfründenwesen führte zur vermehrten Aufnahme begüterter Bürger, aber auch arme, unverschuldet in Not geratene Mit-glieder des Gemeinwesens fanden hier aus christlicher

Barmherzigkeit Unterbringung. Bis zu ihrer Zusammenlegung im Balthasar-Neumann-Bau der Vereinigten Spitäler (1738) am Maxplatz bestanden die beiden Einrichtungen in Verwaltung und Organisation unabhängig voneinander, als Ausdruck bürgerlicher Caritas.

Das Bild der milden Stiftungen runden die Schwester- und Seelhäuser ab, in denen arme Frauen oder ehemaliges Dienstpersonal in klosterähnlichen Gemeinschaften zusammenlebten. Auch hier waren die Zollner 1358 in der Klebergasse und im Sandbad unter den Stiftern, ebenso wie 1319 der Bamberger Bürger Gebhardt. Auf ihn geht das Schwester- oder Seelhaus St. Martha in der Nähe des St.-Katharinen-Spitals zurück, das zum Wohnsitz der Beginen wurde. An den beiden großen Ausfallstraßen schließlich lagen die Siechhöfe der Stadt, die an der Pest und anderen ansteckenden Krankheiten leidende Menschen aufzunehmen hatten. Im Nordwesten, in Richtung Hallstadt, lag der bereits genannte Liebfrauen-Siechhof des 13. Jahrhunderts, im Südwesten, auf dem oberen Kaulberg, der St.-Antonius-Siechhof mit angeschlossener Laurenzikapelle, dessen „sieche leute" erstmals 1317 Erwähnung fanden.

Bürgerliches Geistesleben – Hugo von Trimberg

War im kulturellen Bereich bisher alles Ausdruck der geistlichen Feudalwelt gewesen, so führte die Ausbreitung der Bildung unter den Laien zu Zeugnissen bürgerlicher Geistesleistung. Es entstanden Schulen außerhalb der Stifte, wie z. B. am unteren Stephansberg. Laien fanden als Schulmeister eine Anstellung an den Stiftsschulen, deren Unterricht sich stärker an den Erfordernissen und der Alltagswelt des Bürgertums orientierte.

Einer der wichtigsten Vertreter dieser neuen Richtung sollte Hugo von Trimberg werden. Um 1260 nach Bamberg gekommen, wurde er bald darauf an der Stiftsschule von St. Gangolf als erster Laie zum Rektor einer geistlichen, lateinischen Schule. Hatte er bereits in früheren Schriften Zeitkritik geübt, so spiegelte sein Hauptwerk „Der Renner", um 1300 in mittelhochdeutscher Sprache erschienen, in einer satirisch gefärbten Darstellung die sieben menschlichen Hauptlaster in der ständisch gegliederten Gesellschaft wider. Dabei sollte das in immer neuen illustrierten Auflagen erschienene, beliebte Volks- und Bildungsbuch nicht nur zur bloßen Unterhaltung dienen, sondern verfolgte eine didaktisch-moralisierende Zweckbestimmung. Über die Erforschung der eigenen Sünden wurde der Leser zur Buße und zur Wiedergutmachung angeregt, um auf diesem Weg schließlich zurück zu Gott zu finden. Für die ritterlich-höfische Welt brachte von Trimberg kein Verständnis auf, seine Dichtung erschien ihm nutzlos, seine Auswirkung töricht und sündhaft. Daher gipfelte sein Vergleich mit der bürgerlichen Moral in der für ihn bezeichnenden Auffassung: Der Esel, der von seiner Arbeit lebt, ist edler als das Streitross. Aber auch den Kaufmann mit seinem Gewinnstreben tadelte er wegen seines „wuochers". Dass das Werk des Mahners und Predigers zur Buße mit seinen mehr als 24 000 Versen dennoch zum „Bestseller" wurde, liegt vor allem in der Fülle an

ABB. 16: MINIATUR AUS „DER RENNER" VON HUGO VON TRIMBERG, UM 1300

Fabeln, Geschichten und Parabeln begründet, die sein Epos durchziehen, sowie an seiner Begabung, gesellschaftliche Zustände in vereinfachender, drastischer Plastizität darzustellen:

> Die Maulwürfe in der Erden sind
> Gar listig und gegen das Licht blind.
> Geizige Leute tun ebenso:
> Dem ewigen Lichte sind sie gram
> Und sind doch listig auf der Erden,
> Wie sie reicher und reicher werden.

Der Muntäterkrieg

Das seit 1378 bestehende abendländische Schisma hatte zu einer großen religiösen Verunsicherung der spätmittelalterlichen Lebenswelt geführt. Aus ihr resultierten gegenläufige Entwicklungen, die einerseits in einer Zunahme der angestammten Frömmigkeit mit Wallfahrten und Heiligenverehrung Ausdruck fanden, wobei eine starke Anziehungskraft auch von den Bußpredigern ausging. Andererseits begünstigte das Schisma das Aufkommen religiös-sozialen, ketzerischen Gedankenguts, wie dem des Engländers Wiclif oder des Böhmen Jan Hus. Letzterer war 1415 auf dem Konzil in Konstanz verbrannt worden, doch seine Anhänger zogen zu Beginn des 15. Jahrhunderts durch die fränkischen Lande und 1430 stand unter dem Anführer Hans Prokop ein großes Hussitenheer vor Bamberg. Was als Bedrohung der Stadt durch einen äußeren Feind seinen Anfang nahm, sollte auch das innere Gefüge des Gemeinwesens erschüttern und zum sogenannten Muntäterkrieg führen.

Während sich Bischof Friedrich von Aufseß (1421–1432) in Kärnten aufhielt und das Domkapitel auf die Burg Giech geflüchtet war, mussten die auf sich allein gestellten Bürger mit der hohen Kontributionszahlung von 12 000 Gulden die drohende Plünderung durch die Hussiten abwenden. Obwohl man die Einnahme der Stadt verhindert hatte, kam es innerhalb der Stadt zu prohussitischen Gesinnungsbezeugungen und zu kleineren Plünderungsaktionen, welche der Chronist Burkard Zink mit den Worten beschreibt: Das gemain Volk hett sich ain große gesellschaft zesamen gemacht, die zugen in der stat hin und her in der reichen leut heuser, darinn funden sie vil wein und

ander ding, das nomen sie […] auch zuegen sie in der reichen pfaffen und korherrn heuser, die auch aus der stat geflochen waren.

Die Ereignisse des Jahres 1430 ließen die Notwendigkeit einer einheitlichen Organisation erkennen, und zum ersten Mal sollte den Bürgern scheinbar ein Durchbruch gelingen. König Sigismund (1410–1437) erhob im Jahre 1431 in seiner Goldenen Bulle alle Forderungen der Bamberger Bürgerschaft zum Gesetz: einheitliche Mauern, einheitliches Gericht und Selbstverwaltung. Diese Maßnahmen gingen dem Domkapitel jedoch zu weit, und so musste Bischof Anton von Rotenhan in seinen Wahlkapitulationen von 1431 versprechen, sich für die Kassierung der Goldenen Bulle einzusetzen. Der Streit beschäftigte seit September 1432 den Papst, seit Dezember das Konzil in Basel. Mehrfach griffen Kaiser Sigismund und Papst Eugen zugunsten der Bürger ein, worauf Bischof und Kapitel wiederum das Konzil zu Hilfe riefen. Als dieses 1434 mit seinem Entscheid gegen die Ansprüche der Bürgerschaft votierte, entlud sich der Zorn der Bamberger in der Plünderung des Klosters St. Michael. Zu einem endgültigen Ausgleich kam man erst auf dem Verhandlungswege durch Schiedssprüche Bischof Johanns von Würzburg 1438, der Rittergesellschaft der Rose 1439 und der Dompröpste von Bamberg und Naumburg 1440. Die Immunitäten und ihre Bewohner behielten zwar ihre alten Privilegien, mussten jedoch nun zur Tilgung der Stadtschulden und zur Zahlung einer dauernden Stadtsteuer beitragen. Drei Jahre später wurden sie dann bezüglich aller öffentlichen Ausgaben für notwendige Baumaßnahmen der „civitas" an Toren, Türmen, Straßen und Brücken den Stadtbürgern gleichgestellt.

Die geringfügigen gesetzlichen Einschränkungen berührten die Interessen des Domkapitels nur wenig. Konsequent verfolgte es seinen Kurs der Kontrolle bischöflicher Macht weiter und bediente sich dabei wiederum des Mittels der bischöflichen Wahlkapitulationen. 1459 rang man Georg von Schaumberg (1459–1475) ab, künftig selbst Mandate erlassen zu können und Veröffentlichungen des Bischofs von der eigenen Zustimmung abhängig zu machen. Philipp von Henneberg (1475–1487) versprach die Erbhuldigung der Stadtbürger vor dem Domkapitel, Weigand von Redwitz (1522–1556) darüber hinaus, dass er

ABB. 17: APOSTELABSCHIED, WOLFGANG KATZHEIMER D. Ä., 1483

Klagen von Bürgervertretern nur in Anwesenheit des Kapitels beantworten werde. Damit war eine wirkungsvolle Kontrolle des Bischofs und die Mitherrschaft des Domkapitels in der fürstlichen Haupt- und Residenzstadt gesichert, ein Zustand, der bis in das Zeitalter des Absolutismus überdauern sollte.

Stadtansichten des 15. Jahrhunderts

Die ältesten Ansichten der Stadt Bamberg datieren in die 2. Hälfte des 15. Jahrhunderts: das um 1483 geschaffene Gemälde des „Apostelabschieds" und die Darstellung Bambergs in der Weltchronik Hartmann Schedels von 1493. Im Falle des Wolfgang Katzheimer zugeschriebenen Abschieds der Apostel bildet die Ansicht Bambergs von Osten den Hintergrund der Szene. Dabei wird die umwehrte Stadt mit einer leichten Überhöhung der größeren kirchlichen Baukomplexe vom Gebiet des Zinkenwörth bis (Alt-)St. Martin und von der Altenburg bis zum Kloster St. Michael erfasst. Bei dem Stadttor im Vordergrund handelt es sich um das mächtig aufgeführte Langgaßtor. Beidseitig an das Tor anschließend, zeigt sich die Ummauerung der

Inselstadt im Zinkenwörth mit kleinen vorspringenden Bastionen und auf der rechten Seite mit Zinnen versehen. Meist in Fachwerk, mit ihren roten Dächern deutlich abgehoben, stehen zwischen den Kirchen spitzgiebelige, schmale Bürgerhäuser. Unter den wenigen aus Stein aufgeführten Profanbauten ragt mit hohem Treppengiebel das Rathaus am Markt auf.

Die Sicht der Stadt in der Schedel'schen Weltchronik erfolgt aus nahezu gleicher Perspektive. Das in hügeliger Landschaft arrangierte Stadtpanorama arbeitet mit einer stark schematisierten und typisierten Wiedergabe und setzt auf augenfällige Großbauten. Hierbei wird der Erfassung aller kirchlichen Baukomplexe ein Vorrang vor der topographisch exakten Abbildung eingeräumt. So erhebt sich, in Höhe von (Alt-)St. Martin, in der rechten oberen Bildhälfte, eine doppeltürmige Kirche mit polygonalem Chor. Es kann sich dabei nur um St. Gangolf handeln, das – eigentlich außerhalb des Blickfeldes situiert – hier trotzdem in die Abbildung integriert wurde. Hingegen sind die übrigen Kirchenbauten von Dom, St. Stephan, St. Theodor und Oberer Pfarre trotz eingeräumter Dominanz richtig angeordnet. Die Zwischenräume füllen vereinfacht wiedergegebene Häuser. Die Stadtbefestigung im Vordergrund entspricht im Wesentlichen der des Apostelabschieds.

Bußprediger und Judenausweisung im Spätmittelalter

Das Verhältnis der Bamberger Bischöfe und des Domkapitels zu den jüdischen Bewohnern der Stadt erweist sich im 15. Jahrhundert als sehr ambivalent. Im Jahre 1422 hatte sich der Landesfürst in Übereinstimmung mit dem Würzburger Bischof und den Markgrafen von Brandenburg dazu entschlossen, alle Juden aus seinem Hochstift zu vertreiben. Diese Maßnahme wurde wohl nie durchgeführt, denn 1445 bestätigten Bischof Anton von Rotenhan (1431–1459) und das Domkapitel den Schutz der Juden in Bamberg. Diese günstigen Privilegien müssen vor dem Hintergrund eines stark verschuldeten Hochstifts gesehen werden, das häufig jüdische Kredite in Anspruch nahm.

In dieser Zeit wetterte Bußprediger Johannes Capestrano (1451) – für den Besuch seiner Predigten ge-

ABB. 18: BUSSPREDIGER CAPESTRANO AUF DEM DOMPLATZ IN BAMBERG, 1470/75

währte der Bischof einen Ablass von 40 Tagen – nicht nur gegen Verfall der Moral und luxuriösen Lebenswandel, sondern griff alle vermeintlichen Feinde des Abendlandes an: Heiden, Ketzer, Türken und Juden. In dieser antijüdischen Stimmung sollte sich das Verhältnis der Obrigkeit zu den Schutzjuden wieder ins Gegenteil verkehren. Mit der Verringerung der Schuldenlast unter Bischof Philipp von Henneberg (1475–1487) und dem langsamen Verdrängen jüdischer Kreditgeber aus dem Finanzgeschäft glaubte man in den 70er Jahren in Bamberg, auf die Juden verzichten zu können. Im Jahr 1478 verfügte ein Edikt die Ausweisung sämtlicher Juden, und im Gegensatz zu den 1420er Jahren wurde es diesmal konsequent durchgeführt. Aber die Zeit um die Jahrhundertmitte sah auf dem Domberg nicht nur große Menschenansammlungen, die den Predigten religiöser Eiferer folgten: Im Jahre 1452 bezog Albrecht von Eyb, einer der ersten Repräsentanten humanistischen Denkens in Deutschland, die „Curia S. Sebastiani et Fabiani" (Domplatz 2).

ABB. 19: ERKER AM RENAISSANCEBAU DER RATSSTUBE

Bamberg in der beginnenden Neuzeit

Albrecht von Eyb und der Frühhumanismus in Bamberg

Bevor der adelige Domherr Albrecht von Eyb (1429–1475) seiner Residenzpflicht in Bamberg nachkam, hatten ihn seine Studien an die Universität nach Erfurt, vor allem aber an die Ausbildungsstätten in Pavia, Padua und Bologna geführt. In Italien strebte man seit Dante Alighieris Aufforderung „ad fontes" nach den Quellen des antiken Wissens, nach einer Wiedergeburt des Menschen als individuelle Persönlichkeit mit freiem Gebrauch seiner Vernunft. Zum Medium der Vermittlungstätigkeit zwischen der Antike und dem eigenen Zeitalter wurden dabei die Werke der antiken Autoren. In seiner lateinischen „Gründonnerstag-Predigt" von 1452, gehalten im Bamberger Dom, erwies sich von Eyb als glanzvoller humanistischer Rhetoriker. Gekonnt schmückte er seine Predigt neben kirchensprachlich Vertrautem mit heidnisch-klassischen Allegorien aus. Der gewandte Umgang mit klassischer Bildung wird auch in seinen späteren Werken oder der „Lobrede auf Bamberg" spürbar: Also kann man mit Recht sagen, dass das Bamberger Land besonders von der gütigen Göttin Ceres auserwählt und gesegnet ist. Bamberg ist daneben aber auch berühmt ob der Menge seiner Weinberge und deswegen offenbar eine besondere Weihestätte des Gottes Bacchus [...]

Dabei erschöpften sich die Leistungen Albrecht von Eybs nicht nur im Nachahmen und Variieren antiker Texte. Mit der „Abhandlung über die Anmut des Mägdeleins Barbara" schuf er ein frühes Beispiel eigenständiger humanistischer Schriftstellerei auf deutschem Boden. Es bleibt dabei offen, ob ihn eine Statue im Dom oder eine junge Bambergerin zu dieser Dichtung inspiriert hat: „An einem [...] Maientag anno Domini 1452, da habe ich einmal, im hohen Dom zu Bamberg sitzend, die lieben langen Stunden […] mit innigem Behagen in liebender Betrachtung eines über die Maßen hübschen Mägdeleins zugebracht. Sein Haar war durch die hell hervortretende Linie des Scheitels genau in der Mitte abgeteilt, es lag locker, fügte sich dabei doch der strengen Ordnung und schimmerte wie goldene Fäden. Die milchfarbene glatte Stirn […] wölbte sich bis zu den schneeig leuchtenden Schläfen, und war unten durch zwei leicht hervortretende Brauen begrenzt, die zweien von Künstlerhand gestalteten Bogen glichen."

Die späteren Schriften, das „Ehebüchlein" von 1472 und der „Spiegel der Sitten" von 1474, gehen unter anderem der Frage nach, ob ein weiser Mann ein Eheweib nehmen soll.

Bamberg als Ort des Buchdrucks

Der Bamberg im 11. Jahrhundert von Gerhard von Seeon verliehene Ehrentitel „Stadt der Bücher", sollte

ABB. 20: ALBRECHT VON EYB, EHEBÜCHLEIN, AUGSBURG 1507

sich auch im 15. Jahrhundert bestätigen, als sich die Stadt zu den 18 Orten zählen durfte, die zu den Wegbereitern des Buchdrucks wurden. Bereits kurze Zeit nach der Erfindung Gutenbergs in Mainz, die die Verbreitung des Schriftguts revolutionieren sollte, wurde in den Jahren 1459/60 in Bamberg eine 36-zeilige lateinische Bibel gedruckt. Zwar bleibt der Drucker unbekannt, als sicher gilt jedoch, dass der humanismusfreundliche Bischof Georg I. von Schaumberg (1459–1475) das Unternehmen förderte. Sein Sekretär Albrecht Pfister besaß eine eigene Druckerei. Im Jahre 1461 überreichte er dem Bischof das erste in Bamberg gedruckte Buch. In dem „Edelstein" des Ulrich Boner, einer verbreiteten Fabelsammlung des 14. Jahrhunderts, vereinten sich Typendruck und Holzschnitt-Illustration. Weitere Werke der religiösen und halbreligiösen Gebrauchsliteratur schlossen sich an, wie zum Beispiel „Der Ackermann von Böhmen", die „Biblia pauperum" oder die „Vier Historien".

Unter den nachfolgenden Druckern ist Johann Sensenschmidt aus Eger hervorzuheben, der mit dem Mainzer Heinrich Keffer und dem berühmten Nürnberger Anton Koberger zusammengearbeitet hatte. Sensenschmitt druckte für die Benediktiner des Klosters St. Michael das sog. Bamberger Mesbuch, das für die Klöster der reformfreudigen Bursfelder Kongregation bestimmt war. Außer der Anfertigung weiterer liturgischer Drucke wie Brevieren und Psalterien für die Geistlichkeit befriedigte er auch die Nachfrage weiter Kreise der bürgerlichen Welt durch die Herstellung von Almanachen oder dem 1485 herausgegebenen Rechenbuch. Das so genannte „Visierbüchlein" war von seinem Mitarbeiter Heinrich Peckensteiner bearbeitet worden und geht auf den aus dem unterfränkischen Königsberg stammenden Regiomontanus zurück.

Die Bambergische Halsgerichtsordnung

Zu Beginn des 16. Jahrhunderts druckte die Werkstatt Hans Pfeyls mit der „Bambergischen Halsgerichtsordnung" von 1507 das erste deutsche Strafgesetzbuch. Verfasser war der fürstbischöfliche Hofmeister Johann von Schwarzenberg, dem, gegründet auf seinen Erfahrungen als Hof- und Zentrichter,

ABB. 21: BAMBERGISCHE HALSGERICHTSORDNUNG, HOLZSCHNITT, 1507

Der Humanistenkreis um Bischof Georg III. Schenk von Limpurg

Die Entstehung der Bamberger Halsgerichtsordnung fällt in die Regierungszeit des weltoffenen Bischofs Georg III. Schenk von Limpurg (1505–1522). Dieser pflegte einen regen Schriftverkehr mit führenden Humanisten seiner Zeit. Dem ständigen Kreis humanistisch Gebildeter seines Hofes gehörten der Dompropst Marquard von Stein, der Scholaster Leonhard von Egloffstein und der Hofkaplan Ulrich Burchardi, vormaliger Dozent an der Philosophischen Fakultät in Leipzig, an. Des Weiteren der Astronom und Globenhersteller Johann Schöner, in seiner Bamberger Zeit Kanoniker bei St. Jakob, sowie die Domherren Andreas und Jakob Fuchs, von denen letzterer mit Ulrich von Hutten in Bologna studiert hatte. Mehrmals besuchte der humanistisch gebildete Ritter, der mit Crotus Rubianus die „Dunkelmänner-Briefe" (1514) herausgab, den gastfreundlichen Hof. Hierüber und über andere Ereignisse am Bischofshof geben die Schriften des Nürnberger Lorenz Beheim Auskunft, über den man Kontakte zu Persönlichkeiten seiner Heimatstadt wie Albrecht Dürer und Willibald Pirckheimer herstellte. Beheim hatte lange Jahre seines Lebens in Italien verbracht, zuletzt als Festungsbau- und Geschützminister Papst Alexanders VI., bevor er sich 1504 als Kanoniker bei St. Stephan niederließ. Er schilderte die Besuche Albrecht Dürers in den Jahren 1517 und 1520 in Bamberg, die Bischof Georg III. nutzte, um sich von ihm malen zu lassen. Ebenso berichtete er über die Künstler, die an der Innenausstattung der Altenburg arbeiteten, Paul Lautensack, Hans Nußbaum und Wolfgang Katzheimer. Von Beheim stammt außerdem eine Beschreibung des Marmorhochgrabes des heiligen Kaiserpaares Heinrich und Kunigunde im Dom, 1513 geschaffen von Tilman Riemenschneider. Das Grabmal schmücken Darstellungen aus der Legende des Kaiserpaares, wie die Seelenwägung Heinrichs oder die Pflugscharen-Probe Kunigundes.

eine geschickte Verbindung des alten germanischen Strafrechts mit dem römischen Recht gelang. Das Werk wurde Grundlage für die spätere Strafgesetzgebung Kaiser Karls V. und floss in dessen „Constitutio Criminalis Carolina" von 1532 ein. An die Stelle der zeitgenössischen Justiz mit ihren unzulänglichen Vollstreckungsmitteln, ihrer säumigen Strafverfolgung und willkürlichen Bestrafung sollte eine ohne Ansehen von Person und Stand urteilende Rechtsprechung treten. Sie beabsichtigte, das Recht und gemeinen Nutz zu fördern. Wer dagegen verstieß, musste vom Staat belangt werden – der Staat hatte dem Geschädigten zu seinem Recht zu verhelfen. Trotz dieser modern anmutenden Prinzipien blieb die Halsgerichtsordnung ihrer Zeit verhaftet. Grotesk mutet die Härte bestimmter Strafen an: Abhacken der Hände, Ausstechen der Augen, häufige Züchtigung mit der Rute. Stellte das Rechtswerk einerseits mehr Gerechtigkeit und Gleichheit her, so zeichnete es andererseits mit der Aufnahme der Zauberei als Straftatbestand einen verhängnisvollen Weg vor.

ABB. 22: DOM, KAISERGRAB, DETAIL PFLUGSCHARENPROBE, 16. JH.

ABB. 23: DOM, KAISERGRAB, DETAIL SCHÜSSELWUNDER, 16. JH.

Die Anfänge der reformatorischen Bewegung in Bamberg

Im Kreise dieser Humanisten wurden auch die Ideen der Reformation aufgegriffen und diskutiert. Die innerkirchlichen Zustände des Bistums, geprägt einerseits durch einen meist verarmten und ungebildeten Landklerus, der auf die brennenden Fragen der Reformation keine Antwort fand, und andererseits durch eine kirchliche Obrigkeit, die sich auf ihre angestammten Rechtspositionen zurückzog, ließen ein bloßes Beharren in der „unverderbten Religion" nicht sinnvoll erscheinen. Letztendlich hielt Bischof Georg III. von Limpurg jedoch am Hergebrachten fest. Mit einiger Verzögerung verkündigte er 1521 das kaiserliche Edikt des Wormser Reichstages, das Martin Luther in die Reichsacht setzte und die Exkommunikation der Nürnberger Humanisten Willibald Pirckheimer und Lazarus Spengler bestimmte. Der Tod Bischof Georgs III. (1522) bewahrte ihn aber vor weiteren Auseinandersetzungen mit seiner lutherfreundlichen Umgebung und auch sein Nachfolger, Bischof Weigand von Redwitz (1522-1556), behielt anfangs einen gemäßigten Kurs bei. Im ersten Jahr seines Episkopats

bezeichnete ihn Luther als einen vernünftigen Mann, „bei dem leichtlich zu handeln sei, was christlich und recht ist". Doch erste Spannungen zeichneten sich ab. Zu den frühen Befürwortern der Reformation im engsten Umfeld des Bischofs zählte der Hofmeister Johann von Schwarzenberg, der 1522 sein Amt niederlegte, bis 1525 aber Bamberger Rat blieb. Auch der Domdekan Andreas Fuchs hing der neuen Lehre an. Er trat 1522 von seinem Amt zurück und wechselte als Vicedom des Bischofs nach Kärnten. Weite Verbreitung fand Ulrich Burchardis reformatorische Schrift „Dialogismus de Fide Christiana" aus dem Jahre 1523, wegen der es Ende der 20er Jahre in Bamberg zum Prozess kommen sollte.

Im Winter 1522/23 hatte der Kustos des Stifts St. Gangolf Johannes Schwanhausen damit begonnen, offen im evangelischen Sinn zu predigen. Große Menschenmassen strömten in der Theuerstadt zusammen; man musste eine Freikanzel aufstellen, damit ihn die angeblich bis zu 4000 Personen hören konnten. Schwanhausen kritisierte den Lebenswandel des Klerus und nicht selten mischten sich auch sozialreformerische Töne in seine Predigten: Statt dass man so sehr die toten Heiligen verehre, solle man lieber für die Lebenden sorgen. Auch hätte Christus selbst nicht befohlen, dass wir uns um die toten Heiligen kümmern, sondern auf unsere bedürftigen Mitmenschen Acht haben sollen. […] Wären wir recht Christen, so ließen wir die Armen nicht Not leiden, wir verkauften die Monstranzen, Kelche und andere Kirchengerätschaften, um aus dem Erlöse derselben den Armen zu helfen.

Im nahegelegenen Forchheim hatten die Predigten eines reformatorischen Mitstreiters, Jörg Kreutzer, 1524 zu einem Aufstand am Fronleichnamstag geführt. Ein erstes Aufflackern in der Region vor dem Bauernkrieg. Diese sozialrevolutionäre Bewegung des gemeinen Mannes wandte sich gegen die hohen Lasten und Abgaben der Bauern und verband sich mit der sozialen Unzufriedenheit des Kleinbürgertums in den Städten. Soziale Unruhen auch für Bamberg befürchtend, drohte Bischof Weigand nun dem Kustos mit Gewalt; Schwanhausen floh und suchte Zuflucht in der Reichsstadt Nürnberg. Diese hatte sich seit 1522 der neuen Lehre zugewandt, 1525 wurde nach dem Religionsgespräch Andreas Osianders mit Andreas Stoß endgültig katholischer Gottesdienst und katholische Predigt verboten.

In der Bischofsstadt Bamberg blieben nach der Flucht Schwanhausens aber weitere reformeifrige Geistliche zurück wie Johann Esselbach, Lukas Arnold oder der Karmelit Eucharius Ott, die einer reformfreundlichen Bürgerschaft predigten.

Bürgeraufstand im Bauernkrieg

Nach der Frühpredigt Otts am Gründonnerstag, dem 11. April 1525, brach der Aufstand in Bamberg offen aus. Man bemächtigte sich der Stadt und öffnete in den nächsten Tagen einer Schar von Bauern die Tore, worauf es zu Plünderungen in der Hofhaltung, in den Domherrenhöfen und in einigen Klöstern kam. Bezeichnenderweise forderten ein Ausschuss der Bürgergemeinde und Vertreter der Bauernschaft neben der Einführung reformatorischer Prinzipien die Abschaffung der Mitherrschaft des mächtigen Domkapitels. Zum Bischof wollte man weiterhin stehen. Dies hätte den Forderungen aus der Zeit des Immunitätsstreites doch noch zur Realisierung verholfen. Obwohl der be-

drängte Bischof Weigand mit Zustimmung des Domkapitels die Annahme der Forderungen versprach, sollten sie nicht zur Durchführung kommen. Der Bamberger Aufstand fand bereits im Juni sein rasches Ende, als unter der Führung von Georg Truchseß von Waldburg das Heer des Schwäbischen Bundes die Belagerung der Altenburg beendete. Kampflos drang man in die Stadt ein. Die Anführer des Aufstandes, soweit sie nicht geflohen waren, ließ der Heerführer auf dem Marktplatz enthaupten. Die alte Ordnung war wieder hergestellt.

Reformation und altkirchliche Kräfte im Hochstift Bamberg

Trotz des energischen Vorgehens gegen sozialrevolutionäre Forderungen ihrer Untertanen sympathisierten die Landesherren der umliegenden Markgrafentümer Brandenburg-Ansbach und Brandenburg-Kulmbach-Bayreuth sowie viele Mitglieder des Niederadels mit der neuen Lehre. Neben dem religiösen Bekenntnis versprach die Übernahme des Kirchenregiments und die Säkularisation von Kirchengut eine Ausweitung von Machtbefugnissen. Unter Markgraf Georg dem Frommen (1484–1543), der mit seiner Kirchenordnung von 1528 jede Einmischung des Bamberger Bischofs in seine kirchlichen Belange zurückwies, griff die evangelische Bewegung im Kulmbach-Bayreuther Oberland rasch um sich. 1529 beklagte der Bamberger Bischof vor dem Schwäbischen Bund, dass seine Pfarrer und Ordensleute mit Gewalt aus ihren Stellen und Klöstern vertrieben würden. Dem hielten die markgräflichen Räte auf dem Bundestag zu Augsburg (1532) entgegen, „daß den Unterthanen von den bambergischen Pfaffen Gottes Wort nit lauter und rein gepredigt noch andere christliche Kirchendienst gethan werden". Gegen eine Allianz aus evangelischen Predigern, adeligen Patronatsherren und Landesherren sollten die altkirchlichen Bestrebungen machtlos bleiben.

In der Bischofsstadt verhärtete sich gegen Ende der 20er Jahre die Politik der geistlichen Obrigkeit. Der seit 1521 in Hofdiensten stehende Bamberger Patrizier Hieronymus Kammermeister wurde kurz vor dem Antritt einer Ratsschreiberstelle in Nürnberg

1527 verhaftet und eingekerkert. Im selben Jahr wird der Prozess gegen Ulrich Burchardi eröffnet. Ingolstädter Theologen hatten seine reformatorischen Schriften als irrig und häretisch eingestuft, doch der Autor, zu Widerruf und Verbrennung seiner Werke aufgerufen, floh nach Leipzig. Zu einem seiner heftigsten Gegner gehörte der 1524 aus Rom gekommene Propst von St. Gangolf Paul Neidecker. Obwohl Burchardi später seine Schriften widerrief, verhinderte Neidecker, der 1529 mittlerweile zum Generalvikar aufgestiegen war, die Vergabe einer Domvikarie an den begabten Theologen. Zusammen mit dem ehemaligen Nürnberger Karmelitenprior Andreas Stoß, dem Franziskanerprediger Johannes Link und dem Dominikanerprior Johannes Rüger versuchte Neidecker unter Bischof Weigand von Redwitz, die alte Lehre im Bistum zu konsolidieren. Mit Nachdruck eingetriebene Steuern und ein straff geführtes Vikariatsgericht stärkten zwar in der langen Amtszeit Neideckers (1529–1565) die innere Organisation des Bistums, eine religiöse Reform des Klerus wurde jedoch nicht unternommen.

Die Zwischenzeit brachte in der Reichspolitik mit dem Reichstag in Speyer (1529) und dem Nürnberger Religionsfrieden (1532) die Etablierung einer neuen Kirche. Wiederholt hatte Kaiser Karl V. zu Reformen in den altkirchlichen Teilen des Reiches aufgerufen. Auf der Diözesansynode von 1548 wurde die kaiserliche Ordnung verlesen, doch hielt man sich nur an eine Residenzpflicht der Stiftsvikare und eine schärfere Bestrafung des Konkubinats. Einer der zentralen Punkte der kaiserlichen Ordnung, das Verbot der Pfründenanhäufung, wurde nicht einmal genannt! Auch während der Zeit des Konzils von Trient (1545–1563) und des Augsburger Religionsfriedens (1555) blieb die Bamberger Kirche mit eigenen Problemen beschäftigt. Von den 190 selbstständigen Pfarreien des Bistums waren in der Jahrhundertmitte 105 zum Protestantismus übergetreten. Viele der übrigen Pfarreien waren vakant oder wurden von Pfarrvertretern versorgt. In der Stadt Bamberg bezogen lediglich die Franziskaner, die seit 1460 die Predigerstelle an der Oberen Pfarre innehatten, und die Dominikaner, die seit 1542 die Predigerstelle im Dom versahen, deutlich Position. Von 1546 bis 1558 war ein Dominikaner, Petrus Rauch, gleichzeitig Weihbischof. Seine Werke „Anti-

thesis der Lutherischen Bekenthniß odder Beicht" und der „Raißwagen, die Ketzer damit zu jagen" sind Beispiele theologischer Kontroversliteratur. Doch sie eigneten sich eher dazu, altkirchliche Kräfte im Status quo zu bekräftigen, als die reformatorische Herausforderung anzunehmen.

Der Zweite Markgrafenkrieg (1552-1554)

In dieser Situation traf das Hochstift und die Stadt Bamberg der so genannte Zweite Markgrafenkrieg (1552–1554), in dem Markgraf Albrecht Alcibiades in das Bamberger Gebiet einfiel und im April 1553 die von Bischof Weigand und dem Domkapitel verlassene Stadt besetzte. Er forderte die Abtretung eines beträchtlichen Teils des Hochstiftes und die Brandschatzungssumme von 200 000 Gulden. Da dieser enorme

ABB. 24: GRABMAL DES FÜRSTBISCHOFS WEIGAND VON REDWITZ, HEUTE KIRCHE ST. MICHAEL, 16. JH.

Betrag nicht aufgebracht werden konnte, nahm er 80 Bürger als Geiseln, gab die Stadt zur Plünderung frei und zerstörte die ihm übergebene Altenburg. Noch im selben Jahr verfiel der Markgraf der Reichsacht; seine Gegner erhielten ihre Güter zurück, die aber von erheblichen Verwüstungen betroffen waren. Auch Bamberg trug schwer an seinen Kriegsschäden. Die Tilgung der hohen Schulden wurde daher ein bestimmender Faktor in der Politik der Bamberger Bischöfe während der 2. Hälfte des 16. Jahrhunderts.

Bamberg zu Beginn des konfessionellen Zeitalters

Mit dem Prinzip „cuius regio eius religio" trat ab 1555 der Kompromiss an die Stelle der Konfrontation. Diese Entwicklung schrieb auch im oberfränkischen Raum eine konfessionelle Doppelpoligkeit fest. Sicherung des Hochstifts, tiefgreifende Reformen und die erwähnte Schuldentilgung waren auch unter dem Episkopat Georgs IV. Fuchs von Rügheim (1556–1561) Schwerpunkte der Politik. Er selbst und seine Mitarbeiter waren gewillt, katholisch zu bleiben, aber er sah die Notwendigkeit von Reformen ein. Die Teilnahme am Tridentiner Konzil versagte ihm jedoch sein früher Tod. Unter den Episkopaten seiner Nachfolger änderte sich an den bestehenden Verhältnissen zunächst nur wenig. Veit II. von Würzburg (1561–1577) lebte vor seiner Weihe im Konkubinat und zudem mit einer beträchtlichen Anzahl von Kindern, ebenso hielten es die Dekane der Nebenstifte. Von den Mitgliedern des hochadeligen Domkapitels gehörten nur einige dem priesterlichen Stand an. Die finanziellen Belastungen führten zur unumgänglichen Erhöhung der Steuern, die das Domkapitel jedoch durch die Einrichtung eines eigenen Amtes, der Obereinnahme, wieder unter seine Kontrolle zu bringen wusste. Die endgültige Schuldentilgung erfolgte 1572 und erst jetzt, fast zehn Jahre nach Beendigung des Konzils von Trient, genehmigte das Domkapitel die Veröffentlichung der Tridentiner Beschlüsse.

Mit Fürstbischof Ernst von Mengersdorf (1583–1591) wurde ein Amtsinhaber bestellt, der zielstrebig eine Rekatholisierung seines Territoriums anging. Evangelische Beamte wurden durch katholische er-

ABB. 25: FÜRSTBISCHOF NEITHARD VON THÜNGEN, KUPFERSTICH, 1717

setzt oder katholische bei Neubesetzungen bevorzugt. Untertanen, die sich gegen eine Rückkehr zum alten Glauben auflehnten, drohte die Ausweisung. Entschieden wurde eine Disziplinierung der Untertanen angegangen: Man erließ eine verschärfte Bettler-Ordnung (1588). Das Ehe-Mandat von 1589 sollte lange Verlöbniszeiten unterbinden, so genannte Mischehen sollten möglichst unterbleiben. Auch sein Nachfolger Neithard von Thüngen (1591–1598) wirkte im Sinne der katholischen Reform, die ihren Höhepunkt jedoch erst im 17. Jahrhundert erreichte.

Stadtgestalt in der frühen Neuzeit – der Plan des Petrus Zweidler

Die städtebauliche Entwicklung zu Beginn der frühen Neuzeit erweist sich als Spiegelbild der politischen und gesellschaftlichen Ereignisse. Hatte der Aufstand von 1525 für die Bürger bereits höhere Steuern gebracht, so vermehrte der zweite Markgrafenkrieg in den 50er Jahren noch einmal die finanziellen Belastungen. Unter der Bevölkerung von Bamberg, für das im 16. Jahrhundert 7 500 bis 8 000 Einwohner angenommen werden dürfen, kam es seit den 20er Jahren zur Abwanderung reformatorisch gesinnter, zum Teil finanzstarker Bürgerfamilien. Ihnen versprachen die angrenzenden Gebiete des neuen Glaubens bessere Entfaltungsmöglichkeiten. Dies bedeutete für die Bürgergemeinde, ähnlich wie nach dem Immunitätenstreit des 15. Jahrhunderts, einen erneuten Verlust politisch und wirtschaftlich einflussreicher Vertreter ihres Standes. Es verwundert daher nicht, wenn das Zeitalter der Renaissance in Bamberg nur vereinzelt bedeutende Bauten hinterlassen hat. Auf bürgerlicher Seite ist der zu Beginn des 17. Jahrhunderts entstandene Neubau des Hochzeitshauses hervorzuheben. Die wichtigsten Baumaßnahmen des geistlichen Bamberg waren die repräsentative Stadtresidenz des Fürstbischofs Ernst von Mengersdorf, das Schloß Geyerswörth (1585/86). Im Jahre 1570 war in der Alten Hofhaltung eine neue Kanzlei, die Ratsstube (heute Historisches Museum) mit dazugehörigem Eingangsportal, dem so gen. Schönen Portal, errichtet worden.

Eine gelungene Wiedergabe des Stadtbildes schuf der hochfürstlich-bambergische Geometer Petrus Zweidler aus Teuschnitz mit seinem „Gründlichen Abriß der Stadt Bamberg" (1602). Der in den 90er Jahren des 16. Jahrhunderts aus Nürnberg zugezogene erste hauptberufliche Kartenmacher des Hochstifts widmete seinen Plan dem Fürstbischof Johann Philipp von Gebsattel (1599–1609), dessen Wappen er trägt, ebenso wie die Wappen des Domkapitels (St. Heinrich) und der Stadt Bamberg (Stadtritter). Zweidlers Abriss zeigt die Stadt von Süden aus der Vogelperspektive. In vier zusammengehörige Kupferplatten gestochen, spiegelt er die topographische Situation des Siedlungsgefüges mit seiner Dreiteilung in Bergstadt, Inselstadt und Theuerstadt wider.

Die linke obere Bildhälfte dominiert der ummauerte Domberg und dessen Baulichkeiten, Dom, Alte und Neue Hofhaltung und die Anlage der weitläufigen Domherrenkurien. Im Nordwesten schließt sich St. Jakob an, im Norden erheben sich über von Weinreben bewachsenen Bergen St. Michael und St. Getreu.

Unterhalb des Domberges erscheint das Gebiet des Kaulberges, mit dem mittleren und oberen Torhaus, den Kirchen St. Stephan und Obere Pfarre sowie dem Karmelitenkloster. Dem oberen Tor vorgelagert befindet sich der St.-Antonius-Siechhof. Am äußersten linken Bildrand ist die Altenburg dargestellt.

Zwischen diesen Bergen und dem Fluss drängen sich in dichter Anordnung die Häuser des Bürgerviertels. Im unteren Sandgebiet ist das Sandtor mit dem dahinterliegenden St.-Elisabethen-Spital zu erkennen, im oberen Sand das ehemalige Judenviertel sowie die Bettelordensklöster der Dominikaner und Franziskaner. Mehrere Brücken und Stege stellen die Verbindung zur kleinen Rathausinsel und dem lang gestreckten Geyerswörth her, auf dem sich das bischöfliche Schloss mit Lustgarten erhebt. Dieses zwischen zwei Flussarme eingebettete Gebiet verbindet der „Klostersteg" mit dem dicht hinter der Stadtmauer liegenden Klarissenkloster auf dem Zinkenwörth. In Höhe des Rathauses bilden die Untere und Obere Brücke die Übergänge zur Bürgersiedlung. Hier schließt sich „uf der greten" die Schiffsanlege- und -verladestelle mit dem Kranich an. Radial angelegte Straßenzüge durchlaufen mit dem breiten Straßenmarkt, der „Langen Gaß" und der Kapuzinerstraße den Stadtteil. An der nördlichen Seite des Marktes liegen als größere Baukomplexe die Pfarrkirche St. Martin mit dem benachbarten St.-Katharinen-Spital und das ehemalige Karmelitenkloster und spätere Jesuitenkolleg. In den nördlichen, ummauerten Teil der Inselstadt ist das Abtswörth mit dem Seumarkt einbezogen, dem Rundbogen des Stadtgrabens vorgelagert findet sich die Schiffswinterung.

Vom Riegeltor aus führt die Seesbrücke über den rechten Regnitzarm zur Theuerstadt mit dem Immunitätsbezirk des Stifts St. Gangolf. Im Gegensatz zum Inselgebiet reiht sich die Bebauung in langen Zeilen entlang der Fernverbindungsstraße des Steinweges und der Siechengasse. Zu geschlosseneren Baukomplexen kommt es auf dieser Flussseite nur im Umkreis des Klosters zum Hl. Grab und im Bereich der Wunderburg. Analog zum St.-Antonius-Siechhof auf dem oberen Kaulberg schließt sich an der Ausfallstraße nach Hallstadt der Siechhof Unsere Liebe Frau mit dazugehörigem Friedhof an. Das Weichbild weist einen vielgestaltigen, teilweise von Zäunen umgebenen

Obst- und Gartenbau auf. Davon zeugt auch das in einer wappenartigen Kartusche abgebildete Süßholz, eines der wichtigsten Erzeugnisse der Bamberger Gärtner. Eine im Vordergrund arrangierte dreispännige Reisekutsche mit Fahrgästen und ein zeitgenössisch gekleidetes Bürgerpaar geben der Darstellung räumliche Tiefe und vermitteln ein gewisses Zeitkolorit.

Der „Gründliche Abriß der Stadt Bamberg" von Petrus Zweidler steht in seiner Maßstäblichkeit und Detailtreue in der Tradition der großen Stadtdarstellungen seiner Zeit, wie Barbaris Vogelschaubild von Venedig (1500), der Städteatlas von Georg Braun und Franz Hogenberg (1572) oder die qualitätvollen Arbeiten Paul Pfinzings d. Ä. oder Hieronymus Brauns in Nürnberg. Schließlich ist Zweidlers Werk ein wichtiges Zeugnis der Stadtgestalt Bambergs vor den tief greifenden Veränderungen des späten 17. und 18. Jahrhunderts, denen die Residenzstadt der Schönborn-Bischöfe ihr prunkvolles barockes Erscheinungsbild verdanken sollte.

Wolfgang F. Reddig

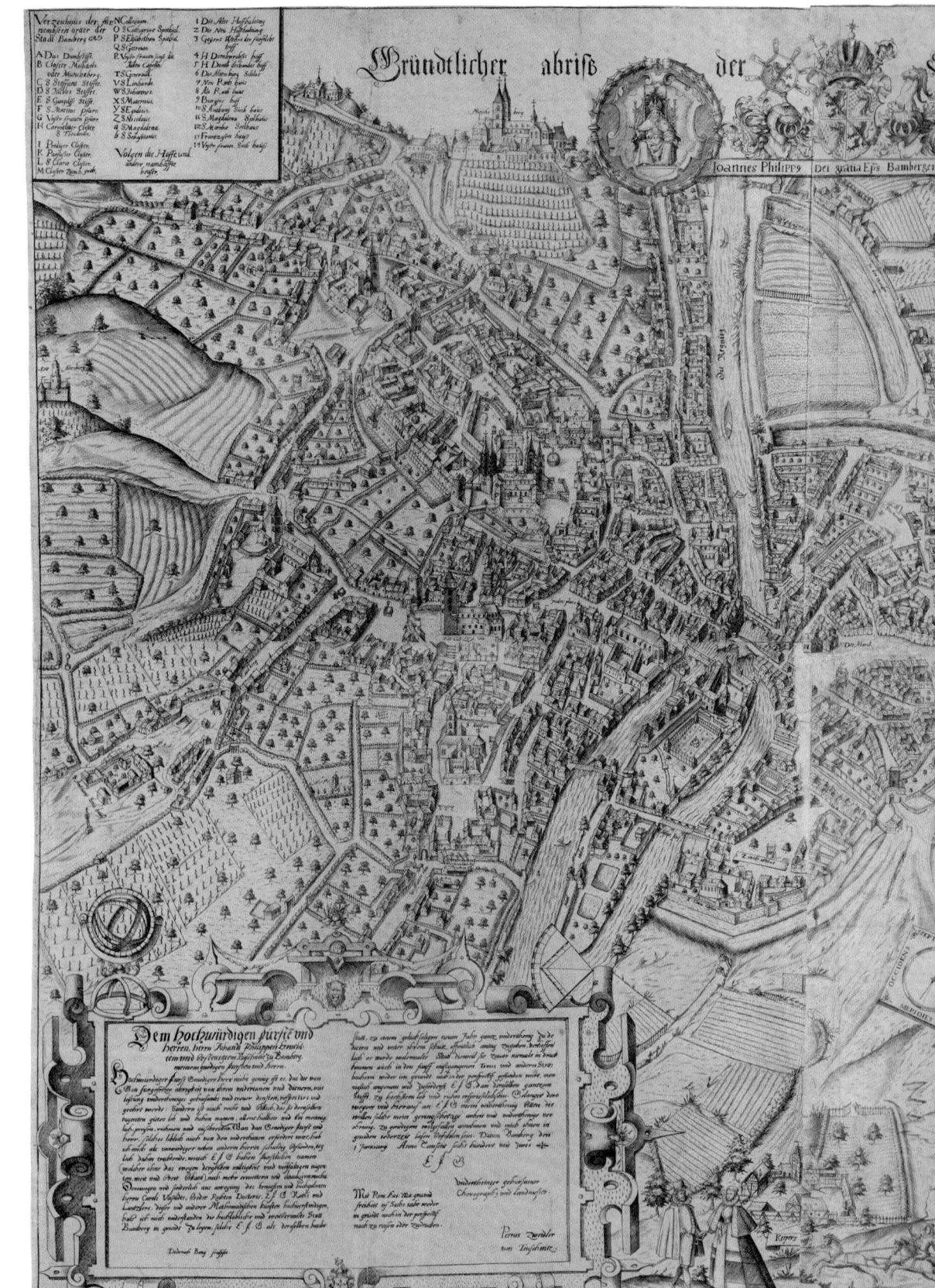

ABB. 26: ÄLTESTER PLAN
DER STADT BAMBERG
VON PETRUS ZWEIDLER, 1602

1.2 Barocke Residenzstadt – Vom Beginn des 17. Jahrhunderts bis zur Säkularisation 1803

Der verzögerte Einzug der Gegenreformation in Stadt und Hochstift Bamberg

Den Punkt der Zeitenwende zwischen spätem Mittelalter und früher Neuzeit in Bambergs Stadtgeschichte zu bestimmen, fällt schwer. Die bekannten Daten der Weltgeschichte, anhand derer die Wende meistens markiert wird, sind für Bambergs Geschichte unerheblich. Wir müssen die Bühne der Weltgeschichte verlassen und uns in den Mikrokosmos der Stadtgeschichte einlassen. Später als vielleicht gewünscht und gefordert begann in Bamberg die Gegenreformation. Erst theologisch geschulte und starke Fürstbischöfe betrieben die inneren Reformen des Bistums, um sich dem Protestantismus, der auch im Bamberger Hochstift viele Gemeinden gewonnen hatte, widersetzen oder damit auseinandersetzen zu können. Ziel sollte die religiöse Einheit des Territoriums sein, unter der natürlich auch die Sicherung der Macht des Fürstbischofs verstanden werden muss. Es lässt sich in der Tat behaupten, dass sich die Fürstbischöfe Julius Echter von Mespelbrunn (1573–1617) in Würzburg und Neidhardt von Thüngen (1591–1598) in Bamberg um die Sicherung ihrer territorialen Macht bemühten. Bedroht fühlte man sich von der Reichsstadt Nürnberg, der Reichsstadt Schweinfurt und weiteren evangelisch gewordenen Gebieten wie Bayreuth und Ansbach. Erst nachdem die gebietsweite Staatlichkeit gesichert war, wurde die katholische Reform nach innen getra-

gen. Es wurden Wallfahrten, Prozessionen und die Marienverehrung wiederbelebt. Neue Wallfahrtsorte entstanden, und die Bevölkerung nahm an Katechismusunterricht und Andachten teil; der Spendung der Sakramente kam wieder eine große Bedeutung zu.

Bischof Neidhardt von Thüngen erließ im März 1594 ein Mandat, das das Bistum Bamberg zurück auf den Weg des alten, des römisch-katholischen Glaubens bringen sollte. Für die nicht katholischen Bewohner des Gebietes wurde die Rückkehr zum katholischen Glauben, dargestellt durch den Sakramentenempfang, zwingend. Wer sich diesen Weisungen nicht unterwarf, musste seine Heimat verlassen. Vom Mandat getroffen waren nicht nur die einfachen Landeskinder, sondern auch die höher gestellten Persönlichkeiten. Nicht katholische Beamte, Lehrer und Pfarrer wurden des Landes verwiesen. Ein wichtiger Aufgabenbereich, um das Bistum theologisch zu erneuern und die Neubelebung zu sichern, war die Priesterausbildung. Kleriker, die in Rom studiert hatten, wurden mit diesen verantwortungsvollen Aufgaben betraut. Neben anderen Germanikern, d.h. Klerikern, die in Rom studierten und im Germanicum wohnten, wurden die späteren Weihbischöfe Johannes Schöner und Friedrich Förner als Rektoren des Klerikerseminars ausgewählt. Die Errichtung des Seminars war eine Forderung des Tridentiner Konzils, welcher erst jetzt, nach etwa fünfzig Jahren, nachgekommen wurde. Am Seminar studieren konnte, wer das Gymnasium besucht hatte. Dieses stand Jungen, die das 16. Lebensjahr vollendet hatten und die lateinische Sprache genügend beherrschten, offen. Die Ausbildung zum Priester dauerte fünf Jahre.

Um Domdekan Johann Philipp von Gebsattel sammelte sich eine Gruppe von Domherren, die sich der Umsetzung der Konzilsbeschlüsse durch den Fürstbischof widersetzten. Gebsattel wollte mit innerkirchlichen Reformen nichts zu tun haben. Eben dieser sehr freiheitlich denkende Domdekan, Vater von sieben Kindern, wurde 1599 zum Bischof durch das Domkapitel gewählt. Durch ihn, der weder die Priester- noch die Bischofsweihe empfing, erlitten die Bemühungen zur Rekatholisierung seines Vorgängers Neidhardt von Thüngen einen schweren Rückschlag. Kirchengegner erhielten Beamtenstellen, Mitarbeiter des vorherigen Bischofs wurden abgesetzt und zuweilen ins Gefängnis geworfen. Gebsattel ließ durch seinen Weihbischof Dr. Johann Schöner verkünden, dass man niemandem eine Religion aufzwingen dürfe. Diese Position brachte den Würzburger Fürstbischof von Mespelbrunn und den bayerischen Herzog Maximilian I., die Bayern und Franken gegen die protestantischen Nachbargebiete gesichert wissen wollten, gegen Gebsattel auf. Da aber nicht nur die territoriale, sondern auch die religiöse Frage des Bistums zur Disposition stand, arbeiteten die Jesuiten unter Führung des Kardinals Robert Bellarmin an seiner Absetzung. Der Tod des Fürstbischofs Johann Philipp von Gebsattel im Juli 1609 machte diesen Schritt aus Rom überflüssig. Unter seiner Regierung war nach Plänen des Nürnberger Baumeisters Jakob Wolff mit dem Bau der Neuen Residenz in Bamberg begonnen worden. So trägt denn auch der Gebäudeflügel an der Domstraße – der so gen. Gebsattelbau – seinen Namen.

Beginn der tatsächlichen Gegenreformation unter Bischof Johann Gottfried von Aschhausen (1609–1622)

Nach dem Tod Gebsattels wollte man die Chance nutzen und einen „wirklichen" geistlichen Herren auf den Bischofsstuhl des Bamberger Bistums und somit auf den Fürstenthron des Hochstiftes setzen. Das Domkapitel wählte sein jüngstes Mitglied, den vorherigen Domdechanten von Komburg und Stiftspropst von Stift Haug in Würzburg, Johann Gottfried von Aschhausen. Politisch schloss sich der Bischof eng an die eben entstandene katholische Liga an, die im Jahre 1609 als Pendant zur protestantischen Union gegründet worden war. Eine der ersten Amtshandlungen Aschhausens war die Anordnung eines vierzigstündigen Gebetes in der Stadt Bamberg. Er entließ Weihbischof Johann Schöner und berief stattdessen den Domprediger Friedrich Förner auf diesen Posten. Förner war ein rühriger Kleriker, der zu vielen Visitationen durch das Hochstift fuhr. Bei seinen Firmreisen spendete er das Sakrament mehreren tausend Menschen. Synoden, neue Wallfahrten, neue Kirchenbauten und vermehrte Gottesdienste unterstrichen die Bemühungen zur Rekatholisierung.

Um die katholische Reform im Bistum zu sichern, die Priesterausbildung zu erneuern und um der Bevölkerung die römische Lehre wieder nahezubringen, berief Johann Gottfried von Aschhausen die Jesuiten nach Bamberg. Am Heinrichstag (13. Juli) 1610 erreichte Pater Provinzial Heinrich Scherer Bamberg. Im Dezember desselben Jahres führte der Provinzial zwei Priester und einen Laienbruder der Gesellschaft Jesu in der Stadt Bamberg ein. Seit dem Frühjahr des nächsten Jahres fand das Klerikerseminar in einem Haus Unterkunft, das gegenüber dem Karmelitenkloster lag. Sogleich sollte den Jesuiten die Oberaufsicht bei der Besetzung der Schulen übertragen werden. Damit wurde dem weltgeistlichen Rektor die Verantwortung zur Ausbildung entzogen. Die erste Einrichtung des Hauses mit Kirche und Bibliothek unterstützte der Fürstbischof mit einem Geschenk von 4 100 Gulden. Im Juli 1611 legte Domdechant Hektor von Kotzau den Grundstein zur Aula. Bis Jahresende war der Bau so weit gediehen, dass im Studienjahr 1612/13 etwa 350 Studenten unterrichtet werden

ABB. 27: FÜRSTBISCHOF JOHANN GOTTFRIED VON ASCHHAUSEN, KUPFERSTICH, 1717

ABB. 28: PORTAL DER AULA DER JESUITEN, HEUTE AN DER UNIVERSITÄT

Pf. Karpfen, 1 200 Pf. Butter, 4 Ochsen, 6 Fuder (= 72 Eimer) Wein und Brennholz nach Bedarf. Seelsorgerisch waren die Jesuiten ihren Konstitutionen nach sehr aktiv. Volksseelsorge war fast so wichtig wie die Priesterausbildung. Sie führten einen Katechismusunterricht ein und waren aktive Prediger in St. Martin. Ihre Arbeit umfasste aber auch die Ärmsten in der Stadt, indem sie die Gefängnisse und Spitäler besuchten und die Insassen unterstützten.

Fürstbischof Johann Gottfried von Aschhausen hatte sich politisch und religiös so weit durchgesetzt, dass Fürstbischof Echter von Mespelbrunn aus Würzburg sich ihn zu seinem Nachfolger auf dem Fürsten- und Bischofsstuhl wünschte. Nach dessen Tod verband der Bamberger Fürstbischof beide Hochstifte ab 1617 in Personalunion in seiner Hand.

Finanziell hatte sich das Hochstift soweit konsolidiert, dass Aschhausen beim Ausbruch des Dreißigjährigen Krieges eine große Zahl an Soldaten stellen konnte. Dieser Krieg sollte die Stadt Bamberg hingegen erst relativ spät tangieren. Das Hochstift allerdings war durch Truppendurchmärsche und Einquartierungen von Soldaten härter betroffen. Fürstbischof Johann Gottfried von Aschhausen wurde 1622 von Kaiser Ferdinand II. zum Fürstentag nach Regensburg berufen, wo er verstarb.

Sein Nachfolger, Johann Georg II. Fuchs von Dornheim (1623-1632), wurde nur zum Fürstbischof des Hochstifts Bamberg gewählt. Damit war die Personalunion der beiden Hochstifte Bamberg und Würzburg für seine Regierungszeit unterbrochen. Der neue Landesherr wollte das Reformwerk seines Vorgängers fortsetzen und berief dazu 1626/27 die Kapuziner in die Stadt, die den Katholizismus erneuern sollten. Im Konfessionsstreit gab es nur ein Entweder-oder: Nicht katholische Geistliche, Lehrer und Beamte wurden entlassen. Bewohner des Hochstifts, die eine Rückkehr zum katholischen Glauben verweigerten, mussten das Hochstift verlassen. Nicht diese Maßnahmen haben den Namen des Fürstbischofs Fuchs von Dornheim in der Geschichte Bambergs wach gehalten, sondern die vielen Verfolgungen und Verbrennungen von unschuldigen Menschen. Im Volksmund trägt er den Namen „Hexenbrenner" oder „Hexenbischof".

konnten. Die Patres erteilten Gymnasialunterricht und hielten Pastoralkurse ab. Die Leitung des Seminars hatte bis zur Ernennung eines Jesuiten zum Regens im Jahr 1613 ein Weltgeistlicher inne. Mit den schon lange erprobten Unterrichtsmethoden hatten die Jesuiten in der Bamberger Priesterausbildung großen Erfolg. 1612 erhielten die Jesuiten vom Fürstbischof ein in der Nähe des Kollegs gelegenes Haus geschenkt, das er auf seine Kosten umbauen ließ. Dort sollten die Priester der Gesellschaft Jesu wohnen können, welche den Pestkranken die Sakramente spendeten. Schon im November des Jahres 1611 zählte das Kolleg 15 Bewohner, von denen sieben Priester waren. Insgesamt umfasste die jährliche Unterstützung durch den Fürstbischof 2000 fl. (Gulden), 200 Sr. (Sümmer) Korn, 100 Sr. Weizen, 200 Sr. Gerste, 6 Sr. Erbsen, 2 Sr. Hirse, 100 Sr. Hafer, 1 200

Die Hexenverfolgungen in Stadt und Hochstift Bamberg

Der erste überlieferte Hexenfall der Stadt Bamberg ereignete sich 1595, als eine über 80-jährige Frau verschiedener Hexenverbrechen beschuldigt wurde. Man sperrte sie zwar ein, aber sie kam nach einigen Tagen wieder frei. In den nächsten Jahren ereigneten sich viele Verfolgungen von Menschen, die wegen Hexerei diffamiert wurden. Jedoch war es nicht schlimmer als in anderen Teilen des alten Reiches. Als Hexen galten nach damaliger Ansicht Menschen, die mit dem Teufel einen Pakt eingingen, diesen durch Geschlechtsverkehr mit dem Teufel bekräftigten, an Hexensabbaten teilnahmen und anderen Menschen oder der Allgemeinheit durch Zauberei Schaden zufügten. Schadenszauberei war vielschichtig: verdorbene Ernten, Krankheiten und Todesfälle bei Mensch und Tier.

Erst unter Fürstbischof von Aschhausen flammte die Hexenverfolgung erneut auf. Im Jahre 1610 erließ er ein scharfes Mandat gegen Wahrsagerei und Zauberei. Daraufhin wurde in den Außenämtern des Hochstifts, wie Kronach und Weißmain, Hexen und

Zauberern nachgegangen. 1614 starb vor der Hofratsstube eine alte Frau, die Frenzlerin, an den qualvollen Misshandlungen bei der Befragung. Die Hexenkommissare, die die Hexen aufstöberten und vernahmen, erklärten Fürstbischof Johann Gottfried von Aschhausen, dass eigentlich ihre Unschuld bewiesen worden sei, sie aber aufgrund der Folter verstorben war. Daher könne man sie christlich beerdigen, und damit weder ihrem Mann noch ihren Kindern Böses nachgesagt werde, solle man ihnen ein Zeugnis ausstellen. Dieser Fall zeigt deutlich, dass sich bei den Hexenkommissaren während der frühen Jahre noch ein Gewissen rührte. Solch eine Art von Ethos, bei dem sich die Hexenkommissare um das Begräbnis und den Ruf der Familie sorgten, kam in den nächsten Jahren nicht mehr vor. Im Jahre 1617 wurden nach den bisherigen Forschungen ca. einhundert „Druden", d.h. Hexen und Zauberer, von den Jesuiten zur Richtstätte geleitet. Die Patres der Gesellschaft Jesu standen den Verhafteten auch während der Zeit im Gefängnis zur Seite. Die Prozesse fanden nicht in der Stadt Bamberg, sondern im Hochstift statt. Zu den Orten, in denen bereits die Hexenkommissare arbeiteten, zählten Kro-

ABB. 29: HEXENVERBRENNUNG, EINBLATTDRUCK, 1555

nach, Hallstadt und Zeil. Die Witwe des Zeiler Stadtschreibers berichtete dem Fürstbischof, dass ihr Mann in neunundvierzig Hexenexamen mit über 150 Angeklagten zugegen gewesen sei.

Der Höhepunkt der Hexenverfolgung im Hochstift Bamberg wird in die Jahre 1626 bis 1630 datiert. Wie vielen Menschen man tatsächlich den Prozess machte und wie viele hingerichtet wurden, lässt sich aufgrund der Quellenlage wohl nicht mehr rekonstruieren. Aus den bis heute überlieferten Quellen sind unterschiedliche Zahlen für dieselben Jahre erarbeitet worden. Die Autoren des 19. Jahrhunderts kamen zu unterschiedlichen Ergebnissen. Von Lamberg spricht von 785 Untersuchungen und 307 Hinrichtungen; Erzbischof von Deinlein nennt 236 Hinrichtungen. Die zeitgenössischen Überlieferungen, z.B. eine Flugschrift aus dem Jahre 1631, berichten von ca. 600 justifizierten Menschen. Die Jesuiten erklärten, dass sie mehr als 400 Menschen auf einen guten Tod vorbereitet hätten. Nach den neuesten Forschungen ist von ca. 900 Untersuchungen und etlichen hundert Hinrichtungen für das gesamte Hochstift Bamberg auszugehen.

Fürstbischof Johann Georg II. Fuchs von Dornheim ließ sich von seinen Hexenkommissaren, die sich geringere finanzielle Vorteile durch das Hexenwesen verschaffen konnten als bisher angenommen, in eine Hysterie hineintreiben. Die Institution, die die Hexenprozesse nicht zum Stillstand kommen ließ, war das Hexenkommissariat mit etlichen deputierten weltlichen Räten. Das Malefizamt, dem die Hexenkommissare unterstanden, wurde zu Beginn der 1620er Jahre errichtet. Ihm gehörten die weltlichen Räte, der Kanzler, der Oberschultheiß und die Doktoren der Rechte an. Das Aufgabengebiet der Hexenkommissare war theoretisch festgelegt worden. Demnach sollten sie die Besagungslisten (Listen mit Namen von der Hexerei beschuldigten Personen) zusammenstellen und über die Folter bestimmen. In der Praxis jedoch arbeitete jeder Kommissar in einem ihm zugeteilten regionalen Gebiet. Hier konnte er alleine agieren und hatte nur die Urteile zur Bestätigung oder Abmilderung an den Fürstbischof zu senden.

Im Bamberger Hexenhaus waren allerdings meist mehrere Kommissare bei den Verhören anwesend. Ihre Namen wurden penibel am Rand der Verhörakten

verzeichnet. Über die einzelnen Hexenkommissare liegen keinerlei Biographien vor. Aus den Bamberger Hexenprozessakten lassen sich aber Charakterzüge mancher Kommissare erkennen: Am meisten wissen wir über Dr. Georg Einwag und Dr. Ernst Vasolt, weil sie sich häufiger etwas zuschulden kommen ließen. Dr. Georg Einwag war ein überaus eifriger Hexenkommissar, denn er bemühte sich zu Beginn des Jahres 1630, seines Amtes als Hexenkommissar in Zeil enthoben zu werden: Es gäbe zwar noch einige Fälle zu behandeln, doch habe er große Langeweile. Dr. Einwag war es auch, der seine Kollegen ärgerte, indem er ihnen seine Hexenberichte teils an Fest- und Feiertagen zusandte, obwohl dies nicht nötig war. Dr. Ernst Vasolt war der Sohn des ehemaligen Hochstiftskanzlers Dr. Karl Vasolt. Auch er war als deputierter Hexenkommissar in Zeil tätig. Er untersagte es, die Geständnisse

ABB. 30: FÜRSTBISCHOF JOHANN GEORG II. FUCHS VON DORNHEIM, KUPFERSTICH, 1717

den Verhafteten vorzulesen. Diese durften auch niemals die Namen von Beschuldigten widerrufen. Dr. Vasolt trug stets eine entsprechende Namensliste in der Hosentasche. Als er eines Abends betrunken eingeschlafen war, wurde sie ihm entwendet und die Namen einigen Mägden vorgelesen.

Angeheizt wurde die Verfolgung der Opfer durch die so gen. Hexenpredigten des Weihbischofs Dr. Friedrich Förner, der sich seit Mitte der zwanziger Jahre mit den Themen Satan, Teufelsaustreibung und Hexerei beschäftigte. Die Auseinandersetzung mit diesen Themen mündete in die Veröffentlichung der 35 so gen. Hexenpredigten von 1626. In den ersten Predigten, in denen er selbst als Gewährsmann für die erzählten Zaubergeschichten auftritt, beschreibt er das Wirken des Teufels. Solche Teufelsgeschichten sollten die Zuhörer zum Erschauern bringen und die persönliche Erfahrung Förners dabei den Wahrheitsgehalt der Berichte untermauern. Das alleinige Heilmittel gegen solche oder ähnliche Versuchungen des Teufels konnte nach Förner nur eines sein: das Leben nach den Lehren der katholischen Kirche. In den Predigten brachte Förner die gesamte katholische Sitten-, Glaubens- und Heilslehre der römischen Kirche unter. Dabei bemerkte er, dass die Befolgung aller kirchlichen Anweisungen den Teufel am erfolgreichsten bekämpfe. Über Fürstbischof von Dornheim schreibt er: „Der Fürstbischof gebrauche als Reichsfürst aus Eifer für die Ehre Gottes nach Gebühr und Amtspflicht das Schwert der Gerechtigkeit gegen den fluchwürdigen Teufelsdienst der Zauberer und Hexen, diesen gräulvollen abgrund von Verbrechen, Lüsten, Schändlichkeiten, Lästerungen und Flüchen." In diesem Zitat wird deutlich, dass der Fürstbischof als Kirchenmann die Hexen tatsächlich nicht verfolgen konnte. Dazu benötigte er seinen Status als weltlicher Herrscher des Hochstifts. Die Todesurteile konnten nämlich nur von der weltlichen Gerichtsbarkeit ausgesprochen werden.

Teilweise brachte man die Hexen und Zauberer des Hochstifts – es wurden übrigens mehr Männer verfolgt als bisher angenommen – in die Stadt Bamberg ins Hexenhaus. Es war Ende 1627 als Haftanstalt und Folterhaus für die Hexen errichtet und eingerichtet worden. Der Grundriss zeigt die Zellen. Die Ansicht lässt den festen Bau mit Gefängnischarakter und im

ABB. 31: PORTRÄT DES WEIHBISCHOFS FRIEDRICH FÖRNER, 17. JH.

Hintergrund die „Pein", die Folterkammer, erkennen. Hier wurde die Ablegung eines Geständnisses über eine Beteiligung an Zauberwerken oder Hexensabbaten erpresst. Durch schwere Folter und Denunzierung anderer Hexen konnte sich ein der Hexerei Verdächtiger einem Bekenntnis, dass er der Hexensekte angehöre, nicht entziehen. Das Haus stand in der Nähe des heutigen Bamberger Busbahnhofs. Damals war es allerdings von Gärten und den jetzt zugeschütteten Wasserläufen der Promenade umgeben. Sobald die Hexenprozesse ihr Ende gefunden hatten, wurde das Bamberger Hexenhaus abgerissen. Es existieren keine Rechnungen oder Ähnliches, das Auskunft über die Baukosten geben könnte. Überliefert ist nur der abgebildete Kupferstich. In einer zeitgenössischen Zeitung, die in Bamberg mit Erlaubnis des Bischofs und des Domkapitels gedruckt wurde, heißt es: „Und haben etliche hundert Menschen durch ihre Teuffels-kunst um das Leben gebracht, auch die lieben Fruechte auf dem Felde, durch Reiffen und Frost verderbet, darunter nicht alleine gemeine Personen, sondern etliche der vornehme Herrn, Doctor und Doctors-Weiber, auch etliche Raths-Personen, alle hingericht und verbrannt worden …" Aus diesem Zitat werden die zwei wichtigsten Charakteristika der Bamberger Hexenverfolgung deutlich. Da ist zunächst die hohe Anzahl der Hinrichtungen. Wie oben erläutert, wurden im Bamberger Hochstift wahrscheinlich um die 900 Untersuchungen gegen Hexen geführt. Eine tatsächliche Zahl lässt sich nicht manifestieren, weil durch die Jahrhunderte Akten verloren gingen und etliche Prozesse nicht als Hexen- oder Zaubereiprozesse geführt wurden, sondern z.B. als Kindsmord- oder Wahrsagereiprozess. Als zweites weist das Zitat auf die Doktoren und deren Frauen, die Ratsherren und auch die Bürgermeister hin, die als Hexen und Zauberer verbrannt wurden. Es scheint eine fränkische Besonderheit zu sein, dass viele hoch stehende Persönlichkeiten hingerichtet wurden. Solches ist auch aus Würzburg überliefert.

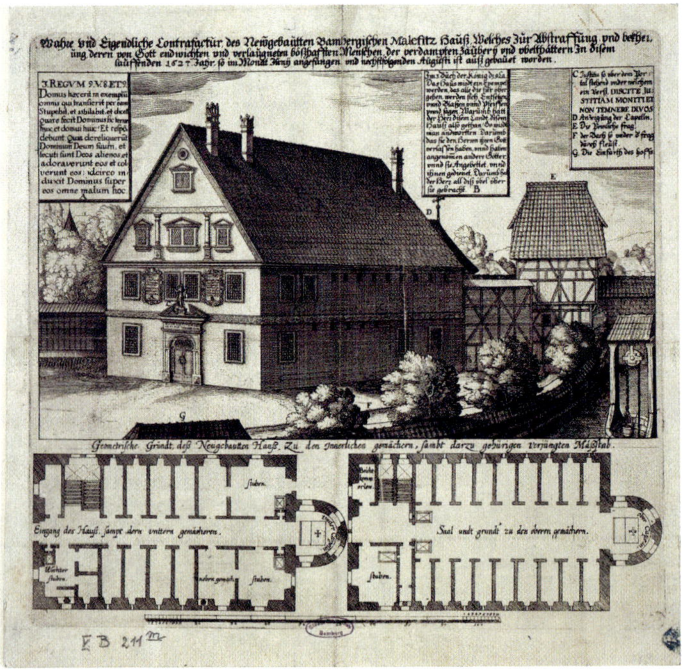

In Bamberg ließ Fürstbischof Johann Georg selbst seinen höchsten weltlichen Beamten, den Kanzler Dr. Georg Haan, samt dessen Familie verbrennen. Dieser Fall belegt, dass die Hexenkommissare sogar Personen aus den eigenen Kreisen beseitigen wollten. Der Kanzler nämlich beabsichtigte die Hexenverfolgung im Hochstift Bamberg in geregeltere Bahnen zu lenken. Viele Tricks wurden angewandt, um den Kanzler und seine Familie zu inhaftieren und hinzurichten. Selbst das kaiserliche Reichskammergericht als oberste Rechtsinstitution des Reiches konnte die Prozesse nicht verhindern. Hingerichtet wurden in den Jahren 1628 bis 1630 Kanzler Dr. Georg Haan, seine Ehefrau Katharina, der Sohn und dessen Ehefrau und zwei Töchter. Nur zwei Söhne konnten der Intrige der Hexenkommissare entgehen.

Als authentischer Zeitzeuge muss Bürgermeister Johannes Junius gelten: In seinem erschütternden Brief an seine Tochter Veronika werden die Angst und Verzweiflung der gefangenen beschuldigten „Druden" deutlich. Junius schildert zudem den Verlauf eines Verhöres und die Gegenüberstellungen mit anderen vermeintlichen Hexen. Der Bürgermeister schreibt:

„Unschuldig bin ich in das gefengnus kommen, unschuldig bin ich gemarttert worden, unschuldig muß ich sterben. Denn wer in das Haus (Hexenhaus) kompt, der muß ein Drudner werden oder wird so lange gemarttert, biß das er etwas auß seinem Kopf erdachtt weiß, und er sich erst, daß gott erbarme, uf etwas bedencke."

Auch bei anderen Begebenheiten bezüglich Hexerei scheint der Fürstbischof das Eingreifen des Kaisers oder kaiserlicher Beamter ignoriert zu haben. Zwar war Fürstbischof von Dornheim 1630 durch einen Befehl des Kaisers gezwungen, die Akten der angeklagten Dorothea Pflock an den kaiserlichen Hof zu schicken, aber die Hinrichtung der Frau konnte auch durch eine solche Maßnahme nicht verhindert werden. Fürstbischof von Dornheim sah sich später gezwungen, zur Verteidigung seiner Hexereipolitik zwei der Hexenkommissare nach Regensburg zum Reichstag

ABB. 32: GEGEN HEXEN UND ZAUBEREI – BAMBERGER MALEFIZHAUS, 17. JH.

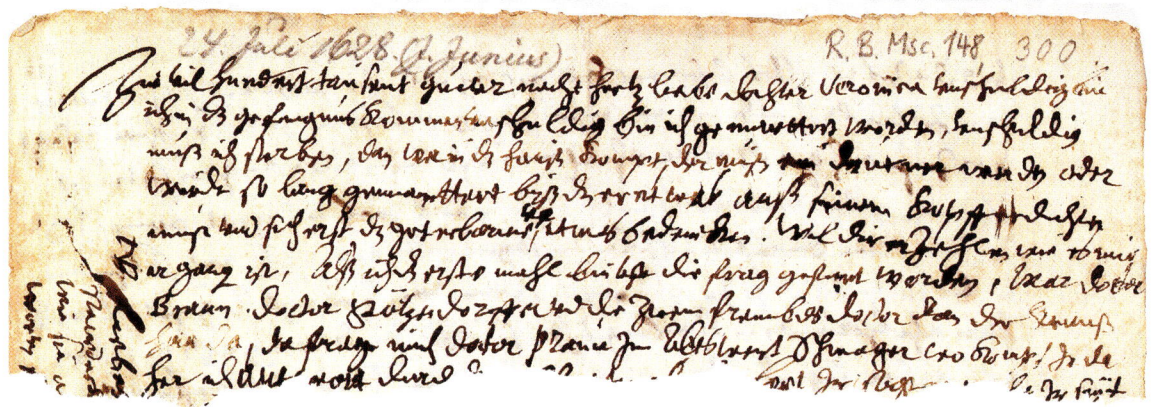

ABB. 33: BRIEF DES BÜRGERMEISTERS JOHANNES JUNIUS AN SEINE TOCHTER VERONIKA, AUSSCHNITT, 1628

zu entsenden. Sie konnten das Vorgehen gegen die Hexen jedoch nicht rechtfertigen. Daraufhin setzte der Kaiser einen Vertrauten seiner Wahl an die Spitze der Bamberger Malefizkommission. Dieser hatte allerdings keinen gravierenden Einfluss mehr auf das Ende der Bamberger Hexenprozesse: Die Schweden näherten sich nämlich bereits bedrohlich der Stadt. Neuesten Erkenntnissen zufolge trug das stärkere Eingreifen des Reichshofrats und die damit einhergehende vehemente Kritik am Prozesswesen zum Ende der Hexenprozesse bei. Vereinzelte Anklagen wegen Hexerei in den 1670er Jahren verliefen im Sande. Vielleicht spielte aber auch die äußerst gespannte finanzielle Lage des Hochstiftes eine Rolle beim Ende der Hexenprozesse. Aus dem zeitgenössischen Bericht der Dominikanerin Anna Maria Junius erfahren wir, dass sich noch zehn Personen im Hexenhaus befanden, als die Schweden die Stadt eroberten. Gegen Ableistung der Urfehde (sie durften nichts und niemandem über das Verfahren berichten) ließ man die Gefangenen frei.

Bamberg im Dreißigjährigen Krieg

Wenn auch der Dreißigjährige Krieg weniger die Residenzstadt Bamberg als vielmehr Orte des Hochstifts betraf, so blieb sie dennoch nicht verschont. Insgesamt dreizehnmal wurde die Stadt besetzt. Die Schweden und Franzosen eroberten Bamberg als Feinde, während Bayern und Österreicher als Freunde kamen. Beide Seiten hinterließen aber einen gleich schlechten Eindruck bei der Bevölkerung. An beide Seiten waren Zahlungen zu leisten, und die jeweiligen Soldaten und Tiere mussten versorgt werden. Um der Kriegsgefahr zu entkommen, verließen Fürstbischof Johann Georg II. Fuchs von Dornheim, der überwiegende Teil des Domkapitels, die Pröpste und fast der gesamte weltliche Rat die Residenzstadt. Fürstbischof von Dornheim zog sich mit seinem Gefolge in die bambergischen Besitzungen in Kärnten zurück. Dort verstarb er im Jahre 1633.

Am 11. Februar des Jahres 1632 konnten schwedische Truppen die Stadt Bamberg erobern. Sie zogen unter der Führung von Feldmarschall Horn über den Kaulberg ein. Die Bürger versuchten, sich der Eroberung zu widersetzen, indem sie vom Rathaus auf die Schweden schossen. Diese Gegenwehr war allerdings erfolglos und brachte die Schweden eher in Zorn. Feldmarschall Horn zog in das fürstbischöfliche Schloß Geyerswörth, während sich Oberst von Wildenstein im Gebäude des Jesuitenkollegs einquartierte. Nachdem die Jesuiten Bamberg verlassen hatten, wurde das Kolleg geplündert und unschätzbare Werte verschleppt oder vernichtet. Auch Oberst von Wildenstein beteiligte sich an den Plünderungen, indem er zwei mit Beutestücken beladene Wagen nach Nürnberg schickte. Kirchengebäude wurden während der Besetzung zwar nicht zerstört, aber die katholische Bevölkerung hatte sich den Schweden unterzuordnen. In den großen Kirchen durfte nur protestantischer und calvinistischer Gottesdienst stattfinden. Den Katholiken war die hl. Messe nur in der Oberen Pfarre erlaubt.

Etwa einen Monat später, am 9. März 1632, traf General Tilly vor der Stadt ein. An der Seesbrücke und am Gasthaus „Zum Einhorn" entbrannte ein heftiger Straßenkampf zwischen den katholischen und den evangelischen Truppen. Beide Seiten hatten relativ hohe Verluste zu verschmerzen; insgesamt 300 Tote waren zu beklagen. Im Juli des Jahres eroberten die Schweden unter dem Obristen Christoph von Taupadel die Stadt erneut und forderten 4 000 Reichstaler, zahlbar binnen vier Monaten. Der Stadtrat wies auf die leeren Kassen hin, deswegen seien Zahlungen nicht möglich. Um der Forderung dennoch Nachdruck zu verleihen, blieb eine Abteilung unter Oberst von Steinau in der Stadt. Einige Monate später kam Oberst Taupadel aus der Pfalz zurück und besetzte die Seesbrücke, hinter der sich die Soldaten verschanzten. Obrist Manteuffel aus dem bayerischen Heer war dem Schweden mit 1 000 Reitern knapp auf den Fersen, konnte ihn aber nicht mehr erreichen. Aus lauter Ärger gab Manteuffel seinen Soldaten die Vorstadt Bambergs (Siechenstraße) zur Plünderung frei. Im Gegenzug ließ Taupadel seine Soldaten einige Häuser ausrauben, weil er sich von den Bürgern Bambergs verraten fühlte. Auch das Kloster Michaelsberg wurde den Soldaten zum Plündern freigegeben. Anlass dafür war der Versuch einiger Bauern, schwedische Bagagewagen zu bestehlen. Dies misslang und die Bauern flüchteten auf den Michaelsberg. Dort wurden sie gefasst, einige getötet und das Kloster heimgesucht. In den Quellen ist von der Angst der Bürger vor den täglichen Diebstählen zu lesen. Selbst angesehenen Ratsherren wurden mitten auf der Straße die Mäntel weggenommen; vorsichtshalber gingen Frauen ohne Halstücher und Studenten ohne Mäntel durch die Stadt. Im Jahre 1633 konnte Herzog Bernhard von Weimar Bamberg erobern. Von diesem Ereignis berichtet der Rektor des Jesuitenkollegs Pater Döring: Am 13. August rief man die Vertreter der Bürger in die Residenz. Dort mussten sie Bernhard von Weimar Treue und Gehorsam schwö-ren. Die Weltgeistlichkeit wurde vormittags zum gleichen Eid gezwungen. Die Ordensleute gaben die Erklärung im Laufe des Nachmittags ab. 1634 wurden die Jesuiten aus der Stadt gewiesen. Als

sie im September zurückkehren konnten, herrschte dort die Pest. Ihr fiel u.a. auch Pater Döring zum Opfer.

Auch die nachfolgenden Jahre sahen Truppen beider Seiten in der Residenzstadt. Nach der Schlacht bei Nördlingen (1634) mussten die Schweden Franken verlassen. Dadurch verlor Herzog Bernhard von Weimar sein Herzogtum. Der Fürstbischof konnte wieder in sein Hochstift einziehen. 1635 kam Franz von Hatzfeld am 30. März nach Bamberg. Dort feierte er die Karwoche, wozu auch der Besuch der Hl. Gräber gehörte. Seit 1635 kämpfte Frankreich auf der Seite Schwedens. 1641 eroberte der französische Marschall Guelriant Bamberg; Mitte Januar bezog er Quartier, und am 9. März zog er wieder ab. Diesmal war das Kloster auf dem Michaelsberg hart betroffen: Fünf Wochen hatten die Benediktiner 150 Mann und doppelt soviel Artillerie- und Bagagepferde zu versorgen. Die gegnerischen Truppen besetzten 1643 unter General Christoph von Königsmark die Stadt. Der General forderte zunächst eine Leistung von 70 000 Reichstalern, begnügte sich dann aber mit 16 000 Talern. Die Bürger wurden erneut aufgefordert, alles zu geben, denn der General hatte im Umland bewiesen, dass er nicht zimperlich mit Häusern und deren Bewohnern umging. Diesmal erhielt von Königsmark etliche Kleinodien und Kirchengeräte. Als er abgezogen war, kamen zwar keine Schweden mehr ins Land und in die Stadt, dafür aber 1646 Erzherzog Leopold Wilhelm von Österreich. Die Chronik von Kloster Langheim berichtet, dass nichts heil blieb: kein Fenster, kein Ofen, keine Bettstatt, keine Tür, kein Tisch, keine Bank. Alles sei zerschlagen worden, vieles verbrannt. Im Umland seien etliche Scheunen und Häuser niedergerissen oder unbewohnbar gemacht worden. Die Chronik endet: „Endlich am 30. Mai, am Vorabend vor Fronleichnam, zog der Erzherzog mit seinen Truppen Richtung Hessen ab. Gebe Gott, dass er nicht wieder zu uns zurückkomme. Amen." Zerstört wurden hauptsächlich Häuser, die an den Einfallsstraßen lagen. Zu nennen wären Gebäude an der Oberen Königsstraße, dem Steinweg, in der Frauenstraße und auch an der Oberen Brücke. Aus einem Bericht über den Zustand des Hochstifts nach dem Dreißigjährigen Krieg erfahren wir, dass acht Städte, sechs Marktflecken, fünfund-

ABB. 34: FÜRSTBISCHOF MELCHIOR OTTO VOIT VON SALZBURG, KUPFERSTICH, 1717

Einen Baustein zur Konsolidierung des Hochstifts sollte die von ihm 1648 gestiftete „Academia Ottoniana" darstellen.

Die Academia Ottoniana, die spätere Universität

Bischof Otto Voit musste sich sowohl beim Papst als auch beim Kaiser um die Anerkennung der Privilegien, die für eine Akademie nötig waren, bemühen. Die Bamberger Tradition, wonach die Lehre bei den Jesuiten lag, sollte nicht unterbrochen werden. Es wurden neun Lehrstühle errichtet, die sich in zwei Fakultäten aufteilten: eine theologische und eine philosophische. In Deutschland einzigartig war die Schaffung eines Lehrstuhls für Kirchengeschichte. Die feierliche Eröffnung der „Academia Ottoniana" fand am 1. September 1648 statt. Mit einem Hochamt im Dom wurden die Festlichkeiten begonnen. Nach der öffentlichen Vorlesung der beiden Privilegien des Kaisers und des Papstes erhielt der Rektor die Amtszeichen seiner Würde. Mit Fanfaren, Pauken und Kanonendonner wurde die aufwändige Feier begangen, auf der auch ein Theaterstück, ein Feuerwerk und zwei Brunnen, aus denen Wein floss, zu bestaunen waren. Den Ernst des Anlasses unterstrich die Rede des neuen Kanzlers. Um die eben erworbenen Rechte zu demonstrieren, wurden an den beiden folgenden Tagen Doktorgrade in Theologie und Philosophie verliehen. Etwa einhundert Jahre erfüllte die „Academia Ottoniana" ihren Zweck zur allgemeinen Zufriedenheit.

Ein Desiderat, das immer deutlicher wurde, war das einer juristischen Fakultät. 1735 verkündete Fürstbischof Friedrich Karl von Schönborn schließlich die Errichtung einer Fakultät für das Studium der Rechtswissenschaften. Im ersten Jahr ihrer Existenz erhielt sie zunächst zwei Lehrstühle; weitere sollten folgen. Im selben Jahr (1735) wurde auch ein Lehrstuhl für Anatomie errichtet, der aber in den Anfangsschwierigkeiten stecken blieb. Erst 101 Jahre nach ihrer Gründung erhielt die Academia Ottoniana zudem die Lehrerlaubnis für Medizin. Zu Beginn der 1770er Jahre war ein volles Medizinstudium an der Bamberger Universität möglich. Damit waren jedoch die Bestimmungen des jesuitischen Studiums überschritten,

sechzig Dörfer und sieben Schlösser niedergebrannt, zerstört und unbewohnbar gemacht worden waren. Dazu sind noch solche Gebäude zu zählen, die verfielen, nachdem ihre Bewohner umgebracht worden waren. Im Hochstift muss von einer Dezimierung der Bevölkerung von rund 40 Prozent ausgegangen werden.

Auch in der Regierungszeit des Fürstbischofs Melchior Otto Voit von Salzburg erlitt das Hochstift etliche Truppendurchzüge, Einquartierungen, Hungersnöte und Seuchen. 1642 vernichtete große Kälte den gesamten Wein und die neue Saat. Der Handel lag danieder. An den Friedensverhandlungen in Osnabrück und Münster, die den Dreißigjährigen Krieg beendeten, war Fürstbischof Otto Voit von Salzburg als Direktor des fränkischen Reichskreises beteiligt. Trotz endgültiger Gebietsverluste an die Protestanten, einer nicht unerheblichen Dezimierung der Bevölkerung und einer zu zahlenden Kriegsentschädigung von 100 000 Gulden bemühte sich der Fürstbischof um die Stabilisierung der Lage.

ABB. 35: BESTÄTIGUNGSURKUNDE DER BAMBERGER AKADEMIE VON JESUITENGENERAL VINZENZ CARRAFA

die ein Medizinstudium ausschlossen. Als 1773 der Orden der Jesuiten vom Papst aufgehoben wurde, bestand die Bamberger Universität fort. Der Rektor wurde alle zwei Jahre von den Fakultäten gewählt. Der Dompropst regierte als Kanzler. Nun wurden auch die Medizin und die Rechtswissenschaften der Theologie und der Philosophie gleichrangig zur Seite gestellt. Einen großen Förderer erhielt die Universität in der Person des Fürstbischofs Franz Ludwig von Erthal (1779–1795). Als Mann mit Interessen an den Naturwissenschaften erweiterte er die Bibliothek und legte durch den Ankauf des Naturalienkabinetts den Grundstock für das heutige Naturkundemuseum. 1802/03 wurde Franken Kurbayern zugeschlagen, was die faktische Auflösung der Universität zur Folge hatte: Die medizinische und die juristische Fa-

kultät wurden aufgehoben. Die anderen beiden verloren ihr Promotionsrecht. Nach der Säkularisation präsentierte sich die Universität also wieder so, wie Fürstbischof Otto Voit von Salzburg sie 1648 vorgefunden hatte.

Auf dem Weg zur Normalität: Vom Westfälischen Frieden zum Barock in Bamberg

Der Dreißigjährige Krieg hatte in Bamberg nicht nur leere Kassen, sondern auch zerstörte Dörfer und eine durch Seuchen und Hunger verminderte Bevölkerungsanzahl hinterlassen. Trotzdem begann Fürstbischof Otto Voit von Salzburg (1642–1653) seine Regierungszeit optimistisch. Als er in Bamberg Einzug halten konnte, gründete er, wie oben beschrieben, die Academia Ottoniana. Er war es auch, der trotz der Ebbe in den Kassen mit der barocken Umgestaltung des Domes Zeichen setzte. Neues war nicht zu finanzieren, aber Altes konnte umgestaltet werden. Die Barockisierung des Domes, wie sie uns auf Bildern überliefert ist, dauerte allerdings Jahrzehnte. Die Stadt selbst hatte durch die Schwedenbesetzungen bzw. die Rückeroberungen der Truppen der Liga gelitten. Es gab Baulücken und Ruinen, und sie konnten nur langsam beseitigt werden. Wie die fürstbischöfliche Regierung versuchte, an Geld zu kommen, bzw. sich bemühte, keines auszugeben, soll am Beispiel der Geyerswörthbrücke verdeutlicht werden. 1642 war die Brücke so baufällig, dass nur ein Neubau in Frage kam. Die angespannte Finanzlage stand dem jedoch entgegen. Der Fürstbischof verkaufte daraufhin kurzerhand dem Müller der Brudermühle, Hans Rehe, die so genannte Bischofsmühle. Kaufpreis waren 600 Gulden in bar, dazu die Kosten für Abriss und Neubau der Geyerswörthbrücke. Holz, Eisen, Kalk und Stein wurden vom Stift gestellt. Die Arbeitskosten für die Zimmerleute, Maurer und Tagelöhner hatte der Käufer zu bezahlen. Ihm fielen auch die Holzreste der alten Brücke und teilweise die Abfälle der neuen Brücke zu.

Nach dem Krieg nahmen die Jesuiten wieder die Seelsorge in Bamberg auf. In welch hohem Ansehen sie bei den Bürgern der Stadt standen, wird im Jahre 1650 deutlich. Zum Bartholomäusfest (24. August) initiierten sie eine öffentliche Armenspeisung auf dem Marktplatz. Dafür wurde so viel gesammelt, dass noch viel mehr Menschen satt geworden wären. Auf der Marktstraße stellte man Tische, die mit weißem Leinen gedeckt waren, und lange Bänke auf. Als die Glocken zur Mittagszeit läuteten, setzten sich etwa 400 Notleidende. 70 Bürgertöchter und einige Scholaren aus dem Kolleg versorgten sie mit Speisen und Getränken. Am folgenden Tag wurden noch mindestens 150 Arme in den Spitälern auf ähnliche Weise bedacht. Man nannte diese Speisung das „Friedensmahl für die Stadtarmen".

Der Nachfolger auf dem Bischofsstuhl, Philipp Valentin Voit von Rieneck (1653–1672), setzte die konsequente Sparpolitik mittels der Errichtung einer sparsamen Verwaltung fort. Von Rieneck beendete die

Mitwirkung der Stände an der Politik: Er berief kurzerhand den Landtag, das Sprachrohr der Stände, nach 1662 nicht mehr ein. Ferner stiftete der Fürstbischof ein Waisenhaus auf dem Kaulberg, das der hl. Magdalena geweiht war. Zudem legte er 1654 den Grundstein für das Kapuzinerkloster an der Regnitz.

Peter Philipp von Dernbach (1672–1683), der seit 1675 auch Fürstbischof von Würzburg war, wollte die Rechte des Domkapitels wesentlich beschneiden. Trotz der Unterstützung durch den Kaiser konnte der Fürstbischof die angestammten Rechte des Kapitels nur teilweise einschränken. Während seiner Regierungszeit begannen sich allmählich die barocken Formen in der Stadt durchzusetzen. Markantestes Beispiel ist wohl die Fassade der Stephanskirche, die der Baumeister Antonio Petrini gestaltete. Fürstbischof von Dernbach hatte im Jahre 1673 einen gewaltigen Streit mit dem Abt des Benediktinerklosters auf dem Michaelsberg, Roman Knauer. Der Fürstbischof beschuldigte den Abt, die fürstbischöfliche Kasse mittels einiger Tricks zu leeren. So sollte Knauer z.B. Fuhrleuten Pässe ausgestellt haben, womit der landesherrliche Zoll hintergangen wurde. Auch habe der Abt die Jagd-, Brau- und Weinrechte unrechtmäßig ausgedehnt. Darauf eilte der Abt nach Wien, um sich dort über seinen Landesherrn zu beschweren. Nach seiner Rückkehr verhaftete man ihn wegen Auflehnung und Verleumdung und setzte ihn in der Alten Hofhaltung gefangen. Nach neunzehn Wochen unterschrieb Abt Knauer eine demütige Abbitte. Diese widerrief er aber gleich nach seiner Freilassung, da sie ihm abgezwungen worden sei. Daraufhin zogen 42 Soldaten auf den „Mönchsberg", um den Abt zu suspendieren. Die Streitigkeiten zogen sich nach dieser Eskalation noch über Jahrzehnte hin.

Ein bis heute berühmtes und einflussreiches Geschlecht stellte den Nachfolger auf dem Bamberger Fürstbischofsstuhl. Marquard Sebastian Schenk von Stauffenberg übernahm das Amt in der Zeit von 1683–1693. Zwar musste er dem Domkapitel wieder etliche Rechte zugestehen, konnte aber beginnen, die Stadt Bamberg nach den Idealen des Barock umzugestalten. Im Inselgebiet sticht die Fassade der heutigen Martinskirche ins Auge. Bei der Grundsteinlegung im Jahre 1686 war viel Volk versammelt. Der Fürstbischof erschien in vollem Ornat. Ihn begleiteten das Domka-

ABB. 36: GRÜNER MARKT MIT STADTPFARRKIRCHE ST. MARTIN, VORMALS KIRCHE ZUM HEILIGSTEN NAMEN JESU

pitel, der Adel, die adeligen und weltlichen Herren des Hofstaates, die Stifts- und Klostergeistlichen, der Magistrat und die bewaffneten Bürger aus den vier Stadtteilen. Wie bei solchen Festen üblich schallten Pauken, Trompeten und Geschützdonner durch die Straßen. Die Fassade der ehemaligen Jesuitenkirche wurde 1690 fertiggestellt. Und drei Jahre später, 1693, konnte das Bauwerk der Brüder Georg und Johann Leonhard Dientzenhofer von ihm geweiht werden. Sein größtes persönliches Bauwerk hinterließ er uns in Memmelsdorf, das Schloss Seehof, auch „Marquardsburg" genannt.

Bambergs Zeit unter der Regierung der Familie von Schönborn (1693-1746)

Im Jahre 1693 kam mit Lothar Franz von Schönborn eine Persönlichkeit auf den Bamberger Bischofsstuhl, die sowohl als Privatmann wie auch als Bischof und Fürst zu den großen Bauherren des Barock zählt. Begonnen hatte der Aufstieg der Schönborn in den Kreis der führenden Familien des Reiches mit seinem Onkel Johann Philipp (1605–1673), welcher sich in der Position des Fürstbischofs und Kurfürsten von Mainz durch eine sehr geschickte Politik Respekt und Reichtum erworben hatte. Er war zielstrebig bemüht, sich Prestige, Ämterpatronage, Besitzerwerb und repräsentative Darstellung zu sichern und zu erweitern. Dazu war es nötig, wenigstens einem Familienmitglied zu einem geistlichen Fürstentum zu verhelfen. Das war nur über ein Reichsstift zu erreichen. Nach dem Tod eines Bruders im Jahre 1674 hatte nur Lothar Franz noch Chancen, über das Domkapitel in einem Reichsstift Karriere zu machen und ein geistliches Fürstentum zu erlangen. Aufgrund des Schönborn'schen Beziehungsgeflechtes war dies am ehesten in den Domkapiteln Mainz, Würzburg und Bamberg möglich. Dort hatte er nämlich jeweils die Stelle eines Domkapitulars inne. Mit dem Tod des Fürstbischofs

Marquard Sebastian Schenk von Stauffenberg bot sich ihm 1693 in Bamberg eine gute Gelegenheit, für die Wahl des neuen Fürstbischofs zu kandidieren. Seine Erfahrung im Dienst am Hochstift und sein gutes Verhältnis zum Fürsten sprachen für seine Person. Das Domkapitel sah in Lothar Franz von Schönborn eine Fortsetzung der kaisertreuen, proösterreichischen Politik für die Erhaltung der geistlichen Fürstentümer und der katholischen Konfession.

Am 16. November 1693 wurde Lothar Franz von Schönborn zum neuen Fürstbischof von Bamberg gewählt. Verbunden war die Wahl mit einer Wahlkapitulation, der schärfsten, die es jemals im Hochstift Bamberg gab. Um seine Wahl nicht zu gefährden und um ein gutes Auskommen mit dem Domkapitel bemüht, stimmte er der Wahlkapitulation zu. Im Grunde war ihm seine Bautätigkeit zunächst unwichtig, denn in Bamberg ging es ihm in erster Linie darum, sein Fortune zu machen, d. h. durch das fürstbischöfliche Amt sein eigenes Ansehen und seine materielle Situation

zu verbessern. Das Reichsstift Bamberg wurde für Fürstbischof Lothar Franz von Schönborn zum Ausgangspunkt einer Politik, die in der Treue zum Kaiser und Erzhaus und der Erhaltung der katholischen Reichsstifte ihre Ausprägung fand. In seiner Regierungsdevise findet diese Politik ihren Niederschlag: „Pro Deo, Caesare et Imperio". Die notwendige Basis zur Erreichung seines Ziels war die Vereinigung mehrerer Stifte in seiner Hand. Am 2. September 1694 wurde er zum Koadjutor und ein halbes Jahr später (31. März 1695) zum Erzbischof und Kurfürsten zu Mainz gewählt. Das Mainzer Domkapitel setzte große Hoffnungen auf den als politisch versiert geltenden Lothar Franz. Es erwartete sich für sein eigenes Territorium vom wirtschaftlich recht gesunden Bamberger Hochstift Unterstützung und Rückhalt und eine Aufstockung der politischen und militärischen Sicherheit. Als Lothar Franz das Bamberger Hochstift übernahm, befand sich dessen Finanzhaushalt in einem recht positiven Zustand. Seine beiden Vorgänger hatten einen

ABB. 37: MITGLIEDER DES HAUSES SCHÖNBORN, VORNE 1. V. LINKS FRIEDRICH KARL, HINTEN 2. V. LINKS LOTHAR FRANZ, HOCHALTAR, PFARRKIRCHE GAIBACH

soliden Finanzhaushalt hinterlassen, auf den Lothar Franz und sein Neffe Friedrich Karl setzen konnten.

Von einer besonderen Episode zur Regierungszeit Lothar Franz von Schönborns erfahren wir aus einem Brief des Jesuitenpaters und Rektors des Bamberger Kollegs Bayer. Er schreibt an den Provinzial in Mainz vom Besuch des preußischen Königs Friedrich Wilhelm und seines Sohnes Friedrich des Großen. Nachdem ihnen vom Volk zugejubelt worden war, besichtigten sie den Domschatz. Für die Jesuiten überraschend, besuchten die beiden dann die Gesellschaft Jesu, bei der sie von den Patres und Brüdern in der Kirche willkommen geheißen wurden. Der König ließ sich die Kirche ausführlich zeigen und stellte dem Rektor etliche Fragen, die Größe des Kollegs und Seelsorgetätigkeiten der Patres betreffend. Friedrich der Große nahm sich die Zeit, das Kolleg zu besuchen. Der Besuch war mehr eine Stippvisite, denn nach der Besichtigung des Refektoriums und nach einem Glas Wein verließ er das Haus wieder. Auf dem Rückweg lobte er die Jesuitenkirche als die schönste am Ort. Am nächsten Morgen ließen sich die beiden Hoheiten die vorüberziehende Prozession, aus Anlass der Heinrichsoktav, erklären. Bald darauf verließen sie die Stadt. Sie hatten auf die Bürger einen guten Eindruck gemacht, wenngleich bemerkt wurde, dass sie keine vornehme Unterkunft bezogen hatten.

Friedrich Karl von Schönborn, der seit 1729 schon Würzburger Bischof war, wurde von seinem Onkel zum Koadjutor bestimmt. 1734 wählte das Domkapitel Friedrich Karl zum Fürstbischof Bambergs. Um sich seinen beiden Territorien besser widmen zu können, verzichtete Friedrich Karl 1734 auf die Reichsvizekanzlerschaft. Damit zog er sich ganz aus der Reichspolitik, die sein Onkel intensiv betrieben hatte, zurück. Für Bamberg änderte sich einiges: Der neue Fürstbischof weigerte sich, die ihm vom Domkapitel vorgelegten Wahlkapitulationen zu unterschreiben. Damit verlor das Kapitel entscheidend an Macht und wurde zum Beratungsgremium degradiert. Wenn auch noch nicht endgültig, so wurden den Immunitäten doch entscheidende Rechte beschnitten. Sie verloren ihre Privilegien und wurden dem Stadtgericht unterstellt.

Lothar Franz von Schönborn hatte es sich zur Aufgabe gemacht, die Verwaltung des Hochstifts zu reformieren. Fähige Berater besaß er etwa in Wolf Philipp von Schrottenberg und Johann Ignaz Tobias Böttinger. Mit ihren beiden Stadtpalais haben sie sich im Bamberger Stadtbild gewissermaßen verewigt. Während das Böttingerhaus in der Judenstraße durch seine Prachtfassade ins Auge sticht, wirkt das Schrottenbergpalais fast schlicht. Die beiden Schönborn-Bischöfe bemühten sich, den Handel und das städtische Gewerbe zu beleben. Durch Verordnungen wurden der Handel, vor allem der Getreidehandel, und das Handwerk reglementiert. Dass die Bürger der Stadt nicht immer mit seiner Handelspolitik zufrieden waren, belegt der Aufstand im Jahre 1699: Der Fürstbischof wollte einheimisches Getreide als Handelsgut verkaufen, obwohl in Stadt und Land Getreideknappheit herrschte. Im April des Jahres wurden die Wagen vom Kaulberg hinab zum Kranen gebracht, von wo aus die Ladungen verschifft werden sollten. Die Wagen wurden aber gestürmt und das Getreide fortgeschafft. Die Wehr des Rates war diesem Getümmel hilflos ausgeliefert. Nachmittags plünderte die aufgebrachte Menge einige Häuser von Juden, da man vermutete, sie hätten den Getreidehandel veranlasst. Als sich das Gerücht verbreitete, Studenten wären an den Unruhen beteiligt, gingen der Rektor und die Professoren in die Menge, um die Studenten in ihre Wohnungen zu schicken. Der Fürstbischof ging hart gegen die Studenten vor und ließ etliche verhaften. Andere erhielten Ausgehverbot. Als Antreiber des Aufstands wurde später unter der Führung des Spielmannes Andreas Semmelmann so gen. liederliches Gesindel ausgemacht. Eine verstärkte Garnison sorgte wieder für Ruhe in der Stadt. Trotzdem konnte nicht verhindert werden, dass der Aufstand auf das Bamberger Umland übergriff und es auch dort zu Ausschreitungen gegen Juden kam.

Zu einem bedeutenden Wirtschaftszweig der Stadt entwickelte sich das Bauwesen. Um sich die Bautätigkeit zur Regierungszeit Lothar Franz' vor Augen zu führen, seien nur die bedeutendsten Bauwerke aufgezählt: die Neue Residenz, das neue Jesuitenkolleg, der Gabelmann-Brunnen, das Institut der Englischen Fräulein, das Schlachthaus an der Regnitz, außerhalb Bambergs Schloss Weißenstein in Pommersfelden. Um auch die Bürger der Residenzstadt zum Bau von neuen, „modernen", d.h. Steinhäusern zu animieren, er-

ABB. 38: MAXIMILIANSPLATZ GEGEN WESTEN, AQUARELLIERTE FEDERZEICHNUNG, KARL THEODOR VON BUSECK, UM 1830

ließ der Fürstbischof im Jahr 1700 ein Dekret. Danach wurden die Erbauer über Jahre von der Steuer befreit. Für einen verputzten Fachwerkbau wurden zwei Jahre erlassen und bis zu zwanzig Jahre für ein dreigeschossiges Steinhaus. In Franken nahezu unbekannt war das organisierte Bauhandwerk der aus Prag stammenden Familie Dientzenhofer, die in der Literatur als „Baufirma" bezeichnet wird. Leonhard Dientzenhofer (1660–1707) wurde sogar Hofbaumeister. Außerdem gab es noch Hofmaler, Hofbildhauer etc., die im Dienste des fürstbischöflichen Hofes standen. Daran erkennt man die inzwischen wieder gefüllten Kassen. Um den barocken Lebensstil zu verwirklichen, waren allerdings noch andere Berufe nötig: Was wäre eine barocke Gartenanlage ohne den Gärtner, die Küche ohne den Koch, ein Fest ohne die Musik oder die Häupter ohne die Perückenmacher? Hoflieferanten und Hofhandwerker bildeten eine privilegierte, gut situierte Gruppe in der Stadt.

Natürlich konnte es nur einer Minorität so gehen, dass sie sich ein Stadtpalais erbauen oder pompöse Feste feiern konnte. Die Mehrzahl der Bevölkerung Bambergs lebte als Mittelständler oder als Arme in der Stadt. Zu den Armen zählten abgedankte Soldaten, mittellose Handwerker, Taglöhner, Bettler, Dirnen und andere Menschen, die „auf der Straße lebten". Die Armut muss als Nachwirkung des Dreißigjährigen Krieges gewertet werden. Die Fürstbischöfe versuchten, die damit verbundenen Probleme mittels so gen. Armenordnungen zu bewältigen. Einige der Mittellosen konnten in den Spitälern oder Armenhäusern unterkommen. Die Masse aber blieb obdachlos und ohne Arbeit. In die Armenhäuser durften nur Einheimische aufgenommen werden. Umherziehende Bettler wurden des Landes verwiesen und im Wiederholungsfall z.B. als Galeerensklaven nach Venedig verkauft. Oder man verschickte sie an die Grenzen, wo sie das Land gegen die Türken sichern sollten, oder wies sie als Arbeitskräfte in ungarische Bergwerke ein. Seit der Mitte des 18. Jahrhunderts diente das Zuchthaus am Ufer der Regnitz als Arbeitshaus und Erziehungsanstalt.

Einen wichtigen Schritt, um die Ausbildung der weiblichen Jugend der Stadt zu verbessern, unternahm Fürstbischof Lothar Franz von Schönborn im Jahre 1716. Am 25. Juni willigte er in die Institutsgründung der Englischen Fräulein der Maria Ward in Bamberg ein. Um die Erlaubnis in Empfang zu nehmen, vor allem aber um Grundeigentum zu erwerben, kam die Oberin Anna von Rehlingen nach Bamberg. Sie konnte zwei Häuser und einen Garten am jetzigen Holzmarkt kaufen. Ein Jahr später, am 22. Juni 1717, kam Anna von Rehlingen mit sechs Lehrerinnen nach Bamberg, um den Unterricht im Institut aufzunehmen. Durch ein Geschenk von 2 500 fl. aus den Händen Weihbischofs Werner Schnatz konnte der Bau einer Kapelle ermöglicht werden. Der Plan für ein einheitliches Institutsgebäude war auch schon fast fertig. Da sich der Unterricht der Englischen Fräulein großer Beliebtheit erfreute, mussten weitere Gebäude in der Nachbarschaft gekauft werden, um das Institut vergrößern zu können. Die Baumaßnahmen brachten das Institut in große finanzielle Bedrängnisse. Diese konnten 1777 durch das Erbe der Bürgermeisterswitwe Maria Agnes Sattelbacher gemildert werden. Erzbischof Franz Ludwig von Erthal ließ das alte Schulhaus im Vorderen Graben abreißen und durch ein neues ersetzen. Von der Säkularisation blieb das Institut aufgrund der Bedürftigkeit zwar verschont, doch wurde den Schwestern verboten, weiterhin Mädchen zu unterrichten.

Das Kloster der Englischen Fräulein war im Bamberg des 17. und 18. Jahrhunderts nur eines von vielen Klöstern. Kirchen, Kapellen und Klöster prägten das Stadtbild. Die sprichwörtliche barocke Frömmigkeit wurde durch die Tätigkeiten der Frauen- und Männerorden manifestiert. Aus den Akten, die anlässlich des geforderten Adliminabesuchs Fürstbischofs von Stauffenberg (vertreten durch den Chorherrn von St. Jakob, Johann Friedrich Karg von Bebenburg) für das Jahr 1692 überliefert sind, erfahren wir vieles über die pastorale Situation der Stadt: An der Pfarrkirche St. Martin lebten 4 989 und an der Oberen Pfarre 4 879 Gläubige. Am Dom waren 58 Geistliche tätig. An den beiden großen Stadtpfarrkirchen waren neben dem jeweiligen Pfarrer je zwei Kapläne und ein anderer Geistlicher beschäftigt. An den vier Kollegiatskirchen St. Stephan, St. Gangolf, St. Jakob und

dem Domstift wurden zusätzlich 589 Gläubige betreut. Zu den genannten Geistlichen sind außerdem die Orden mit ihren Patres und Brüdern zu nennen. Man kann also von etwa 10 000 Gläubigen und etwas mehr Bewohnern ausgehen. Einige Missstände mussten in Stadt und Hochstift geregelt werden. Die Fürstbischöfe nahmen sie mittels Verordnungen in Angriff. Im Jahre 1679 wurden die Jahrmärkte und Messen von den Sonn- und Feiertagen auf den nächsten Werktag verschoben. Zudem wurde die Einhaltung der Sonntagsruhe strenger als vorher kontrolliert. Die kirchliche Disziplin sollte durch Dekrete, die das Schwören und Fluchen verhindern sollten, erhalten und gehoben werden.

In ihrer Tätigkeit wurden die Orden und Pfarreien von dem erneuten Aufkeimen des Bruderschaftswesens gestützt. Ihr starker Zulauf ließ die Bruderschaften zum prägenden Faktor für die Stadt werden. Das manifestiert sich neben ihrer großen Zahl auch in ihren Stiftungen zur Ausgestaltung von Kirchen. Der Kirche der Jesuiten und den beiden großen Pfarrkirchen waren sieben marianische Bruderschaften und mehrere Sodalitäten angegliedert. Unter ihnen hebt sich besonders die marianische Herren- und Bürgersodalität hervor. Die anderen Orden der Stadt, zu nennen sind Kapuziner, Karmeliten, Franziskaner, Benediktiner und Dominikaner, hatten jeweils ihre eigenen Bruderschaften. Zu den alten Bruderschaften der städtischen Berufe und rein kirchlichen Gruppen kamen im 17. und 18. Jahrhundert neue Bruderschaften mit Motiven barocker Frömmigkeit auf, etwa die Todes-Angst-Bruderschaft oder die Bruderschaft der Sieben Schmerzen Mariens. Von den Gemeinschaften ging eine aktive Teilnahme an Andachten, Wallfahrten, Prozessionen und Marienverehrung aus. In der Stadt Bamberg lassen sich zahlreiche Mariendarstellungen mit verschiedenen Motiven in den Kirchen finden. All diese Gnadenbilder erhielten von geistlichen oder bürgerlichen Stiftungen eine reiche Ausschmückung. Aus der Verehrung der Gnadenbilder der Maria-Hilf-Kapelle in der Wunderburg und der Oberen Pfarre entwickelten sich mit der Zeit Wallfahrten. Für die Obere Pfarre ist die erste Marienprozession durch die Stadt im Jahre 1702 nachweisbar. Von der Pfarrkirche ausgehend stand der erste Altar am Haus „Zum Marienbild" am Pfahlplätzchen, der

ABB. 39: GELEBTE FRÖMMIGKEIT – PROZESSION VOR DER OBEREN PFARRE

zweite in der Pfarrkirche St. Martin, der dritte an der Brudermühle unter der geschnitzten Himmelfahrtsgruppe. Danach zog die Prozession wieder in die Kirche ein. Zur barocken Frömmigkeit gehörten auch die von Menschen dargestellten Leiden Christi in der Karwoche.

Der barocke Schmuck der Marienfiguren, z. B. in der heutigen Jesuitenkirche oder in der Oberen Pfarre, wurde weitgehend von Bürgern gestiftet. In vielen Testamenten sind Stiftungen an Kirchen und Klöster überliefert. Bedacht wurden auch einzelne Altäre, wo Kerzen aufgestellt oder Messen gelesen werden sollten. Häufig zogen Bitt- und Dankprozessionen durch die Stadt. Neben der oben erwähnten Marienprozession gab es natürlich die große, prächtige Prozession an Fronleichnam vom Domberg auf das Inselgebiet und zurück. Zusätzlich gab es die Anna-, Sebastiani-

und Urbaniprozessionen der Zünfte in den Stadtvierteln. Wenn ein Fürstbischof in sein Amt eingeführt wurde, hielt man eine Dankprozession ab. Erwähnt wurden schon die aus verschiedensten Anlässen veranstalteten Prozessionen der Jesuiten.

Nicht nur Lothar Franz von Schönborn prägte durch seine Bauten das Bamberger Stadtbild. Auch sein Neffe Friedrich Karl war von der Lust am Bauen erfasst. 1732 begann der Neubau des Klerikerseminars, an dem die weltlichen Geistlichen ausgebildet wurden. Der Fürstbischof konnte für die Planung des Baues (heutiges Rathaus am Maxplatz) den bekannten Würzburger Architekten Balthasar Neumann gewinnen. Als Pendant entstand auf der gegenüberliegenden Seite des heutigen Maxplatzes, an dessen Stelle bis zum Beginn des 19. Jahrhunderts die Pfarrkirche Alt-St. Martin stand, der Neubau der „Vereinigten Spitäler". Im Jahr 1738 bezogen die Pfründner des St.-Katharinen- und des St.-Elisabethen-Spitals den imposanten Baukomplex.

Vom Barock über die Aufklärung zur Säkularisation

Unter Fürstbischof Johann Philipp Anton von Franckenstein (1746–1753) wurde das Stadtbild um die steinerne Seesbrücke Balthasar Neumanns bereichert. Der verheerende Eisgang von 1784 sollte sie zerstören. Außerdem fiel in die Regierungszeit Fürstbischof Johann Philipps das 100-jährige Bestehen der Universität. Über acht Tage zogen sich die Feierlichkeiten mit Gottesdiensten, Promotionen und Theateraufführungen hin. Am 1. Januar 1754 gab Johannes Georg Gärtner, ein Leutnant und Auditor, die erste Zeitung für die Stadt heraus: die „gemeinnutzliche Hochfürstliche bambergerische Wöchentliche Frag- und Anzeige Nachrichten".

Im Jahre 1750 war ein die Bamberger Stadtgeschichte prägendes Element aufgelöst worden. Die Immunitäten, eigene Rechtsbezirke innerhalb der Stadt, wurden durch einen Vertrag zwischen Fürstbischof und Domkapitel aufgehoben. Gegen eine ständige Einnahme von 4000 Gulden verzichteten die Domkapitulare auf ihre Rechte in den vier Immunitätsgebieten (St. Stephan, St. Gangolf, St. Jakob und

ABB. 40: RAUBZUG PREUSSISCHER TRUPPEN IN BAMBERG, KUPFERSTICH, J. A. STOCKMANN, 1758

Kaulberg) und übertrugen diese dem Fürstbischof. Die Gerichtsbarkeit wurde den Immunitäten bzw. deren Herren endgültig von Fürstbischof Franz Ludwig von Erthal (1779–1795) entzogen. Der Bischof teilte 1750 die Stadt in vier Bezirke ein, die sich alle am Brückenrathaus als Zentrum berührten. Die Stadt wurde durch den linken Regnitzarm als Nord-Süd-Achse und die Straßenführung von der Seesbrücke über das Rathaus zum Bach aufgeteilt. Diese Bresche stellte die Ost-West-Achse dar. Jedem dieser Viertel stand ein Bürgermeister mit Ratsherren vor, die Aufgaben der Verwaltung, der niederen Gerichtsbarkeit und Polizeiaufgaben wahrnahmen. Eingesetzt wurden diese weltlichen Würdenträger allerdings vom Fürstbischof, der sich somit die Macht über die Stadt Bamberg sicherte.

Wieder einmal erreichte die Geschichte, die zumindest Europa berührte und aufrüttelte, in Form eines Krieges Bamberg. Während sich die Fürstbischöfe Friedrich Karl von Schönborn und Johann Philipp Anton von Franckenstein im preußisch-österreichischen Erbfolgekrieg (1740–1742 und 1744/45) neutral verhielten, wich ihr Nachfolger von dieser Position ab. Franz Conrad von Stadion (1753–1757) schloss sich zu Beginn des Siebenjährigen Krieges Österreich an. Sein Nachfolger Adam Friedrich von Seinsheim (1757–1779) hatte sich bereits mit seinem Hochstift Würzburg den Österreichern angeschlossen, als er den Bamberger Fürstbischofsstuhl bestieg. Damit war die Bindung an Österreich manifestiert. Hierdurch wurden die Hochstifte Würzburg und Bamberg intensiv in den Siebenjährigen Krieg hineingezogen. Dies umso mehr, als sich der gesamte Fränkische Kreis am 7. Oktober 1756 hinter Österreich stellte. Mit diesem Beschluss wurde die Kriegsmacht um das Dreifache verstärkt. Das forderte natürlich die Preußen heraus.

Bei der ersten Berührung des Hochstifts mit dem Feind blieb die Stadt Bamberg selbst verschont. Feindliche Truppen zogen von Böhmen nach Sachsen, wobei sie etliche Städte und Dörfer zerstörten. Am 13. Juni 1757 verbreitete sich in Bamberg das Gerücht, dass sich feindliche Husaren im Hauptsmoorwald aufhielten. Daraufhin wurden bürgerliche Schützen außerhalb der Stadttore postiert. Um die Stadt nachts zu erleuchten, hing man brennende Pechkränze auf. Doch erst im Mai 1758 wollte Generalleutnant von Driesen mit 6 000 Fußsoldaten und 600 Reitern die Bamberger Magazine erobern. Die Regimenter der Reichsarmee hatten sich auf der Seesbrücke und der Oberen Brücke mit je zwei Kanonen postiert. Mannschaften waren an der Hauptwache, auf dem Residenzplatz und auf dem Michaelsberg aufgestellt. Am 31. Mai erreichte das Freikorps des Oberst von Mayer die Theuerstadt, wo es zu einem Straßenkampf mit Soldaten unter General von Rosenberg kam. Aufgrund des Kampfes gingen in der heutigen Josefstraße etwa 30 Häuser und 26 Nebengebäude in Flammen auf. Bürger, die versuchten, das Feuer zu löschen, wurden von den preußischen Soldaten beschossen. Der Bamberger Vicedom (Statthalter des Bischofs) Alexander von Rotenhan traf mit von Driesen die Abmachung, dass die Reichstruppen binnen 24 Stunden die Stadt verlassen und die Gegner die Magazine erhalten sollten. Gegen Mitternacht zogen die Preußen in Bamberg ein. Nach Verhandlungen mit dem in Würzburg weilenden Fürstbischof wurde festgelegt, dass die feindlichen Truppen nach Zahlung von einer Million Reichstalern die Stadt verlassen würden. Um sich seines Geldes zumindest teilweise zu versichern, ließ von Driesen das gesamte Bargeld der Stadt sowie Kirchengeräte und Bilder aus der Stadt schaffen. Am 8. Juni vernichteten die Besatzer alle Gewehre, indem sie sie in die Regnitz warfen. Auf die vier Stadtviertel waren ca. 5 000 Soldaten zur Einquartierung verteilt, die Unterbringung kostete pro Tag etwa 7 000 Gulden. Sechs Geiseln, darunter der Vizedom von Rotenhan, wurden am 10. Juni 1758

mit nach Magdeburg genommen. Auch das gesamte Kirchen- und Hofsilber wurde nach Magdeburg transportiert. Die Geiseln konnten erst im September nach Bamberg zurückkehren.

Etwa ein Jahr später hatten sich die Preußen im Fränkischen gegen die Reichsarmee soweit durchgesetzt, dass sie sich wieder Bamberg näherten. Nachdem kaiserliche Truppen die Magazine zerstört hatten, verließen sie die Stadt. Daraufhin boten einige Deputierte am Morgen des 16. Mai 1759 dem herannahenden General von Knobloch am Siechentor die Kapitulation der Stadt an. Von Knobloch nahm an, wollte alles Weitere im Rathaus besprechen und ritt in die Stadt ein. In unmittelbarer Nähe der Einhornapotheke wurden die preußischen Truppen von heimlich zurückgekehrten Soldaten des Reiches beschossen. Dieser Überraschungsangriff verlief für die Preußen ziemlich verlustreich, obwohl sie durch nachrückende Verstärkung die Angreifer aus der Stadt treiben konnten. Aufgrund des Überfalls verliefen die folgenden Verhandlungen um die zu leistenden Kontributionen äußerst lebhaft. Die ersten Forderungen beliefen sich auf zwei Millionen Reichstaler einschließlich der im letzten Jahr zugesagten einen Million, von der nur 100 000 Taler bezahlt worden waren. Zudem sollte das in Magdeburg gelagerte Kirchen- und Hofsilber mit 100 000 Talern ausgelöst werden. Als sich österreichische Truppen Bamberg näherten, verließen die Preußen am 17. Januar 1757 die Stadt. Die nachrückenden Österreicher wurden alles andere als freundlich in Bamberg empfangen. Die Schmähungen nahmen solche Ausmaße an, dass die Regierung die Ämter anwies, dies zu unterbinden. Da die Reichstruppen in Bamberg lagen, blieb die Stadt bis 1762 vom Krieg unberührt. Im November 1762 wurde sie von den Preußen zum dritten Mal erobert. Der befehlshabende Generalmajor forderte die üblichen Kontributionen von einer Million Reichstalern, dazu 2 000 Artilleriepferde und 500 Rekruten. Diesmal waren außerdem die Bamberger Juden betroffen. Sie sollten zusätzlich 10 000 Reichstaler aufbringen. Einquartiert wurden etwa 2 200 Soldaten. Schon am 8. Dezember des Jahres zogen die Preußen ab und ließen Bamberg seither unbehelligt.

1770 feierten die Jesuiten die 160-jährige Ankunft der ersten Jesuiten in Bamberg. An der aus diesem Anlass stattfindenden Prozession nahmen 895 Schulkinder, 1084 Studenten, 2446 Männer und 1007 Frauen teil. Als der Jesuitenorden drei Jahre später vom Papst aufgelöst wurde, verlief dieser Vorgang in Bamberg relativ problemlos. Der Generalvikar des Hochstifts rief die Priester, Magister und Laienbrüder des Ordens im Refektorium zusammen. Dort erläuterte er ihnen den Grund seines Kommens. Den Laienbrüdern erklärte er, dass ihre Gelübde gelöst seien. Die Ordensgeistlichen banden sich durch Gelübde an den amtierenden Fürstbischof Adam Friedrich von Seinsheim (1759–1779). Die Professoren

ABB. 41: DER SOZIALE REFORMER FÜRSTBISCHOF FRANZ LUDWIG VON ERTHAL, ENDE 18. JH.

blieben in ihren Ämtern. Zehn der Priester erhielten eine Pension von je 200 Gulden. In den Jahren 1771 und 1772 herrschte in Bamberg eine große Not an Getreide. Im Januar 1772 wurden auf verschiedenen Plätzen der Stadt „brodhäuschen" errichtet. Hier erhielten die Bürger kleine Brotlaibe zu je drei Batzen. Teilweise herrschte solches Gedränge an den Verkaufsständen, dass es zu Bein- und Rippenbrüchen kam.

Franz Ludwig von Erthal (1779–1795) übernahm wiederum die beiden fränkischen Bistümer Würzburg und Bamberg in Personalunion. Als er die Regierung in Bamberg antrat, zählte die Stadt etwa 21000 Einwohner. Von ihnen waren 3000 registrierte Arme, 1624 Handwerksmeister, 1400 Dienstboten, 1003 Gesellen, 208 Lehrjungen, 212 Ordens- und 162 Weltgeistliche. Erthal war ein überaus sparsamer, aufgeklärter Fürstbischof des Absolutismus. Ihm lagen die Seelsorge und das Wohlergehen des ihm anvertrauten Volkes am Herzen. Er gründete 1791 ein Lehrerseminar und bemühte sich um die Reformierung des Schulsystems. Als vorbildliche Maßnahme im medizinischen Bereich gilt die Stiftung des Allgemeinen Krankenhauses. Mit dem Bau wurde 1789, im Jahr der Französischen Revolution, begonnen. Aus seiner Privatkasse erwarb von Erthal 1786 ein Gartengrundstück im Sandgebiet. Der Garten lag an der Regnitz, abseits von Handwerksbetrieben und Manufakturen. Der Bamberger Hofarchitekt Johann Lorenz Fink und der Würzburger Hofkammerrat Johann Philipp Geigel entwarfen die Pläne für das Krankenhaus. Ärztlicher Berater war der fürstbischöfliche Leibarzt Adalbert Friedrich Marcus. Am 29. Mai 1787 wurde der Grundstein für das Allgemeine Krankenhaus gelegt, dessen Baukosten sich auf 60000 Gulden beliefen. Die Einweihung feierte man am 11. November 1789. Obwohl der Fürstbischof asketisch lebte, erlaubte er für die Eröffnungsfeier öffentliche Schaustellungen. Zu Beginn der Arbeitsaufnahme befanden sich in den Krankenzimmern zwischen vier und acht Betten. Wegen des höheren Bedarfs wurde später aber die Bettenzahl pro Zimmer aufgestockt. Je eine Wächterin kümmerte sich um acht Patienten; sie war den Ärzten unterstellt. Die Verpflegung, um die sich Dr. Marcus kümmerte, war auf jeden Patienten abgestimmt. Sie reichte von Wassersuppe über Fleischbrühe bis zu kräftigem Essen mit Obst, Wein und Bier.

Patienten des Hauses sollten hauptsächlich Arme, Dienstboten und Handwerksgesellen sein. Selbstverständlich wurden auch arme Kranke aus der Umgebung und durchreisende Fremde behandelt.

Um die Behandlung und Unterbringung zu finanzieren, mussten weitere Institutionen gegründet werden. So entstand im selben Jahr das Krankengesellen institut. Gesellen und Lehrjungen hatten gegen Be-

ABB. 42: ALLGEMEINES KRANKENHAUS VON DER FLUSSSEITE, HANDKOLORIERTER HOLZSTICH, V. A. MALTE-BRUN, UM 1885

zahlung dem Institut beizutreten. Mit den Mitteln sollten alle unverschuldeten Krankheiten im Krankenhaus behandelt werden. In ähnlicher Weise funktionierte das Institut der Dienstboten. Dr. Marcus schlug dem Fürstbischof die Einrichtung vor, weil nicht wenige Dienstboten bei Krankheit ihre Herrschaft verlassen mussten. Die 1600 bis 1700 Dienstboten konnten aufgrund ihres geringen Lohns nicht selbst für die Verpflegung aufkommen. Dafür wurden die Dienstherren herangezogen, die jährlich 1 fl. zahlen sollten. Da aber dem Institut nicht genügend Dienstboten beitraten, blieb es unrentabel. Wer nicht einem der öffentlichen Institute angehörte, sich aber im Krankenhaus behandeln lassen wollte, hatte für vierzehn Tage im Voraus zu bezahlen oder für die gleiche Zeit eine Bürgschaft zu hinterlegen. Dazu abschließend einige statistische Angaben: In den Jahren 1789 bis 1803 wurden 6076 Patienten ins Krankenhaus aufgenommen. Von ihnen wurden 103 als unheilbar entlassen, während 250 verstarben. Zusätzlich wurden noch fast 5000 Soldaten behandelt, von denen 132 starben. Nach der Säkularisation vereinigte der bayerische Kurfürst Max Joseph IV. das Allgemeine Krankenhaus mit den übrigen fünf milden Bamberger Stiftungen.

Dadurch wurde die Stiftung des Fürstbischofs von Erthal auf eine solide finanzielle Grundlage gestellt. Selbst seine großzügige Unterstützung und die vielen Spenden reichten nämlich nicht aus, dass sich das Krankenhaus selbst trug. Im Jahre 1819 wurde die Einrichtung städtisch.

Die Regierungszeit von Erthals war auch von einigen Katastrophen überschattet. 1782 erlagen viele hundert Menschen der so gen. russischen Krankheit. Eine Naturkatastrophe von gewaltigen Ausmaßen folgte im Jahr 1784. Der Winter 1783/84 war überaus streng und sehr schneereich gewesen. Als Ende Februar frühlingshafte Temperaturen den Schnee zum Schmelzen brachten, war die Katastrophe da. In der Nacht vom 26. auf den 27. Februar kam es zur Überschwemmung. Der Wasserspiegel der Regnitz und ihrer Nebenarme stieg sprunghaft an. Der Fluss führte Eisschollen und große Baumstämme, so gen. Holländerstämme, mit sich. Das reißende Gewässer zerstörte sechs Brücken und bedrohte die Existenz der Bamberger Mühlen. Nur die vor einem Jahr reparierte und verstärkte Geyerswörthbrücke konnte standhalten. Auf der steinernen Seesbrücke hatten sich, Augenzeugenberichten zufolge, Hunderte Menschen versammelt. Alle wollten das grandiose und Furcht erregende Naturschauspiel betrachten. Da die Seesbrücke massiv gebaut war, glaubte man sich auf ihr sicher. Nur der glückliche Umstand, dass die meisten Schaulustigen um die Mittagszeit nach Hause gingen, verhinderte eine weitere, schier unausdenkbare Katastrophe. Etwa eine Stunde später nämlich sprengten Baumstämme und Eisschollen den mittleren Bogen der Brücke. Die anderen Bögen und die von Ferdinand Tietz geschaffene Reiterstatue des hl. Georg stürzten in die Fluten. Beim Einsturz der Seesbrücke kamen dennoch fünfzehn Bürger ums Leben. Ob oder wie viele Auswärtige ertranken, ist unbekannt.

Das Hochwasser und der Eisgang hatten nicht nur die Seesbrücke und andere Brücken zerstört. Viele Gebäude an den Ufern wurden von den Wassermassen weggerissen. Die innere Stadt stand unter Wasser: In der Universitäts-, der Dominikaner- und der Klarissenkirche soll das Wasser bis zu den Altarsteinen gestanden haben. Über die Lange Gasse und die Hauptwache ergossen sich die Fluten auf den Markt. Der Mühlwörth, der Zinkenwörth und die Klebergasse waren überschwemmt. Viele Menschen konnten sich nur noch auf die Dächer ihrer Häuser retten. Mit Nachen und Flößen bemühte man sich um ihre Rettung. Auch die Seelsorger bewegten sich auf Schiffchen durch die Stadt, um den Sterbenden die Absolution zu erteilen. In der Klebergasse war die Lage so unübersichtlich, dass der Kaplan von St. Martin den Gläubigen des ganzen Gebietes die Generalabsolution erteilte. Welch schreckliche Folgen das Hochwasser mit sich brachte, wird vom Friedhof an der Martinskirche berichtet. Gräber wurden überspült, Grabsteine fortgerissen, Särge schwammen mit und ohne Leichen durch die Stadt. Um die Toten – auch die, die in der Kirche bestattet waren – wieder zu beerdigen, wurden nach dem Hochwasser vier Wochen benötigt. Die Kirche selbst war für ein Vierteljahr nicht zu nutzen. Der Boden hatte sich gehoben und die Wände hatten viel Feuchtigkeit aufgesogen. Die Garnisonssoldaten flohen vor dem Wasser auf das Dach ihrer Kaserne. Wer nicht festsaß, versuchte, in die Bergstadt zu gelangen. Für drei Tage waren die Bewohner des Steinweges von der Umwelt abgeschnitten.

So schnell wie das Hochwasser gekommen war, verschwand es wieder. In der Nacht vom 28. auf den

ABB. 43: EINSTURZ DER SEESBRÜCKE DURCH EISGANG, GOUACHE, G. FRIEDRICH RÜBNER, 1784

29. Februar trat große Kälte ein. Sie zwang den Fluss wieder in sein altes Bett. Erst nach dem Hochwasser wurde das ganze Ausmaß der Katastrophe sichtbar. Viele Häuser, die zwar noch standen, waren unterspült und somit unbewohnbar. Schiffe der Fischer waren zerschellt oder fortgerissen worden; die in den Gruben gelagerten Häute der Gerber weggeschwemmt; etwa 900 Häute gingen verlustig. Auch waren ca. 400 Zentner Fische aus ihren Winterbassins entkommen und damit verloren. Neben Wohnraum fehlte es an Lebensmitteln in der Stadt. Deshalb entsandte der Abt Pitius von Langheim wöchentlich 800 bis 1 000 Laib Brot nach Bamberg. Seinem Beispiel folgten die Äbte von Banz und Ebrach. Die Bewohner brachten in einer öffentlichen Sammlung 8 000 fl. auf. Des Weiteren wurden an die Notleidenden mehrere 10 000 fl. aus öffentlichen Kassen verteilt. Ferner ist den Chroniken zu entnehmen, dass auch Brände die Stadt heimsuchten. Der Brand am 29. und 30. Juli 1787 im Sandgebiet nahm solche Ausmaße an, dass die Neue Residenz von den Flammen bedroht war. Einen Monat später brannten innerhalb weniger Stunden mehr als sechs Häuser im Steinweg nieder. Beim Brand der Seifenfabrik des Kaufmanns Bayer, am 18. Mai 1789, wurde die halbe Keßlergasse zerstört.

Als die Revolution die Nachbarländer zum Krieg gegen Frankreich aufbrachte, riet von Erthal von einer Beteiligung ab. Sein Nachfolger Franz von Buseck (1795–1803/05) konnte sich nicht entziehen und schloss sich den Österreichern an. Am 1. August 1796 lagen 10 000 österreichische Soldaten vor Hallstadt und wollten verpflegt werden. Doch als die Revolutionstruppen in Franken einrückten, konnte kein Widerstand geleistet werden. Anfang August rückte eine französische Vorhut in Bamberg ein und lieferte sich Straßenschlachten mit kaiserlichen Husaren. Für zwei Tage war Bamberg von den Franzosen besetzt. Bei einem erneuten Anmarsch der Österreicher verließen die Franzosen am 5. August unter Stellung hoher Forderungen die Stadt.

Der Krieg gegen die Franzosen läutete die Säkularisation des Bamberger Hochstiftes ein. Im Mai 1802 sagte Napoleon dem bayerischen Kurfürsten das Fürstbistum Bamberg zu. Am 6. September des Jahres marschierten bayerische Truppen in Bamberg ein. Als letzter Fürstbischof entließ Christoph Franz von Bus-

eck (1795–1805) am 29. November seine Untertanen aus dem ihm gegenüber geleisteten Treueeid. Er legte die seit Jahrhunderten bestehende weltliche Regierung der Fürstbischöfe über das Hochstift und die Stadt Bamberg nieder. Damit war die Säkularisation im Bamberger Hochstift vollzogen. Für die Stadt selbst bedeutete dies den Schritt von der reinen Residenzstadt mit Kirchen und Klöstern zur Bürger- und Verwaltungsstadt.

Die Bamberger Juden im 17. und 18. Jahrhundert

Noch nicht erwähnt wurden das Verhältnis und der Umgang der Bevölkerung mit den Juden. Wie fast überall hatten Juden auch in Bamberg nicht die gleichen Rechte wie die übrigen Bürger. Beispielsweise durften sie, nachdem ihnen ihr Friedhof in der Unteren Sandstraße genommen worden war, ihre Toten nur außerhalb der Stadt beerdigen. So hatten die Beerdigungen seit Mitte des 17. Jahrhunderts in Walsdorf stattzufinden. Für die Juden stellte der Dreißigjährige Krieg den Verlust der Heimat und der Sicherheit dar. Sie drängten deshalb in die befestigten Städte. Weil ihnen in Bamberg Spionage vorgeworfen wurde, durften sie aber nur unter Erbringung hoher Zahlungen in der Stadt leben. Außerdem mussten sie sich an den von den Feinden geforderten Kontributionen beteiligen. Diese Abgabe forderte man nach dem Krieg aber weiterhin. Steuern, die die Juden zu leisten hatten, gab es in den unterschiedlichsten Variationen. Neben verschiedenen Sondergebühren wurden ein Leib- und ein Totenzoll erhoben. Bei der Erteilung des Schutzbriefes durch Fürstbischof Friedrich Karl von Schönborn (1730) wurden die Juden dazu verpflichtet, Gelder zum Bau des Priesterseminars zu geben.

Über judenfeindliche Agitationen wurde schon bei der Beschreibung des Aufstandes von 1699 berichtet. Damals befand sich die jüdische Siedlung in der Keßlergasse. Fürstbischof Lothar Franz von Schönborn wies die Beamten seiner Verwaltung an, jegliche Übergriffe zu verhindern. Ein ähnliches Verbot erließ er am 10. November 1712. Bei schwerer Strafe untersagte er Ausschreitungen gegen Juden. Denn Lothar

ABB. 44: SIEGELSTOCK DER JUDEN-DEPUTIERTEN ZU BAMBERG, 18. JH.

lichen ein Ackerstaat, dessen Naturalerzeugnisse in den eigenen Städten und Märkten nachgefragt wurden. Die Stadt, in der die Handwerker ansässig waren, verkaufte den Bauern im Gegenzug ihre Handelswaren. Importierte Waren wurden zweimal im Jahr, auf der Frühjahrs- und der Herbstmesse, der Bevölkerung feilgeboten. Noch heute weisen Straßennamen in Bamberg, wie Holz- oder Obstmarkt, auf die Plätze für bestimmte Handelswaren hin. Mit dem Steinweg berührte eine wichtige Fernstraße die Bischofsstadt, die seit dem Mittelalter Umschlagplatz der Mainschifffahrt war. Man exportierte Sämereien, Gewürze und Holzwaren vom Fass bis zum Eichenschiff; zudem war Bamberg Stapelplatz für Eisen aus der Oberpfalz. An die Stelle des Weinbaus trat ein bis zum Ende des 18. Jahrhunderts intensiv betriebener Obstanbau.

Franz benötigte die von den Hofjuden bereit gestellten Gelder. 1696 drängte er seinen Bamberger Zahlmeister, die vom Mainzer Juden geliehenen Gelder unbedingt pünktlich zurückzuzahlen. Secklein sollte nämlich für weitere Kredite und in Notfällen als Geldgeber bereitstehen. Sein Nachfolger im Amt, Friedrich Karl, war ebenfalls auf einen jüdischen Kreditgeber, Wolf Nathan, für den Bau des neuen Priesterseminars angewiesen. Obwohl, wie schon erwähnt, dessen Glaubensbrüder dafür zahlen mussten. Eine neue jüdische Ansiedlung entstand in der heutigen Generalsgasse. Im hinteren Teil eines Hauses am Zinkenwörth wurde ein Bethaus errichtet. Das Gebäude samt Vorderhaus wurde nach dem Erwerb durch die Gemeinde zur Synagoge umgebaut. Das 18. Jahrhundert verlief für die Bamberger Juden ruhig. Verfolgungen und Pogrome wie in den früheren Jahrhunderten kamen nicht mehr vor.

Das Wirtschaftsleben in Bamberg

Bamberg hatte lange Zeit den Ruf einer Gärtner- und Häckerstadt. Als besonderer „Exportschlager" muss das Süßholz genannt werden. Nicht ohne Grund ist dieses Gewächs auf dem Zweidlerplan von 1602 abgebildet. Das Hochstift der Barockzeit war im Wesent-

ABB. 45: BAMBERGER ERKENNUNGSSCHILD DER HERBSTMESSE IN FRANKFURT AM MAIN, JOHANN J. WOHLRAB, 17. JH.

Als barocke Residenzstadt verfügte Bamberg über eine differenzierte Handwerkerschaft, obrigkeitliche Verordnungen regelten den Umgang von Stadt- und Landzünften. Als Folge des Dreißigjährigen Krieges und seiner Bevölkerungsverluste wurden die Zugangsvoraussetzungen für das Handwerk gelockert; staatliche Dekrete gegen „Missbräuche" boten Gelegenheit, verstärkt in die Eigenverwaltung der Handwerke einzugreifen. Auch in der frühen Neuzeit kam den Bamberger Mühlen eine hohe Bedeutung zu. Es gab Mühlen für Getreide, Öl, Gewürze, Knochen, Gips und Malz, während die Gerber die Wasserkraft für ihre Lohmühlen nutzten. Zu den ersten Manufakturen und Fabriken zählten die fürstbischöfliche Stück- (Kanonen) und Glockengießerei von 1701, die Wachszieherei Mang, die 1733 in die Kunstwaben- und Kerzenfabrik Roppelt umgewandelt wurde, sowie eine 1764 von dem Holländer Livinius von Wynendall errichtete Tabakfabrik, die später den Namen Raulino trug. Um 1800 exportierte die Kattun- und Zitzfabrik des Kaufmanns Biswanger leichte Baumwollstoffe nach Sachsen, Hessen, Schwaben und bis ins Braunschweigische. Feinmechaniker wie der in Wien geborene Leopold Hoy begründeten seit der Mitte des 18. Jahrhunderts den Ruf der Bamberger Uhren, zudem entwickelte sich die Stadt zu einem renommierten Herstellungsort von Jagdwaffen. Mit den Armeninstituts-Spinnsälen wurde 1787 eine staatliche Initiative für untere Bevölkerungsschichten ins Leben gerufen.

Abschließend ein Zitat aus einer Reisebeschreibung des Jahres 1784. Offensichtlich kam der anonyme Autor mit geringen Erwartungen nach Bamberg. Er vermutete einen „dunklen, schmuzzigen, mit elenden und durch ihre Betsucht verarmten Einwohnern angefüllten Ort". Stattdessen fand er „eine offene, mit breiten, wohlgepflasterten Straßen durchschnittene und mit vielen schönen, selbst prächtigen Gebäuden gezierte Stadt" vor.

Andrea Wittkampf-Renczes

1.3 Bürgerlich und bayerisch – Bamberg im 19. und 20. Jahrhundert

Die letzten Jahre unter dem Krummstab

An der Schwelle zur Moderne bot Bamberg das Bild einer über Jahrhunderte gewachsenen Stadt. Die beinahe 800-jährige bischöfliche Herrschaft und ihre Funktion als Haupt- und Residenzstadt des Hochstifts gaben ihr eine unverwechselbare Charakteristik. Schon rein äußerlich wurde das öffentliche Leben durch die Kathedralkirche und ihre drei Nebenstifte sowie die Benediktinerabtei St. Michael, vier weitere Männer- und drei Frauenklöster, 16 große Kirchen und 15 öffentliche Kapellen geprägt. Bei einer Anzahl von ca. 18 000 Einwohnern lebten und wirkten hier 374 Welt- und Ordensgeistliche, also annähernd zwei Prozent der Gesamtbevölkerung. Wie sehr der katholische Geist die Stadt durchdrang, zeigt vielleicht am eindrucksvollsten die Vierteleinteilung von 1750. Die neu geschaffenen Stadtteile trugen die Namen der Bamberger Hauptheiligen, der drei Bistumspatrone Heinrich, Kunigunde und Otto sowie des Erzmärtyrers Georg, Schutzheiliger des Ostchores im Dom. Freilich war dieser auf den ersten Blick wohlgeordnete Kosmos des Bamberger Staats- und Stadtwesens in mancherlei Hinsicht schwerfällig, vielleicht so-

gar überkommen. Die ehemaligen Stiftsimmunitäten standen immer noch außerhalb der regulären Verwaltung; in vielen Bereichen wie etwa der Rechtsprechung gab es rivalisierende Kompetenzen. Ineffektivität und Vetternwirtschaft wurden so begünstigt. Maximilian Joseph von Montgelas (1759–1838), der dirigierende bayerische Minister und Reformer, meinte daher, Bamberg böte „in jeder Hinsicht ein trauriges Beyspiel der Desorganisation". Der letzte bedeutende Fürstbischof, Franz Ludwig von Erthal (1779–1795), hatte große Anstrengungen unternommen, den sozialen und wirtschaftlichen Missständen entgegenzuwirken. Sein Nachfolger, der altersschwache und zaudernde Christoph Franz von Buseck (1795–1802) vermochte dagegen das Reformwerk seines Vorgängers nicht fortzusetzen.

Eingliederung in den bayerischen Staat

Angesichts der tiefgreifenden Umwälzungen des Zeitalters wäre die Eigenstaatlichkeit aber auch von diplomatisch fähigeren Köpfen nicht zu halten gewesen. Wie die meisten anderen geistlichen Reichsstände in Deutschland wurde Bamberg zum Spielball der Interessen größerer Mächte. Die deutschen Fürsten sollten für ihre nach den Revolutionskriegen an Frankreich abgetretenen linksrheinischen Gebiete angemessen abgefunden werden. Als „Ausgleichsmasse" dienten neben Reichsstädten und der eigenständigen Ritterschaft auch 40 reichsunmittelbare Klöster und Stifte sowie 22 Bistümer bzw. Erzbistümer. Säkularisation hieß das politische Stichwort, das in jenen Tagen im Umlauf war: Profanisierung des kirchlichen Besitzes. Als die Entschädigungsfrage auf der Reichsdeputation

ABB. 46: BAMBERG VON NORDOSTEN, CHRISTOPH JOSEPH TREU, UM 1767

ABB. 47: FÜRSTBISCHOF CHRISTOPH FRANZ VON BUSECK, UM 1800

ger Stadtgeschichte. Vorbei waren die Zeiten, als Hofstaat und Bauvorhaben Selbstverständnis und Anspruch der Bischöfe und des Domkapitels nachhaltig untermauerten, als sich ständig diplomatische Gesandtschaften verschiedenster Reichs- und Landstände in der Residenzstadt aufhielten. Die Geschichte Bambergs verliert daher an Einmaligkeit und Großartigkeit, wird nun zunehmend begrenzter und provinzieller, in mancherlei Hinsicht ein Spiegelbild auswärtiger Ereignisse. Die Bevölkerung akzeptierte die Eingliederung in das bayerische Staatswesen ohne Widerstreben, teilweise sogar mit unverhüllter Freude. Vielfach wünschte man für Deutschland ein Ende der Kleinstaaterei. Und sicherlich atmeten viele Bürger auf, nicht preußisch geworden zu sein. Zu gut waren deren Plünderungen im Siebenjährigen Krieg noch im Bewusstsein. Dagegen erinnerte man sich gerne daran, dass die gesamte Gegend vor der Bistumsgründung von 1007 zum Herzogtum Bayern gehört hatte. Noch im Jahr 1802 ließ die Stadt daher eine Goldmünze aus Anlass der „Wiedervereinigung" prägen.

in Regensburg in eine entscheidende Phase getreten war, handelte der bayerische Kurfürst und spätere König Maximilian Joseph (1799–1825) kurz entschlossen. Am 6. September 1802 ließ er das ihm neben anderen Gebieten zufallende Hochstift Bamberg durch seine Truppen besetzen. Nirgendwo regte sich Widerstand. Der Fürstbischof hatte den Bambergern schon vorher befohlen, sich ruhig zu verhalten und den bayerischen Truppen Unterkunft zu gewähren. Diesem ersten Schritt folgte die vollständige Zivilbesitznahme am 22. November. An den Toren wurden die bayerischen Wappen angeschlagen, symbolisch trat auf dem Residenzplatz unter klingendem Spiel und wehenden Fahnen die Bamberger Heeresmacht zum kurbayerischen Militär über. Fürstbischof Christoph Franz legte nach Erfordernis der eingetretenen Umstände seine weltliche Herrschaft nieder. Auf seine geistlichen Aufgaben beschränkt, verbrachte er die letzten Jahre seines Lebens in der Neuen Residenz – unmittelbar neben Geheimrat von Aspeck, dem ranghöchsten Vertreter des Kurfürsten in Bamberg. Dieser Regierungsübergang markierte einen ganz besonderen, vielleicht den nachhaltigsten Einschnitt der Bamber-

Die Tragödie der Stifte und Klöster

Neben dem Herrschaftsübergang hatte die Säkularisation noch einen zweiten, zumindest für die Betroffenen sehr schmerzlichen Aspekt: die Einziehung des geistlichen Besitzes. Allein mit dem Argument der notwendigen Sanierung der Staatsfinanzen sind die nun folgenden Maßnahmen nicht mehr zu begründen. Ganz im Sinne der Aufklärung sollte die Religion aus dem öffentlichen Leben zurückgedrängt werden. Dem beschaulichen Klosterleben sprach man sogar jede Daseinsberechtigung ab. So nahm am 7. Januar 1803 auch in Bamberg eine „Churfürstliche Spezial-Kommission in Administrativ-Angelegenheiten der Stifte und Klöster" ihre Arbeit auf. In unerschütterlicher Akribie gingen die ausführenden Beamten an ihr zerstörisches Werk. Umgehend wurden die Kollegiatstifte St. Jakob, St. Stephan und St. Gangolf aufgehoben, ebenso die Niederlassungen der Karmeliten, Dominikaner, Franziskaner, Benediktiner, Klarissen und Dominikanerinnen. Selbst Frömmigkeits- und Wohltätigkeitsstiftungen aus alter Zeit, wie das Aufseßianum und das Waisenhaus, blieben nicht ungeschoren. Wegen ihrer Tätigkeit in der Seelsorge bzw. im Schulunterricht durften lediglich die Kapuziner bzw. Englischen Fräulein vorläufig weiter bestehen bleiben. Die anderen Mönche und Klosterfrauen hatten sich entweder in Sammelklöstern einzufinden oder mussten sich nach Entbindung von ihrem Gelübde wieder in die bürgerliche Gesellschaft einfügen.

Die Vermögens- und Sachwerte der geistlichen Institute wurden anschließend konfisziert und oftmals zu Spottpreisen verschleudert. Ob Kirchengebäude, Altar oder Reliquiar, es zählte allein der Nutz- oder Materialwert. Monstranzen und Kelche wurden eingeschmolzen, Edelsteine und Perlen von ihren Fassungen getrennt. Große Schätze, Zeugnisse der kulturellen Blüte der Vergangenheit, verschwanden auf diese Weise für immer. Noch nicht einmal die hoch verehrten Kopfreliquien von Heinrich und Kunigunde konn-

ten an ihren Festtagen auf den Altären ausgestellt werden, weil auch sie ihrer Einfassungen und Zierde beraubt waren. Noch schlimmer erging es den als „überflüssig" eingestuften Kirchen und Kapellen, die die verantwortliche Kommission schleifen oder zweckentfremden ließ. Auf diese Weise gingen u.a. die altehrwürdige St.-Martins-Kirche (1804) und die Kirche der Franziskaner (1812) verloren. Aus der Gertraudenkapelle in der Theuerstadt entstand eine Spiegelrahmenfabrik und aus dem Kapitelhaus am Stephansberg eine Porzellanmanufaktur. Die meisten Klostergebäude wurden nach ihrer Räumung dem Militär übergeben und dienten zunächst als Kaserne, Magazin oder Lazarett. Nur in Ausnahmefällen – wie bei der Karmelitenkirche und dem Dominikanerbau – gelang es sehr viel später, die sakralen Räumlichkeiten für eine würdige Nutzung zurückzugewinnen. Ange-

ABB. 48: ANSICHT DER STADTPFARRKIRCHE ALT-ST. MARTIN VOR DEM ABBRUCH, FEDERZEICHNUNG, CASPAR J. STAHL, 1804

ABB. 49: DOMKREUZ DES BAMBERGER DOMSCHATZES,
11. JH., ERGÄNZUNGEN 1726 UND 1806.

das gesamte Kircheninventar vor den begierigen Händen der Kirchenstürmer zu bewahren. Darüber hinaus konnte er, ebenso wie eine stattliche Anzahl anderer Privatleute und einige Vereine, weitere Gegenstände aus der Säkularisationsmasse ersteigern und für die Heimatstadt sichern. Viele bibliophile Kostbarkeiten rettete der ehemalige Langheimer Zisterzienser Heinrich Joachim Jäck (1777–1847) in unermüdlichem Einsatz aus den Klöstern und Stiftsbibliotheken der Stadt und des Umlandes für die kurfürstliche Bibliothek in der Neuen Residenz. Bedeutendes ging dennoch verloren – durch zentnerweisen Verkauf als Altpapier oder durch Diebstahl. Anderes, wie die Originalurkunden vor 1401 oder die kostbarsten Gegenstände aus dem Domschatz, wurde in München zentriert.

Niedergang und Aufblühen des kirchlichen Lebens

Die Kirche in allen weltlichen Angelegenheiten beerbt zu haben, genügte dem Selbstverständnis der neuen Machthaber nicht. In einem unerbittlichen Staatskirchentum regierten sie weit in deren innere Angelegenheiten hinein. Eine Reihe von Maßnahmen fanden dennoch stillschweigende Zustimmung in der Bevölkerung, sogar bei manchem dem Zeitgeist verpflichteten Geistlichen. Größere Proteste wurden nur bei den Betroffenen laut. Die Mehrheit ertrug es staunend und schweigend. Volkstümliche Frömmigkeitsformen, die Bamberg über lange Zeit hinweg geprägt hatten, erfuhren in ihrer Vielzahl und ihren feierlichen Formen zunächst rigorose Einschränkungen. Begräbnisse hatten nun in schlichtestem Rahmen, öffentliche Prozessionen streng „rationiert" stattzufinden. Der Bischof musste sogar seinen Stab abgeben und für jede Pontifikalhandlung eigens wieder ausleihen. Nach dem Tod des letzten ehemaligen Fürstbischofs wurde bis zur grundlegenden Neuordnung der kirchlichen Verhältnisse kein Nachfolger ernannt. Über zehn Jahre hinweg besaß Bamberg keinen Oberhirten! Abhilfe schaffte erst eine Übereinkunft zwischen römischer Kurie und bayerischem Staat im Jahr 1817. Das Kapitel wurde in Folge wieder neu konstituiert, Bamberg sogar zum Erzbistum erhoben.

sichts des offensichtlichen Unrechts vermerkte damals ein Bamberger Mönch deprimiert: „Unsere umliegenden Protestanten [...] bedauern uns im Ernste sehr, sie fragen selbst, ob denn der Churfürst von Bayern katholisch sei."

Innerhalb der gläubigen Bevölkerung stieß das rücksichtslose Vorgehen in einigen Fällen auf hartnäckigen Widerstand. Jakobsbruderschaft und Marianische Bürgersodalität konnten nach großen Anstrengungen die Jakobskirche erwerben und in ihrer geistlichen Funktion erhalten. Ein wohlhabendes Bürgerehepaar rettete die Sebastianikapelle in der Siechenstraße für den Gottesdienst. Dem Pfarrer zu Unserer Lieben Frau, Andreas August Schellenberger (1746–1832), gelang es, durch hartnäckigen Einsatz

Die Revitalisierung des religiösen Lebens leitete nach dem aufklärerischen Kahlschlag König Ludwigs I. (1825–1848) in eine katholische Romantik ein. Im nordbayerischen Erzbistum wirkten die Erzbischöfe Joseph Maria Freiherr von Fraunberg (1824–1842) und Bonifaz Kaspar von Urban (1842–1858) ganz in seinem Sinn. Vor allem Urban bemühte sich nachhaltig um praktische Seelsorge, Hebung der Volksbildung und die Caritas. Ein neues Gebets- und Gesangbuch sollte zur Teilnahme am Gottesdienst anregen, Volksmissionen und Jugendseelsorge Frömmigkeit und Glaubenseifer stärken. Die veränderten Rahmenbedingungen trugen sichtbare Früchte. Rechtzeitig erhielten die Klöster neuen Auftrieb. Ab 1828 durften die Englischen Fräulein am Holzmarkt wieder neue Mitglieder in ihren Konvent aufnehmen. Die Franziskaner bezogen 1852 ein neues Kloster am Jakobsberg. Im 20. Jahrhundert komplettierten schließlich die Karmeliter (1902) und die Dominikanerinnen (1926) das monastische Leben.

Die gläubige Bevölkerung bekannte sich wieder offen zu traditionellen Formen der Frömmigkeit. Schon 1816 konstituierte sich an der Oberen Pfarre eine Rosenkranzbruderschaft, in den 40er Jahren folgten weitere Neugründungen. Die Heiligenverehrung prosperierte, Prozessionen, von vielen auswärtigen Besuchern heute noch bestaunt, gewannen wieder ihre althergebrachten Formen und Wertigkeiten. Vor allem die Gärtner und Häcker, so notierte um 1860 ein Beobachter des Ministeriums, hingen mit Leib und Seele an ihrer katholischen Religiosität. In der öffentlichen Wohlfahrts- und Armenpflege, Mitte des Jahrhunderts ein dringendes Bedürfnis, war die Kirche zunehmend gefordert. Auf Antrag des Magistrates widmeten sich die Barmherzigen Schwestern ab 1854 der Pflege im Allgemeinen Krankenhaus. Die Englischen Fräulein engagierten sich nicht nur in der Erziehung der weiblichen Jugend, sondern übernahmen 1853 die Marienanstalt für arme Mädchen und kurze Zeit später die Taubstummenanstalt und das Waisenhaus. Zahlreiche weitere Stiftungen unterstützten in der zweiten Jahrhunderthälfte die städtische Sozialfürsorge. Die Stadt war wieder durch und durch von katholischem Geist beseelt.

Das kirchliche Erwachen blieb aber bei der Alten Kirche nicht stehen. Das Religionsedikt von 1803 sicherte allen Christen, gleich welchen Glaubens, in ganz Bayern völlige Gleichstellung zu. Bambergs konfessionelle Einheit war damit endgültig aufgelöst. Die bisher von Walsdorf aus betreuten Protestanten hatten nun Anrecht auf eine eigene Pfarrei. Mit der ehemaligen Stiftskirche St. Stephan erhielten sie einen würdigen Mittelpunkt ihres Gemeindelebens.

Bayerische Provinzstadt

In der Verwaltung wurden alte Zöpfe hingegen rigoros und dauerhaft beseitigt. Nach französischem Vorbild schuf der Staat eine einheitliche hierarchische Behördenorganisation und löschte dabei jede vorhandene ständische Mitbestimmung aus. In vielen Bereichen arbeitete die Verwaltung dafür effizienter. Durch Erlass gab es in Bamberg jetzt nur mehr eine einheitliche Stadtgemeinde mit einem für alle Bewohner zuständigen Gericht. Als Untergliederung entstanden vier Distrikte, deren Grenzen in politischer wie kirchlicher Hinsicht übereinstimmten. Jedes Viertel erhielt zur schulischen Betreuung eine Volksschule und zur religiösen eine Pfarrkirche zugewiesen. Die altehrwürdige Einteilung in eine Obere und Untere Pfarre wurde deswegen einvernehmlich von bischöflichem Vikariat und Landesdirektion aufgehoben. Zu Pfarrkirchen bestimmte man die frühere Universitätskirche, die den Titel der abgerissenen Martinskirche erhielt, die ehemalige Stiftskirche St. Gangolf, die Pfarrkirche zu Unserer Lieben Frau und schließlich den Dom.

Das äußere Erscheinungsbild der Stadt sollte der Normvorstellung eines modernen Staatswesens entsprechen. Ein Abgeordneter fuhr eigens nach München und Wien, um sich Anregungen zu holen. Einen wirklichen Ersatz für das fürstbischöfliche Mäzenatentum konnte und wollte die bayerische Baubehörde der nunmaligen Provinzstadt jedoch nicht bieten. In der Praxis bedeutete die Umgestaltung nur in den wenigsten Fällen neue Bauvorhaben. Gebäudeabbruch und Zweckentfremdungen veränderten das Stadtbild dagegen an einigen Stellen nachhaltig. Wegen Behinderung des Verkehrs musste ein altes Straßentor weichen, wegen Geruchsbelästigung alte Stadtgräben. Die Altenburg entging einem ähnlichen

Schicksal nur durch den vehementen Einsatz einer Bürgerinitiative. Auf einhellige Zustimmung stieß dagegen die Schaffung eines frei zugänglichen, zentralen Ortes in der Stadtmitte. Den Abriss der alten Martinskirche nahmen die Bürger dafür gerne in Kauf. Sogar von Bibliothekar Jäck als neue Zierde Bambergs gefeiert, entwickelte sich der freie Platz zum Marktplatz, zum Übungsfeld für Soldaten, aber auch zur Möglichkeit der Selbstdarstellung des emanzipierten Bürgertums. Letzteres gilt auch für die Errichtung der „neuen Promenade" im Mühlwörth, dem Ausgangspunkt der jetzigen Hainanlage. Noch 1803 begannen auf persönliche Veranlassung Max IV. Josephs die Arbeiten zur Umgestaltung zu einem Volkspark nach dem Vorbild des Englischen Gartens in München.

Das „neue Bamberg" hoffte auf Rangerhöhung. Die Stadt bekam in der Anfangsphase der bayerischen Herrschaft wichtige Mittelbehörden zugestanden. Vor allen Dingen das Generalkommissariat, Vorläufer des jetzigen Regierungspräsidiums, die Landesdirektion und ein Hofgericht untermauerten den Anspruch, Mittelpunkt der bayerischen Besitzungen in Franken zu sein. Das Schicksal wollte es freilich anders. Als auch Bayreuth 1810 zu den Wittelsbacher Landen stieß, verlor Bamberg diese Funktion wieder. Erhalten blieben neben den Unterbehörden lediglich das Appellationsgericht, die zentrale Bibliothek und das staatliche Archiv. Mit dem endgültigen Anschluss Würzburgs an das Königreich im Jahr 1814 musste zudem die Hoffnung auf Neuerrichtung der 1802 aufgelösten Universität begraben werden. Zwei ehemalige Hochstiftsuniversitäten mit umfangreichem Fächerkanon duldete der Staat in Nordbayern nicht. So blieb für lange Zeit lediglich das Lyzeum zur philosophischen und theologischen Unterrichtung des Priesternachwuchses übrig.

Erwachen des Bürgertums

Das geistige Leben musste zwangsläufig Einbußen erleiden. Zu eng war die Pflege von Literatur, Musik und Kunst über Jahrhunderte hinweg mit dem bischöflichen Hof und den geistlichen Institutionen verknüpft gewesen. Akademie bzw. Universität hatten weitere wichtige Akzente im wissenschaftlichen Be-

ABB. 50: DR. ADALBERT FRIEDRICH MARCUS IN BEGLEITUNG VON E.T.A. HOFFMANN IN ANTIKER KLEIDUNG, GEMALT VON HOFFMANN 1809/13

reich gesetzt. Nun bestand die Gefahr kultureller Verödung. Bambergs Bürger, die die verschiedenen Impulse aufgefangen und weiterverarbeitet hatten, mussten nun etwas Eigenständiges entgegensetzen. Als Motor wirkten Männer, die bereits in fürstbischöflicher Zeit Rang und Namen hatten, allen voran Dr. Adalbert Friedrich Marcus (1753–1816), ehemaliger Leibarzt, konvertierter Jude und Protegé Franz Ludwigs von Erthal. Zusammen mit seinen Fachkollegen sorgte er dafür, dass Bambergs hervorragender medizinischer Ruf nach Auflösung der Universität erhalten blieb. Persönlichkeiten von hohem Rang besuchten das von ihm geleitete fortschrittliche Krankenhaus und die „Medizinisch-Chirurgische Schule". Aufsehen erregte auch die Eröffnung einer Anstalt für Geisteskranke – der zweiten in Deutschland – in der ehemaligen Benediktinerpropstei St. Getreu.

Wichtiger waren aber wohl die geistigen Anstöße, die er mit seinen Freunden und Verwandten der Stadt zu geben vermochte. Sein Haus entwickelte sich zur Keimzelle eines neuen Gemeinwesens, wo man im geselligen Kreise Althergebrachtes bewahren wollte, sich aber auch offen zeigte für neue Anregungen und Kunsttendenzen. Bamberg überwand so die Vorherrschaft von Aufklärung und Klassik, fand zu neuen Formen. Die eigene Tradition spielte dabei eine wichtige Rolle. Denn es waren die Romantiker, die als Zugereiste jetzt die Stadt wiederentdeckten, aus ihrer allgegenwärtigen Geschichte neue Impulse schöpften. Mittelalter, Katholizität und die Möglichkeit zur schwärmerischen Kunst- und Naturbeobachtung, all das fanden sie in und um Bamberg wie in fast keiner zweiten Stadt Deutschlands. Hinzu traten die Zeitumstände, kriegsbedingte Wirren, die einige hochkarätige Männer veranlassten, in der vermeintlich ruhigeren Stadt in der Mitte Deutschlands Zuflucht zu suchen. So wurde Bamberg neben Jena und Heidelberg zu einer wichtigen Heimstätte der Romantik.

Noch in alter Zeit ließ sich Wilhelm Heinrich Wackenroder (1773–1798) von der Faszination dieser Stadt, vom Erlebnis des feierlichen Hochamts im Dom inspirieren. Andere, unter ihnen August Wilhelm Schlegel (1767–1845), empfanden ähnlich. Den Umschlagplatz des damaligen Geisteslebens suchte der Philosoph Georg Wilhelm Friedrich Hegel (1770–1831) in der fränkischen Domstadt. Als Redakteur der „Bamberger Zeitung" wollte er freisinnigen Journalismus betreiben und seine Philosophie einem breiteren Publikum zugänglich machen. In diesem Vorhaben scheiterte er zwangsläufig, vor allem wegen Problemen mit der Zensurbehörde, und verzog nach kaum zweijähriger Tätigkeit. Immerhin erschien hier sein erstes umfassendes Werk, die „Phänomenologie des Geistes", die ihre letzte Prägung erst durch Hegels

Begegnung mit Bamberg erhielt. Seine alte Stelle trat Friedrich Gottlob Wetzel (1777–1819) an. Er lebte in Bamberg von 1809 bis 1819, vergleichsweise zurückgezogen, zählte aber ebenfalls zu den prägenden Gestalten jener Zeit.

Auch das noch vor der Jahrhundertwende gegründete Schauspielhaus erlebte jetzt seine Blütezeit. Nicht zufällig galt einer der wenigen Neubauten dem Theater am Schillerplatz. Erfreut vermerkt die Bamberger Zeitung nach der Eröffnung des neuen Hauses 1808, „daß der Direktor in dem wichtigsten Punkte, der Auswahl des Personals der Gesellschaft […] keine Kosten scheut und die Unternehmung auf Schauspiel, Oper und Ballet ausdehnt". Zu den dramaturgischen Höhepunkten jener Zeit gehörten die Uraufführung von Kleists „Käthchen von Heilbronn", Inszenierungen von Calderón und Opern von Mozart. Zur neuen Belegschaft zählte E.T.A. Hoffmann (1776–1822), der zunächst als Musikdirektor, nach seinem Scheitern aber sogar als Kulissenmaler und -schieber sowie als Musiklehrer seinen Unterhalt verdiente. Die Bamberger Zeit war für ihn persönlich eher eine Enttäuschung, er selber empfand die fünf Jahre als Lehr- und Marterjahre. Doch haben erst die vielfältigen Anregungen des Bamberger Alltags, der Kontakt zur Stadt und ihren Einwohnern in ihm sein fantasiereiches dichterisches Talent geweckt. In seinen Stücken klingt diese Prägung immer wieder an – am bekanntesten das Zusammentreffen mit dem sprechenden Hund Berganza im Hain. Das bürgerliche Umfeld, wie Dr. Marcus und der Wein- und Buchhändler Carl Friedrich Kunz (1785–1849), übte auf ihn und die übrigen Neubamberger nachhaltigen Eindruck aus. Kunz verlegte die Bücher der Romantiker nicht nur, er sorgte in seiner 15 000 Bände starken Leihbibliothek, der umfangreichsten in Bayern, auch für deren Verbreitung.

Dem allgemeinen Bedürfnis nach Entspannung und gelehrter Bildung entsprachen die geselligen Bürgervereine am meisten. Schon in den letzten Jahren des Fürstbistums hatte sich unter Marcus ein erster derartiger Kreis zum „Club" zusammengefunden. Schritt für Schritt öffnete man sich weiteren Bevölkerungskreisen, vor allen Dingen den in jenen Jahren das Stadtbild mitbestimmenden Militärs und auch dem Adel. Schließlich hatte das Gedankengut der

Französischen Revolution die festen Grenzen zwischen den Ständen in Frage gestellt. Und ein emanzipiertes und dem Humanitätsideal verpflichtetes Bürgertum, wie es Marcus vorschwebte, konnte die anderen Stände nicht mehr ausschließen. Der Umgang verschiedener Klassen sollte in diesen Vereinigungen sogar bewusst gepflegt werden, in „Hochachtung und Eintracht […], Häuslichkeit und Liberalität". Aus einer Reihe von rivalisierenden, sich auflösenden und wieder fusionierenden Vereinigungen ging schließlich als bedeutendste die heute noch existierende „Harmonie" hervor.

Das Vereinswesen füllte im Biedermeier eine Lücke, die durch die Auflösung der alten ständischen Korporationen entstanden war. Ein demokratischer Grundtenor ist dabei unübersehbar. Man erprobte im überschaubaren, privaten Bereich Formen, die in der obrigkeitsstaatlichen Gesellschaft noch verpönt, ja unter strenge Strafe gestellt waren. Auch die Vielfalt der bürgerlichen Zusammenschlüsse blühte mit der zunehmenden Aufspaltung im Arbeits- und Kulturleben auf. Im Mittelpunkt blieben jedoch zumindest in der ersten Hälfte des Jahrhunderts das nächste Umfeld, die eigene Bildung und die Heimat. Kunstliebhaber und Künstler fanden bereits 1821 zu einem – ebenfalls heute noch bestehenden – „Kunstverein" zusammen. Denn nicht nur die Literaten, auch die schönen Künste waren in Bamberg beheimatet, ge-

ABB. 51: ERINNERUNGSBLATT, THERESIENVOLKSFEST, 1833

nauso von romantischem Eifer beseelt, allerdings ohne überregionale Bekanntheit. Unter ihnen ist vor allem Friedrich Karl Rupprecht (1779–1831) hervorzuheben, der in seinen vielfältigen Stichen das Bamberger Stadtbild um 1820 detailgetreu wiedergibt. Er wirkte auch an der von Ludwig I. initiierten Stilreinigung des Domes mit. Durch solche „Nachbesserungen" sollte Bamberg wieder ganz sein mittelalterliches Gepräge zurückerhalten. Aus denkmalpflegerischer Sicht ist dieser Versuch allerdings eher als misslungen einzustufen.

Der geschichtsverbundene König gab bei seinem Besuch 1830 auch höchstpersönlich die Anregung zur Bildung eines „Historischen Vereins". Vornehmlich Angehörige der städtischen Oberschicht fanden sich in den Neugründungen zusammen. Nicht mehr die Standeszugehörigkeit, sondern Bildung und Wohlstand gaben jetzt den Ausschlag. Es sind adelig-bürgerliche Beamte, Gelehrte, Wirtschaftsbürger und ganz typisch für Bamberg: Vertreter des Klerus. In den Mitgliederverzeichnissen lassen sich neben den schon bekannten Namen wie Kunz, Rupprecht, Jäck und Schellenberger noch die des Präsidenten des kgl. Appellationsgerichtes, Graf Lamberg, des Archivars Paul Oesterreicher und des Kunstschriftstellers Joseph Heller (1798–1849) finden. Vom gewachsenen bürgerlichen Selbstbewusstsein und Ansehen zeugen auch die Porträts, die die aus Salzburg kommende Barbara Krafft (1764–1825) von den städtischen Honoratioren, aber auch der Mittelschicht anfertigte, wie dem ersten Bürgermeister Franz Ludwig von Hornthal (1765-1833) oder dem Büttner und Bierbrauer Johann Baptist Kauer.

Einen nachhaltigen Eindruck des Lebensgefühls im Biedermeier vermittelt das Bamberger Theresienfest. Als vaterländisches und lokalpatriotisches Volksfest lockte es von 1833 bis 1841 Zehntausende von Besuchern an. Über eine ganze Festwoche spannte sich die Gesamtschau des emanzipierten Bürgertums, ein Reigen mit Gewerbevorführungen, Ausstellungen, Festzügen, Pferderennen und vielen Belustigungen. Die Hinwendung zum Gesellschaftlichen, zur Vergnügung und Entspannung im Vertrauten ist in all den Jahren unübersehbar, angesichts der Zeitumstände jedoch verständlich. Die eingeschränkten Betätigungsmöglichkeiten im öffentlichen Bereich zwangen dazu, den Ausgleich in anderen Bereichen zu suchen, fernab von der Politik.

Bayerischer Patriotismus

Die Hoffnungen auf bessere Zeiten unter bayerischem Schutz erfüllten sich zunächst nicht. Napoleonische Koalitionskriege und Befreiungskämpfe brachten immer wieder neue Bündnisse mit sich und für die Stadt neue Belastungen und Truppen. Zu sehr lag die Stadt an der Nahtstelle kontinentaler Verkehrswege. Bayern, Franzosen, Österreicher und sogar Russen logierten sich vorübergehend ein. Zweimal, 1806 und 1812, kam Napoleon hierher, von der Bevölkerung feierlich empfangen. Sein Schwager, Marschall Berthier, stürzte sich angesichts der herannahenden russischen Truppen 1815 aus einem Fenster der Residenz. Im Verlauf dieses Jahres musste die Stadt über 200 000 Soldaten beherbergen, mehr als das Zehnfache der eigenen Bevölkerung. Zusätzlich beutelten Seuchen und Hungersnot die geplagten Einwohner.

Trotz der schwierigen ersten Jahre wollten die Bamberger von Beginn an keinen Zweifel an ihrem bayerischen Patriotismus aufkommen lassen. Die Erhebung Kurbayerns zum Königreich im Jahr 1806 wurde mit Kanonendonner und festlicher Illumination bejubelt, königliche Jubiläen und Besuche stets mit höchstem Aufwand gefeiert. Als besondere Auszeichnung empfand man die längere Anwesenheit gekrönter Häupter aus dem Hause Wittelsbach. Herzog Wilhelm in Bayern verbrachte von 1805 bis 1837 einige Jahre hier im bayerischen Norden, von 1863 bis 1867/75 mussten der gescheiterte König Otto von Griechenland und seine Frau Amalie in der Neuen Residenz ihr Quartier beziehen, fernab vom königlichen Hof. Im Bamberger Stadtbild erinnert bis heute vieles an die Anhänglichkeit der Bamberger zum Königshaus. Der neugeschaffene Platz im Herzen der Inselstadt wurde zu Ehren des ersten Königs zum „Maximiliansplatz", die Königstraße erinnert bis heute an den Besuch Ludwig I. im Jahr 1830. Weitere Beispiele könnten folgen. Festzuhalten bleibt, dass die grundsätzliche Treue zum Hause Wittelsbach eine wesentliche Konstante im Verhalten der Bamberger Bürger bis 1918 bildet.

Liberale und nationale Hoffnungen

Große Erwartungen weckte 1818 die königliche Gewährung einer Verfassung, die begrenzte Mitsprache auf Landesebene und vor allem höhere Mitbestimmung auf Kommunalebene verhieß. Der streng hierarchische Verwaltungsaufbau mit eingesetzten Beamten an der Spitze hatte bis dahin jedes Engagement beeinträchtigt. Nun erhielt die Stadt zwei Bürgermeister, einen Magistrat mit zwölf Räten und ein Gemeindebevollmächtigtengremium. An Stelle der polizeistaatlichen Bevormundung war eine vergleichsweise selbstverantwortliche Gemeindepolitik getreten. Zum ersten Bürgermeister erwählten die Bamberger Franz Ludwig von Hornthal, der sich zuvor schon als Polizeidirektor für das Wohl der Stadt verdient gemacht hatte. Nicht nur die Maßnahmen zur Verbesserung der Verwaltung sind im Wesentlichen auf seine Initiative zurückzuführen. Hornthal ordnete den verschuldeten Gemeindehaushalt und widmete sich in Krisenzeiten der öffentlichen Wohlfahrt. Der spätere Ehrenbürger gilt auch als bedeutendster Vertreter des Frühliberalismus in Bamberg. In seinen Schriften wie im bayerischen Landtag kämpfte er für die Stärkung der Verfassung und den Ausbau der Bürgerrechte.

Ähnliches Gedankengut fand innerhalb der städtischen Intelligenz seinen Nährboden. Gegnerschaft zum autoritären Obrigkeitsstaat wie zum Feudalstaat, verbriefte individuelle Grundrechte und Rechtssicherheit sind spezifisch bürgerliche Interessen. Ein Vorkämpfer dieser Ideen, der Jurist Paul Johann Anselm von Feuerbach (1775–1833), verbrachte zwangsweise einige Jahre in Bamberg. Wegen seiner fortschrittlichen Ideen wurde er von 1814 bis 1817 als zweiter Präsident des Appellationsgerichtes nach Bamberg „strafversetzt". Feuerbach engagierte sich in einer Denkschrift zum Wiener Kongress auch für ein engeres Zusammenrücken der deutschen Staaten. Die Sehnsucht nach einer einheitlichen Kulturnation weckten vor allem die Romantiker, in Bamberg ist Friedrich Gottlob Wetzel federführend. Einheimische Dichter, allen voran Peter von Hornthal (1794–1864), Sohn des Bürgermeisters, und Michael Birnbaum (1792–1877) ließen sich von der Woge der nationalen Begeisterung anstecken. Der Jahrestag der Leipziger Völkerschlacht 1814 wurde mit Fackelzug zur Altenburg und patriotischen Gedichten überschwänglich gefeiert. Birnbaum fand bei seinem Festspruch deutliche Worte: „Im Herzen Deutschlands sind wir schön gelegen, Drum strömt uns auch ein deutsches Blut im Herzen."

Der Deutsche Bund mit seinen 39 Mitgliedsstaaten konnte 1815 zwar eine Phase der äußeren Ruhe einleiten, vermochte aber die hoch gespannten Erwartungen ebensowenig zu erfüllen wie die Metternich'sche Restaurationspolitik. Alle Staatsgewalt sollte bei den Monarchen vereinigt bleiben, liberale und nationale Betätigungen durch Pressezensur und strenge Kontrolle der Universitäten verhindert werden. In Bayern schien die Verfassung den Rückfall in alte Zeiten verhindern zu können. Doch nach dem revolutionären Donnergrollen von 1830 fiel König Ludwig I. immer mehr in konservative Erstarrung zurück. Die Aussperrung fünf gewählter Abgeordneter vom Landtag, darunter Franz Ludwig von Hornthal, und die erneute Einführung der Zensur für Tageszeitungen löste 1831 in Franken eine heftige Adressbewegung aus. Aus Bamberg kamen 350 Unterschriften – mit die meis-

ABB. 52: FRANZ LUDWIG VON HORNTHAL, STAHLSTICH,
J. G. NORDHEIM, UM 1822

ten. Die Opposition ließ sich in dieser vorrevolutionären Zeit, dem „Vormärz", nicht mehr völlig mundtot machen. 1832 wurde in Gaibach ein großes Verfassungsfest für alle Franken gefeiert, aus Bamberg kam erneut reger Zuspruch. Hornthal sprach als einer der Gemäßigt-Liberalen, die, wie er selber formulierte, an Recht und Verfassung festhalten, öffentliche Ruhe und Ordnung aufrechterhalten wollten.

Radikalere Äußerungen standen unter Strafe. So musste etwa der gebürtige Bamberger und berühmte Medizinprofessor Johann Lukas Schönlein (1793–1864) wegen seines Eintretens für liberale Rechte die Universität Würzburg verlassen und bis ins sichere Zürich flüchten. Dennoch gärte es im Verborgenen weiter, und die Universitäten entwickelten sich zur Triebfeder. Auch junge Bamberger wie Nikolaus Titus (1808–1866) traten während ihres Studiums den neuen Burschenschaften bei und engagierten sich für deren Ziele, für eine deutsche Einheit und für liberale Rechte. Ihre Ideen wurden dabei zunehmend demokratisch-revolutionär. Bamberg erlebte 1827 mit einem Burschentag auswärtiger Korporationen einen Vorgeschmack. Aber auch innerhalb der eigenen akademischen Schulen formiert sich studentischer Korpsgeist. 1833 werden gegen die „Germania" und „Teutonia" an der Medizinischen Schule disziplinarische Maßnahmen eingeleitet. Fortschrittliche Kräfte sammelten sich auch in geselligen Vereinen, die zur Basis der ersten politischen Organisationen wurden, vor allem im 1834 gegründeten Bürgerverein. Selbst in den biedermeierlichen Vereinigungen wie der „Harmonie" fanden sich demokratisch-radikale Vorkämpfer wie Titus oder der Advokat Prell ein. Von hier aus versuchten sie, konservative Kreise für die Ziele des „Jungen Deutschlands" zu gewinnen. Verstärkte publizistische Aktivitäten und regelmäßige Zusammenkünfte in der Gaststätte „Mondschein" sollten den Nährboden für eine demokratische Erhebung weiter vorbereiten.

Die Revolution von 1848

Sicherlich formierte sich die radikale Bewegung zunächst um einige wenige intellektuelle Vorkämpfer, sie fand bei Ausbruch der Revolution ihre Anhänger

ABB. 53: GÄRTNERFRAUEN AM GRÜNEN MARKT, UM 1900

aber bei vielen Unzufriedenen und Minderbemittelten, bei Handwerkern, Gärtnern und Häckern sowie Tagelöhnern. Hungerjahre infolge von Missernten und Teuerungen nährten den Groll. Im Jahr 1847 wurden in Bamberg bei 24 000 Einwohnern 3 677 Unbemittelte gezählt.

Allgemeiner Missmut schlug jetzt auch dem früher so beliebten König entgegen. Kritikpunkte waren seine restriktive Politik und seine nicht mehr untadelige Lebensführung. Ludwigs Mätresse, die spanische Tänzerin Lola Montez, musste sich bei einem Besuch in dem als absolut königstreu geltenden Bamberg 1847 gnadenlos auspfeifen lassen. Im Magistrat und Gemeindekollegium weigerten sich einige Mitglieder, eine Entschuldigungsadresse an den Monarchen zu unterzeichnen. Die Kluft zwischen den Konservativen und den Fortschrittlern war ganz offensichtlich nicht mehr überbrückbar.

Ludwig entzog der Stadt daraufhin vorübergehend seine Gunst, geriet auf Grund der republikanischen Revolution in Frankreich aber zunehmend selber unter Druck. Die Demokraten witterten nun ihre Chance. Innerhalb Frankens entwickelte sich Bamberg – ganz im Gegensatz zu den Beamtenstädten Bayreuth und Ansbach – zu einem Brennpunkt der revolutionären Ereignisse von 1848. Ein konservativer preußischer Diplomat nannte die Domstadt sogar den verfaultesten Punkt Bayerns. Das war selbst aus konservativem Blickwinkel überzeichnet. Immerhin konnten die Radikaldemokraten aber über etwa ein Jahr durch Versammlungen, Kundgebungen, Presseagitation bis hin zu öffentlichen Krawallen und einer Sturmpetition beachtliche Breitenwirkung erzielen. Bereits Anfang März, am Beginn der Revolution, initiierten sie eine eindrucksvolle Volksversammlung. Unter großer Zustimmung, etwa 1 000 Unterschriften, verabschiedeten die Teilnehmer die berühmten vierzehn „Bamberger Artikel". Diese vermutlich aus Titus' Feder stammende Bekanntmachung fordert „eine konstitutionelle Monarchie auf der breitesten demokratischen Grundlage". In den einzelnen Punkten wurde u. a. Pressefreiheit, Volksvertretung beim Deutschen Bund und Abschaffung aller Vorrechte verlangt. Für eine Republik, das wusste auch Titus, war selbst in Revolutionszeiten keine Mehrheit zu bekommen.

Nachdem der König wenig später dem liberalen Ansinnen in vielen Punkten nachgegeben hatte, formierten sich auch die Gemäßigt-Liberalen unter Peter von Hornthal. Nach einem heftig geführten Wahlkampf, in dessen Verlauf eine aufgebrachte Volksmenge sogar die Hauptwache stürmte, konnte schließlich der Radikaldemokrat Nikolaus Titus als Bamberger Abgeordneter in die Frankfurter Paulskirche einziehen. Dort schloss er sich der republikanischen Linken an. Der Machtkampf zwischen den rivalisierenden Gruppen hielt jedoch in den nächsten Monaten an. Die Radikalen besaßen in mehreren Revolutionszeitungen, vor allem dem „Fränkischen Merkur" des Karl Heger und dem demokratischen Volksverein, zunächst die bessere Massenbasis. Eine etwa 300 Mann starke Volkswehr wollte die Frankfurter Reichsversammlung sogar mit Gut und Blut schützen. Die Gemäßigten versammelten sich im konstitutionell-monarchischen Volksverein, der reaktionären wie anarchischen Bestrebungen eine klare Absage erteilte, jedoch selber keine großen Aktivitäten entfaltete. Unterstützung erhielten

sie vom neuen Stadtkommissar Johann Baptist Ihl, der Heger verhaften ließ und einen weiteren prominenten Demokraten, Dr. Heinrich Heinkelmann (1807-1866), zur vorübergehenden Flucht veranlasste. Zusätzlich setzte er eine Verstärkung des Militärs durch.

Bei den Wahlen zum reformierten Landtag im Januar 1849, dem ersten mit breiter Volksbeteiligung, konnten die Radikalen noch einmal deutlichen Rückhalt finden und alle vier Abgeordneten nach München entsenden. Ihre Forderung nach Verlegung der Infanterieregimenter fand besonders bei den Gärtnern offene Zustimmung. Das Scheitern der Paulskirche und die Ablehnung der Reichsverfassung durch Maximilian II. isolierten die demokratischen Aktivisten aber allmählich. Die von Heinkelmann mitgetragenen Versuche, im Mai und Juni 1849 über Versammlungen, Adressbewegung und nötigenfalls sogar einen Volksaufstand die freiheitlich-deutsche Sache am Leben zu erhalten, schlugen letztlich fehl. Angesichts der nun einsetzenden Reaktion sahen sich auch die königstreuen Liberalen in ihren Hoffnungen betrogen. Umso stärker richtete man sein Augenmerk auf das private und wirtschaftliche Wohlergehen.

Auf dem Weg in die Moderne – maßvolle Industrialisierung

Die mit der „Industriellen Revolution" verbundenen, tiefgreifenden sozialen und wirtschaftlichen Umwälzungen veränderten ab den 1850er Jahren auch die fränkische Bischofsstadt nachhaltig. Gegen Ende des Jahrhunderts gab es in Bamberg fast 7 000 Beschäftigte in Industriebetrieben, etwa 35 Prozent aller Erwerbstätigen. In absoluten Zahlen gemessen rangierte man damit in Oberfranken auf Rang zwei hinter Hof, jedoch noch deutlich vor Bayreuth und Schweinfurt. Zu einer reinen Industriestadt entwickelte sich Bamberg aber nie. Gerade dieser Punkt ist mit vielen Vorurteilen behaftet. Denn seit der romantischen Wiederentdeckung Bambergs fehlt es nicht an Stimmen, die die katholische Vergangenheit und Mentalität als Ursache für wirtschaftliche Zurückgebliebenheit verantwortlich machen. Wilhelm Heinrich Wackenroder notierte bereits 1793: „Der Charakter der Bamberger soll im allgemeinen Biederherzigkeit,

Phlegma, Aberglaube und häufiges Biertrinken sein." Und kurz nach der bayerischen Herrschaftsübernahme meldet ein kurfürstlicher Berichterstatter: „Bamberg könnte seiner Lage nach eine vorzügliche Handelsstadt seyn: Allein es scheint an guten Einsichten, Unternehmungsgeiste der Kaufleute, die mehr Krämer als Handelsleute sind, an thätiger Verwendung der Regierung zu fehlen."

Ganz Unrecht hatten sie natürlich nicht. In fürstbischöflicher Zeit blieben wichtige unternehmerische Impulse aus, die in den benachbarten weltlich-protestantischen Territorien, vor allem im Erlanger Gebiet, Glaubensflüchtlinge einzubringen hatten. Und sicherlich hatten die Bischöfe eher die Vervollkommnung als Agrar- denn die Fortentwicklung zum Manufakturstaat angestrebt. In manchen Bereichen war Bambergs Vergangenheit als Haupt- und Residenzstadt einem wirtschaftlichen Aufschwung aber sogar nützlich. Einige Manufakturen und Spezialgewerbe, die am Bischofssitz einen Absatzmarkt gefunden hatten, konnten sich unter veränderten Rahmenbedingungen weiterentwickeln. Hierzu zählten die Wachswarenherstellung und die ehemalige fürstbischöfliche Glockengießerei, die ab 1840 unter Paul Lotter wieder

aufblühte. Die Produktion von Tabakwaren war ebenfalls schon länger heimisch, erlebte bis hin zur industriellen Fertigung in den 60er und 70er Jahren aber einen regelrechten Boom.

Den frühen Reichtum der Stadt begründete aber vor allem der Warenhandel, insbesondere mit Hopfen. Dieser wichtige Grundstoff für das Bier stammte vorwiegend aus Böhmen, wurde aber hier getrocknet, gelagert und anschließend in alle deutschen Länder und darüber hinaus weiterversandt. Bambergs Bedeutung als Umschlagplatz wuchs durch die Beseitigung von Handelshemmnissen. Der überregionale Güterverkehr profitierte zunächst von der Gründung des Deutschen Zollvereins im Jahr 1834. Dieser verwirklichte eine wichtige Forderung des Wirtschaftsliberalismus und beseitigte die lästigen Binnenzölle. Sehr früh, im Jahr 1844, erreichte die Ludwig-Nord-Süd-Eisenbahn die Stadt. Schon vier Jahre später war die Trasse über Kulmbach und Hof bis nach Leipzig weitergeführt und verband so den süddeutschen mit dem sächsischen Wirtschaftsraum. Durch den fast zur gleichen Zeit (1843) fertiggestellten Ludwig-Donau-Main-Kanal mit dem Ausgangspunkt Kelheim war man zudem an eine weitere moderne Verkehrsader angebunden.

ABB. 54: BAMBERG VON NORDEN MIT EISENBAHN, LITHOGRAPHIE, UM 1844

Allerdings sollte fast der gesamte Schwerlastverkehr über die Schiene laufen. Neue Impulse für die Binnenschifffahrt brachte erst der 1912 fertig gestellte, groß angelegte Staatshafen, der Bamberg zum Endpunkt der Main-Kettenschifffahrt machte.

Von den verbesserten Transportmöglichkeiten profitierte auch der Gemüseanbau. Als begehrte Spezialitäten galten vor allem Süßholz, zunehmend aber Kohl und Schwarzwurzeln. All diese Waren versorgten den wachsenden heimischen Markt, wurden nach Anschluss an das Eisenbahnnetz jedoch bis hin zu Münchens Viktualienmärkten transportiert. Die traditionsbewusste Gärtnerschaft konnte so das öffentliche Leben über lange Zeit mitprägen. Lediglich die Häcker am Kaulberg mussten bereits zu Beginn des 19. Jahrhunderts ihren Weinanbau zugunsten von Hopfen und Feldfrüchten aufgeben. 1840 gab es etwa 500 Gärtnerfamilien in Bamberg, danach sank die Zahl ganz allmählich. Viele Handwerker sahen sich dagegen durch die maschinelle Produktion und die Aufhebung des Zunftzwanges dazu veranlasst, ihre angestammte Produktions- und Lebensweise zu ändern. Nur wenigen Betrieben gelang der Übergang zur Spezialfertigung oder die schrittweise Werkstattvergrößerung zu einem Industrieunternehmen. Ein Beispiel ist die Schlosserwerkstatt Heim, die seit den 1880er Jahren Petroleumfässer und Hopfenbüchsen produzierte. Die Umstellung gelang auch den meisten Mühlen. Sie wurden nicht mehr ausschließlich zum Getreidemahlen, sondern zudem als Energielieferant genutzt. Sparten hingegen, die der billigeren industriellen Fertigung und somit der nationalen und sogar internationalen Konkurrenz nicht mehr gewachsen waren, verschwanden. Als Beispiele mögen die Tuchmacherei, die Leinwandweberei und die stark vertretene Gerberei genügen. Viele Arbeitskräfte aus dem städtischen und ländlichen Bereich wurden so freigesetzt und in ihrer Existenz bedroht. Manch einer suchte sein Glück in Übersee, viele hofften auf neue Beschäftigungsmöglichkeiten in der Stadt.

Arbeitsplätze in größerer Anzahl boten ab den 1850er Jahren auch in Bamberg mechanische Großbetriebe. Der entscheidende Impuls zur Errichtung derartiger Anlagen ging wie in vielen anderen Städten von wohlhabenden Kaufmännern und Bankiers aus. In diesen Kreisen gab es genügend Kapital und vor-

ausschauenden Unternehmergeist. Im Jahr 1858 gründete „der hervorragende und intelligentere Teil des hiesigen Handelsstandes", so die Tageszeitung, eine mechanische Baumwollspinnerei und -weberei. Die dortige Arbeit war relativ schnell anlernbar und versprach bei preisgünstiger Produktion sichere Gewinne. In der Standortfrage entschied man sich für das benachbarte Gaustadt, um dort, an der Nordspitze der Insel, die Wasserkraft nutzen zu können. Der Betrieb erhielt schon bald zwei Dampfmaschinen hinzu und wuchs auf 1 400 Beschäftigte an. Damit war er lange Zeit die größte Industrieansiedlung der Region. Seit 1927 unter dem Namen „Vereinigte Baumwollindustrie Bamberg-Erlangen" (Erba) ein Begriff, musste die Firma 1993 die Produktion einstellen.

ABB. 55: REKLAMEMARKE MECHANISCHE SEIDENFABRIK KUPFER & MOHRENWITZ, UM 1913

Der Spinnerei folgten bald Veredelungsbetriebe, eine Bleicherei und Färberei (1864) sowie eine Fabrik zur Herstellung von Kaliko (Buchbinderleinen). Aus Bamberg wurde trotzdem keine Textilstadt. Die Verbreiterung des industriellen Sektors in den Gründerjahren nach 1870 brachte eine Reihe neuer Industriezweige mit sich. Der jüdische Hopfengroßhändler Simon Lessing rief 1885 die „Erste Bamberger Exportbrauerei" ins Leben, später unter dem Namen „Hofbräu" bekannt. Johann Baptist Weyermann und Karl Dessauer investierten in denselben Sektor und grün-

ABB. 56: SCHLACHTHOF AN DER LICHTENHAIDESTRASSE, 1903

deten sehr erfolgreiche Malzröstereien. Trotz Vielfalt und Qualität erreichte die Bamberger Bierindustrie allerdings zu keiner Zeit das Ausfuhrniveau der Kulmbacher Konkurrenz. Ende des 19. Jahrhunderts konnte auch die Elektrotechnik mit der Firma „Groß & Bohrer" in Bamberg Fuß fassen. Zur Produktion von elektrischen Bogenlampen gesellten sich später Unternehmen wie die „Bamberger Industrie-Gesellschaft" oder die „Elektrische Industrie Fritz Wieland", die entsprechende Zubehörteile und elektrische Verbindungstechnik herstellten.

Die Bamberger Industrie um 1900 wies keinen eindeutigen Schwerpunkt auf, sondern hatte sich in mehreren Sektoren ausgebreitet. Neben den schon erwähnten Branchen erlangte vor allem die Maschinen- und Werkzeugverarbeitung einige Bedeutung. Von wenigen Ausnahmen abgesehen waren es zumeist kleine und mittlere Industrieunternehmen, die sich harmonisch in das Stadtbild eingliederten, für den zunehmenden Wohlstand der Stadt aber mit verantwortlich waren. Chancen zur weiterführenden Industrialisierung gab es immer wieder, blieben aber ungenutzt. Die konservativ denkende Bürgerschaft fürchtete um die nachteiligen Folgen, vor allem die ungelösten Probleme der „sozialen Frage" und die

damit verbundene stetige Zunahme einer sozialistisch ausgerichteten Arbeiterschaft. Landwirtschaft, Handel und nicht zu vergessen das Militär blieben bis 1914 weitere wichtige Wirtschaftsfaktoren. Dies sollte aber nicht dazu verführen, das damalige Bamberg als „verträumte Stadt" abzuqualifizieren.

Den dynamischen Aufschwung verdeutlicht am besten die Einwohnerstatistik. Immerhin verdoppelte sich die Zahl der Bevölkerung von 1850 bis 1900 auf über 40 000. Damit erreichte man zwar nie die Zuwachsraten der industriellen Ballungszentren, blieb durch kontinuierlichen Zuzug aber stets die größte Stadt in Oberfranken. Zwangsläufig veränderten sich mit der Größe auch die Stadtanlage und Infrastruktur. Immer enger fügten sich die locker beieinanderliegenden Siedlungsteile zusammen. Die mittelalterliche Struktur wurde durchbrochen und schließlich gänzlich aufgegeben. Möglichkeiten zur Erweiterung bot sich vor allem östlich in Richtung Hauptsmoorwald und – bedingt durch neue leistungsfähige Hochwasserdämme – in Richtung Süden, wo im Bereich der Wunderburg zahlreiche Wohnbauten und die neuen Kasernen entstanden. Auf der gegenüberliegenden Regnitzseite (Inselstadt) entstanden der Wilhelmsplatz und daran anschließend das Haingebiet, das vornehme Wohngebiet der reichen jüdischen Hopfenhändler. Mit dem Bevölkerungswachstum stieg auch der Bedarf an öffentlichen Bauwerken. Um 1900 entstanden kurz hintereinander zwei Kirchen (Mariahilf in der Wunderburg und St. Otto), die Monumentalgebäude für Post, Justiz und Archiv, das große Kaufhaus Hermann Tietz, genannt „Hertie" (heute Karstadt), Schulgebäude sowie Straßenzüge und neue Brücken. Gesellschaftliche Anforderungen und verbesserte technische Verfahren brachten zudem den Komfort moderner Versorgungseinrichtungen wie Wasserleitung und Kanalisation, Elektrizitätswerk oder ein neuer Schlachthof. Eine Straßenbahn ermöglichte seit 1897 für alle die schnelle Verbindung zwischen den Stadtteilen. Die städtebaulich weitgehend gelungene Lösung dieser weitreichenden Aufgaben ist im Wesentlichen das Werk von Hans Jakob Erlwein (1872–1914), der zu Beginn des 20. Jahrhunderts als Stadtbaurat nachhaltige Akzente setzte. Zeugnisse seiner Baukunst sind neben dem erwähnten Schlachthof un-

ter anderem die Prinzregent-Luitpold-Schule an der Memmelsdorfer Straße und der Chirurgische Pavillon zur Erweiterung des Allgemeinen Krankenhauses (heute Stadtarchiv).

Thron und Altar – im deutschen Kaiserreich

Das äußere Aufblühen der Stadt steht etwas im Gegensatz zur inneren Entwicklung. Nach dem Scheitern der 48er-Bewegung verarmte das öffentliche Leben rapide. Der Freiraum der revolutionären Presse wurde empfindlich beschnitten, verdächtige Vereine und Versammlungen strengster Kontrolle unterworfen und Zusammenschlüsse gänzlich verboten. Bambergs Bürger fügten sich rasch. Schon während der revolutionären Wirren dachte die Mehrheit konservativ-konstitutionell. Man hatte aber den Demokraten das Feld überlassen oder sie aus einer Protesthaltung heraus sogar unterstützt. Nun dominierte wieder das Fami-

ABB. 57: WILHELMSPLATZ MIT OBERPOSTDIREKTION (LINKS) UND JUSTIZGEBÄUDE (RECHTS), UM 1910

liär-Häusliche, Bürgerlich-Biederherzige und vor allem das Kirchlich-Religiöse. Vereine standen hoch im Kurs: Im Jahr 1900 existierten nicht weniger als 346 Einrichtungen kirchlicher, geselliger, gewerblicher, sozialer, sportlicher und militärischer Natur. Der Verschönerungsverein wollte bereits seit 1883 „Vorteile und Annehmlichkeiten, welche Bamberg und seine Umgebung den Fremden bieten", in möglichst weiten Kreisen bekannt machen. Und auch die Bürgervereine fanden sich zusammen, bis heute Sprachrohr für Anliegen und Probleme der Bevölkerung. Auf diese Weise ließen sich demokratische Sehnsüchte länger kanalisieren, nationale dagegen sehr viel weniger. Wie unter einem Deckmäntelchen führten sie in einigen Zusammenschlüssen, im Turnverein oder der Schützengesellschaft, eine Schattenexistenz. Zu besonderen Anlässen, wie dem 100. Geburtstag des Dichterfürsten Friedrich von Schiller im Jahr 1859, gelangten die Hoffnungen ans Tageslicht.

1871 wurde die Einheit Wirklichkeit. Bismarck hatte den Weg gewiesen, allerdings Österreich ausgeschlossen und den preußischen König zur deutschen Kaiserkrone geführt. Die Mehrheit der liberalen Bamberger Bürger begrüßte die Entwicklung lauthals und bemühte sich fortan, dem bayerischen Königshaus und dem deutschen Kaiserhaus gleichermaßen ergeben zu sein. Die einsetzende Konjunktur der Gründerjahre ließ vorhandene Zweifel weiter schwinden. Dennoch wurden immer wieder Töne laut, die vor der Gefahr einer „Verpreußung" warnten. Insbesondere die entschiedenen Katholiken sahen sich bedroht, schließlich war das neue Deutschland überwiegend preußisch, protestantisch und liberal. Und sogar die bayerische Regierung leitete 1868 die Trennung von Schule und Kirche und damit den „Kulturkampf" ein.

In dieser heiklen Situation formte sich die moderne Parteienlandschaft aus. Denn auf Dauer konnte die Politik nicht mehr abgehoben von gesellschaftlichen Gruppierungen betrieben, die Opposition unterdrückt oder ignoriert werden. Alte „48er" engagierten sich für ihre Ideale in den neuen Parteien. Der Advokat Titus trat in die linksliberal-demokratische Deutsche Volkspartei ein, genauso sein früherer Ersatzmann für die Paulskirchenversammlung, der Rotgerbermeister Andreas Ultsch. Die katholische Partei stand zunächst im Gegensatz zu den liberalen Mehrheitsparteien. Vor allem unter der Gärtnerbevölkerung und dem Mittelstand konnte sie sich starken Anhang sichern und erheblichen Einfluss auf die Gestaltung der Kommunalpolitik gewinnen. Rasch zeichnete sich die künftige Dominanz ab. Für den Reichstag wurden ab 1871 nur mehr Abgeordnete des katholischen Zentrums gewählt. Mit der Zunahme der Arbeiterbevölkerung gelang es auch den Sozialdemokraten, in Bamberg Fuß zu fassen. Trotz des vorübergehenden Verbots und vielfacher Anfeindungen konnten sie sich bis 1914 als dritte einflussreiche Partei etablieren. Im Gegensatz zu Städten mit höherem Arbeiteranteil, wie Nürnberg oder auch Hof, vermochte die SPD, die konservative Vormacht von Katholikenpartei und Rechtsliberalen aber nie zu brechen.

All das sind nur bedingt örtliche Besonderheiten, es sind Reflexe von Entwicklungen, die sich auf höherer Ebene abspielten. Städtisches Eigenleben regte sich nur in untergeordneten Angelegenheiten. Die Höhepunkte kamen nicht von innen heraus, sie hatten staatliche oder kirchliche Anlässe. 1881 wurde das 700-jährige Regierungsjubiläum des Hauses Wittelsbach mit der Enthüllung eines neuen Brunnens am Maxplatz begangen, das 900-jährige Bistumsjubiläum 1907 mit feierlicher Prozession und Festgottesdienst. Die Mehrheit der Bevölkerung lebte am Vorabend des 1. Weltkrieges im unerschütterlichen Glauben an Thron und Altar. Konfessionelles Bewusstsein und nationaler Stolz beherrschten die Gedanken, letzterer gepaart mit offen zur Schau getragenem Militarismus. Man war stolz darauf, Garnisonsstadt für Infanterie und berittene Truppen zu sein.

Größtes Ansehen genossen vor allem die Reiter, nach ihrem Inhaber, Kaiser Wilhelm II. (1888–1918), die „Kaiserulanen" genannt. Das Offizierskorps setzte sich zum überwiegenden Teil aus Söhnen des fränkischen Landadels zusammen, Namen wie Gebsattel, Guttenberg, Crailsheim oder Rotenhan sind in den Regimentslisten immer wieder zu finden. Ihre neuen Kasernen am Stadtrand mussten sie nur zu bald gegen Kriegsschauplätze in Frankreich und Russland eintauschen. Die Begeisterung für den ersten weltumspannenden Krieg (1914–1918) war im vermeintlichen Glauben der gerechten Sache – wie überall – anfangs groß. Die Daheimgebliebenen wollten nicht tatenlos zuschauen. Ein eiserner Stadtritter auf dem

ABB. 58: HOLZHOFKASERNE IN DER NÜRNBERGER STRASSE MIT BAMBERGER ULANEN, UM 1910

Maxplatz sollte zu Spenden für Kriegsversehrte und Hinterbliebene animieren. In Sälen und Schulen, selbst in der Residenz entstanden Lazarette. Aller Opfermut blieb letztendlich genauso erfolglos wie die Durchhalteparolen von Staat und Kirche. Am Ende war jegliche Euphorie verflogen. Die Stadt hatte 1 300 Gefallene zu beklagen. Die moderne Kriegsmaschinerie hatte vor allem unter den traditionsreichen Reitern, einer mittlerweile veralteten Waffengattung, viele Opfer gefordert.

Die Weimarer Zeit – Rückhalt der Konservativen

Mit der militärischen Niederlage und der schlechten Versorgung breiteten sich Enttäuschung und Unzufriedenheit aus. In München brachte am 8. November 1919 eine gewaltbereite Menschenmenge die reform-

unwillige Monarchie zu Fall. Ausläufer der revolutionären Bewegung erfassten auch Bamberg. Wie in der Landeshauptstadt übernahm ein 54-köpfiger „Arbeiter-, Bürger- und Soldatenrat" mit weitreichenden gesellschaftsverändernden Zielen die Macht. Man wollte nicht „nach dem Muster des bürgerlichen Parlamentarismus Pflanzschulen persönlicher Eitelkeiten, Strebereien und Geschäftemacherei sein, sondern zum schaffenden Dienst an der Gesamtheit erziehen". Unter dem mäßigenden Einfluss der Sozialdemokraten mit ihrem Parteivorsitzenden Karl Mörsberger wagte man aber keinen Umsturz und ließ die staatlichen und städtischen Organe neben sich bestehen. In den dringendsten Aufgaben der Zeit, der Bereitstellung von Lebensmitteln, der Demobilisierung und der Aufrechterhaltung der öffentlichen Sicherheit konnte man auf die eingespielte Verwaltung ohnehin nicht verzichten. Trotz vieler Anstrengungen und einiger

ABB. 59: LANDTAGSPRÄSIDIUM UND REGIERUNG HOFFMANN IM SPIEGELSAAL DER HARMONIE, 1919

ABB. 60: PLENUM DES LANDTAGS IM SPIEGELSAAL

Erfolge war den Räten keine lange Zukunft beschieden. Das lag sicher an administrativen Schwächen, entsprach dem Landestrend, vor allem aber der Bamberger Mentalität. An der zurückhaltenden, bedächtigen Grundeinstellung hatte sich wenig geändert. Der einfache Bürger akzeptierte nach dem Fall der Monarchie nur mehr die Kirche als rechtmäßige Autorität, nicht aber eine illegitim an die Macht gekommene Institution. Schon bei den Landtagswahlen am 12. Januar 1919 erhielten die Unabhängigen Sozialisten die Quittung. Nur ganze 87 Stimmen bekamen sie in der Domstadt, rund ein Zehntel des Landesdurchschnitts. An der Spitze der Wählergunst lag aber bereits in diesen Tagen aufgewühlter Spannungen und Emotionen die christlich-konservative Bayerische Volkspartei (BVP).

Die besonnene Haltung der Bevölkerung, die dafür verantwortlich war, dass „Störungslustige keinen Boden für ihre Umtriebe finden werden", bewog die Stadtväter sogar dazu, Bamberg als Sitz der deutschen Nationalversammlung vorzuschlagen. In Berlin entschied man sich jedoch für Weimar, aber auch in München musste eine gewählte Regierung dem Druck der Straße weichen. Nach der Ermordung des Revolutions-Ministerpräsidenten Kurt Eisner am 21. Februar 1919 proklamierten radikale Kräfte die „Räterepublik", Bayern driftete am Rand der Anarchie. In dieser Situation entschied sich der rechtmäßige Regierungschef, der Sozialdemokrat Johannes Hoffmann, mit seinem Kabinett zur Flucht nach Bamberg. Hier blieb die Garnison regierungstreu und vor allem schien die

Masse der Bevölkerung von der neuerlichen Revolutionshetze der äußersten Linken unbeeindruckt geblieben zu sein. Zwar hatte nach Eisners Tod eine erregte Menge den Zugang zum Dom und weiterer Gotteshäusern erzwungen und für ein Trauergeläut gesorgt. Mehr passierte jedoch nicht. Als sich das Gerücht verbreitete, die Gärtner würden mit Dreschflegeln und Mistgabeln die Erstürmung ihrer Kirchen verhindern, löste sich die Ansammlung wieder auf.

So wurde Bayern vier Monate lang von Bamberg aus geführt. Erst Mitte August 1919 ermöglichte die Reichswehr eine Rückkehr in die Landeshauptstadt. Die Regierung bezog unterdessen ihr Quartier im Inselrathaus, später in der Residenz, der Landtag tagte in der Harmonie. Dort verabschiedeten die Volksvertreter die neue „Verfassung des Freistaates Bayern" (auch „Bamberger Verfassung") vom 14. August. Diese erstmals vom Prinzip der Volkssouveränität ausgehende Grundordnung hatte bis zum Ende der Weimarer Republik Bestand. Bambergs Bürger rückten in diesen Wochen nicht nur enger zusammen, sie unterstützten und beschützten die Staatsorgane nach Leibeskräften. Oberbürgermeister Adolf Wächter veranlasste die Formierung einer Bürger- und Einwohnerwehr, die die Verkehrszugänge kontrollierte, den unmittelbaren Regierungssitz absperrte und während der ganzen Zeit Ruhe und Ordnung gewährleistete. Als öffentliches Zeichen der Solidarität erschien Bambergs sozialdemokratische Zeitung seitdem unter dem Namen „Der Freistaat". Selbst die Kirche bot der wenig geliebten sozialistischen Regierung Rückhalt. Weihbischof Adam Senger (1912–1935) ließ über Bayerns Kanzeln zur Bildung von republikanischen Freikorps aufrufen.

Nach diesem Intermezzo dominierte wieder die BVP das politische Leben und die Wahlen. Bis 1932 war die Partei, die ab 1920 auch in Bayern Regierungsverantwortung trug, in Bamberg nicht zu schlagen. Die traditionalistisch-(klein)bürgerliche Sozialstruktur und der hohe Anteil von Katholiken (83 Prozent) machten Stadt und Umland zu einer Hochburg der Christlich-Konservativen. Mit dem Prälaten Johann Leicht avancierte sogar ein Bamberger zum Fraktionsvorsitzenden im Reichstag. Den zweiten Platz in der Wählergunst konnten zunächst die Sozialdemokraten behaupten, dennoch vergifteten die früh einsetzenden rechts- und linksextremen Tendenzen schon bald das politische Klima. Die nationalistische Welle schwappte auf Bamberg über. Die „Deutschen Tage" (5.–7. Oktober 1923) führten der Bevölkerung erstmals die Stärke und Militanz dieser

ABB. 61: PLAKAT DER BAYERISCHEN VOLKSPARTEI, 1932

Gruppierungen vor Augen. Als einer der Redner trat auch Adolf Hitler in Erscheinung. Kurz zuvor hatten einige wenige Sympathisanten eine Ortsgruppe der NSDAP gegründet.

Der Münchner Putschversuch des Nazichefs vom 8./9. November 1923 sah seine Anhänger auch in Bamberg mit der Waffe auf der Lauer. Nach der Verhaftung der Rädelsführer rotteten sich Hitler-Anhänger zusammen. Tumultartige Szenen, wie sie die Stadt selbst zu Revolutionszeiten nicht gekannt hatte, bestimmten das Straßenbild. Die aufgeputschten Demonstranten wollten sogar das Rathaus stürmen, eine Schießerei drohte, die Oberbürgermeister Wächter nur durch seinen Rücktritt zu verhindern wusste. Seine Nachfolge trat Luitpold Weegmann (1885–1966) von der Wirtschaftlichen Vereinigung an, die schillerndste Persönlichkeit der Bamberger Kommunalpolitik jener Tage.

Gegenüber den radikalen Tendenzen gerieten die Feierlichkeiten zum 900. Todestag des heiligen Kaisers Heinrich 1924 zu einer öffentlichen Erwiderung. Sicherlich war es zunächst ein glänzendes Kirchenfest, das in einer prunkvollen Reliquienprozession seinen Höhepunkt fand. Nicht zuletzt durch die Beteiligung großer Menschenmassen und die Anwesenheit so prominenter Ehrengäste wie Ministerpräsident Heinrich Held (BVP) und Kronprinz Rupprecht gewann es eine politische Komponente. Der Anspruch der religiösen und konservativen Kräfte, die Probleme der Stadt, des Landes, der gesamten Nation nach den eigenen Werten und Vorstellungen zu lösen, wurde erkennbar. Verehrung und ungebrochene Vorbildfunktion der Bamberger Hauptheiligen veranschaulichen auch die Namen neuer kirchlicher und kommunaler Bauvorhaben: das Priesterseminar Henricianum (1927/28), die Pfarrkirche St. Heinrich im Osten der Stadt (1926–1929), der Heinrichs-, Kunigunden- und Georgendamm am rechten Regnitzarm. Für die angespannte Beschäftigunslage in den 1920er Jahren war die Bautätigkeit von größter Bedeutung. Die Errichtung neuer Straßen, der Sophienbrücke, des Volksparks mit dem Stadion und der evangelischen Erlöserkirche (1930–1933) brachten hier weitere Entlastung. Die anhaltenden konjunkturellen Schwierigkeiten beeinträchtigten aber auch die Möglichkeiten des Stadtrates. Der Wohnungsbau stagnierte, für öffentliche Auf-

ABB. 62: BÜRGERMEISTER LUITPOLD WEEGMANN, UM 1930

sche und Tumulte gekennzeichnet. Der größte Zwischenfall ereignete sich am 23. Oktober 1932, als der ehemalige Reichskanzler Heinrich Brüning die Stadt besuchte. Kommunisten und Nationalsozialisten störten die Großveranstaltungen durch unerhörte Straßenkundgebungen, die, so ein Zeitgenosse, „für Bamberg eine unauslöschliche Schande sind". Schlägereien auf offener Straße und Verwüstungen waren die Folge – Bamberg erlebte damals seinen „Kampftag". Ende Januar 1933 hatten die Nationalsozialisten ihr Ziel erreicht, Hitler war zum Reichskanzler ernannt worden. Seine Getreuen feierten auch in der fränkischen Domstadt mit Fackelzug und Großkundgebung auf dem Maxplatz.

Keine Hochburg der Nazis

Als unübersehbares Zeichen der nationalsozialistischen „Machtergreifung" wehte seit dem 9. März 1933 die Hakenkreuzfahne am Bamberger Rathaus. Richtig heimisch wurde die Bewegung hier aber nie. Die Maßnahmen zur Gleichschaltung, der völligen Kontrolle des öffentlichen Lebens, vollzogen sich weitestgehend nach vorgegebenem Schema und im Windschatten der Berliner Vorgänge. Die Mehrheitsverhältnisse im Stadtrat wurden gewaltsam zugunsten der Nazis geändert, Luitpold Weegmann zum Rücktritt genötigt, einige Zeit lang als 2. Bürgermeister noch gebraucht und geduldet. Das Kommando übernahm Lorenz Zahneisen, Uraltkämpfer und NS-Kreisleiter. Wer sich offen gegen die neuen Machthaber stellte, musste das Schlimmste befürchten. Erstes Bamberger Blutopfer war Willy Aron, Jude, Jungsozialist und Gewerkschaftsfunktionär, der noch 1933 im Konzentrationslager Dachau ermordet wurde. Andere, Kommunisten, Sozialdemokraten oder Katholiken, mussten ihre Standhaftigkeit mit Gefängnis oder zumindest der Entfernung von ihren Ämtern und Arbeitsplätzen bezahlen.

Die Geschichte und das unverwechselbare Erscheinungsbild der Stadt sollten für Propagandazwecke ausgenutzt werden. Der Bamberger Reiter wurde als Symbolfigur des arischen Machtanspruchs missbraucht, in seinem Schatten schlossen sich von 1936–1943 NS-Literaten zum „Bamberger Dichterkreis" zu-

träge war bald überhaupt kein Geld mehr vorhanden. Bambergs überwiegend mittelständische Konsumgüterindustrie stagnierte aufgrund der überall sinkenden Kaufkraft. Arbeitsplatz sichernde innovative Betriebe gab es nicht. Willy Messerschmitt war 1927 nach Augsburg gezogen, da ihm die Großfertigung von Flugzeugen in Bamberg nicht gestattet wurde. Zur schlimmsten Zeit, Anfang 1933, gab es in Bamberg etwa 4 000 Arbeitslose, das waren rund 16 Prozent der erwerbsfähigen Bevölkerung.

Bereits frühzeitig hatte Oberbürgermeister Weegmann vor jener irreführenden Massenpsychose gewarnt, die infolge der Weltwirtschaftskrise mit einfachen Antworten und großem Aktionismus die Unzufriedenen anlockte. Ihren wachsenden Einfluss ab 1929 konnte aber auch er nicht verhindern. Die letzten Jahre der Weimarer Republik waren wie überall durch heftige Wahlkämpfe, militante Aufmär-

sammen. Die historische Kulisse nutzte auch der „Bund Deutscher Mädel" (BDM), der sich ab 1936 hier im Vorfeld der Nürnberger Reichsparteitage zur jährlichen Reichsversammlung traf. Bamberg nannte sich deshalb „Stadt des BDM". Für die sorgfältig inszenierten Aufzüge und Paraden wollten die örtlichen Nationalsozialisten neuen Raum schaffen. Die Wahl fiel auf den Theaterplatz, und das ehemalige Klarissenkloster musste 1936 diesen Plänen weichen. Zur völligen Umgestaltung kam es jedoch nicht mehr. Trotz der geschilderten Versuche entwickelte sich Bamberg zu keiner ausgesprochenen Nazi-Hochburg. Im Ansehen der NS-Gewaltigen stand es deutlich hinter Bayreuth, der Gauhauptstadt und Richard-Wagner-Festspielstadt, sowie Nürnberg, dem Ort der Reichsparteitage. Auch innerhalb der Bevölkerung blieb die Resonanz hinter den Erwartungen zurück. Noch bei den letzten manipulierten Abstimmungen des Regimes wies die Stadt einen der höchsten Anteile an Nein-Stimmen in ganz Deutschland auf. Die Menschen scharten sich stattdessen vermehrt um die Kirchen, die einzigen gesellschaftlichen Kräfte, die das totalitäre Regime duldete. Ihre Außenposten konnten sich – trotz gewisser Anpassungen – in den Anfangsjahren der Diktatur noch nachhaltig Gehör verschaffen.

Das katholische „Volksblatt" war wegen seiner Auflagenstärke und kritischen Berichterstattung den Herrschenden lange Zeit ein Dorn im Auge. Der „St.-Otto-Verlag" druckte noch 1937 die gegen die NS-Rassenpolitik gerichtete Enzyklika „Mit brennender Sorge", wurde daraufhin aber beschlagnahmt. Regen Zulauf verzeichneten die katholischen Vereine, die mit zunehmendem Druck ihren Wirkungskreis aber immer mehr in den innerkirchlichen Raum verlegen mussten. Schließlich blieben als Hauptmerkmal der katholischen Aktivität nur mehr Prozessionen und Wallfahrten übrig. In einzigartiger Weise veranschaulichte das Bamberger Doppeljubiläum 1937 die ungebrochene Kirchentreue. 60 000 bis 70 000 Menschen fanden sich ein, um das Silberne Bischofsjubiläum Jakobus von Haucks (1912–1943) und die 700. Wiederkehr der Domweihe zu begehen. Eine einmalige Demonstration der Standhaftigkeit! Innerhalb der evangelischen Glaubensrichtung predigten Dekan Adolf Heller und Kirchenrat Erwin Bruglocher standhaft im Sinne der unverfälschten

„Bekennenden Kirche". Die Lehre der von den Nazis protegierten „Deutschen Christen" konnte deswegen in Bamberg trotz einiger Versuche nicht Fuß fassen. Es gab also viele in Bamberg, die sich aus Tradition, Religion oder Verstand nicht oder nur bedingt anpassen wollten. Offen jedoch widersetzten sich mit Fortdauer des Regimes nur die wenigsten. Der katholische Rechtsanwalt Hans Wölfel gehörte dazu, der Geschädigte des Regimes unerschrocken verteidigte, und auch Hitlerattentäter Claus Schenk von Stauffenberg, ehemaliger Angehöriger des Bamberger Reiter-Regiments 17 und familiär engstens mit der Stadt verbunden. Beide bezahlten ihre Aufrichtigkeit mit dem Leben.

Holocaust an den Juden

Angesichts des größten Unrechts erhob niemand seine Stimme. Schritt für Schritt vollzog sich das tragische Schicksal der jüdischen Gemeinde. 812 Mitbürger jüdischer Konfession wohnten im Jahr 1933 in Bamberg. Ihr Anteil am wirtschaftlichen und kulturellen Leben war beträchtlich, eigentlich nicht mehr wegzudenken. Die Bank der Gebrüder Wassermann zählte zu den angesehensten privaten Geldinstituten in Deutschland, der Vieh- und Hopfenhandel wurde fast ausschließlich von Juden betrieben, ihre Fabriken und Handelshäuser boten zahlreiche Arbeitsplätze. Die überwiegende Mehrzahl wollte sich dabei in die Gesellschaft einfügen, als gute Bamberger und gute Deutsche gelten. Reiche jüdische Familien, wie die Dessauer oder Lessing, leisteten einen bedeutenden Beitrag zum städtischen Stiftungswesen. Sie engagierten sich in zahlreichen Zusammenschlüssen, z.B. dem Volksbildungsverein (gegr. 1877) oder einigen Sportvereinen. Daneben gab es etwa seit Beginn des 20. Jahrhunderts auch eine Gruppierung, die auf die Bewahrung der jüdischen Eigenart drängte, die rein jüdische Vereine gründete, etwa den „Reichsbund jüdischer Frontsoldaten" oder den „Jüdischen Pfadfinderverein". Trotz des aufkommenden Antisemitismus lässt sich anhand vieler Beispiele das weitgehend harmonische Miteinander- und Zusammenleben von Juden und Nichtjuden im Bamberg des 19. und frühen 20. Jahrhunderts belegen.

Ab 1933 entzogen die braunen Machthaber den Juden durch Geschäftsboykotte, Zwangsausschlüsse u. ä. Maßnahmen zunehmend die Lebensbasis und trieben sie in die innere Emigration. Über 1 000 Gesetze stempelten sie bis 1941 zu Bürgern zweiter Klasse. Bis 1938 ertrugen die meisten Bamberger Juden die Repressalien mit großer Leidensfähigkeit. Die Gemeindeleitung forderte wiederholt zu äußerster Zurückhaltung auf. Mit der so genannten Reichskristallnacht wurde vielen bewusst, dass dies alles den Nazis nicht genügte. In jener Nacht des 9. November 1938 begann das wohl düsterste Kapitel der Stadtgeschichte: die Vernichtung der jüdischen Gemeinde. Auf Befehl aus Berlin setzten NS-Schergen die prächtige neue Synagoge in der Herzog-Max-Straße in Brand, eine von 200 im Deutschen Reich. Beim Versuch das Heiligste, die Thorarollen, aus dem brennenden Gebäude zu retten, wurde der Vorsteher der jüdischen Gemeinde, Willy Lessing, erkannt und schwerstens misshandelt. Wenig später erlag er seinen Verletzungen. Ab diesem Moment entschlossen sich

ABB. 64: SCHAULUSTIGE VOR BRENNENDER SYNAGOGE, 1938

sehr viel mehr Juden zur Ausreise. Etwa 200 von ihnen schafften es nicht mehr. Sie wurden 1941 und 1942 in verschiedene Lager im Osten deportiert, von wo es kein Zurück mehr gab. Zu Hause überlebten einige wenige, geschützt durch ihre arischen Ehepartner, und konnten so nach dem Krieg den Anfang einer neuen jüdischen Gemeinde wagen.

Rettung in letzter Sekunde

Für Bambergs übrige Bürger ging das Leben selbst in den neuerlichen Kriegszeiten (1939–1945) zunächst in einer beschränkten Normalität weiter. Überall Einsparungen, ständige Luftalarme, gewiss, aber vorläufig keine Zerstörungen. Für die Gegner gab es hier keine bedeutsamen Ziele. Das Schicksal der benachbarten Industriestädte Schweinfurt und Nürnberg, die von alliierten Luftflotten in Schutt und Asche gelegt wurden, blieb Bamberg dadurch erspart. Erst in der

ABB. 63: BOYKOTT JÜDISCHER GESCHÄFTE, 1933

letzten Phase des Krieges erlitt die Stadt größere Bombenschäden. Am 14. Februar 1945 griffen 33 amerikanische Bomber den Verschiebebahnhof an und erzielten nachhaltige Wirkung. Eine Woche später, am 22. Februar, flogen die „Fliegenden Festungen" den schwersten Angriff. Ein Bombenteppich verwüstete den Bereich Kaulberg und Stephansberg. Unglücklicherweise waren gerade hier die alten Stollenanlagen für kriegswichtige Produktion und den zivilen Luftschutz erweitert und ausgebaut worden. Sprengbomben durchschlugen dabei die Decke eines Schutzbunkers. Viele Menschen, die hierhin geflüchtet waren, verloren dabei ihr Leben, insgesamt 216 an diesem grauenvollen Tag.

Die schlimmsten Zerstörungen drohten der von Tausenden von Flüchtlingen und Kriegsverwundeten übervölkerten Stadt in den letzen Kriegstagen. Die Durchhaltefanatiker in Partei und Militär erklärten Anfang April Bamberg zu einer „Festung" innerhalb der imaginären „Jura-Verteidigungslinie". Der wagemutige Einsatz einer Handvoll energischer Persönlich-

keiten verhinderte in letzter Minute die bevorstehende Vernichtung. Weihbischof Arthur Michael Landgraf bemühte sich bei einflussreichen Militärs, Bamberg zur „offenen Stadt" zu erklären. In Eingaben an den Kampfkommandanten baten Erzbischof Joseph Otto Kolb, der evangelische Dekan Heller und Krankenhausdirektor Prof. Dr. Wilhelm Lobenhoffer um Schonung für die Stadt. Der Erzbischof verwies auf die Not leidende Bevölkerung. Er vergaß aber auch nicht die Kunst- und Kulturgeschichte zu erwähnen, die mit dem Verlust dieser und anderer unvergleichlicher Schöpfungen menschlichen Geistes und religiöser Gesinnung kostbarste und köstlichste Kleinodien verlören. Die bedingungslose Verteidigung konnte so abgewendet werden. In einem aberwitzigen Unternehmen versuchten zusammengewürfelte Truppen dennoch die Amerikaner aufzuhalten. Deutsche Pioniere sprengten am 10. April fast sämtliche Brücken der Stadt. Nach weiteren vier Tagen und beträchtlichen Schäden in der Inselstadt trat endlich Ruhe ein.

ABB. 65: SA UND POLIZEI VERHAFTEN BAMBERGER JUDEN, 1938

Unter dem Sternenbanner

Für die nächsten vier Jahre, von April 1945 bis September 1949, unterstand man der amerikanischen Militärregierung. Ihre Politik und ihr Auftreten waren zunächst geprägt vom Glauben an die „Kollektivschuld" des deutschen Volkes. Nach den Ideen des „Morgenthau-Planes" sollten Industrieanlagen großflächig abgebaut, die Bevölkerung bestraft, ja zu einem „Volk der Hirten" umerzogen werden. So utopisch diese Fiktion im Ganzen war, so drakonisch waren die Maßnahmen zunächst vor Ort. Als erstes beschlagnahmte die Besatzungsmacht rigoros Wohnungen bzw. sogar ganze Stadtviertel für eigene Zwecke. Dann ging man eilfertig an die „Entnazifizierung". Ehemalige Parteimitglieder wurden ihrer Posten enthoben, vielfach in Internierungslager gebracht.

Nicht selten kam es zu Übergriffen seitens der Sieger, die Ordnungskräfte waren vielfach überfordert. Noch im Jahr 1949 traten die Bamberger Taxifahrer in einen Streik, nachdem sich Gewalttätigkeiten von Besatzungssoldaten gehäuft hatten. Immer wieder bemühten sich freilich einzelne Persönlichkeiten um Milderung der Missstände und freundschaftliche Zusammenarbeit. Unvergessen ist vor allem Bambergs letzter Militärgouverneur, Nathan R. Preston (1948–1949, Residental Officer 1949–1952), der später seinen Lebensabend in Bamberg verbrachte.

Es darf auch nicht vergessen werden, dass die Sieger sich von Anfang an um karitative Hilfe und um die dringendst notwendige Versorgung kümmerten. Ihre Lastwagen fuhren in der unmittelbaren Nachkriegszeit bis in die Tschechoslowakei, um die Stadt mit den wichtigsten Grundstoffen wie Salz oder Koh-

ABB. 66: ÜBERFAHRT BEI DER GESPRENGTEN LUITPOLDBRÜCKE, 1945

le zu versorgen. Die amerikanischen Bemühungen, die demokratischen Kräfte zu fördern, standen hinter ihrer Politik der Vergeltung zunächst eindeutig zurück, rückten ab 1946 aber immer mehr in den Vordergrund. Die Notwendigkeit einer zuverlässigen Verwaltung als Bindeglied zur Bevölkerung hatten sie aber sofort erkannt. So beriefen sie schon im April 1945 den von den Nazis abgesetzten Luitpold Weegmann wieder zum Oberbürgermeister. Noch im selben Jahr folgte die Zulassung von Parteien auf Ortsebene. SPD und KPD bauten ihre alten Organisationen wieder auf. Im konservativen Lager fanden sich katholische und christliche Demokraten zusammen, die in Bamberg vor allen anderen bayerischen Städten einen CSU-Verein gründeten. Und wieder engagierten sich Bamberger auch an höherer Stelle. Prälat Meixner war lange Jahre als Vorsitzender der CSU-Fraktion im Landtag tätig, sein Parteifreund Dr. Hans Ehard avancierte 1946 zum ersten frei gewählten bayerischen Ministerpräsidenten. Nicht zu vergessen ist Dr. Thomas Dehler, erst Präsident des Oberlandesgerichts, dann erster Justizminister im Kabinett Adenauer und FDP-Bundesvorsitzender.

Bei den Stadtratswahlen vom 28. Mai 1946, der ersten demokratischen Abstimmung seit 13 Jahren, erhielt das neue interkonfessionelle Bündnis das überwältigende Vertrauen der Bürger, fast zwei Drittel aller Stimmen. Die erste Sitzung eröffnete Oberbürgermeister Weegmann mit folgenden Worten: „Lorbeeren können in der nächsten Zeit nicht geerntet werden; wir müssen auf Popularität verzichten, wenn das Schifflein unserer Stadt die Stürme der Nachkriegsjahre glücklich überstehen soll." Der spätere Ehrenbürger konnte nicht ahnen, dass er durch unermüdlichen Einsatz, aber auch seine persönliche Ausstrahlung genau das ernten sollte, worauf er zu verzichten bereit war. Als er 1958 nach insgesamt 21 Dienstjahren die Amtsgeschäfte seinem Nachfolger Dr. Theodor Mathieu übergab, bereiteten Tausende „ihrem Poldi" einen herzlichen Abschied. Dennoch wusste er natürlich, wovon er sprach. Denn Bamberg hatte schwer an den Folgelasten des Krieges zu tragen. Die Menschen trauerten um den Verlust von 3700 Gefallenen bzw. Vermissten.

Glücklicherweise war die Altstadt im Wesentlichen erhalten geblieben, dennoch lagen fast fünf Prozent

ABB. 67: VERTEILUNG VON CARE-PAKETEN DURCH DIE INNERE MISSION, 1945

der Häuser in Trümmern und rund 65 Prozent hatten Beschädigungen davongetragen. Das war immer noch wenig im Vergleich zur Zerstörung anderer Städte, aber zu viel angesichts der Massen von Evakuierten, Flüchtlingen und Vertriebenen, die vor allem aus den Ostgebieten nach Bamberg strömten. Der Zuzug wurde vorübergehend sogar verboten; es half nur wenig Fast 20 000 Menschen kamen neu in die Stadt, schon 1946 hausten 74 500 auf engstem Raum nebeneinander – allein im ehemaligen Kaufhaus Tietz um die 4 000 Personen. Die reduzierte Verwaltung konnte oft nicht einmal das Dringlichste garantieren: Lebensmittel – Brennstoffe – Arbeitsplätze – Wohnungen – Schulen, an allem herrschte Mangel. Die Schiebereien des „schwarzen Marktes" mit seiner „Zigarettenwährung" hemmten zudem eine gerechte Warenverteilung. Krankheiten, aber auch Neid und Missgunst –

etwa gegenüber den Neubambergern – machten sich breit. Kirchliche Sozialdienste wie die Caritas, das Diakonische Werk oder die Innere Mission versuchten, in Zusammenarbeit mit amerikanischen Hilfsorganisationen durch Einrichtungen wie die Volksküche (1947) oder die Bahnhofsmission die ärgste Not zu lindern.

Wiederaufbau und Wirtschaftswunder

Zur Sicherstellung der Versorgung galt es zunächst, die wichtigen Bindeglieder zwischen den Stadtteilen wieder aufzurichten. Marienbrücke und Markusbrücke konnten repariert und noch 1946 dem Verkehr übergeben werden. Mit der Löwenbrücke (1949), der Luitpoldbrücke (1950) und der Kettenbrücke (1953) verbesserte sich die städtische Infrastruktur in den Folgejahren. Wo durch die chronische Finanzschwäche der öffentlichen Hand empfindliche Lücken blieben, versuchten die Kirchen helfend einzuspringen. Dem sozialen Wohnungsbau verschrieb sich die 1947 gegründete „St.-Joseph-Siedlung für Flüchtlinge, Bamberg", wenig später zur diözesanweiten Stiftung ausgebaut. Bereits Ende 1948 konnten die Grundsteine für 42 Flüchtlingswohnungen in Bamberg gelegt werden, weitere folgten nach. Das Wirtschaftswunder nach der Einführung der D-Mark und der politischen Einigung der Westzonen löste schließlich auch in Bamberg einen Investitions- und Bauboom aus, der einzig in der Zeit der Jahrhundertwende eine ähnliche Entsprechung hatte. Bis 1962 waren 7 500 Wohnungen wiederaufgebaut und ganze

Stadtteile, wie die Siedlung im Gebiet „Gereuth", neu entstanden. Und endlich verschwanden Mitte der 60er Jahre die Baracken und Wohnungslager.

Für wirtschaftlichen Aufschwung und neue Arbeitsplätze sorgte der Ausbau der Elektroindustrie mit der Robert Bosch GmbH (1939), der Elektrischen Industrie Fritz Wieland GmbH und der thüringischen Lindner GmbH, die seit 1938 in Bamberg ein Zweigwerk unterhielt. Der Flüchtlingsstrom und die ungleich strengere Demontagepolitik der Sowjetzone führten zu wichtigen Neuansiedlungen, gerade im Bereich der Textilindustrie (1946 Kohlhaas Fabriken und Greiff-Werke aus Greiffenberg/Schlesien). Die Stadt blieb dadurch wirtschaftliches Zentrum mit den meisten Industriebeschäftigten in Oberfranken. Dennoch konkurrieren die Fabrikschlote bis heute nicht mit den Kirchtürmen. Die gediegene mittelständische Struktur änderte sich nicht grundlegend. Die Bedeutung der Handelsdrehscheibe Bamberg wurde durch die politische Entwicklung jedoch geschmälert. Der

ABB. 68: WARTESCHLANGE WÄHREND DER WÄHRUNGSREFORM, 1948

ABB. 69: KULTURBOTSCHAFTER SEIT 1946 - DIE BAMBERGER SYMPHONIKER

nahe gelegene „Eiserne Vorhang" kappte den gesamten Ost-West-Verkehr. Die Siebenhügelstadt drohte ins Abseits zu geraten, musste sich umorientieren. Hier halfen die Kanalisierung der Main-Regnitz-Wasserstraße und die Eröffnung des Staatshafens 1962. Über 300 Firmen und Geschäfte haben mittlerweile ihren Sitz in der Nähe dieses neuen Umschlagplatzes, dessen Bedeutung sich durch die Fertigstellung des Rhein-Main-Donau-Kanals 1992 weiter erhöht hat und der sich heute leistungsstark als „Bayernhafen Bamberg" präsentiert.

Kultur- und Denkmalstadt

Die ökonomische Entwicklung stand in der Nachkriegszeit keineswegs einseitig im Vordergrund. Der Bedarf an Ausgleich, Zerstreuung und geistiger Nahrung in Kunst, Literatur, Musik und Sport war riesengroß und zunächst nur schwer zu stillen. Und auch im kulturellen Leben entwickelte sich eine fruchtbare Symbiose zwischen Einheimischen und Zugezogenen. Ehemalige Mitglieder der Deutschen Philharmonie aus Prag fanden in der fränkischen Bischofsstadt eine neue Heimstätte. Unter bescheidenen Rahmenbedingungen gaben sie im März 1946 im schmucklosen Zentralsaal ihr Debüt. Verschiedenste Stationen folgten, in Bamberg und der ganzen Welt, denn die „Symphoniker" entwickelten sich zu einem Reiseorchester mit Weltgeltung. In der neu gebauten Konzerthalle an der Weide fanden sie 1993 ein dauerhaftes Refugium und sind seit 2003 „Bayerische Staatsphilharmonie". Bambergs Theatertradition war durch Nationalsozialisten und Krieg unterbrochen worden. Unter großem Einsatz vieler und aller Not zum Trotz gab das (spätere E.T.A.-Hoffmann-) Theater bereits 1946 in einer Turnhalle sein neuerliches Debüt. Nur mit Mühe konnte der Spielbetrieb in den nächsten Jahren aufrecht erhalten werden, doch verbesserte sich die Situation entscheidend, als das Ensemble 1958 wieder in das renovierte alte Stadttheater umziehen konnte. An der Wende zum 21. Jahrhundert erfuhr das Gebäude eine umfangreiche Sanierung. Heute ist es mit seinem großen Spektrum an Inszenierungen, von der Oper bis zum Musical, von Kinderstücken bis zur Avantgarde, sowie durch die „Calderón-Festspiele" in der Alten Hofhaltung ein nicht mehr wegzudenkender Faktor der „Kulturstadt Bamberg".

Bereits zum Wintersemester 1945/46 hatte die philosophisch-theologische Hochschule mit einer beachtlichen Fächerpalette bis in den natur- und geisteswissenschaftlichen Bereich wieder ihre Pforten ge-

öffnet. Im „Kampf um die vierte Landesuniversität" unterlag man damals, um ihn im Verborgenen freilich weiterzuführen und nach Zugewinn einer pädagogischen Hochschule (1958) und Aufwertung zur Gesamthochschule (1972) im Jahr 1979 endgültig zu gewinnen. Heute zeugen 9000 Studenten von der steigenden Akzeptanz dieser neuen und doch traditionsreichen Einrichtung. Darüber hinaus hat sich Bamberg in den letzten Jahrzehnten aber auch zu einer Schulstadt mit einem breiten Spektrum an Fachschulen entwickelt.

Bis in die Gegenwart hat die Domstadt Bamberg aus dem Wider- und Zusammenspiel geistlicher und weltlicher Kräfte immer wieder neue Anstöße zur Fortentwicklung empfangen. Durch den Zusammen-

ABB. 70: FESTZUG BEI DER 1000-JAHR-FEIER, 1973

ABB. 71: WELTKULTURERBELAUF IN DER SANDSTRASSE

ABB. 72: BASKETBALL DER SONDERKLASSE

bruch des öffentlichen Lebens waren die Kirchen in der Nachkriegsphase zunehmend in der außerordentlichen Seelsorge gefordert, wo sie – wie geschildert – viel dazu beitrugen, die Elendszeit zu überwinden. Und Not lehrt beten. Die Massen strömten wieder in die Gotteshäuser, die Bevölkerungsverschiebung tat ein Übriges. Der gewaltige Exodus aus dem Osten stärkte insbesondere die evangelische Gemeinde, die 1956 mit der Auferstehungskirche eine Verbesserung ihres Seelsorgenetzes erreichen konnte. Innerhalb der katholischen Kirchen wurde z. B. mit der Kunigundenkirche (1952), St. Wolfgang im Gereuth (1967) und St. Josef im Hain (1969) der Stadtvergrößerung angemessen Rechnung getragen. Es spricht für die tiefe Gläubigkeit der Bevölkerung, dass sie ihren ureigensten Beitrag zur Belebung der Frömmigkeit und Heiligenverehrung geleistet hat. Es soll an dieser Stelle

gar nicht mehr über den barocken Glanz der Prozessionen gesprochen werden, es gibt weitere Beispiele. Da wären zu nennen: der Wiederaufbau der Laurenzikapelle auf dem Kaulberg durch die Eigenleistung gläubiger Häcker oder auch die Anstrengungen des Krippenvereines, die zum viel beachteten Krippenrundweg führten.

Kirchliche Feste bestimmen den Rhythmus der Stadt weiterhin mit, der Karfreitagsgang zum Heiligen Grab am Michelsberg, das Heinrichs- und Kunigundenfest, Fronleichnam. Manches ursprünglich geistliche Ereignis ist mittlerweile von sehr weltlicher Lebensfreude durchdrungen, doch ohne diesen Ursprung nach wie vor unvorstellbar. Da ist vor allem die beliebte „Sand-Kerwa" rund um die Elisabethenkirche, seit 1950 das Bamberger Volksfest mit traditionellem Fischerstechen, Umzügen und vielen Belustigungen. Auch bei den außerordentlichen Feierlichkeiten wird man wiederum an kirchliche Ereignisse denken, doch lässt sich das in Bamberg mitunter gar nicht so einfach trennen. Hier sind die alle 50 Jahre groß begangenen Diözesanfeste zu nennen: 1957 das Bistumsjubiläum (950 Jahre), der 81. Deutsche Katholikentag in der aufbruchsbewegten Zeit 1966 oder das Domjubiläum 1987 (750 Jahre), dem 2007 die Feierlichkeiten um die tausendste Wiederkehr des Jahres der Bistumsgründung folgten.

Glanzvoll hatte die Stadt Bamberg bereits 1973 mit Bezug auf die erste urkundliche Nennung ihre 1000-Jahr-Feier mit einem kilometerlangen, kostümreichen und farbenfrohen Festzug inszeniert. Zahllose Besucher „erstürmten" damals die alte Kaiserstadt. In all die überschäumende Freude mischten sich aber auch warnende Stimmen. Der Oberbürgermeister sah einen wichtigen Anlass der Feierlichkeiten in der Sorge der Bürger um die Erhaltung ihrer von allen Kunstepochen geprägten Stadt, deren Antlitz ein einzigartig schönes städtebauliches Kunstwerk in Europa darstellt. Trotz vergleichsweise behutsamer Baupolitik in den Nachkriegsjahren, trotz vieler privater Anstrengungen und trotz erklecklicher Zuschüsse der öffentlichen Hand für die Sanierung denkmalgeschützter Gebäude („Bamberger Modell") musste man sich ernsthaft um den Erhalt des baugeschichtlichen Erbes sorgen. Denn die Erkenntnis wuchs, dass nicht mehr nur einzelne historische Gebäude, sondern die ganze gewachsene Stadt – das „Geschenk eines Jahrtausends" – als ein zusammenhängendes Denkmal anzusehen ist. Im Denkmalschutzjahr 1975 wurde Bamberg gemeinsam mit Lübeck und Regensburg zur deutschen „Beispielstadt" erklärt. Seit 1981 genießt die gesamte Bamberger Altstadt zwischen Bahnlinie und Altenburg als Einheit staatlichen Schutz: über 2 200 Gebäude auf einer Fläche von 434 Hektar. Das engagierte Bemühen um den Erhalt historischer Bausubstanz gipfelte schließlich in der Eintragung der Altstadt als UNESCO-Weltkulturerbe im Jahr 1993.

Auf dem Weg ins neue Jahrtausend

Mit dieser in Stein gehauenen, großartigen Vergangenheit schonend und doch lebendig und kreativ um-

zugehen, das ist die große Aufgabe, die die Stadt auf dem Weg ins dritte Jahrtausend zu leisten hat. Es gilt, Tradition und Fortschritt miteinander in Einklang zu bringen. Dass beides kein Widerspruch sein muss, zeigt die Integrierung der Universität in die Altstadt. Das akademische Leben findet heute in stimmungsvollen Gemäuern mit lebendiger Vergangenheit statt: im ehemaligen Jesuitenkolleg, dem alten Gymnasium, aber auch der früheren Frauenklinik oder dem alten Schlachthaus an der Regnitz.

Die Vergangenheit ist das Kapital der Stadt. Sie trägt zum Wohlbehagen der Bürger entscheidend bei und lockt Zehntausende von Touristen aus aller Herren Länder in die fränkische „Traumstadt". Durch die Anlegung von Ringstraßen und die Schaffung der Fußgängerzone von 1976 versuchte man, die Verkehrsströme zu dirigieren und den unverfälschten Reiz der Innenstadt zu erhalten. Mit neuen Tiefgaragen und Parkhäusern am Rande der Altstadt, vor allem aber mit dem Aufbau eines leistungsfähigen Park- & Ride-

ABB. 73: FESTGOTTESDIENST ZUM 1000-JÄHRIGEN BISTUMSJUBILÄUM 2007

Systems wurde ein notwendiger Schritt in die richtige Richtung getan, um wieder Lebensqualität in die Innenstadt zu bringen. Mit der Einstufung als Oberzentrum, mit dem sich auch ein Mehr an staatlichen Zuschüssen verbindet, ist die zentrale Stellung Bambergs in West-Oberfranken anerkannt. Bamberg ist Kunst- und Kulturstadt, Schul- und Verwaltungszentrum. Im Jahr 1997 konnte das Internationale Künstlerhaus „Concordia" eröffnet werden, ein ständig erweiterter Skulpturenweg belebt die Altstadt und sorgt für Gesprächsstoff. Als Teil der Metropolregion Nürnberg besitzt Bamberg eine vielfältige Industrie, deren Schwerpunkte auf der Kfz-Zulieferindustrie, der Elektrotechnik und dem Ernährungsgewerbe liegen. Von der alten Tradition als Bierstadt zeugen neun aktive Brauereien. Zu den wichtigen überregionalen Versorgungseinrichtungen zählt das 1984 fertiggestellte Klinikum; eine Konzerthalle und eine Mehrzweckhalle bieten ein breit gestreutes Angebot, das vom klassischen Konzert bis zum Bundesligaspiel in der Basketball-Hochburg Bamberg reicht. Seit der Wiedervereinigung liegt Bamberg wieder in der Mitte Europas, als neue Partnerstädte konnte man Prag und Esztergom in Ungarn gewinnen. Großer Beliebtheit erfreut sich der Weltkulturerbelauf, dessen Route seit 2003 durch die historische Altstadt, vorbei an Dom und altem Brückenrathaus, führt. Hunderttausende zog das umfangreiche kulturelle und religiöse Programm im Rahmen der Feierlichkeiten des 1000-jährigen Bistumsjubiläums im Jahr 2007 an, und schon heute wirft die 2012 stattfindende Landesgartenschau ihren Schatten voraus. Mitunter sind die Pläne und Veränderungen der jüngsten Zeit so rasant und nachhaltig, dass mancher schon wieder mahnend den Finger erhebt. Es bleibt zu hoffen, dass Bamberg seinen unverfälschten Reiz, das Füllhorn an großer und kleiner Geschichte, seine lebendige Tradition bewahren kann.

Michael Kleiner

2. Die Bergstadt

2.1 Der Domberg – Sakrale und profane Bebauung seit dem Mittelalter

Die erste schriftliche Nachricht über die Besiedlung des Domberges und der umliegenden Gebiete enthält ein Bericht über die Babenberger Fehde aus dem frühen 10. Jahrhundert. Nach der Chronik des Regino von Prüm brach 902 Adalbert von Babenberg von hier aus zu einem Angriff gegen die Konradiner auf. Nach seiner Niederlage fiel das „Castrum Babenberg" an das Reich. Mit den ottonischen Kaisern nimmt die Bedeutung des Ortes zu. So setzte in der Burg Babenberg Otto d. Gr. 964 seinen italienischen Gegner Berengar von Ivrea gefangen. Über Otto II. und Heinrich den Zänker gelangte das Königsgut mit der Burg an dessen Sohn und späteren Kaiser Heinrich II. Dieser wertete Bamberg, den Lieblingsort seiner Jugendzeit, zur königlichen Pfalz auf. Hier hielt er Hof und wickelte seine Regierungsgeschäfte ab. Der Ort wurde mit allen Regalien wie Markt-, Münz- und Zollrecht ausgestattet, die später auf die Bischöfe übergehen sollten. Der nach drei Seiten steil abfallende, natürlich geschützte und daher strategisch günstig über der Regnitz gelegene Burgberg bot genügend Platz für Kirche und die daneben gelegene Pfalz.

Auf der Reichssynode zu Frankfurt 1007 erhielt Heinrich II. die Zustimmung der anwesenden Bischöfe zur Gründung des Bistums Bamberg. Widerstand leisteten die Bischöfe von Würzburg und Eichstätt, die Teile ihres Territoriums abtreten mussten. Mit der Bistumsgründung sollte unter anderem die kirchliche und damit auch politische Macht an der Ostgrenze des Reiches ausgebaut werden. Heinrich stattete das neue Bistum großzügig mit Ländereien, darunter Kärnten, aus, Kaiserin Kunigunde stiftete ihr Heiratsgut. Die Ausstattung mit Reichsgut sollte den Bischof an die Krone binden und ihn zur Dienstbarkeit verpflichten. Die Reichsbischöfe waren zu der Zeit, als die deutschen Kaiser keinen festen Regierungssitz hatten, sondern sich an wechselnden Orten aufhielten, Hauptstützen gegen expansionsfreudige regionale Potentaten. In Bamberg demonstrierte die räumliche Nähe von Pfalz und Bischofssitz die enge Verflechtung von geistlicher und weltlicher Macht – der Bischof wirkte in Bamberg als Stellvertreter des Kaisers. Um die Bedeutung und die Sicherheit seiner Stiftung zusätzlich zu erhöhen, unterstellte Heinrich II. das Bistum dem unmittelbaren Schutz des Papstes.

Der Dom

Mit dem Bau des ersten Doms war bereits nach der Krönung Heinrichs II. zum deutschen König 1002 in Frankfurt begonnen worden. Die Kirche, nach ihrem Stifter „Heinrichsdom" genannt, konnte am 6. Mai

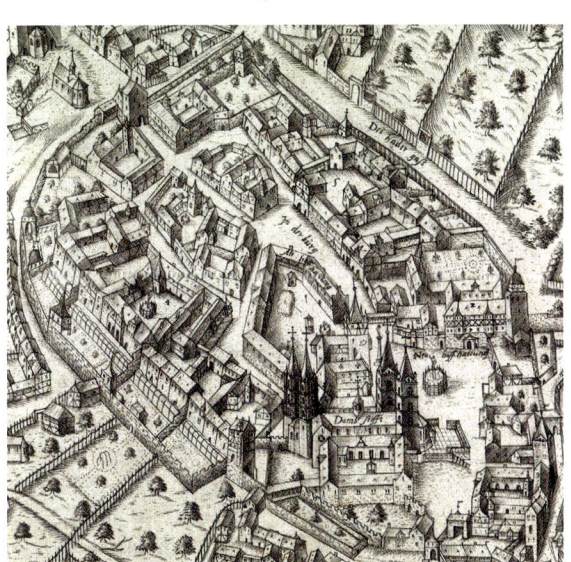

ABB. 75: DOMBERG, AUSSCHNITT, ZWEIDLER-PLAN, 1602

ABB. 74 LINKS: VOR DEM BISCHOFSHAUS

ABB. 76: HEINRICH UND KUNIGUNDE MIT DOMMODELL, AUSSCHNITT, MINIATUR, VITA ST. HENRICI, 1170

1012, dem 40. Geburtstag des Königs, eingeweiht werden. Man suchte nicht nur im Patrozinium – in der päpstlichen Bestätigungsbulle von 1107 wird allein der hl. Petrus als Bistumspatron genannt –, sondern auch in Liturgie und Architektur bewusst die Nähe zu Rom. In Anlehnung an Alt-St. Peter erhielt die dreischiffige Bamberger Basilika ein Querhaus im Westen und einen dem hl. Petrus geweihten Westchor. Der Ostchor wurde dem Reichsheiligen Georg geweiht, so dass die beiden herausragenden Gestalten des Papst- und Kaisertums in einer Kirche vereint waren. Das Aussehen des Heinrichsdomes ist in der Vita des hl. Heinrich, einer Handschrift von 1170, überliefert. Heinrich II. und seine Gemahlin Kunigunde wurden im Bamberger Dom beigesetzt. Unter den Saliern verlagerte sich das politische Zentrum des Reiches an den Rhein, doch blieb Bamberg ein bedeutender Pfalzort, seine Bischöfe wichtige Stützen der Herrscher. Heinrich III. unterstützte 1046 die Erhebung des Bamberger Bischofs Suidger als Clemens II. zum Papst. Als dieser im darauffolgenden Jahr starb, wur-

den seine sterblichen Überreste in den Bamberger Dom überführt.

Am Karsamstag des Jahres 1081 brannte der Dom ab und wurde nur provisorisch instand gesetzt. Erst Bischof Otto I. (1102–1139) ließ die Bischofskirche nach einem Bericht des Michelsberger Mönches Herbord (†1168) umbauen und neu ausstatten. Sie erhielt neue Wandmalereien, die Ostkrypta wurde nach Westen erweitert, der darüberliegende Ostchor erhöht und die Türme mit Kupfer gedeckt. Nach einem neuerlichen Brand im Jahr 1185 erfuhr der Dom wieder nur provisorische Ausbesserungen.

Bischof Ekbert von Andechs-Meranien war um eine ausgewogene Politik gegenüber Papst und Kaiser bemüht. Als er verdächtigt wurde, 1208 bei der Ermordung des Staufers Philipp von Schwaben durch Otto von Wittelsbach in Bamberg mitgewirkt zu haben, setzte man ihn in Reichsacht. Er floh ins Exil nach Ungarn. Nach Aufhebung der Acht wurde er einer der engsten Berater des jungen Kaisers Friedrich II., der ihn wegen seiner Verdienste um das Reich in den Fürstenstand erhob. Vermutlich um das Jahr 1217 veranlasste Ekbert, wohl im Einvernehmen mit Dompropst und Domkapitel, den Bau des jetzigen Domes. Da der Bischof wegen seiner zahlreichen Reisen in Reichsangelegenheiten selten in Bamberg anwesend war, dürfte die Aufsicht über das Bauwesen beim Domkapitel und dem Dompropst Poppo von Andechs gelegen haben.

Als einziger Kirchenbau nördlich der Alpen erfuhr der Bamberger Dom finanzielle Förderung durch Friedrich II. Einerseits zeigte er sich damit gegenüber seinem treuen Vasallen geneigt, andererseits konnte er sich als Schutzherr der Bamberger Kirche in der Nachfolge Heinrichs II. empfehlen. In den dreißiger Jahren verlieh der Kaiser dem Bistum den staufischen Wappenlöwen und drückte ihm damit auch heraldisch seinen Stempel auf. Bauhistorische Untersuchungen

ABB. 78: DOM, BLICK IN DEN WESTCHOR MIT VOLKSALTAR, BISCHOFSSTUHL (KATHEDRA) UND KREUZALTAR

ergaben, dass der Neubau des Domes im Osten mit der Krypta und den Fundamenten des Turmpaares begonnen und dann nach Westen vorangetrieben wurde. Trotz der Bauarbeiten musste der alte Dom so lange für die Liturgie nutzbar bleiben, bis Teile des Neubaus geweiht werden konnten. Den Baubefunden zufolge – dies sind Abschnittsfugen im Mauerwerk, zugesetzte Rundfenster oder funktionslose Wandvorlagen im Ostchor – vollzog sich die Fertigstellung des Kirchengebäudes in insgesamt zehn Bauabschnitten. An diesen Bauabschnitten lässt sich anschaulich nachvollziehen, wie viele Steinmetzen wo und wie lange beschäftigt waren, ob es zu Bauunterbrechungen kam und an welchen Stellen ein neuer Bautrupp eingesetzt wurde.

Trotz des mehrfachen Planwechsels hielt man am Schema des als Stiftung des heiligen Kaiserpaares hoch verehrten Domes fest – dem Heinrichsdom wurde der Charakter einer Reliquie zugemessen. Jüngste archäologische Grabungen ergaben, dass der Neubau des 13. Jahrhunderts – in vergrößerter Form und leicht nach Norden verschoben – in wesentlichen Zügen dem Heinrichsdom entspricht. Wie dieser besitzt die dreischiffige Basilika zwei Chöre und ein westliches Querhaus. Zusätzlich zu den Osttürmen erhielt er zwei im Westen. Die Vorbildlichkeit des Heinrichsdomes lässt sich daran ermessen, dass man sich sogar mit dem Gedanken trug, anstelle eines moder-

ABB. 77: ADAMSPORTAL

ABB. 79: DOM, FÜRSTENPORTAL

nen Gewölbes eine offene Balkendecke wie im Vorgängerbau zu errichten. Wegen des Reliquiencharakters hielt das Domkapitel als Bauherr an dem, im Vergleich mit zeitgleich erbauten französischen Kathedralen, veralteten Gesamtentwurf fest. Am 6. Mai 1237, dem Geburtstag des heiligen Kaisers, konnte der Bau eingeweiht werden.

Der Dom, die Hauptkirche des Bistums Bamberg, besitzt vier Zugänge: das Adamsportal und die Gnadenpforte beiderseits des Ostchores, das Fürstenportal an der nördlichen Seitenschiffswand und die kleine Veitspforte an der Nordwand des Westquerhauses. Aufgrund seiner Größe und seines Figurenschmucks ist das Fürstenportal als Hauptzugang gekennzeichnet. Es wurde allerdings nur an hohen Festtagen und nur vom Bischof und ranghohen Persönlichkeiten oder bei Prozessionen benutzt. Vom Skulpturenpro-

gramm des Fürstenportals sind nur noch die Propheten und Apostel am Gewände und das Weltgerichtstympanon an ihrem ursprünglichen Platz. Die Ecclesia, die Synagoge und andere Figuren wurden, um sie vor Verwitterung zu schützen, ins Innere des Domes versetzt. Die originalen Skulpturen des Adamsportals sind heute im Diözesanmuseum zu sehen. So retrospektiv die Architektur des Bamberger Doms zur Entstehungszeit gewesen sein mag, die Skulpturen zählten damals zu den modernsten in Deutschland und konnten sich mit den gleichzeitig entstandenen französischen Kathedral-Skulpturen messen. Dies ist bemerkenswert, konnten sich doch die Bildhauer nicht auf eine Tradition monumentaler öffentlicher Bildwerke berufen. Den frühen Skulpturen des Bamberger Domes ist das Herantasten an die Aufgabe der monumentalen Plastik auch deutlich anzusehen. Stilistisch ordnet man die Figuren einer jüngeren und einer älteren Bildhauerwerkstatt zu. Der älteren Werkstatt werden die Apostel- und Prophetenreliefs an den Schranken des Ostchores zugewiesen, ebenso das Tympanon des zwischen 1220 und 1225 entstandenen Gnadenportals. Die Gestaltung der Apostel und Propheten mit ihren teilweise unorganischen anatomischen Formen und den eng am Körper anliegenden ornamentalen Falten geht nicht von der realen Figur aus, sondern basiert auf Darstellungsformen der Malerei. Die fehlende Dreidimensionalität wird durch die kunstvolle Rhythmik des Faltenwurfes ausgeglichen.

Auch beim Fürstenportal lässt sich am linken und einem Teil des rechten Gewändes die Handschrift der älteren Werkstatt erkennen. Als schließlich die Bildhauer der jüngeren Werkstatt, die eine veränderte Figurenauffassung vertraten – die Figuren verraten eine bessere Kenntnis der menschlichen Anatomie –, gegen 1229 die Arbeit am Dom übernahmen, kam es auch zu einer Programmänderung am Fürstenportal. Diese Bildhauer schufen außerdem die Skulpturen des Adamsportals, die marmorne Tumba des Papstes Clemens im Westchor, den hl. Dionysius und die fälschlicherweise als Heimsuchungsgruppe bezeichneten Figuren der Seherin und der neben ihr stehenden Maria im nördlichen Seitenschiff. Mit Ausnahme der Dionysiusfigur ist der ursprüngliche Aufstellungsort der Skulpturen nicht bekannt. Da wir weder über die Zahl noch die Bedeutung der zerstörten Skulpturen etwas wissen, lässt sich ein zusammenhängendes Programm der nach 1229 entstandenen Figuren nicht mehr rekonstruieren. Auch die populärste Schöpfung der jüngeren Bildhauergruppe, der Reiter, kam erst in der Neuzeit an seinen jetzigen Platz. Bis heute ist es nicht gelungen, das Geheimnis dieses wohl ältesten erhaltenen monumentalen Reiterstandbildes der Nachantike zu lüften, ihn etwa als bestimmte Person zu identifizieren. Von allen ernst zu nehmenden Deutungsversuchen hat der das meiste Gewicht, demzufolge es sich bei dem Reiter um den hl. Stephan von Ungarn, den Schwager Kaiser Heinrichs II., handeln soll.

Mitte des 14. Jahrhunderts fertigte der so genannte Wolfskeelmeister – benannt nach dem Grabstein Bischof Ottos von Wolfskeel im Würzburger Dom – das am linken Eingangspfeiler des Westchores angebrachte Grabmal des 1352 verstorbenen Bischofs Friedrich von Hohenlohe. Entgegen der damals üblichen Auffassung hat der Bildhauer die Gestalt des Bischofs nicht idealisiert, sondern ihn als alten, von der Last der Jahre und seines Amtes gebeugten Mann mit eingefallenen Wangen dargestellt, der sich schwer auf seinen Bischofsstab stützt.

Der Dom beherbergt zudem Werke von zwei der bedeutendsten in Franken tätigen Bildhauer des frühen 15. Jahrhunderts: Veit Stoß und Tilman Riemenschneider. 1937 gelangte aus der Oberen Pfarrkirche im Tausch gegen Tintorettos „Himmelfahrt Mariens" der Flügelaltar des Nürnberger Bildhauers Veit Stoß in den Dom und wurde an der Stirnseite des südlichen Querhauses aufgestellt. Das ab 1520 für die Nürnberger Karmeliterkirche entstandene Spätwerk hatte Stoß' Sohn Andreas, Prior des Nürnberger Karmeliter-

ABB. 80: DOM, BAMBERGER REITER

ABB. 81: DOM, KAISERGRAB VOR DEM OSTCHOR

klosters, nach der Einführung der Reformation von Nürnberg nach Bamberg gebracht. 1499 erhielt Tilman Riemenschneider den Auftrag zur Herstellung eines Grabmonumentes für das heilige Kaiserpaar, das wohl zum 500-jährigen Jubiläum der Bistumsgründung 1507 fertig sein sollte. Das Marmorgrabmal, Zentrum der Domwallfahrt, wurde schließlich erst 1513 inmitten des Langhauses aufgestellt. Anlässlich der jüngsten Domrestaurierung versetzte man es an den Aufgang zum Ostchor.

Von der Umgestaltung des Domes in der zweiten Hälfte des 17. Jahrhunderts sind nur noch vereinzelte Ausstattungsstücke übrig. Das bedeutendste im Dom verbliebene Kunstwerk aus dieser Zeit ist Justus Gleskers zwischen 1648 und 1653 entstandene Kreuzigungsgruppe im Westchor – Rest eines dem Ziborium Berninis im Petersdom nachempfundenen Hochaltartabernakels. Die Bischofsgrabmäler des 16. und 17. Jahrhunderts wurden aus ihrem historischen Zusammenhang gerissen und in die Michaelskirche versetzt. Das heutige Erscheinungsbild des Innenraumes geht auf die von König Ludwig I. veranlasste „Wiederherstellung des Domes in ursprünglichem Style" in der ersten Hälfte des 19. Jahrhunderts zurück.

Damals wurde die barocke Ausstattung entfernt, die ursprünglich rosa getünchten Wand- und Gewölbeflächen abgewaschen und die leuchtend bunt bemalten Skulpturen in den heutigen, steinsichtigen Zustand versetzt.

Die Domkurien

Das südlich an den Dom gebaute Kapitelhaus (der heutige Bau wurde 1730–1733 nach Plänen Balthasar Neumanns erbaut, heute Diözesanmuseum) mit dem Kapitelsaal und der Kreuzgang waren den Angehörigen des Domkapitels vorbehalten. Die Kapitulare, die die liturgischen Dienste im Dom zu versehen hatten, lebten entsprechend der Regel des hl. Chrodegang von Metz in mönchischer Gemeinschaft. Gegen Ende des 12. Jahrhunderts ist eine Aufweichung dieser Regel zu beobachten. Als im frühen 13. Jahrhundert das Kapitel immer mehr bischöfliche Befugnisse übertragen bekam und das gemeinsame Gut in einzelne Pfründe aufgeteilt wurde, begannen die Kanoniker im

ABB. 82: BLICK IN DIE DOMHERRENHÖFE

Dombezirk feste Wohnstätten, die so genannten Domherrenhöfe oder -kurien, zu errichten. An den Randbereichen des Bezirkes erbaut, konnte die Burgmauer als Schutzmauer benutzt werden, aber auch dem Burginneren zu wurden die Höfe mit Torhaus und Vorwerk gesichert. Die westlich des Domes zum Domgrund hin gelegene, im Kern auf das frühe 13. Jahrhundert zurückgehende „Curia Stae. Elisabethae" (Domgasse 7) vermittelt noch heute einen anschaulichen Eindruck der auf Sicherheit nach außen und innen gerichteten Bauweise. Die Anwesenheit zahlreicher Steinmetze im Umfeld des Dombaus mag die Aussiedlung der Kleriker aus dem „claustrum" gefördert haben.

Auf Peter Zweidlers „Gründtlichem Abriss der Stadt Bamberg" von 1602 wird neben dem Dom und der fürstlichen Hofhaltung nahezu die gesamte Fläche des Dombergs von Domherrenhöfen eingenommen. Erst mit dem Neubau der Residenz am Ende des 17. Jahrhunderts verschwanden verschiedene Kurien. Unter Fürstbischof Lothar Franz von Schönborn und seinen Nachfolgern veränderten viele Kurien ihr mittelalterliches Erscheinungsbild oder wurden neu aufgeführt. Die dem Vierzehnheiligenpavillon der Residenz gegenüberliegende „Curia Sti. Hippolyti" (Stadionhof, Domplatz 1) wurde im Zusammenhang mit dem 1734 erfolgten Abbruch des mittelalterlichen östlichen Burgtores nach Plänen Justus Heinrich Dientzenhofers (1702–1744) neu erbaut. Auf Balthasar Neumann geht die pavillonar-

tige Erhöhung des stadtseitigen Traktes zurück, eine Antwort auf den gegenüberliegenden Pavillon der Residenz. Sowohl in seinen Dimensionen als auch im architektonischen Aufwand dem Vierzehnheiligenpavillon deutlich untergeordnet, markiert der Stadionhof zusammen mit diesem den Zugang zum Domplatz, rahmt den Ostchor des Domes und erfüllt damit eine wichtige städtebauliche Funktion.

ABB. 83: DOM UND ALTE HOFHALTUNG

Die Alte Hofhaltung

Die den Domplatz umgebenden fürstbischöflichen Residenzen spiegeln ein Jahrtausend Bamberger Geschichte von der hoch- und spätromanischen Zeit über die Spätgotik und Renaissance bis zum Barock wider. Über das Aussehen der unter Heinrich II. nördlich des Domes errichteten Königs- bzw. Bischofspfalz können wir uns aufgrund der erhaltenen Mauerreste und einiger Zeichnungen aus dem späten 15. Jahrhundert ein gutes Bild machen. Sie bestand aus einem lang gestreckten, quer zum Dom gelegenen Palas mit dem Reichssaal und der nördlich anstoßenden bischöflichen Hauskapelle St. Thomas. Zwischen 1047 und 1053 entstand als Bindeglied zwischen Dom und Palas die fast an das Westquerhaus des Domes heranreichende, polygonale Andreaskapelle. Reste dieses 1777 abgebrochenen Gebäudes sind an den Außenwänden des Ratsstubenbaus noch zu erkennen. Trotz verschiedener Um- und Neubauten entsprach die Residenz der Bischöfe bis ins 16. Jahrhundert weitgehend der unter Heinrich II. erbauten Anlage. Nach dem Brand von 1185 erhielt die Pfalz das Aussehen, wie es auf der Zeichnung eines Bamberger Meisters vom Ende des 15. Jahrhunderts überliefert ist. Zwischen Andreas- und Thomaskapelle wurde eine Vormauer mit Tordurchfahrt errichtet, die Thomaskapelle selbst befestigt und zu einem Turm erhöht, der so gen. Hohen Warte.

Unter den Bischöfen Philipp von Henneberg (1475–1487) und Heinrich Groß von Trockau (1487–1501) entstanden die den großen Innenhof umschließenden Fachwerkflügel mit den offenen Laubengängen. Diese vergleichsweise bescheidenen Gebäudeteile, die sich nur wenig von den sie umgebenden Domherrenhöfen unterschieden, bestimmen noch heute den inneren Bereich der Hofhaltung. Erst mit den Renaissancebauten vollzog sich unter Bischof Veit II. von Würzburg (1561–1577) eine Umorientierung. Die bis dahin wehrhafte Hofhaltung wandelte sich zu einer zum Platz gerichteten Anlage mit einer aufwändig gestalteten Schaufront. Dem alten staufischen Palas wurde die nach Plänen der Baumeister Caspar Vischer (um 1510–1579) und Asmus Braun (tätig um 1568–1598) ab 1568 errichtete Neue Ratsstube vorgesetzt. Im ersten Obergeschoss befand sich der Saal für die Ratsversammlungen, darüber die Fürstenzimmer. Das auffälligste Dekorationselement an der Fassade mit dem hohen, abgetreppten Volutengiebel ist der Erker. Dort verewigte sich der Baumeister Erasmus Braun als Stützfigur in voller Baumeistermontur. Das Gebäude steht heute isoliert, da der ursprünglich anschließende rückwärtige Palas und der ältere Torbau abgerissen wurden; Wartesteine ragen verloren in den Himmel. Als Zufahrt zum Hof wurde nach einem Plan Caspar Vischers eine aufwendige Toranlage aus Sandstein errichtet. Den plastischen Schmuck schuf der Bildhauer Pankraz Wagner (gest. 1584). In der Mitte der Torbogenattika steht die Muttergottes, flankiert vom heiligen Kaiserpaar und den Heiligen Petrus, Georg, Otto und Kilian. Der Wilde Mann und die Wilde Frau symbolisieren die beiden Flüsse Main und Regnitz. Da man ab 1697 wegen des geplanten Residenzneubaus mit dem Abbruch eines großen Teils der Alten Hofhaltung rechnete, wurden die mittelalterlichen Gebäudeteile, darunter Palas und Hohe Warte, so vernachlässigt, dass sie 1777 teilweise abgerissen werden mussten. Von der Hohen Warte hat sich lediglich das Untergeschoss erhalten. Im Ratsstubenbau und wei-

ABB. 84: SCHÖNE PFORTE DER ALTEN HOFHALTUNG

teren Teilen der Alten Hofhaltung ist heute das Historische Museum der Stadt Bamberg untergebracht.

Gebsattelbau und Neue Residenz

Den wachsenden repräsentativen Anforderungen und Ansprüchen nach Wohnkomfort konnte der Renaissancebau bald nicht mehr genügen. Anfang des 17. Jahrhunderts plante Fürstbischof Philipp von Gebsattel (1599–1609) den Bau einer Neuen oder Oberen Hofhaltung, die gegenüber der Alten Hofhaltung auf dem Gelände der Kurie des Domherrn und späteren Fürstbischofs Ernst von Mengersdorff (1583–1591) errichtet werden sollte. Die Kurie, die Mengersdorff um 1580 anstelle eines spätgotischen Domherrnhofs hatte bauen lassen, erwarb 1599 das Hochstift. Sie diente, wie die Inschrift „Neu hoff haltung" auf dem Zweidler'schen Stadtplan von 1602 bezeugt, bereits damals dem fürstbischöflichen Hof als Residenz. Der Plan zeigt am Domplatz einen Vierflügelbau mit einem aus massivem Stein gemauerten Erdgeschoss und zwei darüber liegenden Fachwerkgeschossen, einem Turm an der Südostecke – Rest der ehemaligen Burgbefestigung – und einem geometrischen Garten im Norden.

Die beengte Situation und die verwinkelten Baumassen der Alten Hofhaltung mögen Fürstbischof Gebsattel in seinem Entschluss bestärkt haben, einen Neubau von Grund auf in Angriff zu nehmen. Die unter Gebsattel errichtete zweiflügelige Anlage war der Anfang einer umfassenden Neugliederung des Bezirkes nördlich des Domplatzes, der etwa 100 Jahre später mit der Errichtung der Residenz unter Lothar Franz von Schönborn im Wesentlichen abgeschlossen sein sollte. Doch noch standen dem Neubau einige Anwesen entlang der „Hadergaß" und „In der Bürg" im Weg. Erst als die Hofkammer in den Jahren um 1600 die dem Mengersdorff-Hof benachbarten Kurien durch Kauf oder Tausch erworben hatte, konnte man 1605 im Bereich des geometrischen Gartens mit dem Neubau nach Plänen des Nürnberger Stadtbaumeisters Jakob Wolff d. Ä. (um 1546–1612) beginnen. 1607 muss der Rohbau fertig gewesen sein, da für dieses Jahr bereits Ausstattungsarbeiten bezeugt sind. Beim Tod Johann Philipp von Gebsattels 1609 kam es

zu einer Unterbrechung der Bauarbeiten. Unter seinem Nachfolger Johann Gottfried von Aschhausen (1609–1622) wurde zwar die architektonische Form beibehalten, doch ließ der Bischof die Achse des Südtraktes im Verhältnis zum bereits stehenden Westtrakt verlegen. Auf diesen Bauherrn geht die trapezförmige Stellung der beiden Flügel um den Residenzhof zurück.

In Material und Ausmaßen von repräsentativem Anspruch, wirkt das dreigeschossige, nur sparsam mit Bauzier versehene Gebäude in erster Linie durch die Tektonik der Baumassen. Mit seiner zurückhaltenden Ornamentik löst es sich zukunftsweisend von der „Überladenheit" der älteren fränkischen Renaissancearchitektur, doch besitzt es mit den gotisierenden Fensterrahmungen und der spiralig gedrehten Spindel der Wendeltreppe noch retrospektive Züge. Von den großen, abgetreppten Volutengiebeln an den Stirnseiten des Westflügels hat sich nur der zur Alten Hofhaltung gerichtete erhalten. Dieser steile Giebel setzt mit seiner Horizontalgliederung und den vertikalen Wandvorlagen einen einfühlsamen städtebaulichen Akzent in der Straße zwischen Alter Hofhaltung und Aschhausentrakt. Die Innenausstattung folgte dem Vorbild der kurfürstlichen Residenz in München. Für den zentralen, Kaisersaal genannten Raum schuf der Forchheimer Maler Balthasar Katzenberger 15 monumentale Kaiserbildnisse. Der Zugang zur Residenz, die im Gegensatz zur gegenüberliegenden Alten Hofhaltung Neue oder Obere Hofhaltung genannt wurde, erfolgte vom Domplatz aus durch ein Portal neben dem Mengersdorff-Hof.

1693 gelangte mit der Wahl Lothar Franz von Schönborns einer der kunstsinnigsten und baufreudigsten Potentaten des Reiches auf den Bamberger Bischofsthron. Lothar Franz, nach eigenem Bekenntnis vom „bauwurmb" befallen, fand in Bamberg eine Residenz vor, die weder seinen repräsentativen Bedürfnissen noch den zeremoniellen Anforderungen einer absolutistischen Hofhaltung genügen konnte noch seinen architektonischen Vorstellungen entsprach. Doch an einen Ausbau, geschweige denn an einen Neubau war nicht zu denken, hatte er sich doch in der Wahlkapitulation von 1693 verpflichtet, keine neuen Schlösser bauen oder die eingefallenen „kostbarlich" reparieren zu lassen. Unter den wachsamen

ABB. 85: BLICK VON DER RATSSTUBE (HEUTE HISTORISCHES MUSEUM) AUF DIE NEUE RESIDENZ MIT VIERZEHNHEILIGENPAVILLON

Augen des Domkapitels ließ sich der Fürstbischof vom Baumeister des Bamberger Hochstifts, Johann Leonhard Dientzenhofer (1660–1707), zunächst die Gebsattelflügel umbauen. Die Renaissanceausstattung wurde entfernt und die Räume in zeitgenössischem Geschmack eingerichtet. Als erste Maßnahme erweiterte Dientzenhofer den Westflügel um einen Anbau mit acht Achsen, der sich – Beispiel für Dientzenhofers einfühlsamen Umgang mit älterer Bausubstanz – in historisierenden Formen nahtlos an den älteren Spätrenaissancebau anschließt. Im zweiten Geschoss des Westbaus, dem „piano nobile", wurden die vom Hofstukkator Johann Jakob Vogel (vor 1660–1727) in

schweren barocken Formen stuckierten Appartements des Kurfürsten eingerichtet.

Allerdings betrachtete der Fürstbischof die Ende 1696 fertig gestellten Räume des Gebsatteltraktes lediglich als Provisorium, da sich nach seinen Vorstellungen die endgültigen Wohn- und Repräsentationsräume im geplanten Neubau am Domplatz befinden sollten. Hatte sich Lothar Franz, als ihm die Hände noch durch die Wahlkapitulation gebunden waren, nur insgeheim mit den Gedanken an eine neue Residenz befasst, war seit 1697 offen von einem Neubau die Rede. Nachdem 1695 der Papst die Wahlkapitulationen bei Erzbischöfen und Bischöfen verboten und der Kaiser dieses Verbot 1698 für das Reich bestätigt hatte, konnte Lothar Franz an die Verwirklichung seiner Ausbaupläne gehen. Im März 1697 begannen mit dem Abbruch des Mengersdorff-Hofes die Arbeiten für den Neubau am Domplatz. Der Fürstbischof, der 1690 auch Kurfürst von Mainz und damit Erzkanzler des Reiches geworden war, plante eine dreiflügelige, den Domplatz umschließende Schlossanlage nach französischem Vorbild. Um dies realisieren zu können, hätten große Teile der Alten Hofhaltung abgerissen werden müssen. Der Mitteltrakt sollte durch einen weit in die Dachzone einschneidenden Giebel akzentuiert, die beiden Flügel durch je einen Pavillon abgeschlossen werden. Damit wäre der Domplatz zu einem großen, dreiseitig geschlossenen, repräsentativen Ehrenhof geworden. Vermutlich kam es durch die Verzögerungen beziehungsweise Unterbrechungen infolge des Spanischen Erbfolgekrieges nicht zur Verwirklichung der aufwändigen Planung. Auch sein Neffe und Nachfolger auf dem Bamberger Bischofsstuhl, Friedrich Karl von Schönborn (1729–1746), der in den 1730er Jahren dieses Projekt mit Hilfe von Balthasar Neumann und Johann Jakob Küchel erneut in Angriff nehmen wollte, scheiterte aus Geldmangel.

Bis 1702 legte Dientzenhofer mehrere Baurisse vor. Vorgesehen war ein an den Aschhausentrakt anschließender Fassadentrakt mit rechtwinklig angefügtem Osttrakt entlang des Burgrandes, der bis zum damals noch bestehenden Burgtor in Höhe des östlichen Domchores reichen sollte. Hätte man den Trakt in seiner ganzen Länge ausgeführt, wäre der Domplatz zur Stadt hin völlig abgeriegelt worden. Der Ostflügel konnte letztlich nur halb so lang wie ursprünglich geplant gebaut werden, da das steil abfallende Gelände riesige Substruktionen erfordert hätte. Als Abschluss des Osttraktes verwirklichte Dientzenhofer nun einen vierachsigen, um ein

Geschoss turmartig erhöhten Pavillon, den so gen. Vierzehnheiligenpavillon. Auf Anweisung des Fürstbischofs, der sich detailliert über den Stand der Bamberger Bauarbeiten nach Mainz berichten ließ und sich mit Vorschlägen und Änderungswünschen aktiv an den Planungen beteiligte, wurde die Schauseite der Residenz am Domplatz in Haustein mit Steinmetzarbeit in Zeiler Sandstein ausgeführt. Die stadtseitige Fassade erhielt, um sie den bestehenden älteren Bauteilen anzupassen und weil sie als weniger wichtig angesehen wurde, eine Scheinarchitektur in sauberer Tünch- und Malarbeit.

Gewiss sollte der Bau den Betrachter durch seine Dimensionen beeindrucken, vielleicht sogar einschüchtern, doch täte man dem Architekten unrecht,

ABB. 86: NEUE RESIDENZ, KAISERSAAL

wollte man die Wirkung und Bedeutung des Gebäudes auf seine schiere Größe reduzieren. Es zeichnet sich durch die Verwendung hochwertiger Baumaterialien und eine außerordentlich qualitätvolle handwerkliche Verarbeitung aus. Die Wahl der Architekturmotive und ihre Kombination sind auf die hierarchische Stufung der einzelnen Etagen abgestimmt. Das Erdgeschoss mit den Räumen der Verwaltung erhielt eine gerade Fensterverdachung und die niedrigste der Säulenordnungen, die dorische. Das erste Obergeschoss mit den Wohnräumen des Fürstbischofs bekam eine ionische Säulenordnung, die Fenster eine alternierende Segmentbogen- und Giebelverdachung. Dem ranghöchsten Obergeschoss, dem „piano nobile" mit den Repräsentationsräumen und dem Kaisersaal, wurden korinthische Säulen vorgeblendet. Trocken wie die monotone Reihung der Fensterachsen mag die lehrbuchhafte Anwendung der Säulenordnung mit den übereinandergestellten dorischen, ionischen und korinthischen Säulen erscheinen. Doch wäre es verfehlt, diese Gliederung als eine lediglich aus dem Lehrbuch übernommene Formulierung abzutun. In einer Zeit, in der das Gespür für historische Zusammenhänge sehr hoch entwickelt und das Bemühen um die historische Legitimation der eigenen Stellung sehr ausgeprägt war, bediente sich die politische und höfische Schicht nicht nur einer komplizierten, allegorienreichen Bild-, sondern auch einer beziehungsreichen Architektursprache. In Bamberg nahm man die Form der architektonischen Gliederung auf, wie sie an einigen, nur wenige Jahre früher entstandenen kaiserlichen Bauten in Wien und Böhmen zu finden war. Mit der bewussten Verwendung kaiserlicher Architekturmotive demonstrierte der Schönbornbischof – für seine gebildeten Zeitgenossen unmissverständlich – seine Verbundenheit mit dem Hause Habsburg. Doch es steht noch mehr dahinter. Da das Motiv der „Superposition", also das Übereinanderstellen der klassischen Säulenordnungen, ursprünglich auf das Kolosseum in Rom zurückgeht, ist über Wien, das „nova Roma" hinaus, wieder eine Verbindung zwischen Bamberg und Rom hergestellt.

Die Residenz, das zentrale Monument fürstlicher Selbstdarstellung und landesherrlichen Machtanspruchs, bildete zusammen mit dem Dom den ideellen und städtebaulichen Höhepunkt der Residenzstadt. Um dies zu unterstreichen, strebte Lothar Franz eine Vereinheitlichung der von mittelalterlichen Häusern und Straßenzügen geprägten, in eine Vielzahl von politischen Einheiten gegliederten Stadt nach modernen städtebaulichen Gesichtspunkten an. Voraussetzung war die politische Einigung des Stadtgebietes durch die Beschneidung der Privilegien der Immunitäten. Nachdem er dies gegen den erbitterten Widerstand des Domkapitels durchgesetzt hatte, konnte der Fürstbischof seine Vorstellung von der behutsamen Systematisierung der Stadtanlage mit Hilfe hoheitlicher Maßnahmen, wie steuerlicher Vergünstigungen und verbilligter oder kostenloser Bauholzabgaben, verwirklichen. So entstand ein architektonisch bedeutender Straßenzug, der an der Königstraße seinen Anfang nimmt und über die Kettenbrücke, vorbei an der Martinskirche, durch das Inselrathaus zur Residenz am Domplatz, dem Sitz des geistlichen und weltlichen Landesherrn, führt.

Der Innenausbau des riesigen Baukomplexes erfolgte zwischen 1696 und 1705/06. Mit der wandfesten Ausstattung wurde die Stukkatorenfamilie Vogel unter Johann Jakob (vor 1660–1727) beauftragt. Die Arbeiten umfassten Gewölbe, Decken, Kaminaufsätze und Wanddekoration in Stucco lustro. Das Formenrepertoire der Vogel wandelte sich analog dem sich verändernden Geschmack im Zeitraum von 1695 bis 1730 von schweren barocken Akanthusranken und Fruchtgehängen hin zu zarten Regenceformen. Die Deckengemälde stammen von Hans Jörg Bogner (1652–1715) und Johann Jakob Gebhard (tätig von 1710–1738), die Ölgemälde, auch die in Wand und Decken eingelassenen, von Sebastian Reinhard (1653–1716). Die Einrichtung des Kaisersaales mit den daran anschließenden Kaiserappartements entspricht der verbindlichen Tradition des deutschen Palastbaus im 18. Jahrhundert. Der niedrige, nur eingeschossige Saal wurde in den Jahren von 1707 bis 1709 von dem Tiroler Maler Melchior Steidl (um 1660–1727) nahezu vollständig – plastisch sind lediglich die beiden Kamine – mit einer illusionistischen Architekturmalerei ausgestattet. Im Zusammenwirken des Fürstbischofs und seiner engsten Berater entstand ein kompliziertes Programm, dem als zentraler Gedanke die Verherrlichung der Reichsidee in Gestalt der Kaiser aus dem Hause Habsburg zugrunde liegt. In

ABB. 87: NEUE RESIDENZ, AUDIENZZIMMER

den Bildnissen von 16 deutschen Kaisern, den Büsten von 18 ost- und weströmischen Herrschern, den vier Weltmonarchien, ergänzt um Emblemata, Devisen und jahres- und tageszeitliche Allegorien entfaltet sich ein Programm, das die Geschichte des Bistums Bamberg als Teil der Reichsgeschichte in der Kontinuität zum Imperium Romanum vorführt.

Kurz nachdem er die Nachfolge seines Onkels angetreten hatte, griff Friedrich Karl von Schönborn (1729–1746), der sich als Reichsvizekanzler in Wien fundierte Architekturkenntnisse angeeignet hatte, die Ausbaupläne seines Oheims wieder auf. 1730 ließ er sich von seinem Würzburger Baumeister – Friedrich Karl war in Personalunion auch Fürstbischof von Würzburg – Pläne zur Erweiterung der Residenz um einen Westflügel vorlegen. Diese Erweiterung, der Teile der Alten Hofhaltung zum Opfer gefallen wären,

scheiterte am Widerstand des Domkapitels. So mussten sich seine Maßnahmen auf das bestehende Gebäude beschränken, in dem Balthasar Neumann (1687–1753) durch bauliche Eingriffe mehr Platz zu gewinnen suchte. Nach Plänen Balthasar Neumanns legte man 1733 den Hofgarten in der heute noch bestehenden Form mit dem axialen System von Wegen und Rondells an. Fürstbischof Adam Friedrich von Seinsheim (1757–1779), der gleichzeitig als Fürstbischof von Würzburg fungierte, ließ 1772/73 nach Plänen des Würzburger Baumeisters Johann Michael Fischer (tätig ab 1741–1788) einige Räume im ersten Obergeschoss des Hauptflügels umbauen. Entsprechend den im zeitgenössischen französischen Geschmack eingerichteten Appartements der Würzburger Residenz wurden die Räume in Bamberg mit poliertem weißem Stuckmarmor ausgestattet. Der von

Materno Bossi (1739–1802) stukkierte Weiße Saal und der Kavaliersspeisesaal sind den fürstbischöflichen Appartements vorgelagert und dienten als kleine, repräsentative Festräume. Sie zählen – zumal nach der Zerstörung der Räume in der Würzburger Residenz – zu den herausragendsten Beispielen früher klassizistischer Raumgestaltung in Franken.

Die Anlage des Domplatzes in der heutigen Form, die Neuregulierung der Zufahrten und Zugänge erfolgte im Wesentlichen im letzten Drittel des 18. Jahrhunderts. Mit der Durchführung der Arbeiten wurde Franz Ignaz Michael von Neumann (1733–1785), der Sohn Balthasars, beauftragt. Die Steigung des Domberges vom Alten Rathaus her wurde abgeflacht und der Domplatz in seiner Gesamtheit abgetragen. Diese Maßnahmen machten die heutige Freitreppe an der Residenz notwendig; auch die Anlage der Terrasse vor der Alten Hofhaltung erfolgte im Rahmen dieser Baumaßnahmen. Schließlich wurde unter Fürstbischof Franz Ludwig von Erthal (1779–1795) der bis dahin schmale Aufgang entlang des östlichen Residenzflügels ab 1790 nach Plänen Lorenz Finks (1745–1817) verbreitert und von den Häusern der Sandstraße mit einer Strebemauer getrennt. Als oberen Abschluss des Dombezirks errichtete Fink 1792 eine Mauer mit Brunnen, steinernen Urnen und Skulptur.

Im 19. Jahrhundert residierten in Bamberg zeitweise Angehörige des bayerischen Königshauses, unter anderem verbrachte hier König Otto von Griechenland vier Jahre seines Exils. Nach dem Ersten Weltkrieg kurzzeitig Sitz der Bayerischen Staatsregierung, dient der weitläufige Komplex heute nahezu ausschließlich kulturellen Zwecken. Die Schau- und Prunkräume der Residenz sind für die Öffentlichkeit zugänglich, im ersten Obergeschoss des Gebsattelbaus haben die Bayerischen Staatsgemäldesammlungen eine Galerie mit altdeutschen und barocken Gemälden eingerichtet. Im Vierzehnheiligenflügel ist die Staatsbibliothek Bamberg untergebracht, die wegen ihrer kunst- und kulturhistorischen Bestände als eine der bedeutendsten Bibliotheken Bayerns gelten kann. Bei seinem Kunstwerk „Säule", das eingetieft in den Domplatz seit 2007 auf neugierige Blicke wartet, fühlte sich der israelische Künstler Micha Ullman von Bamberg als „Nabel der Welt" inspiriert.

Bernd Mayer

2.2 Der Domberg im Mittelalter aus archäologischer Sicht

Der Bamberger Domberg ist dem interessierten Besucher heute so leicht zugänglich, dass dieser hier kaum mehr den Standort einer einst bedeutenden Burganlage vermutet. Vor allem die massiven Terrainabsenkungen des späten 18. Jahrhunderts haben dem Domberg stadtseitig viel von seiner früheren Trutzigkeit und Imposanz genommen, moderne Straßenführung und rezente Umbaumaßnahmen ein Weiteres dazu beigetragen. Allein der Blick vom Domgrund bzw. Süden lässt noch die einstige Wehrhaftigkeit des Domberges erahnen.

Forschungsgeschichte

So verwundert nicht, dass die lokale historische Forschung die 902 erstmals erwähnte Babenburg noch bis in die 1970er Jahre hinein am Platz der optisch attraktiver gelegenen Altenburg vermutete. Die neuerlichen archäologischen Forschungen lassen jedoch kaum Zweifel daran bestehen, dass die weit ins Regnitztal vorgeschobene Bergzunge des Domberges schon von frühester Zeit an besiedelt und spätestens ab dem 9./10. Jahrhundert auch befestigt gewesen ist. Ein zentraler Platz wie der Domberg ist baulichen Eingriffen in einem solchen Maß ausgesetzt, dass die wenigen ordentlich ausgegrabenen Flächen in keinem

ABB. 88: DOMBERG, MODELL EINES TURM- ODER PFOSTENHAUSES, 9./10. JH.

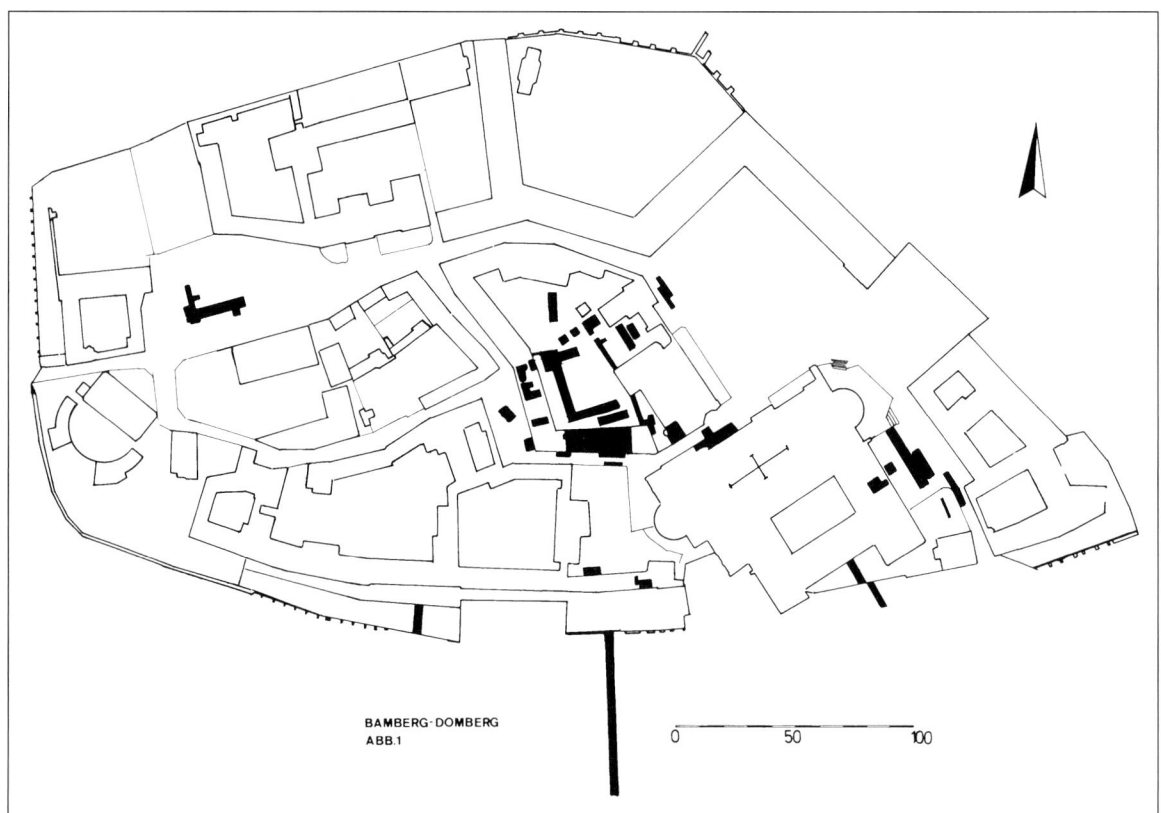

ABB. 89: ÜBERSICHTSPLAN DOMBERG-GRABUNGEN 1986-1992

sinnvollen Verhältnis zu den zerstörten Flächen stehen können. Seit den 1930er Jahren wurde zwar wiederholt am Domberg gegraben, doch völlig unsystematisch und eher zufällig im Rahmen von Bautätigkeiten. Trotzdem gelang dem bekannten Bamberger Lokalforscher Heinrich Mayer eine erstaunlich gute Rekonstruktion des ersten Domes und Palatiums. Erst im Jahr 1962 fand unter Christian Pescheck direkt vor der Neuen Residenz die erste fachgerechte Grabung statt, wenngleich ohne spektakuläre Ergebnisse. Solche hatte – leider unbeachtet – 1956 Hans Jakob bei seinen Grabungen in der Dompfisterei, als er einige der von ihm gefundenen Keramikscherben zutreffend schon dem 7. Jahrhundert zuordnete und damit erstmals ein höheres Alter des Dombergs in Betracht zog. Forschungsgeschichtlich besonders bedeutungsvoll waren die Domgrabungen 1969–1972 unter Walter Sage, die nicht nur den ersten Dom, sondern eine ältere Kirche und überdies hinaus noch ältere

Siedlungsspuren freilegten. 1972/73 führte Klaus Schwarz, der damalige Leiter der staatlichen Bodendenkmalpflege Bayerns, eine Grabung direkt westlich des Domes durch, die wesentliche Neuerkenntnisse zur frühen Befestigung des Domberges erbrachte, den bis dahin erlangten Forschungsstand aber eher komplizierte.

Als 1981 die Universität Bamberg den einzigen deutschen Lehrstuhl für Archäologie des Mittelalters und der Neuzeit einrichtete, begann sofort die Planung systematischer, langfristiger Untersuchungen des Domberges. Nach erfolgreichen kleinen Testsondagen 1986 wurde ein sechsjähriges Forschungsprojekt bei der Deutschen Forschungsgemeinschaft (DFG) beantragt und von dieser genehmigt. Ab dem Frühjahr 1987 konnte mit Unterstützung durch die Stadt Bamberg, das Bayerische Landesamt für Denkmalpflege und die Staatliche Verwaltung bayerischer Schlösser, Seen und Gärten vier Jahre lang fast durchgehend am Domberg gegraben werden. Obwohl fast 150 Grabungsschnitte in dieser Zeit geöffnet wurden, nimmt sich doch das untersuchte Areal mit 0,3 ha – selbst unter Ausklammerung aller zerstörten und überbauten Flächen (4 ha) – verschwindend klein gegenüber der Gesamtfläche des Domberges (8 ha) aus. Daher verwundert keinesfalls, dass die Archäologie nur ein stark ausschnitthaftes Bild der Vergangenheit zu zeichnen vermag und am Ende aller Untersuchungen wesentlich mehr Fragen als befriedigende Antworten bleiben. Doch dadurch, dass wir unsere Fragen, Thesen und Zweifel formulieren können, wird für künftige Forschergenerationen die Problematik Domberg ungleich transparenter.

Domberg bis in das 8. Jahrhundert

Die frühesten Funde vom Bamberger Domberg setzen in vorgeschichtlicher Zeit ein, als im Neolithikum (6. Jahrtausend bis Ende 3. Jahrtausend v. Chr.) der Bergsporn zumindest begangen oder teilweise besiedelt wurde. Die Funde ziehen weiter durch die Bronzezeit (bis 1300 v. Chr.), mehren sich dann in der Urnenfelderzeit (1300 bis 750 v. Chr.). Während Hallstattzeit (750 bis 450 v. Chr.) und Latenezeit (450 v. Chr. bis Zeitenwende) im Fundmaterial gut vertreten sind, konstatieren wir in der Kaiserzeit (1. bis 5. Jahrhundert) einen deutlichen Fundrückgang. Wo die vorgeschichtliche Besiedlung genau lag und welches Areal sie ursprünglich beanspruchte, können wir nicht mit Sicherheit sagen. Die Verteilung des frühen Fundmaterials deutet darauf hin, dass bis ins Hochmittelalter nur der untere Domberg besiedelt war; doch eindeutige Siedlungsspuren fanden sich bislang nur direkt vor der Residenz (Grabung Pescheck 1962) und vor dem Diözesanmuseum (Notbefundaufnahme Mai 1992).

Die frühmittelalterliche Besiedlung des Domberges scheint mit dem 6. Jahrhundert, sicherlich dann mit dem 7./8. Jahrhundert einzusetzen – also zu einer Zeit, in der unser Raum fälschlicherweise als recht siedlungsleer galt. Einige Abfall- und Pfostengruben, Fragmente von Steinbauten und spärliche Reste einer Kulturschicht unter dem heutigen Dom verbleiben als einzige direkte Siedlungszeugnisse, wobei vor allem die frühen Steinbauten die schon damals herausragende Bedeutung dieses Siedlungsplatzes unterstreichen. In diesem Zusammenhang ist beachtenswert, dass auch die ältesten Siedlungsnachweise direkt unterhalb des Domberges aus dem frühen 7. Jahrhundert stammen: Ein Bohlenweg im Bereich der Lugbank konnte dendrochronologisch auf etwa 600 bis 620 n. Chr. datiert werden. Das vom Domberg geborgene keramische Fundmaterial dieser Zeit umfasst mehrere hundert Scherben, die sowohl auf eine frühdeutsche als auch gleichzeitige slawische Bevölkerung verweisen. Für kriegerische Auseinandersetzungen zwischen beiden Volksgruppen fand sich vor Ort kein archäologischer Nachweis, so dass wir von einer friedlichen Koexistenz ausgehen müssen. Ob bzw. inwieweit diese erste frühmittelalterliche Siedlung befestigt war, bleibt weiterhin spekulativ. Den einzigen möglichen Hinweis auf ein frühmittelalterliches Verteidigungswerk liefert ein kleiner Spitzgraben, der den ursprünglich steilen Südhang zumindest an dessen Südwestende – d. h. oberhalb der „Sutte" – auf halber Höhe durchzog.

Castrum des 9./10. Jahrhunderts

Die Existenz des 902 ersterwähnten „castrum Babenberh" belegen etliche archäologische Befunde. Unter dem Heinrichsdom des frühen 11. Jahrhunderts legte man den Fußboden einer Saalkirche frei, die von einem mehrere hundert Bestattungen umfassenden Friedhof umgeben war. Unter den spärlichen Grabbeigaben stach eine Handvoll Fibeln bzw. Gewandhaften ab, die nicht nur Gräber und Kirche ins 8. bis 10. Jahrhundert datieren, sondern die besondere Bedeutung dieses Platzes unterstreichen. Dementsprechend sollte es sich bei der Saalkirche um die Burgkirche der Babenburg handeln. Unter dem Südflügel der Alten Hofhaltung fand sich ein eingetiefter Holzbau von 6 x 7 m, dessen massive Holzpfosten auf ein Turmhaus verweisen. Dieses Gebäude wurde wohl um 1000 eingelegt und verfüllt. Weitere, wenn auch weniger aufwändige Holzgebäude erstreckten sich überall im Innenbereich der Alten Hofhaltung sowie östlich des Kapitelhauses. Zur Befestigung und Größe der Babenburg gibt es seit der Grabung von Klaus Schwarz

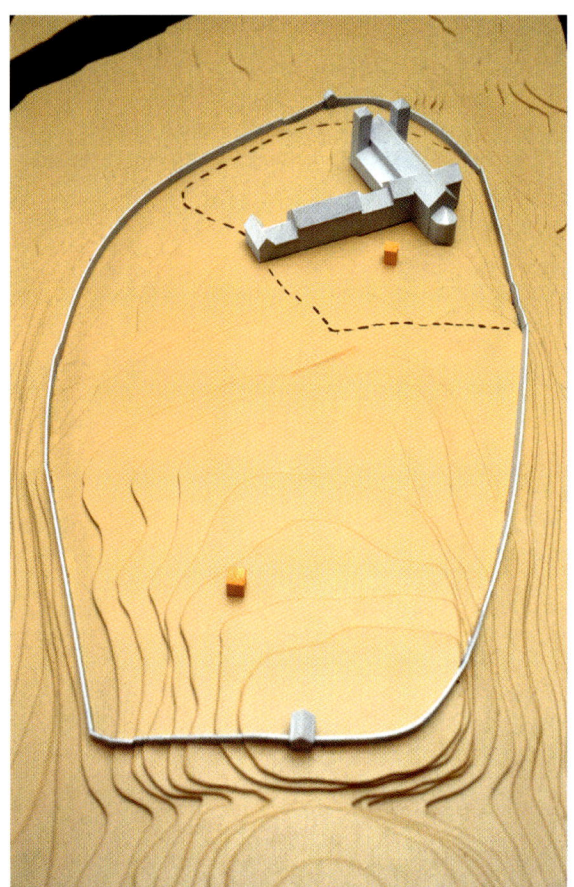

ABB. 90: MODELL MIT WESTANSICHT DES DOMBERGES, NACHWEISBARE BEBAUUNG MITTE 11. JH. (WÜRFEL UNTEN MARKIERT DIE POSITION DES GRUBENHAUSES)

1972/73 konkrete Aussagen. Obwohl seine kleine Grabungsfläche von zahlreichen Befunden durchzogen wurde, meinte Schwarz eine für diese Zeit ungemein fortschrittliche, massive Umwehrung aus Hauptmauer, Zwingermauer mit Flankierungstürmen und breitem Graben lokalisiert zu haben, die er – ohne Benennung von Datierungskriterien – dem 9./10. Jahrhundert zuschrieb. Seine sich hieraus ableitende Interpretation, dass der Domberg schon im Frühmittelalter als so genannte „Mittelpunktsburg" einen zentralen Platz dargestellt habe, untermauerte er mit der Rekonstruktion einer großflächigen Burganlage, die vom Jakobstor im Westen über eine Länge von etwa 490 m zur heutigen Südostkante des Dombergs reichte. Diese Vorgaben übernahm die neuere For-

schung bedenkenlos und pflanzte die Königs- bzw. Bischofspfalz, die König Heinrich II. bald nach 1000 auf dem Domberg anlegte, mitten in eine großflächige und stark umwehrte „Mittelpunktsburg" des 9./10. Jahrhunderts hinein. Allerdings ließen sich die Befunde westlich des Domes so schwer mit jenen unter dem Dom verknüpfen, dass die Überprüfung der Schwarz'schen Theorien zu einem Hauptinhalt des Forschungsprojektes geriet. In der Folge wurden mehrere große Schnitte am Südhang des Domberges angelegt, die zweifelsohne eine derart aufwändige Umwehrung irgendwo hätten tangieren müssen. Von einer solchen fand sich aber keine Spur. Dafür konnte nachgewiesen werden, dass jener Sohlgraben, den Schwarz an der Südseite des Domberges angeschnitten und schon im 10. Jahrhundert als aufgegeben bezeichnet hatte, erst im frühen 13. Jahrhundert mit dem Bau des heutigen Domes – wohl aus statischen Gründen – verfüllt worden war.

Außerdem entstand die bastionartige Südost-Ecke des Domberges erst im 16. Jahrhundert durch massive Anschüttung, sodass alte Hangkante und Umwehrung dort ursprünglich einen anderen Verlauf genommen haben mussten. Dies mag auch erklären, warum die Burgkirche ebenso wie die beiden jüngeren Dome ihre merkwürdige Südwest/Nordost-Orientierung erhielt: Diese Sakralbauten saßen an der äußersten Ecke des Bergsporns direkt am Rand des hier ursprünglich stärker nördlich einschwenkenden Steilhanges. Resümiert man alle Fakten, so scheint die Umwehrung der Babenburg nur aus einem einfachen, gemörtelten Mauerzug bestanden zu haben, dessen exakter Verlauf ebenso wenig wie die Größe dieser Burganlage bestimmt werden kann. Auffällig ist aber, dass sich auch das Fundmaterial des 9./10. Jahrhunderts im östlichen Bereich des Domberges, d. h. um Dom, Domplatz und Alte Hofhaltung, häuft, nach Westen aber schnell und stark ausdünnt. So fand sich unter Tausenden von Keramikscherben vom oberen Domberg lediglich ein Dutzend aus dem 6. bis 10. Jahrhundert. Dies legt den Schluss nahe, dass die babenbergische Burganlage nur das östliche Ende des Domberges – den heutigen Domplatz – einnahm und der heute ablesbare großflächige Burgumfang erst auf den Ausbau zur Bischofs- bzw. Königspfalz zurückgeht. Die ursprüngliche Nordgrenze der Babenburg bleibt weiterhin unklar; sie mag vielleicht am Nord-ende des Domplatzes gelegen haben. Urkundlich überliefert sind Bautätigkeiten unter Heinrich II., damals noch Herzog von Bayern, zwischen 995 und 1002. Wie diese aussahen, konnte bisher nicht festgestellt werden. Bei den Grabungen stieß man zwar auf Fragmente eines Steinbaus, der chronologisch zwischen der Burgkirche bzw. zugehörigem Friedhof und dem ersten Palatium bzw. Dom einzuhängen ist, doch nimmt dieser offensichtlich die Orientierung des etwas jüngeren Palatiums vorweg; dies wiederum spricht gegen eine Identifizierung mit der Herzogspfalz.

Kaiserpfalz und Dom

Im Jahr 1007 gründete Kaiser Heinrich II. das Bistum Bamberg. Die von ihm erbaute Pfalz nimmt als erste gesicherte Anlage die gesamte Fläche des Domberges ein, wobei sie sich wie üblich in eine Kernburg mit Palatium/Dom und eine bergseitig vorgelagerte, ausgedehnte Vorburg unterteilte. Diese „Vorburg-Theorie" findet Bekräftigung durch die Freilegung mehrerer eingetiefter Holzgebäude des 11./12. Jahrhunderts unmittelbar innerhalb des westlichen Torbereiches (auf der heutigen Freifläche gegenüber dem Erzbischöflichen Palais); diese waren 14-C Datierungen zufolge im großen Dombergbrand 1185 untergegangen

und erst um 1240/50 – nach Abschluss der wichtigsten Baumaßnahmen (Wiederaufbau von Dom und Palatium) – verfüllt und einplaniert worden. Zusammen mit anderen schwer interpretierbaren Siedlungsspuren kann man sie noch am ehesten einem Wirtschafts- oder Handwerksbezirk zuordnen.

Die Bischofs- bzw. Königspfalz des frühen 11. Jahrhunderts schloss direkt an das 12 m breite Querhaus des Heinrichsdomes an und mündete nach über 60 m in die Thomaskapelle, die somit den nördlichen Abschluss des Palatiums bildete. Die Thomaskapelle war vermutlich 1020 durch Papst Benedikt VIII. geweiht worden und soll als bischöfliche Kapelle gedient haben; sie zeigt die einfache Form einer lang gezogenen Saalkirche mit eingezogener Halbrundapsis. Am südlichen Ende des Palatiums, nur wenige Meter vom Dom entfernt, erhob sich die doppelgeschossige, achteckige Andreaskapelle, mit gleichfalls doppelgeschossiger Rundapsis nach Osten. Ihre obere Kapelle wurde um 1050 durch Bischof Hartwig geweiht, was entweder auf eine Neuweihe oder eine leicht verzögerte Erbauung hinweist. Die Andreaskapelle, die als kaiserliche Palastkapelle gedeutet wird, büßte 1777 bei der barocken Umgestaltung des Domberges fünf ihrer acht Seiten ein.

Vom eigentlichen Palasbau, den spätmittelalterliche Darstellungen als einen lang gestreckten, zweigeschossigen Gebäudetrakt mit drei Viererarkaden-Fenstergruppen im Obergeschoss und Schlitzfenstern

ABB. 91: PALATIUM DER BISCHOFS- UND KAISERPFALZ VOM DOMPLATZ GESEHEN, AQUARELLIERTE ZEICHNUNG, UM 1470/85

ABB. 92: MODELL EINES GRUBENHAUSES DER VORBURG, UM 1150

im (eingetieften) Untergeschoss zeigen, ist nur die Gestalt seines Wiederaufbaues nach dem großen Dombergbrand von 1185 bekannt. Dass er älteren Fundamenten folgt, scheint naheliegend, zumal wir die Verbindung Domquerhaus/Palatium in der untersten Fundamentlage nachweisen konnten. Der Nordabschluss des Historischen Museums scheint gleichfalls älteren Fundamenten aufzusitzen, denn etwa 5 m nördlich der Nordwand stießen Grabungen kurz hinter der so genannten Schönen Pforte (um 1570) auf ein West/Ost ausgerichtetes Mauerstück, das durchaus in die Zeit der Pfalzgründung zurückreichen und zur alten Tordurchfahrt gehören könnte. Damit hätte sich die Position des Tores unverändert bis heute erhalten.

Der Dombrand von 1185 verwüstete weite Teile des Domberges und machte somit auch die Erneuerung des Palatiums notwendig. Diese Umbaumaßnahmen ließen sich archäologisch nachweisen: Im Bereich

ABB. 93: GRABUNGSSTÄTTE IM HOFBEREICH DER ALTEN HOFHALTUNG, STUDENTEN BEIM FEINPUTZEN DER FLÄCHE

ABB. 94: VERSCHIEDENE BUNTMETALLFUNDE DER DOMBERGGRABUNG

der Thomaskapelle und der alten Durchfahrt erweiterte man den Saaltrakt auf eine Länge von ca. 35 m um etwa 5 m nach Westen und schob hier neue Räumlichkeiten ein – ein Rest verblieb in dem Vorbau des Historischen Museums. Gleichzeitig bekam die Pfalz einen neuen Nordabschluss, indem man von der Nordwestecke der Thomaskapelle eine 1 Meter starke Mauer quer über den Hof nach Südwesten zog. Deren Steinfundament überschnitt innerhalb des Westflügels zuerst einen älteren Steinbrunnen und saß dann punktuell innerhalb des Westflügels einem Pfahlrost auf, der eine alte Tümpelzone überbrückte. Den weiteren Verlauf kennzeichnet eine den Westflügel schräg in Südrichtung durchlaufende Ausbruchgrube. Die gesamte Nordfront der Pfalz wurde bald darauf durch einen vorgeblendeten Mauerzug auf nunmehr insgesamt 2 m verstärkt.

Mit dem Aus- oder Umbau der Pfalz bald nach 1200 scheint auch ein nur mehr archäologisch nachweisbarer Turmbau zusammenzuhängen, der einst nahe der Westecke in die Nordmauer eingebaut stand. Da im frühen 13. Jahrhundert die Thomaskapelle einen bergfriedartigen Aufbau – die so genannte Hohe Warte – erhielt, scheint die gefährdete Nordfront der Burg einst an beiden Enden durch Türme bewehrt worden zu sein. Die eigenwillige Position des westlichen Turmes etwas einwärts der Westecke der Frontmauer erklärt sich wohl durch die erwähnte statisch problematische Feuchtbodenzone.

Bis zum späten 15. Jahrhundert scheint aus archäologischer Sicht nicht allzu viel am Domberg geschehen zu sein. Erst dann setzen Befunde und Funde mit dem Bau der heutigen Alten Hofhaltung ab 1475/76 verstärkt ein. Im Zuge einer Sanierung für museale Zwecke erfolgten großflächige Grabungen innerhalb des Westflügels und Südflügels der Alten Hofhaltung, die unzählige Befunde zu deren komplexer Bau- und Nutzungsgeschichte erbrachten und in ein parallel laufendes Bauforschungsprojekt einflossen. Neben vielen Einzelbefunden sind vor allem zwei vorzüglich erhaltene Glockengussanlagen aus dem 16. Jahrhundert, verschiedene Küchenanlagen im Südflügel (spätes 15. und 16. Jahrhundert) und die 1991 und 1992 sorgfältig ergrabene Pferdestallung des späten 15. bis 18. Jahrhunderts im Westflügel hervorzuheben. Interessant sind auch die bauvorbereitenden Arbeiten der

Zeit um 1475/76, als man das gesamte Gelände westlich des Palatiums durch Abtragung künstlich begradigte und dann erst fast einen Meter hoch aufplanierte. Diese Aufplanierung ließ sich auch unter dem Südflügel nachweisen – was Erkenntnisse der Bauforschung bestätigte, wonach der Westflügel den Gründungsbau darstellte. Fast vier Fünftel des gesamten Fundmaterials – mehrere hunderttausend Scherben – entstammen der Zeitspanne vom 15. bis 18. Jahrhundert.

Die – auch aus archäologischer Sicht – mit Abstand schlimmsten Substanzverluste erlitt der Domberg nicht etwa in jüngster Zeit, sondern während der Barockzeit, als man zahlreiche bedeutende hoch- und spätmittelalterliche Bauten abriss und der östliche Domberg um mehrere Meter abgesenkt wurde, um einen besseren Freiblick auf die Stadt zu schaffen. Die hier abgetragenen Bodenschichten fehlen dem Archäologen, der ja zur Deutung und Datierung seiner Befunde die Schichtanschlüsse und das Fundmaterial benötigt.

Resümee

Die Grabungen des Lehrstuhles für Archäologie des Mittelalters und der Neuzeit haben unseren Kenntnisstand zum Bamberger Domberg und sowohl zur lokalen als auch überregionalen Geschichte entscheidend erweitert; überdies liefern sie als umfangreiche Materialvorlage einen bedeutenden Beitrag zur Mittelalterarchäologie.

Joachim Zeune

2.3 Die Altenburg

Befestigung und Residenz

Die Altenburg oberhalb Bambergs war nicht das 973 genannte „castrum Babenberh" und damit nicht die Keimzelle der Stadt. Sie war ursprünglich keine wehrhafte Höhenburg, die einem groß angelegten Angriff standgehalten hätte. Den erhaltenen spätmittelalterlichen Teilen zufolge zeigt die Altenburg eher eine repräsentative, nicht eine betont wehrhafte Architektur. Schließlich wurde sie um 1900 so einschneidend verändert, dass wir fast eine romantische Ritterburg und nicht einen mittelalterlichen Wehrbau vor uns haben. Mittlerweile ist allgemein anerkannt und durch archäologische Grabungen untermauert, dass die Bamberger Burg, aus der sich die Stadt entwickelte, auf dem heutigen Domberg lag. Der Name Altenburg taucht erst um 1150 in Quellen auf. Zu dieser Zeit war Bamberg Bistum, der Heinrichsdom und alle wichtigen Kirchen erbaut. Die Burg hieß stets Altenburg, was aber nicht einen Gegensatz zu einer neueren Burg notwendig macht. Vielmehr lag an dieser Stelle wohl

ABB. 95: DIE ALTENBURG AUF DEM „APOSTELABSCHIED" VON WOLFGANG KATZHEIMER D. Ä., 1483

ehemals ein Vorposten der Burg auf dem Domberg, der später aufgelassen wurde. Der abgelegene Standort der Altenburg war schon immer strategisch nahezu wertlos, da von hier weder auf die Stadt noch auf die Regnitz oder die jenseits des Flusses vorbeiführende Handelsstraße eine Kontrollfunktion ausgeübt werden konnte. Die viel günstiger liegende und wehrhaftere Domburg hatte dagegen nur den einen Nachteil, dass durch ihre wenig exponierte Lage eine Sichtverbindung zu anderen Burgen erschwert war. Der Vorläufer der Altenburg war deshalb wohl eine Art Relaisstation zur Weiterleitung von Nachrichten und zur vorgeschobenen Beobachtung der Umgebung.

Der aufgelassene Vorposten ging, wahrscheinlich um 1100, in den Besitz des Chorherrenstifts St. Jakob über, wo er bis in die zweite Hälfte des 13. Jahrhunderts verblieb. Anfang des 14. Jahrhunderts zog der Bischof auf die Altenburg und machte sie zur bischöflichen Residenz. Dass er sich damit von der Stadt und vom Machtzentrum entfernte, ist zu dieser Zeit nichts Ungewöhnliches, wie viele Beispiele zeigen. Die Bamberger Bischöfe waren durch politische und finanzielle Umwälzungen zu Abhängigen des Domkapitels geworden. Durch den Umzug oder besser: die Flucht vom Domberg auf die Altenburg war noch ein gewisses Maß an Eigenständigkeit gewahrt. Die Auseinandersetzungen zwischen Bischof, Domkapitel und Stadtbürgertum waren in der Folgezeit heftig und blutig. So war die Altenburg für die Bischöfe vorrangig eine den Herrschaftsanspruch verdeutlichende Residenz, aber auch Zufluchtsort zur Rettung von Leib und Leben, wenngleich vielmehr gegenüber der eigenen Bevölkerung als gegenüber einem äußeren Feind.

Obwohl die Bischöfe spätestens seit 1307 auf der Altenburg saßen, wurden die alten Mauern wohl zunächst nur instandgesetzt, nicht erneuert oder erweitert. Dies lag vor allem an den Widerständen des Domkapitels, das erbittert um Rechte und Finanzen stritt. Erst die Fürstbischöfe Albrecht von Wertheim (1399–1421), Anton von Rotenhan (1431–1459) und Georg von Schaumburg (1459–1475) konnten einen neuen Bergfried und große Teile einer umfangreichen Wehrmauer errichten lassen. Ihre Wappen sind überall an den neuen Bauteilen angebracht. Aus der Zeit vor diesen Baumaßnahmen blieben allenfalls einzelne

ABB. 96: ALTENBURG UND STADT VON WESTEN, KUPFERSTICH, GEORG BALTHASAR PROBST, 1730

Mauerreste erhalten, die zeigen, dass das Areal zuvor viel kleiner war. Nun hatte die Altenburg ihre heutige Ausdehnung und ein Erscheinungsbild, wie es uns in der ersten verlässlichen Darstellung, auf dem Bamberger „Apostelabschied" von 1483, überliefert ist. Die heute erhaltenen mittelalterlichen Mauerteile der Burg gehen nahezu alle auf die Baumaßnahmen dieser Jahre zurück, namentlich große Teile der Wehrmauern mit den Mauertürmen und das Torgebäude. Der neue Bergfried, wegen seiner Form „Butterfassturm" genannt, ist auf der Ansicht von 1483 hinter dem turmbewehrten, massigen Hauptgebäude der Burg nur teilweise zu sehen.

Wie aus zeitgenössischen Ansichten, so können aus der vorhandenen Bausubstanz Rückschlüsse auf das Aussehen und die Funktion der Altenburg im späten 15. Jahrhundert gezogen werden. Auffällig ist zunächst die für eine Burg sehr regelmäßige, rechteckige Anlage des äußeren Mauerberings in der Idealform eines Kastells, was trotz späteren Verlustes einzelner Bereiche noch heute sehr gut nachzuvollziehen ist. Auch das sorgfältig und aufwändig ausgestaltete Buckelquader-Mauerwerk der Wehranlagen ist bemerkenswert. Beides wäre nach rein funktionalen Gesichtspunkten unnötig und ist für eine echte Wehrarchitektur sogar eher hinderlich. Offenbar war die vorherrschende Intention des Bauherrn, hier eine mächtige Repräsentativarchitektur zu schaffen, ein Bauwerk als Herrschaftszeichen gegenüber der unruhigen Stadt zu Füßen der Burg. So zeigt auch die Darstellung von 1483 die leicht abseits gelegene Burg nicht als Furcht einflößenden und abweisenden Wehrbau, sondern als einen machtvollen Baukörper,

der herrschend über der Stadt thront. Auch nach der Vergrößerung war die Altenburg vor allem bischöflicher Repräsentationsbau, wehrhaft eher gegen die eigenen Untertanen, nicht gegen von außen heranrückende Heere. Das zeigte sich konkret während der Unruhen des Bauernkrieges. 1524 verschanzte sich Bischof Weigand von Redwitz (1522–1556) vor revoltierenden Bürgern in seiner befestigten Residenz, bis ein zu Hilfe gerufenes kaiserliches Heer den Aufstand blutig niederschlug. Als aber 1553 mit dem Heer des Markgrafen Alcibiades von Brandenburg-Kulmbach eine ernste Bedrohung anrückte, retteten sich Bischof und Hofstaat mit dem Domschatz in die sichere Fluchtburg in Forchheim und gaben die Altenburg von vornherein preis.

Zerstörung

Dieses Jahr 1553 markiert ein wichtiges Datum in der Geschichte der Altenburg. Das markgräfliche Heer plünderte und brandschatzte die unverteidigte bischöfliche Residenz. Vor allem der große Kernbau, also der eigentliche Wohn- und Repräsentationsbau des Bischofs, wurde nun endgültig zerstört und nicht wieder aufgebaut. Dasselbe gilt für den massigen, eckigen Turm, der frühen Abbildungen zufolge die Silhouette der Anlage weithin beherrschte. Erhalten blieben die meisten Wehrmauern, der Torbau und der runde Bergfried. Die wehrhaften Teile der Burg wurden demnach offensichtlich nicht als potentielle Bedrohung empfunden. Zerstört wurde die Residenz des Bamberger Bischofs, nicht eine strategisch bedeutende oder gar gefürchtete Trutzburg. Abgesehen davon verloren mit dem Aufkommen moderner Geschütze die Höhenburgen grundsätzlich ihre militärische Bedeutung. Die Bamberger Bischöfe konnten im Laufe des 16. Jahrhunderts, trotz mancher Bedrängnisse und der Zerstörung der Altenburg, ihre Machtposition innerhalb der Stadt ausweiten und festigen. Das äußerte sich auch in den Bemühungen, die bischöfliche Residenz wieder in die Stadt zu verlegen. Schon Georg Schenk von Limpurg (1502–1522) plante ein repräsentatives Stadtschloss in der Art moderner italienischer Palazzi, und dies sogar in unmittelbarer Nachbarschaft des Insel-Rathauses auf der Geyerswörth-Insel, also an ganz zentraler Stelle zwischen Berg- und Inselstadt. Obwohl dieses Projekt nicht ausgeführt wurde, zeigt doch schon die Idee, wie machtbewusst der Bischof die teilweise erzwungene Isolation auf der abgelegenen Altenburg beenden wollte.

Das Ende der Altenburg als bischöfliche Residenz war also schon vor den Zerstörungen von 1553 abzusehen. Dennoch verfolgte das Domkapitel den Plan, die Burg wieder aufbauen zu lassen. Im 14. Jahrhun-

dert musste der bedrängte Bischof aus der Stadt flüchten, jetzt wollte das geschwächte Domkapitel den mächtigen Bischof daran hindern, in der Stadt wieder Fuß zu fassen. Trotz aller Widerstände und der angespannten Finanzlage des Hochstifts ließ aber schon Bischof Veit von Würtzburg (1561–1577) auf dem Domberg einen repräsentativen Bau, die Alte Hofhaltung, errichten. Fortan saß der Bischof wieder in der Stadt, im Machtzentrum. Ernst von Mengersdorff (1583–1591) ließ auf dem Domberg die Neue Hofhaltung und auf der Geyerswörth-Insel ein prächtiges Schloss folgen. Die Altenburg hat mit den Zerstörungen von 1553, spätestens aber mit dem Bau der Alten Hofhaltung 1569–1577 ihre Funktion verloren. Dementsprechend zeigt eine um 1580 entstandene Zeichnung die teilzerstörte Burg nicht mehr mächtig und beherrschend, sondern als ruinöses Mauerwerk abseits der Stadt, als Relikt eines vergangenen Zeitalters. In der Folgezeit blieb die Anlage größtenteils ungenutzt, doch wurden die vorhandenen Gebäude zunächst noch repariert und instandgehalten, wie Abbildungen bis in das 18. Jahrhundert zeigen. Der runde Bergfried diente auch weiterhin als Beobach-

ABB. 97: ALTENBURG VON NORDWESTEN, F. C. RUPPRECHT, 1828

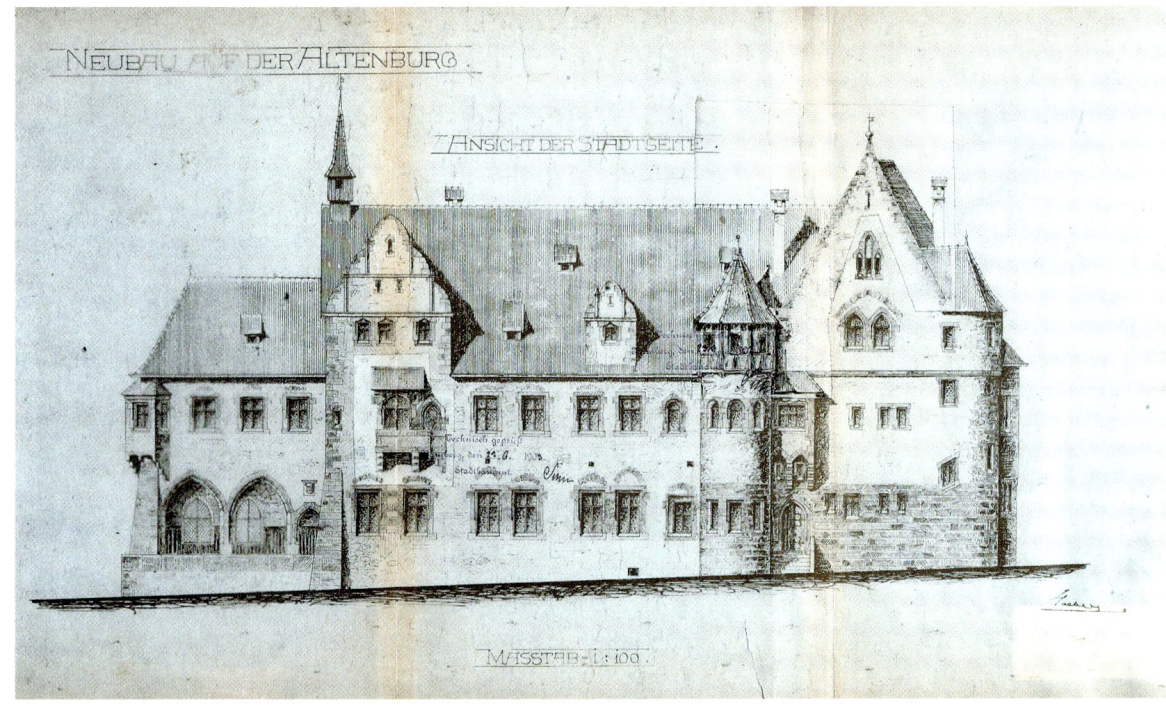

ABB. 98: ALTENBURG, PLAN-ENTWURF DES HAUPTGEBÄUDES, 1901

tungsturm in die Umgebung der Stadt. Er wurde 1743–1746 sogar renoviert und aufgestockt, nachdem ein Blitzschlag 1719 die Turmhaube zerstört hatte. Es ist zu vermuten, dass die Aussichtsplattform nun auch von den höheren Herrschaften zur Ergötzung an dem schönen Blick auf Stadt und Landschaft genutzt wurde.

Funktionswandel und Umbau im 19. Jahrhundert

Ende des 18. Jahrhunderts hatten die Bürger das alte Gemäuer für sich entdeckt, was wohl vor allem mit der aufkommenden romantischen Begeisterung für alles Altehrwürdige zu erklären ist. Wegen ihres historischen Wertes versuchte der Bamberger Arzt und bischöfliche Hofrat Adalbert Friedrich Marcus (1753–1816) schon 1798, die Burg zu erwerben. Zunächst wurde sie ihm verpachtet, doch 1801, ein Jahr vor dem Ende der bischöflichen Herrschaft in Bamberg, konnte er den Kaufvertrag unterschreiben. Seiner demokratischen und bürgerlichen Einstellung gemäß öffnete er die Altenburg vorbehaltlos den städtischen Bürgern. Im südlichen Mauerturm wurde eine kleine Gastwirtschaft eingerichtet und Bier ausgeschenkt, im Burghof ein jährliches Volksfest arrangiert. Die neue Nutzung für das bürgerliche Freizeitvergnügen prägte das Gesicht der Anlage nachhaltig. 1811 etwa ließ Marcus von E.T.A. Hoffmann die Innenwände des nördlichen Mauerturms ausmalen. Um dem zunehmenden Verfall entgegenzutreten, wurde schließlich 1818 der Altenburgverein gegründet, der noch heute Eigentümer der Burg ist. Mit dem nun zur Verfügung stehenden Geld begannen umfangreiche Renovierungsarbeiten, die freilich ganz von romantischen Vorstellungen einer mittelalterlichen Ritterburg geprägt waren. Die Wehrmauern und der Bergfried wurden repariert und neu mit Zinnen versehen. Geplant war auch eine Zugbrücke für Fußgänger als Zugang zur Burg. Ein kreuzgratgewölbter Raum im Torbau des 15. Jahrhunderts wurde 1835 zu einer Kapelle umgebaut, in die mehrere qualitätvolle Grabdenkmäler aus säkularisierten Bamberger Kirchen transferiert werden sollten. Aus der Dominikanerkirche etwa stammen das Sandsteinepitaph Martins von Redwitz (†1505) von Tilman Riemenschneider und das vielleicht von Hans Daucher in Augsburg gefertigte Marmorrelief Georgs von Schaumberg (†1527). Aus der 1812 abgebrochenen Franziskanerkirche an der Schranne kommen die Grabdenkmäler des Heinz Fuchs von Bimbach zu Gleisenau (†1539) und des Wolf Christoph von Streitberg (†1560). Der Altar ist allerdings neugotisch, geschaffen von Karl Alexander von Heideloff, der 1831–1834 die Purifizierung des Bamberger Domes leitete.

Die Baumaßnahmen beschränkten sich nicht auf die Sicherung des Bestehenden. Ebenfalls 1835 wurde an das spätmittelalterliche Torhaus ein Gaststättenanbau mit altertümlich wirkenden Stufengiebeln angesetzt. Das Gebäude wird noch heute in seiner ursprünglichen Funktion genutzt. Ein weitaus umfangreicheres und ehrgeizigeres Neubauprojekt sollte den Altenburgverein aber in der zweiten Hälfte des 19. Jahrhunderts beschäftigen: die Neuerrichtung eines

großen Hauptgebäudes auf der Burg, etwa an der Stelle, wo vor der Zerstörung von 1553 der Wohn- und Repräsentationsbau des Bischofs, der mittelalterliche Palas, stand. Ein erster, nicht ausgeführter Entwurf von 1882 zeigt ein massiges, zinnen- und türmchenverziertes Gebäude. Überlegt wurde auch ein Neubau, der sich an der Abbildung der Altenburg auf dem „Apostelabschied" von 1483 orientieren sollte. Schließlich setzte sich die Idee durch, ein ganz neu konzipiertes, vielteiliges Gebäude zu errichten, an dem die verschiedensten alten Baustile ablesbar sein sollten. Die Pläne dazu lieferte der Architekt Gustav Haeberle (1853–1930), der auch in der Stadt mit mehreren Bauten vertreten ist. 1901 wurden die letzten alten Gebäudeteile in diesem Bereich des Burghofes abgerissen und man begann nach Haeberles Plänen mit den Bauarbeiten. Nur gut ein Jahr später, im Oktober 1902, wurde das neue Hauptgebäude eingeweiht. Es entstand eine für die Jahrhundertwende typische Architektur mit Erkerchen, Ziergiebeln, ange-

ABB. 99: BLICK VON WILDENSORG RICHTUNG ALTENBURG

bauten Türmen und vielfältigen Baukörpern. Teilweise gibt der Putz den Blick auf ein massiges Mauerwerk frei, das wie die verstärkten Ecken wehrhafte Burgarchitektur suggerieren soll. Die verschiedensten Fensterformen, von gotisierenden Spitzbögen bis zu kleinen Rechtecköffnungen, schaffen abwechslungsreiche Fassaden.

Die Burgenromantik des 19. Jahrhunderts, die diesen Bau prägte, hat mit mittelalterlicher Architektur freilich nichts zu tun. So steht heute, trotz der langen und wechselvollen Geschichte der Anlage, in erster Linie eine historisierende Ritterburg vor uns. Zu den größeren Sanierungsarbeiten der jüngsten Zeit gehören Instandsetzungen am ehemaligen Bärenzwinger und am Bergfried, seit 2002/2003 soll eine Sichtbetonmauer das Abrutschen an der Ostmauer verhindern. Doch wird der interessierte Besucher an vielen Stellen auch wirklich mittelalterliche Mauern finden, etwa die aufwändig konstruierte, regelmäßige Wehrbefestigung, die Mauertürme, das Torhaus und vor allem den schön gemauerten Bergfried des frühen 15. Jahrhunderts. Die Aussicht von dort ist heute noch ebenso überwältigend wie zu früheren Zeiten.

Heutige Lage

Abschließend sei noch kurz ein Blick auf die Bebauung zu Füßen der Altenburg gerichtet. Von Bamberg aus jenseits des Hügels liegt der eingemeindete Ortsteil Wildensorg, ehemals eine landwirtschaftlich geprägte Gemeinde, heute ein Vorort der Stadt. Neubaugebiete der Nachkriegszeit rücken dem Altenburgberg von Wildensorg und von Bamberg her bedrohlich nahe, so etwa das so genannte „Babenberger Viertel" seit Beginn der 1970er Jahre. Noch thront die Burg aber, freistehend und von allen Seiten gut sichtbar, auf der Kuppe des Berges und lädt zu einem Spaziergang und zu einem weiten Blick über die Gegend und die Stadt ein.

Franz Hofmann

2.4 Der Michelsberg

Gründung und erste Kirchenbauten

Bambergs Silhouette wird seit dem Mittelalter von den vielen Kirchtürmen beherrscht. Gleich vier an der Zahl kann der Dom aufweisen und ist damit der unbestrittene Mittelpunkt der Szenerie. Doch gibt es für ihn im Stadtbild eine mächtige Konkurrenz: die majestätische Erscheinung des weit höher gelegenen, ehemaligen Benediktinerklosters St. Michael. Die exponierte Lage der Kirche auf dem Hügel nordwestlich der Altstadt ist mit Sicherheit nicht zufällig. Zu sehr erinnert sie an das Mutterkloster der Benediktiner, das berühmte italienische Bergkloster Monte Cassino. Gleichzeitig werden aber auch Erinnerungen an das Haupttheiligtum des Erzengels Michael auf dem Berg Gargano wachgerufen. Immerhin trägt das Bamberger Kloster seinen Namen. Die Gründung des Klosters, an der Kaiser Heinrich II. und der erste Bamberger Bischof Eberhard beteiligt waren, lässt sich ins Jahr 1015 datieren. Von der in dieser Zeit gebauten Kirche ist nichts erhalten, denn 1117 ereignete sich ein

schweres Erdbeben, nach dem die beschädigte Kirche abgerissen werden musste. Der Wiederaufbau ist mit einer der bedeutendsten Persönlichkeiten der Bamberger Geschichte, dem 1189 heiliggesprochenen Bischof Otto (1102–1139), verbunden. Otto war Experte in Architektursachen, denn er hatte als Bauleiter schon die Errichtung des Speyerer Domes vorangetrieben. Diese Erfahrungen kamen dem vergrößerten Neubau der Kirche auf dem Michelsberg zugute. Doch war dem unter Otto errichteten Bau ein ähnlich trauriges Schicksal beschieden wie dem Vorgängerbau. Auch er wurde zerstört und brannte 1610 bis auf wenige Reste ab.

Kirchenbau des 17. Jahrhunderts

Der allergrößte Teil des heutigen Kirchengebäudes ist in den Jahren nach dem Brand entstanden. Dennoch scheinen die Türme mit ihren spitzbogigen Maßwerkfenstern der Zeit der Gotik zu entstammen. Der Kontrast mit der erst 1697 von Leonhard Dientzenhofer vorgeblendeten Barockfassade unterstreicht das mittelalterlich anmutende Erscheinungsbild der Türme zusätzlich. Ähnliches lässt sich im Inneren der Kirche beobachten. Hier fallen die Deckenwölbung mit dem filigranen Gespinst von Rippen und die spitzbogigen Maßwerkfenster auf. Diese scheinbar gotischen Bauelemente verleihen der Kirche einen mittelalterlich, altehrwürdigen Charakter. Und genau darin liegt die Absicht. Beim Wiederaufbau der abgebrannten Kirche ging man mit Bedacht nicht nach der neuesten Mode vor, sondern arbeitete im Stil einer längst vergangenen Zeit, um die Geschichte des Klosters vor Augen zu führen. Die mittelalterliche Gründung, die man Kaiser Heinrich II. zuschrieb, die lange Tradition und das segensreiche Wirken des hier bestatteten heiligen Bischofs Otto konnten so am Bau ablesbar bleiben. Derartig historisierendes Bauen war nicht ungewöhnlich. Vielmehr bestand geradezu eine eigene Strömung im katholischen Kirchenbau des 17. Jahrhunderts darin, sich auf der Suche nach geeigneten und würdigen Formen für Gotteshäuser an jene Stile zu erinnern, die zur Zeit der noch ungeteilten Kirche bestanden hatten.

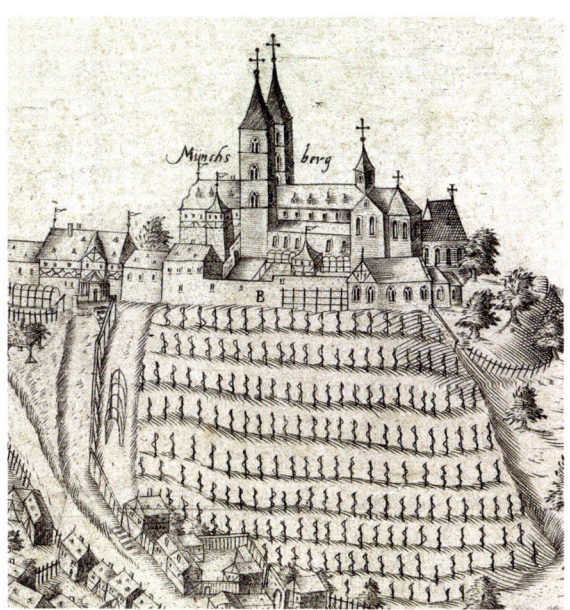

ABB. 100: MICHELSBERG, AUSSCHNITT, ZWEIDLER-PLAN, 1602

Fertig gestellt wurde der Neubau 1617. Aus dieser Zeit stammen auch die an der Decke dargestellten Kräuter. Obwohl man diese im 19. Jahrhundert nur zu gerne entfernt hätte, weil sie als störend empfunden wurden, hat die Malerei, von einigen Ergänzungen und Restaurierungen abgesehen, unbeschadet überdauert. Es sind Abbildungen von über 600 Pflanzen, die die Decke schmücken. Auch wenn nicht jede zwingend als symbolisch verstanden werden will, handelt es sich um mehr als reinen Zierrat. Die Vielfalt gemahnt an die alte Tradition des Klostergartens mit seinem umfassenden Panorama an Heil- und Zierpflanzen. Gemalt wurden die Pflanzen der Decke allerdings nicht nach der Natur. Vielmehr benutzte man Kräuterbücher als Vorlage, wie das 1581 von Matthias Lobelius (1538–1616) herausgegebene „Icones plantarum". Sicherlich ist die Kräuterdecke einer der eigenwilligsten Teile des Inneren dieser Kirche.

Doch darf die übrige Ausstattung nicht übergangen werden. An erster Stelle ist hier der Chorbereich zu nennen, der in einen unteren und einen oberen Bereich unterteilt ist. Der untere, ähnlich einer Krypta, beherbergt das Grab des heiligen Otto. Es war der Wunsch Ottos gewesen, hier auf dem Michelsberg bestattet zu werden, denn er war dem Kloster sehr verbunden. Die klösterliche Lebensweise wurde durch ihn einer Reform unterzogen und das Kloster selbst nach dem Erdbeben neu errichtet. Neben vielem anderen widmete sich Otto aber auch der Missionierung der Pommern, was im Jahr 1189, fünfzig Jahre nach seinem Tod, zur Heiligspre-

ABB. 102: DER „HIMMELSGARTEN" IM LANGHAUS VON ST. MICHAEL

ABB. 101: BAROCK-FASSADE VON ST. MICHAEL

chung führte. Damit kam das Kloster St. Michael in den Besitz eines wertvollen Reliquienschatzes, der zahlreiche Pilger anzog. Das Grab wurde daher anspruchsvoll ausgestaltet und – wenn nötig – den Bedürfnissen der Zeit angepasst. Dadurch haben sich gleich zwei Grabplatten Ottos erhalten. Eine ältere, an der Wand stehende stammt aus der Zeit um 1287/88 und zeigt Otto mit seinen Amtsinsignien. Ursprünglich wird diese Platte auf einer größeren Grabanlage gelegen haben, ähnlich wie jene, die auf der jüngeren Grabanlage noch heute liegt. Dieses um 1440 entstandene Werk ist an den Seiten mit Darstellungen u. a. des heiligen Kaiserpaares versehen und enthält einen auffälligen Durchschlupf. Hindurchkriechend konnten sich die Wallfahrer ihrem Heiligen besonders nahe fühlen.

Direkt über dem Grab des Heiligen befindet sich eine Öffnung in der Decke, die die Anwesenheit Ottos bei den Chorgebeten gewährleisten sollte. Ursprünglich war der Chor nämlich ein einheitlicher großer Raum, in dem die Mönche und das Grab Ottos beisammen waren. Erst im 18. Jahrhundert wurde die Decke eingezogen, die den Mönchschor und den Heiligen mit seinen Wallfahrern voneinander abtrennte. Die im Zuge dieser Umgestaltung vor 1730 entstandene Chorausstattung aus Holz gehört zu den schönsten ihrer Art. Der bestechende Ge-

ABB. 103: DURCHSCHLUPF AM GRAB DES HL. OTTO

samteindruck ist dem seidig glänzenden Nussbaumholz mit seinen vielen, zum Teil farbigen Einlagen, den vergoldeten Schnitzereien, aber auch den Figuren und Gemälden zu verdanken.

Bürgerspital und Klostergarten

Das 19. Jahrhundert brachte eine Reihe von einschneidenden Veränderungen. Das Kloster wurde aufgelöst und glücklicherweise von einer städtischen Stiftung erworben, wodurch es erhalten blieb. Im Jahr 1803 waren die staatlichen Behörden dem Vorschlag des Direktors des Medizinalkollegiums und Spitalarztes Dr. Adalbert Friedrich Marcus gefolgt, die Vereinigten Spitäler aus der Mitte der Stadt in das säkularisierte Kloster zu verlegen. Damit wurde die Tradition der Sozialstiftung als Bürgerspital bis in unsere Tage fortgeführt. Es gab aber auch einen Zuwachs an Kunstwerken, die ursprünglich gar nicht in die Kirche auf dem Michelsberg gehörten. Gemeint sind die vielen Bischofsgrabmäler, die im Dom als störend entfernt wurden und hier eine neue Bleibe fanden. Die ehemaligen Konvents- und Wirtschaftsgebäude blieben nach der Aufhebung des Klosters erhalten und beherbergen neben dem Altenheim heute das sehenswerte Brauereimuseum, das Aufschluss über die Ge-

schichte des Lieblingsgetränkes der Bamberger gibt. Der Zweidlerplan aus dem Jahr 1602 zeigt den „Münchsberg" mit stadtseitigem Weinberg und eingezäunten Wiesen mit Baumbestand. Der in Terrassen angelegte, parkartige Klostergarten hat in den letzten Jahren seinen Dornröschenschlaf beendet und ist wieder zugänglich. Er bietet einen mittlerweile beliebten Fußweg, der an barocken Pavillons vorbei hinunter zur Sandstraße führt. Vom Kloster bis zur Quellfassung des Ottobrunnens im Michelsberger Wald, neben den Spuren des

ABB. 104: PAVILLON DES TERRASSEN-GARTENS, IM HINTERGRUND „SINFONIE AN DER REGNITZ"

ABB. 105: BELIEBTES AUSFLUGSZIEL, POSTKARTE DER VILLA REMEIS, UM 1900

Garten-, Obst- und Weinbaus der Benediktinermönche, wurde 2007 der „Schöpfungsweg" angelegt.

St. Getreu und Villa Remeis

Gegenüber der Einfahrt zum ehemaligen Klosterkomplex liegt der Ziegelhof, einst Wirtschaftshof des Klosters, im Nordwesten schließt sich der Abtsberg an, an dessen Hängen die Mönche intensiven Weinbau betrieben. Am Ziegelhof und dem „Antonistift" aus dem 19. Jahrhundert vorbei führt eine Straße hinauf zur ehemaligen Benediktiner-Propstei St. Getreu. Die Kirche wurde 1123/24 von Bischof Otto I. gegründet und 1124 geweiht. Der heutige Bau entstand zwischen 1652 und 1732 und wurde seit der Säkularisation als Heil- und Pflegeanstalt genutzt. Bis heute dient er nach mehrfachen modernisierenden Erweiterungen als Nervenklinik.

Oberhalb von St. Getreu, versteckt unter alten Bäumen, liegt die Villa Remeis. Ursprünglich war das heutige Café Sommerhaus eines um das Wohl der Stadt verdienten Bürgers namens Dr. Karl Remeis. Er gründete unter anderem auch die Bamberger Sternwarte. Auf dem Hügel befand sich seit 1811 ein Rundbau, der 1872 zur Villa Remeis erweitert wurde. Nach dem Tod von Remeis 1882 fiel das Anwesen als Stiftung an die Stadt. Verbunden war mit dieser Stiftung aber die Auflage, das große Grundstück um die Villa herum keiner baulichen Veränderung zu unterwerfen, widrigenfalls die Stiftung der Stadt Würzburg zufalle. Diese Auflage erwies sich als geradezu hellseherisch, denn tatsächlich werden immer wieder Planungen laut, über das herrliche Grundstück eine Schnellstraße zu führen. Dank des Weitblickes von Remeis lässt sich bis heute von hier ungestört der Ausblick auf die Stadtkulisse genießen.

Ekkehard Arnetzl

2.5 Der Stephansberg

Wie Rom ist Bamberg auf sieben Hügeln erbaut, und der Stephansberg markiert in der Folge von Michaelsberg, Jakobsberg, Domberg und Kaulberg topographisch den südlichsten Teil der Bamberger Höhen. Das Hügelgelände von St. Stephan bildete bis hinunter zur Regnitz bei Bug einen eigenen Immunitätsbezirk. Verbindet man im Stadtplan die Kirchen St. Stephan und St. Michael einerseits, St. Jakob und St. Gangolf andererseits durch Linien, so ergibt sich die Form eines Kreuzes mit dem Dom im Kreuzungspunkt. Damit wurde eine symbolische Stadtbauidee verwirklicht, wie sie auch in der karolingischen Klosterstadt Fulda, in Hildesheim und in Paderborn nachzuweisen ist.

St. Stephan

Das Kollegiatstift St. Stephan wurde vor 1009 – etwa gleichzeitig mit dem Bamberger Dom (1007) – als kaiserliche Gründung durch Heinrich II. und seine Frau

ABB. 106: ST. STEPHAN, AUSSCHNITT, ZWEIDLER-PLAN, 1602

Kunigunde gestiftet. St. Stephan galt als bevorzugte Stiftung der Kaiserin Kunigunde, die aus ihrem Eigenbesitz den Boden zur Verfügung stellte. Neben dem Dom ist St. Stephan der legendenreichste Kirchenbau in der Stadt. Nach der Legende vom Schüsselwunder soll die Kaiserin auch den Bau der Kirche bezahlt haben und für Gerechtigkeit bei der Lohnauszahlung gesorgt haben. Auf einem Relief am Kaisergrab im Dom ist diese Szene plastisch dargestellt. Sie entlohnt die Bauleute persönlich aus einer Kristallschüssel. Jeder Arbeiter konnte hineinfassen, aber nur so viele Münzen ergreifen, wie er für seine tägliche Arbeit auch wirklich verdient hat. Im Jahr 1020 besuchte Papst Benedikt VIII. aus politischen Gründen den deutschen Kaiser in Bamberg und feierte mit ihm zusammen das Osterfest. Nach Ostern am 24. April 1020 weihte der Papst in Anwesenheit des Kaiserpaares und nicht weniger als 40 Bischöfen die Kirche dem Erzmärtyrer Stephan. Dies war ein außergewöhnlicher Akt, denn kaum eine Handvoll Kirchen nördlich der Alpen wurden durch einen Papst geweiht. Die heutige, größtenteils im 17. Jahrhundert errichtete Stephanskirche steht auf den Grundmauern des mittelalterlichen Gründungsbaus, von dem fast nichts mehr erhalten ist. Lediglich die unteren Stockwerke des Turms stammen noch aus dem mittleren 13. Jahrhundert. Aus diesem Grund können nur die vorhandenen Abbildungen von St. Stephan auf Stadtansichten und Gemälden sowie die kleinen, als Attribut der hl. Kunigunde beigefügten Modelle der Kirche eine Vorstellung ihres ursprünglichen Aussehens vermitteln. Ein bekanntes Beispiel ist die Figur der Heiligen am linken Gewände der Adamspforte des Bamberger Domes (um 1230/35): Die Kaiserin reicht dem neben ihr stehenden hl. Stephanus ein Modell der Stephanskirche.

Ab 1628 entstand ein Neubau im Stil des Barock, von dessen Vorgängerbauten nur bekannt ist, dass es sich um eine zentrale Anlage mit etwa vier gleich langen Armen handelte. Der Chorumbau erfolgte durch den Architekten Giovanni Bonalino nach den Plänen des Baumeisters Valentin Junckers. Die Anlage des früh- und hochbarocken Neubaus entspricht im Wesentlichen dem ursprünglichen Grundriss der Kirche aus der Ottonenzeit und integrierte den Turm aus dem Jahr 1235. Im Bauvertrag wurde festgelegt, dass der Chor nicht abgerissen, sondern die Chormauern im Stil des Frühbarock neu verkleidet werden sollten. Der frei zum Tal ausgerichtete Chor mit dreiseitigem Schluss birgt in seinem Kern deshalb noch das alte, spätgotische Mauerwerk. Der erhöht liegende Innenraum des zweijochigen Stephanschores mit 5/8-Schluss wird von zehn Pfeilern gegliedert, auf denen die Gurte und Rippen des Kreuzrippengewölbes fußen. An den Ansätzen der Gewölbegurte sind Nischen ausgespart, in denen Heiligenfiguren stehen. Hervorzuheben ist die Figur der hl. Kunigunde in der Pfeilernische rechts oben über dem Hauptaltar (um 1630). Diese Skulptur ist weniger bekannt und stellt die Kaiserin als eigentliche Stifterin der Kirche dar: Auf ihrem rechten Arm trägt sie ein Modell der Stephanskirche mit dem damals pyramidenförmigen Turmhelm. Auf der linken Seite hat Kaiser Heinrich II. als Stifter des Domes seinen Platz.

Zwischen 1657 und 1662 wurde der übrige Kirchenbau so mangelhaft ausgeführt, dass er schon 1677 wieder vollkommen abgerissen werden musste. Noch im selben Jahr wurde der bischöfliche Hofbau-

ABB. 107: GEPLANTE GROSSE KUPPEL FÜR ST. STEPHAN, ANTONIO PETRINI, 1677

meister Antonio Petrini, der erste große Barockbaumeister in Franken, mit der Bauausführung beauftragt. Sein Hauptwerk ist die so genannte Marquardsburg auf dem Seehof bei Bamberg (1687–1696), die bevorzugte Sommerfrische der Bamberger Bischöfe. Petrini beendete bis 1680 den Neubau, wobei er den alten Chor und den Turm beibehielt. So prägte er im Wesentlichen das heutige Erscheinungsbild der Kirche. Er brachte durch die Kürze des dreijochigen Langhauses und durch die dreiseitigen Querhausschlüsse die zentralisierende Anlage des Mittelalters in Erinnerung. Die von ihm geplante Kuppel über der Vierung wurde jedoch aus finanziellen Gründen nicht verwirklicht, obwohl die Vierungspfeiler bereits entsprechend stark aufgeführt worden waren. Die oktogonale Öffnung wurde 1688 von Johann Jakob Vogel mit einem Stuckrelief, dem Martyrium des Titelheiligen, geschlossen. Die Stephanskirche hätte in dieser vollendeten Form mit Kuppel besonders im Verhältnis zum äußeren Erscheinungsbild der Kirchen St. Michael, dem Dom und der Oberen Pfarre eine charakteristischere Silhouette und damit ein anderes Gewicht im Stadtbild erhalten. Die Ideen des Architekten für eine entsprechende Umgestaltung des Turmes zusätzlich zur geplanten Kuppel wurden ebenfalls nicht ausgeführt, stattdessen erhielt er 1699 seine heutige Bedachung mit einer Haube.

Die hoch emporsteigende Westfassade konnte von Petrini nur auf Fernwirkung berechnet werden, da aufgrund der Geländeverhältnisse keine entsprechende Platzanlage vor der Fassade möglich war. Vom „Vierkirchenblick" in der unteren Seelgasse bietet sich dem Betrachter ein guter Blick über die Westseite des Stephansberges. Die Kirchenfassade nimmt die von der Gotik festgelegten Proportionen des dahinterliegenden Kirchenraumes auf, wobei der Giebel das Dach wie eine Kulisse überragt. Der Baumeister verwendete ausschließlich Elemente des frühen italienischen Hochbarock. Ein westliches Eingangsportal war bei der Lage der Kirche am Hang über dem steilen Abfall der Eisgrube unmöglich. Portale beiderseits des Langhauses sowie ein kleinerer Zugang zum Querschiff übernehmen diese Funktion. Die aufwändigen Ausstattungsarbeiten schritten so langsam voran, dass die neue Kirche erst im Jahre 1717 geweiht werden konnte. Den Orgelprospekt schuf um 1700 Johann

Georg Götz. Das elegante, aus massiver Eiche gearbeitete Rokokochorgestühl wurde zwischen den Jahren 1768 und 1773 geplant und gebaut. Der Bildhauer Johann Bernhard Kamm fertigte die Schnitzereien des Chorgestühls, von denen besonders die vegetabile Bekrönung der Dorsalwände aus Lindenholz hervorzuheben ist. Die Schreinerarbeiten führte Johann Georg Pfeifer aus. Das heute wieder zweireihige Gestühl gliedert sich in die Dorsalwand mit den Stallen und den dazugehörigen Brüstungen. Es besteht aus vier Teilen, von denen sich je zwei beiderseits der Chorwände gegenüberstehen. In Bamberg entstanden im 18. Jahrhundert des Weiteren die ebenfalls sehr kunstvollen Chorgestühle des Benediktinerklosters St. Michael sowie der Stiftskirche St. Gangolf.

Nach der Säkularisation wurde das Kollegiatsstift aufgehoben und die Kirche als Obst- und Gemüselager zweckentfremdet. Die wertvolle Barockausstattung ging fast ganz verloren. Schließlich wurde die Kirche der neu gegründeten protestantischen Gemeinde Bambergs zur Verfügung gestellt und am 28. Januar 1808 durch den ersten evangelischen Dekan geweiht. Als evangelisch-lutherische Pfarrgemeinde St. Stephan ist sie heute die Hauptkirche der Protestanten in Bamberg. Die Gemeinde ließ den Hochaltar und das Gestühl entfernen und letzteres im Westarm der Kirche einbauen. Der Chorraum wurde durch eine Bretterwand von der übrigen Kirche abgetrennt und erst 1840 wieder geöffnet. Danach fanden einzelne Teile des Gestühls wieder ihren angestammten Platz im Chor. Im Jahr 1843 wurde im Mittelschiff die so genannte Königsloge anlässlich des Besuches des Kronprinzen Maximilian und seiner evangelischen Frau Marie von Preußen eingebaut, damit sie von bevorzugter Stelle aus am Gottesdienst teilnehmen konnten. Nach verschiedenen Renovierungsarbeiten im 20. Jahrhundert wurde 1987 eine vorläufig letzte Innenrenovierung vorgenommen, bei der u. a. der gesamte Kirchenraum weiß gestrichen wurde. Im Zuge dieser Arbeiten wurde auch die Altarinsel in der Vierung neu gestaltet: Altar, Taufbecken und Kanzelpult schuf 1986 der Bildhauer Jürgen Goertz. Seitdem wird hier und nicht mehr am alten Hochaltar im Hochchor die Liturgie gefeiert. Mit der Kirche verbunden ist das ehemalige Kapitelhaus (Stephansplatz 5), das der Stiftspropst Anton Maria von Werdenstein 1754 von dem Baumeister Johann Jakob Küchel errichten ließ. Es handelt sich um einen zweigeschossigen, flach gegliederten Mansarddachbau mit elf Achsen als Front zur Stadt.

Stiftskurien

Zum Rechtsbereich des Kollegiatsstiftes St. Stephan gehörte neben der Kirche das gesamte Gebiet am Stephansberg. Es bildete die „Immunität St. Stephan", also ein eigenes kleines Gemeinwesen mit eigenen Rechten, Einkünften und eigener Verwaltung, die dem Kollegium der geistlichen Stiftsherren unter der Leitung ihres Stiftsdekans und ihres Stiftspropstes unterstellt war. Noch heute ist die geschlossene bauliche Einheit der einstigen Immunität zu erkennen. Neben dem Oberen Stephansberg 7 stand bis 1816 das Stephansberger Tor, ein Torturm mit zwei Steingeschossen, den der Plan von Peter Zweidler wiedergibt. Die Grenze der Immunität an der Bergseite wird heute noch durch die Straße „Alter Graben", zurückgehend auf die alte Befestigungsanlage, angedeutet. Vom Ende dieser Straße verläuft ein steiler Weg bis zum Regnitzufer, während nach Osten das Tal der Regnitz und nach Norden und Westen der Kaulberg das Viertel abschließen. Um die Kirche St. Stephan gruppierten sich die Stiftsherrenhöfe, die so genannten Kurien, die die Stiftsherren bewohnten. Während die Domherren damals adelig waren, mussten die Geistlichen von St. Stephan nicht unbedingt aus adeligen Familien stammen. Die Kleriker lebten zunächst nach der Augustinerregel in einem gemeinsamen Kapitel. Im Chor der Kirche hielten sie ihre täglichen Gottesdienste, der angrenzende Kapitelsaal diente für ihre Zusammenkünfte, und im Hof lud der Kreuzgang zu Sammlung und Andacht ein. Die Stiftskurien wurden im 18. Jahrhundert zum großen Teil erneuert. Im Norden eng gereiht und im Süden in lockerer Bebauung lassen sie dem Chor und dem Kapitelhaus der Stiftskirche die Front zur Stadt frei. Die südlich der Kirche gelegenen Stiftsgebäude des Konvents sind vollständig abgerissen worden.

Neben der Einfahrt zu den ehemaligen Chorherrenhäusern Stephansplatz 1 und 2, der ehemaligen „Curia Caroli" und der „Curia Vollmari", befindet sich

ABB. 108: FRÜHER BAROCKBAU ST. STEPHAN (EVANGELISCHE PFARRKIRCHE)

ein wenig bekanntes spätgotisches Relief (um 1600) mit dem Standbild der hl. Kunigunde. Sie trägt als Stifterin auf ihrem linken Arm die Kirche St. Stephan mit dem damaligen pyramidenförmigen Helm, in der rechten Hand hält sie ein Zepter. Als Bauherr kniet vor ihr der Stiftskanoniker Anton von Rotenhan, Neffe des Fürstbischofs von Rotenhan, des Inhabers der „Curia Vollmari" am Ende des 15. Jahrhunderts. Die Inschrift des Spruchbandes auf dem Relief gab dem Haus den Namen: „Curia habitationis S. Chunigundis" („Wohnung der hl. Kunigunde"). Dieser alte Kanonikerhof ist der Überlieferung nach die Kurie der Kaiserin gewesen, von der sich aber nach vielen Um- und Neubauten nichts mehr erhalten hat. Außerhalb des Kaulbergtores ist die Eisgrube, die in steiler Kurve aufsteigt, wahrscheinlich ein sehr alter Zugang zur Immunität St. Stephan. Hier reihen sich die ehemaligen Kurien dicht aneinander. Das knollige Gesicht auf dem Türknauf an der ehemaligen „Curia Braunwardi" (Eisgrube 14) wurde zum Vorbild für E.T.A. Hoffmanns Apfelweib in der Erzählung „Der goldne

Topf". Heute ist eine Kopie zu sehen, das Original befindet sich im Historischen Museum Bamberg. Danach folgen die „Curia Aufsess" (Eisgrube 16), die „Curia Ottnandi" (Eisgrube 18) und schließlich die „Curia Leupoldi" (Eisgrube 20), ein frei stehendes, zweigeschossiges Rokokopalais aus der Mitte des 18. Jahrhunderts.

Der Platz oberhalb des ehemaligen Klosters ist ebenfalls von Kurien umgeben. An der Ecke der Auffahrt (Oberer Stephansberg 1) liegt in dominierender Lage über dem Tal das „Haus zum Goldenen Wappen", so benannt nach dem vergoldeten Wappen des Gründers Fürstbischof Johann Gottfried von Aschhausen, der das Haus 1618 errichten ließ. Weiterhin stehen hier die „Curia Libhardi" (Oberer Stephansberg 2), deren ältere Bauteile in der zweiten Hälfte des 18. Jahrhunderts unter einem Mansarddach zu einer einheitlichen Erscheinung zusammengefasst wurden, die „Curia Hugonis" (Oberer Stephansberg 3) sowie die „Curia Popponis" (Oberer Stephansberg 4). Dieses Gebäude mit seiner noch mittelalterlichen Substanz wurde nach dem Dreißigjährigen Krieg wieder aufgebaut. Die Hausfigur der Maria Immaculata stammt wohl von Leonhard Gollwitzer. Zum Schluss ist noch die „Curia Guntheri" (Oberer Stephansberg 5) mit ihrem spätgotischen Kerngebäude zu nennen, das später barock erweitert wurde.

Zum Stift St. Stephan gehörte ehemals als Nebenkirche die Kapelle St. Johannes (Oberer Stephansberg 7). An ein rechteckiges, flach gedecktes Langhaus aus dem 13./14. Jahrhundert schließt sich der 1400 geweihte Chor mit einem Joch und 5/8-Schluss über nach innen gezogenen Strebepfeilern an. Der seit der Säkularisation 1803 profanierte gotische Bau ist vom oberen Stephansplatz aus zu sehen. Er diente zeitweise als Eingang zu unterirdischen Fabrikstollen und wird heute noch als Lagerraum benutzt.

Vorstadt und Stollen

Im Anschluss an die ehemaligen Stiftskurien weist der obere Teil des Stephanberges eine geschlossene Vorstadtbebauung auf, vornehmlich des 17. Jahrhunderts mit zweigeschossigen Traufseithäusern. Zum Steilhang hin schließen sich Kleinhäuser des 18. Jahrhunderts an, welche den Zugang zu den ausgedehnten Kelleranlagen bilden. Der Stephansberg ist Bambergs traditionsreicher „Kellerberg" und alljährlich das Mekka der Bier- und Brotzeitfreunde. Ein großer Teil des Bamberger Berggebiets ist wie ein Labyrinth unterirdisch ausgehöhlt. Diese Felsenkeller entstanden zunächst infolge der Sandsteingewinnung, die hier seit dem 11. Jahrhundert bis in das Industriezeitalter betrieben wurde. Der feine Sandstein wurde als Putz- und Scheuermittel bis nach Hamburg geliefert. Der große Aufschwung im Bamberger Stollenbau begann allerdings erst im 17. und 18. Jahrhundert, als die Felsenkeller im größeren Umfang für die Lagerung von Nahrungs- und Genussmitteln genutzt wurden. In den oberen Lagen des Stephansberges wurde bis in die Neuzeit hinein Weinbau betrieben, und diese Stollen waren ideale Lagerstätten für den Wein. Nach und nach wurde nahezu jeder Felsenkeller für die Bier- und Malzlagerung verwendet, ein Trend, der bis heute anhält. Während des 19. Jahrhunderts brach man weitere Stollenanlagen in die Sandsteinhänge, da neu

gegründete Brauereien weiteren Lagerraum beanspruchten. Das Stollensystem erreicht eine Länge von fast zehn Kilometern. Wo eine horizontale Ausweitung nicht mehr möglich war, wurden ein zweites und ein drittes Untergeschoss gegraben. In der tiefsten Stelle der Stollenanlage legte man eine Eisgrube an, in der die im Winter gebrochenen Eisschollen gut geschützt den Sommer überdauerten, um bestimmte Biersorten bei den erforderlichen niedrigen Temperaturen lagern zu können. Der Straßenname Eisgrube erinnert heute noch an diese Funktion.

Selbstverständlich wird auf den am Oberen Stephansberg gelegenen Kellern den Sommer über fleißig Bier gezapft und an Ort und Stelle getrunken. So betreibt z. B. die Brauerei „Spezial" seit 1851 einen Felsenkeller mit Gartenwirtschaft, auch der „Wilde-Rose-Keller" und der „Mahrs-Keller" werden stark besucht. Während des Zweiten Weltkriegs waren die Felsenkeller ab 1941 als Luftschutzkeller eingerichtet, 1944 wurden zwei als kriegswichtig eingestufte Betriebe hierhin ausgelagert. Mit dem Kriegsende 1945 wurden diese Zufluchtsstätten bedeutungslos und gerieten in Vergessenheit. Die Bamberger Stollenwelt, die seit 1981 systematisch erforscht, katalogisiert und saniert wird, kann von interessierten Besuchern besichtigt werden.

Sternwarte

Die „Dr.-Remeis-Sternwarte" in der Sternwartstraße 7 oben am Stephansberg – schon im 19. Jahrhundert zwischen Biergärten gelegen – verdankt ihre Gründung der Privatinitiative des Bamberger Juristen Dr. Karl Remeis (1837–1882), der seit 1879 als Hobbyastronom mit kleineren Instrumenten regelmäßig Beobachtungen durchführte und wissenschaftliche Aufsätze veröffentlichte. Testamentarisch vermachte Remeis der Stadt Bamberg sein gesamtes Vermögen mit der Auflage, einen Teilbetrag zur Errichtung einer Sternwarte zu verwenden. 1883 wurde eine von der Stadt Bamberg verwaltete Stiftung eingerichtet. Nach dem Modell der damals modernsten Sternwarte in Straßburg wurde die Remeis-Sternwarte von dem Architekten Georg Hofbauer errichtet. Die Anlage besteht aus einem Hauptgebäude und einem davon abgesetzten

ABB. 109: DR. KARL REMEIS, 1860

ABB. 110: REMEIS-STERNWARTE, UM 1900

Beobachtungsgebäude mit Meridiansaal und zwei Kuppeln in Ost-West-Richtung. Außerdem wurde ein Verbindungsgang gebaut, der heute zur Ausstellung älterer astronomischer Bücher und Geräte dient und ebenso wie die gesamte Sternwarte zu besichtigen ist. Für ca. 75 Jahre waren die Schwerpunkte der Beobachtungen an der Remeis-Sternwarte veränderliche Sterne und die Himmelsüberwachung, die gemeinsam mit den Sternwarten Babelsberg und Potsdam durchgeführt wurde. Die Ausbeute von 40 000 Fotoplatten ist vollständig erhalten und an der Sternwarte archiviert. Seit 1962 ist die Sternwarte als astronomisches Institut dem Fachbereich Physik der Universität unterstellt.

Judenstraße und Böttingerhaus

Zu Füßen des Stephansberges lag das Gebiet der jüdischen Gemeinde. Im heutigen Bamberg erinnert nur ein Straßename an die mittelalterliche Judengemeinde, die Judengasse. Der frühere Judenplatz ist seit langem in Pfahlplätzchen umbenannt worden.

Bis zur Mitte des 14. Jahrhunderts befand sich hier das Zentrum des mittelalterlichen Judenviertels. Die Juden wurden auch in Bamberg im Laufe des Mittelalters abwechselnd geduldet oder verfolgt. Nach den Verfolgungen im Zusammenhang mit der Pest (1349/50), die eine Enteignung jüdischen Haus- und Grundbesitzes nach sich zog, kam es zu keiner erneuten Ghettobildung. Die Judenstraße verläuft vom Pfahlplätzchen in südlicher Richtung und endet abrupt am „Haus zum Einhorn" (Judenstraße 16). Hier teilt sie sich in drei Straßen: Unterer Stephansberg, Concordiastraße und Schimmelgasse. In der Judenstraße 1 steht die ehemalige Marienkapelle, die heute von der evangelisch-freikirchlichen Gemeinde in Bamberg genutzt wird. Unter der Herrschaft des Fürstbischofs Albrecht Graf von Wertheim genossen die Juden im Judenhof Schutzprivilegien. An der Stelle der heutigen Christuskirche befand sich die Synagoge. Nach dem Tod Albrecht von Wertheims beschlossen 1422 die fränkischen Herrscher – die Fürstbischöfe von Würzburg und Bamberg und die Markgrafen von Brandenburg-Bayreuth – die Vertreibung der Juden aus ihren Machtbereichen. Die Juden des Judenhofes siedelten in die Inselstadt Bambergs um, die nicht dem Bischof unterstand.

An der engen Gasse erheben sich in geschlossener Reihe bürgerliche und ehemals adelige Wohnbauten, von denen viele einen Namen haben. Dem „Haus zur Trommel" (Judenstraße 17) gab vermutlich der Bäcker Lorenz Trommeter Anfang des 16. Jahrhunderts den Namen. Das Haus in der Judenstraße 12 ließ der damalige Eigentümer Heinrich von Bibra in den Jahren 1600–1602 abbrechen und durch den heute bestehenden Bau ersetzen. Als Adelssitz des späten 16. Jahrhunderts gehörte es zunächst den Echter von Mespelbrunn, dann denen von Stauffenberg, für die es im mittleren 18. Jahrhundert reich ausgestattet wurde. Vor allem der heute „Böttingerhaus" genannte Stadtpalast (Judenstraße 14) fällt in der Enge der Gasse besonders durch seine üppige Bauplastik an der Fassade auf. Es ist die erste bauliche Unternehmung des Hofbeamten Johann Ignaz Tobias Böttin-

ger (1675–1730). Er war in Bamberg einer der auffälligsten Bauherrn seiner Zeit, der dem Vorbild des Fürstbischofs Lothar Franz von Schönborn hinsichtlich seiner leidenschaftlichen Bautätigkeit und seines Repräsentationsbedürfnisses nacheiferte. Mit diesem Bau wollte er nach außen Ansprüche ausdrücken, die seinem sozialen Aufstieg entsprachen. Als der älteste Sohn einer wohlhabenden Familie trat Böttinger 1699 nach Studienjahren in Würzburg und Prag sowie einer ausgedehnten Bildungsreise durch Österreich, Italien und Frankreich, die damals eine gehobene Bildung abzuschließen pflegte, in den bischöflichen Dienst. 1702 wurde er vom Fürstbischof zum Hofrat ernannt und 1703 zum Bamberger Gesandten beim fränkischen Kreistag in Nürnberg. Der Fürstbischof hatte sich, um den Einfluss des Adels und des Domkapitels einzuschränken, als Gegengewicht einen bürgerlichen Beamtenstab geschaffen, und Ignaz Böttinger wurde zum wichtigsten Beamten des Hochstifts.

ABB. 111: STADTPALAST „BÖTTINGERHAUS"

ABB. 112: WASSERSCHLOSS „CONCORDIA" MIT ANBAUTEN DES KÜNSTLERHAUSES

In den Jahren zwischen 1707 und 1713 wurde das „Böttingerhaus" errichtet und ausgestattet. Der wenig bekannte Stadtmaurermeister Andreas Ammon erhielt die schwierige Aufgabe, dieses eingezwängte Grundstück zu bebauen, das zwischen dem Fuß des Stephansberges und der Judenstraße liegt. Seine Lösung, ein dreiflügeliger Bau mit Arkadenhof und einem terrassierten Garten in steiler Hanglage, wirkt beengend. Die Knappheit des Bauplatzes macht sich bei der aufwändigen Treppenanlage mit drei rechtwinkligen Läufen über Pfeilern bemerkbar. Das Treppenhaus war zum Hof hin nicht verschlossen, somit im Winter nicht beheizbar und ständig der Witterung ausgesetzt. Das Durchfahrtsgewölbe, die Arkadengänge des Hofes, das Treppenhaus, die Decken der Flure und sämtliche Zimmer waren reich mit Stuck und Gemälden ausgestattet. Der gesamte Stuck war farbig gefasst und wurde von Johann Jakob Vogel angefertigt. Dass Böttinger ein Anhänger von Ornament- und Dekorfülle war, zeigt sich an diesem Stadtpalast deutlich. Auch an der fünfachsigen barocken Hauptfassade wurde mit Bauzier nicht gespart. Besonders die Mittelachse wird durch Pilaster betont und die Fens-

terrahmen mit Putten, Hermen, Muscheln, Blumengirlanden und Akanthusranken geschmückt. Alle anderen Fenster und die Zwerchhäuser am Dach sind ebenfalls reich mit Ornamenten verziert. Das große Eingangsportal wird von zwei mächtigen Voluten flankiert, die vollständig mit Akanthusranken überzogen sind. Die reich ornamentierte, barocke Fassade kommt im Stadtbild Bambergs aufgrund des schwierigen Terrains nicht wirklich zur Geltung. Böttinger übertrumpfte alle adeligen und bürgerlichen Nachbarn und führte so seinen Wohlstand und seinen Anspruch direkt vor Augen. Selbst die etwa gleichzeitig erbaute bischöfliche Neue Residenz wurde in der plastischen Ausschmückung überboten.

Wasserschloss „Concordia"

Schon kurze Zeit nach seiner Fertigstellung empfand Böttinger sein Haus in der Judenstraße als unmodern und unpraktisch, denn es besaß keine Flure, und ein Teil der Wohnräume war nur über das unbeheizte Treppenhaus zu erreichen. Aus diesem Grund gab Böttinger 1714 ein neues Palais, das noch prächtigere

Wasserschloss am Fuße des Stephansberges am Alten Graben, in Auftrag. Hier zog er mit seinen damals zehn Kindern ein. Das Gebäude ist nach der Bürgergesellschaft Concordia benannt, die das Haus im 19. Jahrhundert besaß. Ab 1956 beherbergte das Schloss ein staatliches Forschungsinstitut für Geochemie, seit 1997 wird es als Künstlerhaus „Concordia" genutzt. Der schönste Blick auf das Gebäude bietet sich vom gegenüberliegenden Flussufer aus und zeigt den Komplex mit den modernen Einbauten des Künstlerhauses.

Begonnen wurde mit den Bauarbeiten Ende 1715/ Anfang 1716. Im Jahr 1722 war das Gebäude mit den terrassierten Gartenanlagen vollendet. Aus den Fehlern seines ersten Bauprojektes hatte der Bauherr gelernt und engagierte keinen Geringeren als den Hofarchitekten und Erbauer von Schloss Pommersfelden, Johann Dientzenhofer. Die Innenräume wurden von dem schon genannten Johann Jakob Vogel stukkiert.

Das Wasserschloss wurde im typischen fürstbischöflichen Schönborn'schen Stil errichtet. Im Grundriss zeigt der Bau, dessen Gelände zur Regnitz hin abfällt, zwei im rechten Winkel aneinanderstoßende Flügel, die dem damaligen Geschmackswandel der neueren französischen Praxis entsprechend die privaten Gemächer von den öffentlichen trennten. Der Südflügel enthält zwei große Säle und die repräsentative dreiläufige Treppenanlage. Im Nordflügel, der an die Regnitz stößt, waren die privaten Räume untergebracht. Die Hauptseite der Fassade liegt zum Garten hin, weil eine repräsentative Stadtansicht am Südflügel wegen der engen Platzverhältnisse nicht möglich war. Insgesamt wurde die Fassade einheitlicher und schlichter gestaltet; die Bauplastik ist im Gegensatz zum Böttingerhaus sehr dezent und besteht weitgehend aus rein vegetabilem Schmuck.

Ursula Rüter

2.6 Kirche und Stift des heiligen Jakob

Westlich an den Domberg schließt sich das Gelände des Jakobsbergs an. Der Jakobsberg, der vom Domberg früher durch das Obere Burgtor und den heute eingeebneten Graben getrennt war, ist ein schmaler, zum Steigerwald hin ansteigender Berg, der nach Norden steil, nach Süden flach abfällt. Hier gründete Bischof Hermann I. (1066–1076) um 1071 als letztes der Bamberger Stifte aus eigenen Mitteln das Kollegiatstift St. Jakob und besetzte es mit 25 Kanonikern. Es war dem Domkapitel untergeordnet, aus dessen Mitte auch der Stiftspropst erwählt wurde. Eine Federzeichnung aus dem „Libellus fundationis monasterii s. Jacobi" von 1175 zeigt Bischof Hermann mit dem von ihm gestifteten Kirchenbau, allerdings mit drei Türmen wie zur Zeit Bischof Ottos I. Die Kirche St. Jakob ist nicht nur die einzige noch erhaltene Säulenbasilika Bambergs, sie zählt zudem mit ihrer auf wenige Motive reduzierten architektonischen Formensprache zu den eindrucksvollsten Säulenbasiliken Süddeutschlands.

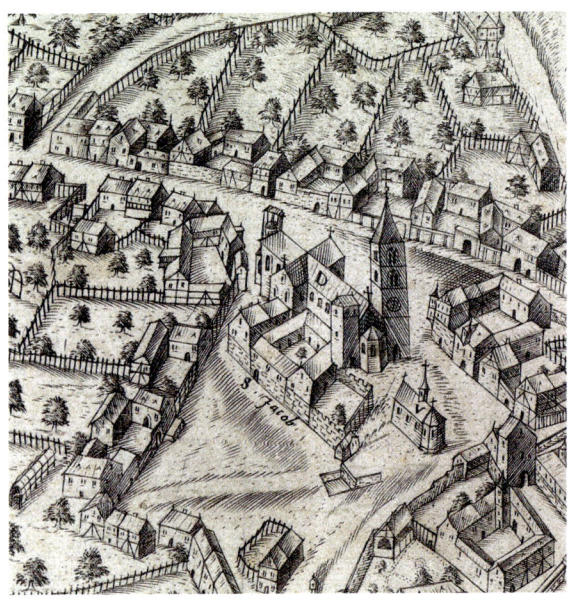

ABB. 113: ST. JAKOB, AUSSCHNITT, ZWEIDLER-PLAN, 1602

Bereits 1072 konnte Bischof Hermann die Westkrypta einweihen. Im selben Jahr nutzte er den Tod des von ihm eingesetzten Stiftspropstes, um die Kanoniker zu entfernen und das Stift mit allen Besitzungen dem Abt des Benediktinerklosters Michelsberg zu übergeben und dort die benediktinische Mönchsregel einführen zu lassen. Die vertriebenen und ihres Unterhalts beraubten Kanoniker strengten daraufhin gemeinsam mit den Domklerikern, die die Mönche als unliebsame Konkurrenz betrachteten, in Rom ein Absetzungsverfahren wegen Simonie (Ämterschacher) gegen Bischof Hermann an. Tatsächlich wurde der Bischof 1075 seines Amtes enthoben und exkommuniziert. Das Kanonikatsstift wurde wieder hergestellt, doch geriet die Bautätigkeit an der Kirche ins Stocken. Von Rupert, dem Nachfolger Hermanns auf dem Bischofsthron vernachlässigt, wurde der Bau erst von Bischof Otto I. (1102–1139) wieder in Angriff genommen und konnte endlich am 25. Juli 1109 konsekriert werden. Gleichzeitig mit der Weihe der Kirche am 5. 7. 1109 konsekrierte Bischof Otto die Altäre, am 3. 11. 1112 schließlich den Altar in der Ostkrypta.

Das architektonische Schema des unter Bischof Hermann geplanten und begonnenen Kirchenbaus folgt in bewusstem Rückgriff dem 1012 geweihten und als Stiftung Kaiser Heinrichs II. hoch verehrten benachbarten Dom: St. Jakob erhielt zwei Chöre, von denen der Westchor als Hauptchor diente, das neue Kirchengebäude besaß wie der Dom ein flach gedecktes, basilikales Kirchenschiff, unter dem Westchor eine Krypta und ein Querhaus im Westen. Trotzdem geriet der Neubau nicht zu einer Kopie der ranghöheren Bischofskirche, denn er besaß lediglich einen Turm im südlichen Winkel zwischen Westchor und Querhaus. In der Übernahme der architektonischen Form demonstriert St. Jakob seine Zugehörigkeit, in der Zurücknahme des architektonischen Anspruches gleichzeitig seine Unterordnung unter die Bischofskirche. Eine Orientierung an älteren, ranghöheren Gebäuden war durchaus nichts Ungewöhnliches. Schon der Dom hatte sich mit seinem St. Peter geweihten Hauptchor im Westen und dem Westquerhaus an der Basilika St. Peter in Rom orientiert. Der über den Dom hergestellte Bezug zwischen St. Peter in Rom und St. Jakob war dem Bauherrn sicher bewusst und als Demonstration bischöflichen Selbstbewusstseins gegen das

ABB. 114: BISCHOF HERMANN I. MIT JAKOBSKIRCHE, MINIA-
TUR, TRADITIONSBUCH DES STIFTES ST. JAKOB

Domkapitel möglicherweise erwünscht. Zum Haupt-
patron der Kirche erwählte man den hl. Jakob, dessen
Kirche in Santiago di Compostela neben Rom und
Jerusalem einer der meistbesuchten Wallfahrtsorte im
Mittelalter war.

Für den Weiterbau der Jakobskirche hatte Bischof
Otto I. Bauarbeiter nach Bamberg geholt, die im Bereich des reformierten Klosters Hirsau tätig gewesen
waren. Während des Episkopats Bischof Ottos entstanden in den Bamberger Besitzungen zahlreiche
Kirchenbauten unter der Mitwirkung von Hirsauer
Bauleuten. Bei St. Jakob waren sie gezwungen, auf
den bereits unter Bischof Hermann errichteten Bauteilen (Querhaus und Westchor mit Krypta, Fundamente des Langhauses und des Ostchores) aufzubau-
en, sodass sie den Bau nicht nach dem Hirsauer
Schema verwirklichen, sondern lediglich einige Moti-

ve einfließen lassen konnten. Mit den die Hochwand
des Langhauses stützenden Säulen, mit den Würfel-
kapitellen, der Flachdecke, den Apsidiolen an den
Ostwänden der beiden Querhausarme und dem romanischen Ostbau mit den flankierenden Türmen trägt
die Kirche unverkennbar Hirsauer Züge. Unter Poppo
von Andechs-Meranien, der in der ersten Hälfte des
13. Jahrhunderts das Amt des Propstes von St. Jakob
bekleidete, wurde der nördliche Ostturm, allerdings
nur bis zum zweiten Obergeschoss, von Handwerkern,
die damals am Dom beschäftigt waren, neu errichtet.
Neue Obergeschosse wurden dem Turm um 1300
aufgesetzt, seine barocke Turmhaube erhielt er 1737
durch Clemens Madler. Das Pendant dieses Turmes
war 1594 wegen Baufälligkeit abgebrochen worden,
Reste des unteren Geschosses sind heute durch die
Fassade verdeckt. Im frühen 15. Jahrhundert wurde
der alte Westchor unter Beibehaltung der Krypta
durch einen weit über das alte Chorquadrat hinaus-
greifenden Neubau mit flankierenden Kapellen- und
Sakristeiräumen ersetzt.

War im Markgräflerkrieg (1553) und während des
Dreißigjährigen Krieges die Ausstattung der Kirche
bereits stark in Mitleidenschaft gezogen worden,
führte die systematische Barockisierung zu tief gehenden Eingriffen in die Bausubstanz und zum weit
gehenden Verlust der mittelalterlichen Ausstattung.
1652 entfernte man die östliche Krypta, 1720 die
westliche, schließlich wurde 1770 die Flachdecke in
Lang- und Querhaus durch ein Lattenkreuzgewölbe
ersetzt. Die einschneidendste, weil nach außen weithin sichtbare und die liturgische Funktion des Kirchenraumes verändernde Maßnahme war 1771 die
Errichtung der Ostfassade durch den Würzburger
Baumeister Johann Michael Fischer (1717–1788).
Diese Umbaumaßnahme erfolgte wohl in direktem
Zusammenhang mit dem Mitte des 18. Jahrhunderts
entstandenen Plan, den Ostchor des Domes zugunsten eines monumentalen mittleren Eingangs zu beseitigen. Was dem Dom erspart blieb, wurde bei der
Jakobskirche, die mit dem Dom ja eng verbunden
war, verwirklicht. Die Ostapsis verlor ihre Funktion
bzw. wurde zum Eingangsbereich umfunktioniert. Der
zuvor bescheidene Außenbau erhielt eine architektonisch fein abgestufte Hausteinfassade nach römi-
schem Schema mit übergiebeltem Mittelrisalit vorge-

Abb. 115: Weihnachtlich geschmückte Säulenbasilika St. Jakob

blendet. Den Blickfang an der auch in den Details sorgfältig durchdachten und gearbeiteten Fassade bildet die Sandsteinfigur des Kirchenpatrons Jakobus von Ferdinand Tietz (1708–1777) in der Nische des Obergeschosses. Deren Haltung, der bewegte Umriss und die schwingenden Linien ihres Gewandes stellen einen schönen Kontrast zur klassizistischen Strenge der Architektur her. In Material und Verarbeitung von hoher Qualität, setzt Fischers Fassade zusammen mit dem Turm einen markanten Akzent im Geviert des Jakobsplatzes und bildet den städtebaulichen Mittelpunkt der Immunität.

Nach der Säkularisation im Jahr 1805 zum Abbruch freigegeben, konnte St. Jakob durch die Initiative der Marianischen Herren- und Bürgersodalität gerettet werden. Im Inneren bietet die Kirche nach einer „Reromanisierung" 1866/67 und einer Instandset-

zung in den Jahren nach 1952 und 1990/92 das Bild einer flach gedeckten, dreischiffigen Säulenbasilika mit westlichem Querschiff, daran anschließendem gotischem Westchor mit einer außerordentlich reduzierten, heterogenen, überwiegend aus der zweiten Hälfte des 19. Jahrhunderts stammenden Ausstattung. Das neugotische Chorgestühl und den Hochaltar mit der Schnitzfigur einer Muttergottes aus der Zeit um 1480 schuf der Franziskanerfrater Leopold Seypelt zwischen 1867 und 1882. Von der Ausstattungskampagne des 18. Jahrhunderts ist neben den beiden Ferdinand Tietz zugeschriebenen Holzskulpturen der hl. Katharina und des hl. Rochus im südlichen Querhausarm vor allem das Deckengemälde an der Vierungskuppel zu erwähnen. Der Würzburger Hofmaler Christoph Fesel malte 1771 die Szene, in der der hl. Jakobus vor Herodes den Namen Jesu bekennt, und eine Allegorie auf die Ablösung des Alten durch den Neuen Bund. Dieses Gewölbefeld entging als einziges der 1882 vorgenommenen Neueindeckung des Kirchenraumes mit einer Flachdecke.

Kuriale und bürgerliche Bebauung des Jakobsberges

Um die Kirche gruppierten sich im Bereich des Jakobsplatzes und in dem südlich der Kirche abfallenden Gelände die Dechantei und die nur noch zum Teil erhaltenen Stiftskurien. Die Häuser der Laien standen entlang der Jakobstraße nach Westen und in der Sutte und der Matern. Wie die Stadt Bamberg insgesamt erfuhren auch die aus dem Spätmittelalter stammenden Gebäude in der Immunität St. Jakob in der ersten Hälfte des 18. Jahrhunderts eine tief greifende Um-

formung ihrer baulichen Substanz. Man überformte unter Anwendung zeitgenössischer Bauprinzipien und -ideen einzelne Gebäude, aber auch ganze Straßenzüge im Bestreben nach einer einheitlichen barocken Stadtgestalt. Ansätze dieser Barockisierung lassen sich auch am Jakobsplatz erkennen. Dort begann man in den 1720er Jahren, wohl nach Plänen Johann Dientzenhofers, die dem Platz zugewandten Wände der Häuser mit streng gegliederten Steinfassaden zu vereinheitlichen. In dem stattlichen Eckgebäude (Jakobsplatz 4 und 5) sind unter einem Walmdach zwei kleinere Gebäude hinter einer vorgeblendeten Fassade zu einer Einheit zusammengefasst. Dabei wurde darauf geachtet, dass trotz ähnlicher architektonischer Motive die beiden Einzelbauten an der Fassade noch erkennbar bleiben.

Eine einheitliche Platzgestalt konnte jedoch erst erreicht werden, als die Kirche mit einer repräsentati-

ABB. 116: JAKOBSPLATZ VON DER OBEREN KAROLINENSTRASSE

ven Schauseite in das Platzgeviert einbezogen wurde. Der unbefriedigende Zustand hielt bis in die zweite Hälfte des 18. Jahrhunderts an. Erst 1770/71 erhielt die Platzanlage ihre endgültige Gestalt, als der Jakobskirche eine dem Dom und damit dem Platz zugewandte Fassade vorgesetzt wurde. Der Platz bekam damit einen neuen und notwendigen Akzent und wurde in noch stärkerem Maße zum städtebaulichen Mittelpunkt der Immunität St. Jakob. Erwähnenswert unter den durchwegs bescheiden auftretenden Kanonikatshöfen ist die ehemalige Stiftsdechantei (Jakobsplatz 14), die im ersten Drittel des 18. Jahrhunderts umgebaut wurde. Als auffälliges Baudetail hat sich eine vermutlich von Franz Anton Schlott gefertigte Wappenkartusche mit zwei Engeln erhalten.

Hinsichtlich der Ausstattung zählt der südwestlich unterhalb St. Jakob gelegene Lorbershof (Jakobsplatz 15) zu den schönsten unter den Kanonikatshöfen. Sein Name geht auf die fränkische Adelsfamilie der Lorber von Störchen zurück, die das Anwesen zwi-

schen 1759 und 1809 in ihrem Besitz hatten. Das Gebäude mit dem Namen „Haus zum Greifen" war nach 1600 errichtet worden. 1715 hatte es der als Hofrat und Bamberger Geheimer Sekretär unter Fürstbischof Lothar Franz von Schönborn tätige Johann Alberich Bauer von Heppenstein erworben und zu einem repräsentativen Wohnhaus im Stil einer italienischen „Villa suburbana" umgestalten lassen. Äußerlich gibt sich das dreigeschossige Gebäude sehr bescheiden, doch entfaltet sich in seinem Inneren reicher dekorativer Schmuck. Der Bau ist eine zweigeschossige Vierflügelanlage, die einen trapezförmigen Innenhof umschließt, der seit 1904 mit einem Glasdach geschlossen ist. Im Erdgeschoss des Westflügels hat sich eine „Sala Terrena" aus der Zeit um 1730/40, darüber ein repräsentativer Saal mit einer Regencedecke in der Art des in Schloss Pommersfelden tätigen Daniel Schenk mit eingestreuten allegorischen und mythologischen Bildern aus derselben Zeit erhalten. Natürlich durfte auch der für einen repräsentativen Bau des frü-

ABB. 117: PRACHTVOLLE ILLUSIONSMALEREI IM LORBERSHOF

hen 18. Jahrhunderts obligatorische Garten nicht fehlen. Die barocke Gartenanlage lässt sich heute nur noch an Resten erkennen. Von der Südterrasse aus gelangt man über eine zweiläufige Treppenanlage mit gusseisernen Geländern und Vasen in den von hohen Mauern umstandenen, tiefer gelegenen Garten, der ursprünglich an das freie Gelände zwischen Stadt und Altenburg grenzte.

Da Bauer von Heppenstein als einer der engsten Berater Lothar Franz von Schönborns, eines der kunstsinnigsten und baufreudigsten Potentaten des Reiches, ständig mit Bau- und Kunstunternehmungen seines Herrn beschäftigt war, zog er für die Umgestaltung seines Stadtpalais Kräfte aus dem Kreis der in Pommersfelden tätigen Künstler heran. Unter anderem gewann er für die Bemalung der Außenseiten des Innenhofes den von ihm sehr geschätzten Quadraturisten Giovanni Antonio Marchini, der 1716 die Vierungskuppel der St.-Martins-Kirche bemalt hatte. Marchini gestaltete die Wände des Hofes mit einer aufwändigen Scheinarchitektur, die im Sinne des barocken Illusionismus dreidimensionale Architekturmotive mit Mitteln der Malerei zu erzeugen versucht. Gemalt sind die profilierten Fensterrahmen, die Voluten, die Scheinfenster, Kartuschen und die auf die humanistische Bildung des Hausherrn anspielenden Büsten antiker Dichter, Philosophen und Imperatoren zwischen den Fenstern.

Bernd Mayer

2.7 Der Kaulberg und seine Umgebung

Der Kaulberg schiebt sich im Stadtgebiet als einer der mittleren Hügelsporne der Steigerwaldstufe vor, die zur Regnitzebene auslaufen. Sein ursprünglicher Name, latinisiert „mons S. Mariae", leitete sich von der auf ihm errichteten Kirche ab, der heutigen „Oberen Pfarre". Erst später setzte sich die Bezeichnung Kaulberg („mons globorum") durch. Über den Kamm dieses Hügels führt die seit dem frühen Mittelalter wichtige Fernverbindung nach Würzburg. Die von diesem Weg talwärts abgehenden Straßen und Plätze gingen aus der seit dem Mittelalter zunehmend bergwärts vorgeschobenen Ausdehnung der Stadt hervor. Die Bebauung folgte bis in die jüngste Zeit vornehmlich dem Bergrücken, die seitlichen Hänge blieben der landwirtschaftlichen Nutzung, dem Gemüse- und Obstbau vorbehalten. Bis zum ausgehenden 18. Jahrhundert dominierte hier aber vor allem noch der Weinbau. Von oben herab hatte die Straße bis in das Zentrum ursprünglich drei Tore zu passieren. Das un-

tere Kaulberger Tor, das die Herrenstadt und das Judenviertel um das Pfahlplätzchen gegenüber dem Kirchenbereich um die Obere Pfarre abschloss, wurde schon gegen Ende des 14. Jahrhunderts abgebrochen. Es stand möglicherweise dem bergwärtigen Ausbau der Stadt im Wege. Mit dem Schleifen der mittelalterlichen Befestigung zu Beginn des 19. Jahrhunderts fielen zwar auch das mittlere und das obere Kaulberger Tor, jedoch lassen sich an den Engstellen im heutigen Straßenbild durchaus noch die früheren Torbereiche erkennen.

Alte Siedlungbereiche

Die alte Straße von Würzburg und der Flussübergang wurden seit dem frühen Mittelalter von der Burg beherrscht. Dem um das Jahr 903 benannten „castrum babenberg" dürfte in der Niederung, zwischen der Marienkirche am Kaulberg und dem Burgberg, ein herrschaftlicher Wirtschaftshof mit Siedlung zugeordnet gewesen sein. Noch bis zur Aufhebung der Immunitäten in der Mitte des 18. Jahrhunderts dokumentierte die Zugehörigkeit des Kaulberges zur Immunität des Domkapitels die alte Bindung an den Burg- und späteren Domberg. Ein eigener, in seiner Funktion auf

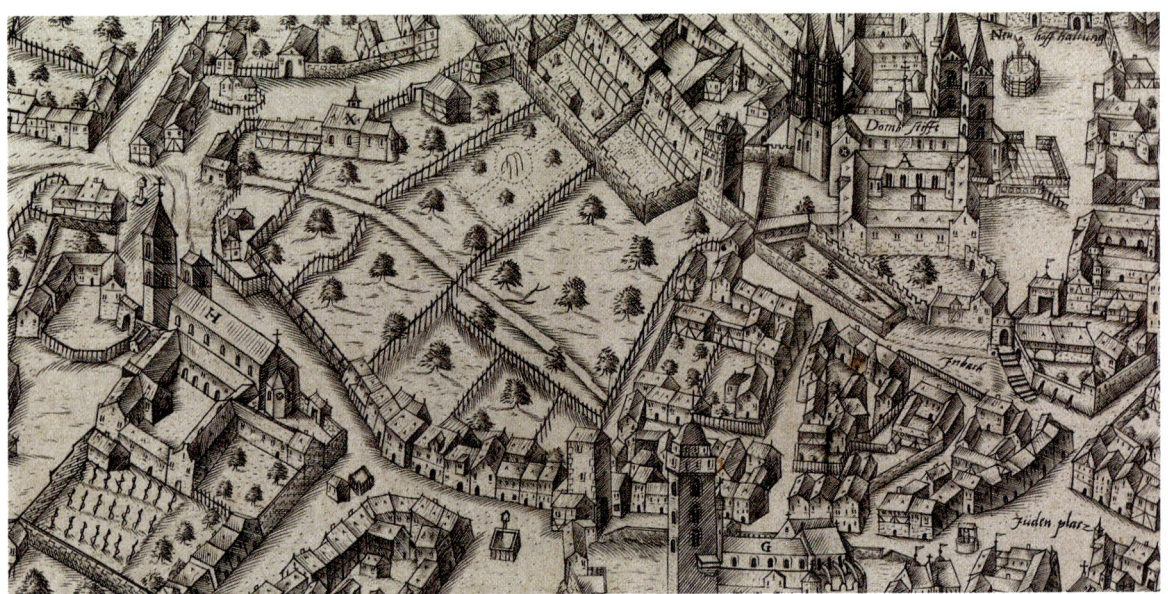

ABB. 118: KAULBERG, AUSSCHNITT, ZWEIDLER-PLAN, 1602

ABB. 119: EHEMALIGES HAUS ZUM MARIENBILD, PFAHLPLÄTZCHEN, 1934

im späteren Mittelalter stark gemischt. Reiche Bürger, die über umfangreichen Hausbesitz verfügten, lebten neben Handwerkern und Beamten, die in geistlichen Diensten standen. In den kleinen Hinterhäusern der Hofstätten wohnte die ärmere Bevölkerungsschicht. Die Öffnung der Stadt bergwärts führte schon im 14. Jahrhundert zum Abbruch des unteren Kaulberger Tores. Trotz der Neubauten und Überformungen in späterer Zeit markierte hier bis in die jüngsten Tage die Straßenverengung am oberen Ende des Pfahlplätzchens die ehemalige Torsituation. Sie lässt sich bei dem 1968 abgebrochenen „Haus zum Marienbild" lokalisieren. Die gegenüberliegende, ursprünglich wesentlich stärker einrückende Straßenseite wurde bereits in der zweiten Hälfte des 18. Jahrhunderts mit dem Bau des neuen „Ebracher Hofes" und des unterhalb anschließenden frühklassizistischen Gebäudes in der Baulinie zurückgenommen. Das Pfahlplätzchen bildet in der Sequenz der architektonisch verschiedenartig geprägten Platzräume entlang des Kaulberges den unteren, sich auch im Anspruch der Bebauung steigernden Abschluss. Seine städtebauliche Wirkung, zu der als ehemaligem Torplatz auch die wichtige Verteilerfunktion für die Gassen zum Stephansberg sowie in das Insel- und Sandgebiet gehört, wurde erst in jüngster Zeit durch den hypertrophen Durchhau der Straße bis zur Schranne gravierend gestört. An Stelle des vorher niedergerissenen, einst platzbeherrschenden „Hauses zum Marienbild" wurde ein eklektizistischer Neubau angefügt.

den geistlichen Dienst ausgerichteter und in seiner Umfriedung durch die Kirchhofmauer abgegrenzter Bereich entwickelte sich um die Obere Pfarre. Dieser Kirchenbezirk lag noch im 12. Jahrhundert etwas abgesondert von der alten Siedlung im Tal.

Bergwärts folgte das schon im Mittelalter bestehende „suburbium" am mittleren Kaulberg außerhalb des mittleren Kaulberger Tores. Dieser Siedlungsbereich entstand um ein bereits zu Beginn des 12. Jahrhunderts vom Domkapitel an der damaligen Peripherie der Stadt angelegtes Hospital mit einer Kapelle des hl. Theodor. 1157 gründete hier Gertrud von Höchstadt-Stahleck ein Nonnenkloster, dem die alten Spitalbesitzungen überlassen wurden. Der obere Kaulberg, ein in Struktur und Erscheinungsbild dörflicher Siedlungsbereich, erwuchs schließlich um den außerhalb der Stadt gelegenen Antonisiechhof, der etwa um 1290 gegründet wurde. Zu ihm gehörte der ursprünglich weitläufigere, heute vollständig umbaute Anger im Bereich des jetzigen Laurenziplatzes.

Pfahlplätzchen

Der untere Kaulberg ist in seiner Baugestalt städtisch-großbürgerlich geprägt. Im Bereich der verdichteten Bebauung des Kaulbergfußes war die Sozialstruktur

Judenhof

In dem geschlossenen Baublock am Ostrand dieses Platzes, von Lugbank, Schranne und Balthasargäßchen eingegrenzt, lag im Mittelalter der so genannte Judenhof. Er war das Zentrum der jüdischen Gemeinde in Bamberg, die schon seit dem ausgehenden 11. Jahrhundert in der Stadt bezeugt ist. Hier waren bis in die Mitte des 14. Jahrhunderts die wichtigen Gemeinschaftseinrichtungen untergebracht. Im ausgehenden 12. Jahrhundert wurde die jüdische Bevölkerung als große, wohlhabende Gemeinde mit gelehrten Mitgliedern bezeichnet. Zu Beginn des 13. Jahrhunderts lebte hier der bekannte, aus Mainz stammende Rabbiner Samuel ben Baruch. Als sein Schüler gilt der Rabbi Meir ben Baruch von Rothenburg, einer der bedeutendsten jüdischen Gelehrten seiner Zeit. In diesem Areal gruppierten sich Synagoge, Schule sowie ein eigenes Tanzhaus für Feste und Feiern um eine große Hoffläche. Der weitgehend abgeschlossene Gebäudekomplex war über diesen Binnenhof zugänglich und zur Lugbank hin mit einem eigenen Tor versehen. In der Orientierung der Gebäude auf den Innenbereich entsprach er der Anlageform zeitgleicher bedeutenderer mittelalterlicher Hofstätten, vergleichbar etwa jenen der reichen hochstiftischen Amtsleute oder den noch heute erhaltenen alten Kurienhöfen auf dem Domberg.

Allein die Größe des Judenhofes in diesem alten und schon sehr früh dicht bebauten Stadtbereich spricht von der einstigen Bedeutung und herausragenden wirtschaftlichen Rolle, die die Juden als Fernhändler im Leben der hochmittelalterlichen Stadt einnahmen. Das Wohngebiet der jüdischen Bevölkerung, der „vicus judeorum", befand sich vornehmlich in der Judenstraße, aber auch noch am Sonnenplätzchen. Es verlief im Bereich der Herrenstadt quer und reichte vom Fuße des Stephansberges bis an die Lugbank. Das große „Haus zum Ringvogel" am Pfahlplätzchen, noch zu Beginn des 15. Jahrhunderts in jüdischem Besitz, wird als in dieser Gasse gelegen bezeichnet. Das „Haus zum Marienbild" war ein bedeutender mittelalterlicher Baukomplex, ein Gebäude patrizischen Zuschnitts mit einem Steinhaus, dessen Entstehungszeit in das frühe 13. Jahrhundert datiert. Noch Ende des 14. Jahrhunderts wird es als Haus jüdischer Kaufleute aus Nürnberg bezeichnet.

Abb. 120: Pfahlplätzchen mit ehemaliger Synagoge

Die Wohnhäuser der jüdischen Bevölkerung lagen zwischen den Gebäuden der benachbarten Christen. Die Namen der Nachbarn wie etwa der Zollner, von Sambach oder Münzmeister zeigen, dass bis zum 14. Jahrhundert die einflussreichen hochstiftischen Familien mit den Juden zusammenwohnten. Die Gebäude in diesem Quartier waren durchwegs repräsentative Bauten mit steinernen Kemenaten und großen Fachwerkanbauten. Zentrale Lage, insbesondere zum Markt im Bereich der Domimmunität und zur wichtigen Hauptverkehrsstraße über den Kaulberg, sowie die Nähe zum Schutzherrn kennzeichnen den mittelalterlichen Siedlungsbereich der Juden in Bamberg.

Die im Sommer 1298 von Röttingen bei Würzburg ausgehende und auf ganz Franken ausgreifende Judenverfolgung wütete am 28. Juli auch in Bamberg. Der St.-Pantaleons-Tag, an dem die „Juden zu Babenberch wurden derslagen", kostete weit über 100 Menschen das Leben. Das Pogrom bedeutete einen tiefen Einschnitt in der Geschichte der jüdischen Gemeinde Bambergs. Es ist fraglich, ob sie, auch vor dem Hintergrund der zunehmenden Verdrängung aus dem einträglichen Fernhandel, jemals ihre alte Bedeutung wiedererlangte. Während 1348/49 bei der zweiten großen Verfolgung in Franken wie etwa in Würzburg und Nürnberg die Judenviertel niedergelegt und niedergebrannt wurden, scheinen die Juden in Bamberg verschont geblieben zu sein. Eine zweite blutige Verfolgung ist in den Quellen bisher nicht belegt. Allerdings führten die Umstände offenbar zur Konfiskation des Judenhofes. Nachfolgend kam es zu einer Verlegung des Gemeindezentrums und zunehmend auch der Wohnstätten in das Inselgebiet, in den Bereich von heutiger Heller- und Keßlerstraße. Es mag, bis zur Ausweisung der Juden aus der Stadt gegen Ende des 15. Jahrhunderts, noch der Versuch gewesen sein, dort im Bereich des bürgerlich aufstrebenden Handels erneut an die einstige Bedeutung anzuknüpfen.

Marienkapelle am Pfahlplätzchen

An der Stelle der früheren Synagoge wurde, wie auch andernorts nach den Verfolgungen 1348/49, eine Marienkapelle errichtet. Ihre erste Erwähnung erfolgte allerdings erst 1428. Ob hier noch Teile des ehemaligen Synagogenbaues erhalten sind, worauf einige bauliche Indizien am Langhaus der heutigen Kapelle hinweisen könnten, ist noch nicht zweifelsfrei geklärt. Um 1460 wurde die Kapelle von Fürstbischof Georg von Schaumberg dem Domherrn Johann Marschalk von Ebneth überlassen. Er stattete sie mit einem eigenen umfangreichen Stiftungsvermögen aus, mit dessen Ertrag der Bauunterhalt und der geistliche Dienst bestritten werden sollten. Unter seiner Ägide dürfte der jetzige Chor mit Sakristei an das schon bestehende ältere Langhaus angefügt worden sein, worauf die einzelnen Bauformen hinweisen. Ein Schlussstein im Gewölbe der Sakristei trägt das Wappen der Marschalk von Ebneth. Die Weihe der Kapelle erfolgte am 19. August 1472. Der Domherr Friedrich von Redwitz stiftete vier Pfründen, wobei er das Präsentationsrecht für die Kapläne dem Rat der Stadt übergab. Zur Unterbringung der Geistlichen, die in der Kapelle eine festgelegte Zahl von zum Teil öffentlichen Messen zu halten hatten, wurde um 1470 ein Bereich des Judenhofes erworben, der zur Schrannenseite hin lag. Auf ihm waren bereits von den Vorbesitzern vier Wohngebäude errichtet worden, die jetzt als Benefiziatenhäuser dienen sollten. Bis in die zweite Hälfte des 18. Jahrhunderts, als diese Häuser durch Verkauf erneut in privaten Besitz übergingen, lebten hier die Vikare der Marienkapelle. Mit dem Bau der Marienkapelle, die ihren Giebel und das Eingangsportal dem Pfahlplätzchen zuwendet, insbesondere aber mit den nachfolgend dort errichteten Bürgerhäusern orientierte sich das Areal des Judenhofes nach außen um. Heute unterscheiden sich seine Hausfassaden nicht wesentlich von denen in den umliegenden Straßenzügen.

Vorderer und Hinterer Bach

An das Pfahlplätzchen schließt, über die Roppeltsgasse erreichbar, der sogenannte Vordere und Hintere Bach an. In der Senke zwischen Kaulberg und Domberg gelegen, erhielt dieses Quartier seinen Namen von einem hier zur Regnitz fließenden Bach, der erst durch seine Verdohlung in der Mitte des 15. Jahrhunderts aus dem Straßenbild verschwand. Die abseits der

Hauptverkehrswege liegende Gasse lässt nicht vermuten, dass hier vom hohen Mittelalter bis über das 18. Jahrhundert hinaus eine noble Besitzerschicht wohnte. Im Mittelalter befanden sich hier, wie überhaupt unmittelbar unterhalb des Domberges, die mitunter recht weitläufigen Hofstätten hochstiftischer Ministerialengeschlechter, die sich wie ein Kordon um den Domberg legten. Die Eseler saßen im „Bach", die Münzmeister, Zollner und Küchenmeister an der „Schütt" und im „Sand". Anstelle und auch zum Teil unter Einbeziehung der alten Gebäude entstand im ausgehenden 17. und vor allem im 18. Jahrhundert die jetzige Bebauung. Unter ihr heben sich insbesondere einige architektonisch anspruchsvolle Adelspalais hervor; so das Aufseß'sche Palais mit seiner eleganten, französischem Geschmack verpflichteten Rokokofassade (Vorderer Bach 4) und in wesentlich kühlerer, zurückhaltenderer Sprache das Guttenberg'sche Freihaus (Vorderer Bach 6). Den vorderen Bereich des Baches dominiert aber der alte „Ebracher Hof", der

Stadthof der reichen Steigerwaldzisterze. Das Grundstück, einst Besitz der Eseler, wurde erst 1560 vom Kloster erworben. 1679 errichtete hier Andreas Kestler einen Neubau in frühbarocken, aber bereits gegenüber zeitgemäßen Strömungen veralteten Architekturformen. In seiner ruhigen Massenwirkung und mit seiner hohen Giebelfassade trägt er die Bedeutung dieses klösterlichen Stadtsitzes nach außen.

Im hinteren Bereich des Baches und am Übergang zum Domgrund etablierte sich ab dem 14. Jahrhundert ein kleines Vikarierviertel. Hier wohnten als bezahlte Vertreter der reicheren, meist adeligen Pfründe-Inhaber die Altaristen am Dom. Die Nähe zum Dom und die leichte Zugangsmöglichkeit über den noch bestehenden Seitenaufgang durch die einstige Pfisterpforte waren ausschlaggebend für die Entstehung dieses geistlichen Viertels. Es weist überwiegend kleinere, nicht sonderlich repräsentative Gebäude auf. Etwas größere Komplexe dazwischen bildeten das ehemalige Domkapitel'sche Schwesternhaus und der

ABB. 121: AUFSESS-HOF, VORDERER BACH

ABB. 122: VIKARIERHÄUSER IM VORDEREN BACH

Werkhof des Kapitels. Vom Domgrund aus erschließt sich anschaulich die einstige Wirkung der weitläufigen, in die Landschaft übergehenden ottonischen Stadt mit ihrer ursprünglich an den Bergflanken unverbauten, auf den Höhen von Kirchen bekrönten Topographie.

Begradigung des Unteren Kaulbergs

Bis zur Mitte des 18. Jahrhunderts war der Untere Kaulberg zwischen Pfahlplätzchen und Oberer Pfarre erheblich enger und unregelmäßiger in der Straßenführung, als er sich heute präsentiert. Schon im Jahr 1756 plante Johann Jacob Küchel in ausgearbeiteten, aber nicht ausgeführten Entwürfen eine Begradigung und städtebauliche Aufwertung im Bereich der Oberen Pfarre. Er sah den Abbruch der an den Chor angebauten und zur Straße vortretenden Katharinenkapelle und eine Zurückversetzung der hohen Kirchhofmauer vor. An ihrer Stelle sollten eine kleinere Sa-

kristei sowie eine repräsentative Treppenanlage vor dem Brautportal entstehen. Mit dem Bau des neuen Ebracher Hofes an der gegenüberliegenden Straßenseite griff der Stadtmaurermeister Martin Mayer 1765 die beabsichtigte Erweiterung der Ausfallstraße nach Würzburg auf. Für das in der Front zurückgesetzte Gebäude fielen mehrere spätmittelalterliche Bürgerhäuser. Ebenso musste das vom alten Ebracher Hof zur Oberen Pfarre führende Pfarrgässlein dafür aufgelassen werden. In einer zweiten Etappe wurde die Bebauung bis zum Pfahlplätzchen weitergeführt. Im Anschluss an den neuen Ebracher Hof errichtete der Bamberger Stadtmaurermeister Johann Josef Vogel 1783 ein vornehmes Palais, das in Anspruch und Größe auf den neuen Stadthof der Zisterzienser reagierte. Durch die Aufweitung der Straße war Ende des 18. Jahrhunderts oberhalb des Pfahlplätzchens ein kleiner, lang gestreckter Platzraum entstanden. Mit dem monumentalen Ebracher Hof, mit dem in zurückhaltender Sprache gestalteten frühklassizistischen Bau Johann Joseph Vogels sowie dem Chor der Oberen

ABB. 123: NEUER EBRACHER HOF, UNTERER KAULBERG

Pfarre war er zwar von einer im Stil sehr divergenten, aber in Zusammenklang und städtebaulichem Anspruch doch spannungsvollen Architektur gerahmt. Erst in jüngster Zeit wurde diese Situation mit dem Durchbruch der verbreiterten Straße bis zur Schranne zum Zwecke einer „autogerechten Stadt" entschieden negativ verändert.

Obere Pfarre und Frauenplatz

Die erste urkundliche Erwähnung der Marienkirche stammt aus der Zeit um 1140. Sie dürfte aber wie möglicherweise die auf der Insel gelegene Martinskirche in karolingischer Zeit entstanden sein. Ihr ausgedehnter Kirchsprengel erstreckte sich, wie bei diesen alten Pfarren nicht ungewöhnlich, bis in das Umland. Die Pfarrstelle war eine der am besten dotierten des Bistums. Inhaber der Pfarrpfründe und Oberpfarrer war bis zur Aufhebung des Hochstiftes in der Regel ein Mitglied des durchwegs adeligen Domkapitels. Die Obere Pfarre war zwar Pfarrkirche, aber keine Bürgerkirche. Die Ausübung von Liturgie und Seelsorge ob-

lag als angestellten Geistlichen einem Pfarrvikar und mehreren Kaplänen. Auch die Altarbenefizien, von denen die Kirche jedoch nur eine vergleichsweise geringe Zahl besaß, wurden von ihren Inhabern, Domherren oder Stiftsvikaren, an Hilfspriester vergeben. Sie wohnten in eigenen, zur Stiftung gehörenden Benefiziatenhäusern, die z. B. unterhalb des Kirchenchores im Pfarrgäßchen oder in der benachbarten Eisgrube lagen.

Die heutige Frauenkirche entstand an der Stelle eines älteren, kleineren Vorgängerbaues und war das architektonisch aufwändigste Kirchenprojekt des 14. Jahrhunderts in der Stadt. Im Jahr 1338 wurde mit dem Bau begonnen und bis in die zweite Hälfte des Jahrhunderts waren das Langhaus und die mit einem Turm geplante Westfassade weitgehend vollendet. Ebenso standen schon die beiden unteren Turmgeschosse. 1387 nahm Bischof Lamprecht von Brunn die Weihe vor. Das Langhaus ist im Außenbau von einer Schlichtheit, die zwar an Bettelordenskirchen erinnert, aber doch auf allgemeine Formvereinfachungen bei Stadtkirchen des frühen 14. Jahrhunderts zurückgeht. Bis auf einen Blendbogenfries an den

Seitenschiffswänden blieb es von Bauzier frei. Ähnlich karg gibt sich auch die stadtauswärts gewandte Fassade. Einzig die Brautpforte, die in Anlehnung an Nürnberger Vorbilder um 1350 hier entstand, sticht mit ihrer reichen Portalarchitektur und dem aufwändigen figürlichen Schmuck hervor. Der mächtige, fünfgeschossige Turm entfaltet hingegen mit zunehmender Höhe eine Steigerung der Bauzier. Beherrschend sind die beiden auch an Höhe zunehmenden oberen Geschosse mit ihrer weithin wirkenden, flächenhaften Ornamentik. Zusammen mit der charakteristischen Bekrönung, mit Türmerstube und Haube aus den Jahren 1537/38, geben sie dem Turm seine augenfällige, die Silhouette der Stadt prägende Erscheinung.

In Kontrast zum Langhaus steht der Chor, dessen Grundsteinlegung 1392 erfolgte. Er hebt sich nicht nur in seiner Gestalt als Hochchor, sondern ebenso in seinem Schmuckreichtum ab. Er ist als basilikaler Umgangschor angelegt, der zwischen den eingezogenen Strebepfeilern einen Kapellenkranz aufnimmt.

Seine Einwölbung fand zwischen 1421 und 1431 statt. Die Schlusssteine tragen die Wappen von Bischof Friedrich von Aufseß, von Domherren und geistlichen Standespersonen, die als Geldgeber für den Bau und seine kostspielige Wölbung zu sehen sind. Wegen des stark abfallenden Hanges musste der Chor auf eine mächtige Substruktion gestellt werden. Konsequent wurde daher seine exponierte, der Stadt zugewandte Lage zur Ausbildung einer „Chorfassade" von städtebaulich bemerkenswerter Schönheit genutzt. Kapellenkranz und Hochwand des Umganges bilden weitgehend geschlossene Außenflächen, die mit fialenbesetzten Spornstrebepfeilern, baldachinbekrönten Figurennischen, aufgelegtem Blendmaßwerk sowie Maßwerkfenstern in Kielbogenform verziert sind. In der Verbindung der Architektur, die auf typische Lösungen der Parler zurückgeht, mit ausgesucht aufwendigem Baudekor, der ebenfalls seine Vorbilder in der Prager Bauhütte der Parler hat, liegt die besondere Wirkung dieses Chores.

ABB. 124: GOTTESHAUS DER HIMMELSKÖNIGIN – „ZU UNSERER LIEBEN FRAU" ODER „OBERE PFARRE"

Im Inneren der Kirche spannten sich bis zu Beginn des 18. Jahrhunderts im Langhaus weite Arkadenöffnungen über polygonalen Pfeilern. Das hohe Mittelschiff ragte mit einer hölzernen Spitztonne in den Dachstuhl hinein. Vom Aufwand der Ausgestaltung war das Langhaus, wie schon am Außenbau, ausgesprochen nüchtern. Den ursprünglichen Raumeindruck prägten vor allem die hohen Proportionen und die reduziertere Belichtung aufgrund kleinerer, später veränderter Fensteröffnungen. Im Kontrast dazu stand der von der Architektur anspruchsvollere, stärker durchlichtete Chor mit seinen großen Maßwerkfenstern. Quellenangaben zufolge war er mit kostbaren Scheiben, wahrscheinlich einer umfangreichen bunten Verglasung, versehen. Wegen seiner Herkunft aus dem Kathedralbau ist der basilikale Umgangschor als hoheitsvollste Chorform hier mit Bedacht gewählt worden. Er besitzt den Charakter eines architektoni-

ABB. 125: OBERE PFARRE, HOCHALTAR MIT GNADENBILD

schen Schreines für das auf dem Hochaltar aufgestellte Bildnis einer thronenden Muttergottes mit Kind. Diese Marienfigur wurde um 1330/40 aus Köln erworben. Sie stand schon seit jeher auf dem Hochaltar. Die besondere Verehrung, die diesem Andachtsbild entgegengebracht wurde, sowie die zahlreichen Gebetserhörungen ließen es zum Gnadenbild werden. Schon im 15. Jahrhundert war die Frauenkirche daher das Ziel von Bittprozessionen. Sie war eine in einer Stadt gelegene Wallfahrtskirche geworden, die vor allem auch durch den ausgedehnten Kirchsprengel einen ländlichen Einzugsbereich hatte. Seit 1702 wird das Patroziniumsfest, der Sonntag nach Mariä Himmelfahrt, mit einer großen Prozession gefeiert, bei der das Bildnis zur Pfarrkirche St. Martin getragen wird.

In die Zeit zu Beginn des 18. Jahrhunderts, in der die Marienverehrung in der Oberen Pfarre neue Impulse erhielt, fällt auch die Umgestaltung des Kircheninneren. Sie wurde durch ein großzügiges Legat des Domherrn Johann Philipp von Franckenstein ermöglicht. Die ab 1711 begonnene Barockisierung der Kirche versucht im tridentinischen Sinn den Innenraum als Einheitsraum zu gestalten. Optisch und gestalterisch herausgehoben wurde dabei das Mittelschiff. Den herausragenden Blickpunkt bildet der Hochaltar, der ab 1714 von Bamberger Künstlern gestaltet wurde. Er war eine Stiftung von Fürstbischof Franz Lothar von Schönborn. Der mächtige Altaraufbau nimmt unter einem von Engeln getragenen Baldachin das alte Gnadenbild auf. Als hohe Schauwand schließt er zugleich das Mittelschiff gegen den gotischen Chorumgang ab, der sein ursprüngliches Aussehen behielt. Bis zum 19. Jahrhundert bildete die Obere Pfarre mit ihren hohen Kirchhofmauern zum Kaulberg, zur Eisgrube und zum späteren Schulplatz einen abgeschlossenen Kirchenbereich, der lediglich über vier schmale Treppenaufgänge zugänglich war. Die seit dem Mittelalter übliche Einfriedung von Kirchhöfen umschloss nicht nur den geweihten Begräbnisplatz, sie hob zugleich das Areal als besonderen Asyl- und Friedensbereich, mithin als reale Rechtsgrenze von der umliegenden Bebauung ab. Noch bis 1809 diente der Kirchplatz als Friedhof.

Nördlich der Kirche, zur Kaulbergstraße hin, stand die Katharinenkapelle. Sie war mit dem Chor durch zwei hohe Sakristeibauten verbunden, wobei ein

ABB. 126: BRUNNEN AM SCHULPLATZ, BLICK ZUM MITTLEREN KAULBERG, UM 1900

Durchgang im Untergeschoss der inneren Sakristei einen Aufgang zum Kirchplatz und zum Brautportal der Kirche bot. In den Quellen wird diese Kapelle erstmals 1359 erwähnt, ein Neubau fand 1453 statt. Ihr Untergeschoss diente als Beinhaus. 1809 wurde sie für die Erweiterung der Straße bis zum mittleren Kaulberger Tor abgebrochen, die unmittelbar am Chor anliegende innere Sakristei fiel erst 1839.

Seit dem späten Mittelalter säumten den Kirchplatz am westlichen Rand die Wohngebäude der Kirchendiener, wozu die Häuser des Chorrektors, des Organisten, des Kirchners und des Totengräbers gehörten. Da der Unterhalt der Elementarschulen bis zur Säkularisation in den Händen der Kirche lag, stand hier auch die Schule mit Lehrerwohnung. Zur Kirchenfassade verlief die Baulinie der unterschiedlich großen Gebäude schräg, was durch ihre Anlehnung an die Stadtmauer bedingt war, die sich vom mittleren Kaulberger Tor zur Eisgrube zog. 1945 wurde ein Großteil dieser Häuser zerstört. Das 1970 neu errichtete Pfarrzentrum versucht durch die Fassadenvorsprünge an die alte Platzbebauung zu erinnern.

Der alte Pfarrhof lag zunächst unmittelbar unterhalb des Kirchenchores, in der heutigen Pfarrgasse. Zu Beginn des 15. Jahrhunderts zog der Pfarrer in ein geräumigeres Benefiziatenhaus an der Eisgrube um. Im Jahr 1621 ließ es der damalige Oberpfarrer und Domdechant Johann Christoph Neustetter gen. Stürmer durch ein standesgemäßes Pfarrhaus ersetzen. Für den Pfarrgarten an der Eisgrube wurden Ende des 16. Jahrhunderts drei Bürgerhäuser abgebrochen. Im ausgehenden 18. Jahrhundert war er als aufwändiger Barockgarten angelegt. Ein noch heute stehender Gartenpavillon auf einer Terrasse mit Laubengängen überragte die tiefer liegende Parterrezone mit ihrer regelmäßigen Beeteinteilung. Eine kleine Lindenreihe schloss den Garten zur Eisgrube hin ab.

Schulplatz und mittlerer Kaulberg

Oberhalb der Frauenkirche sperrte der Turm des mittleren Kaulberger Tores die Straße. Noch im 15. Jahrhundert schlossen Mauer und Graben an, die von der Eisgrube bis zum Bach reichten. Graben und Mauer wurden jedoch schon im 16. Jahrhundert überbaut.

Der bereits kurz nach 1300 entstandene, später mit dem Anbau eines Zoll- und Wachhauses versehene Torturm wurde 1810 abgebrochen. Der außerhalb liegende freie Torplatz erhielt seinen heutigen Namen von der 1861 hier errichteten Kaulbergschule. An ihrem Ort stand bis dahin das bekannte „Gasthaus zum Hirschen", das selbst wiederum an der Stelle eines stattlichen Anwesens der Patrizierfamilie Haller errichtet worden war. Um den großen, bis 1945 bestehenden Laufbrunnen hielten die Fischzüchter aus dem Aurachtal an den Fasttagen den traditionellen Fischmarkt auf dem Kaulberg ab. Dem Platz beherrschenden Schulbau liegt an der Nordwestecke das breite Sandsteingebäude des ehemaligen Waisenhauses gegenüber. Es ging aus dem alten Kaulberger Seelhaus hervor und wurde von Fürstbischof Ernst von Mengersdorf 1588 hier eingerichtet. In seiner jetzigen Gestalt ist es ein Neubau unter Fürstbischof Philipp Valentin Voit von Rieneck aus dem Jahr 1671. Südöstlich des Schulplatzes erstreckt sich bis zur Eis-

grube die so genannte Hölle. Ähnlich wie Sutte und Matern für den Dombezirk bildete dieses kleine Häuserquartier am unteren Kaulberg ein der Herrenstadt vorgelagertes Kleineleuteviertel. Hier wohnten Handwerker, Dienstboten und Tagelöhner. Das einstige Erscheinungsbild als einfaches Wohnviertel mit bescheidenen Bürgerhäusern hat allerdings durch Kriegszerstörungen und durch die noch bis in die 1970er Jahre vorgenommenen Abbrüche erheblich gelitten.

Der mittlere Kaulberg setzt am Fuße des Knöckleins oberhalb der Abzweigung zur Karmelitenkirche an und zieht sich im Bogen über den Hügelkamm bis zum ehemaligen Torplatz am oberen Kaulberg. Einst standen hier zahlreiche Gasthöfe wie z. B. der „Kleebaumswirt", „Engelwirt", „Schwarze Adler" oder „Kaiserwirt". Ihre Häufung ging, ähnlich wie in der Königstraße, auf die notwendigen Absteige- und Herbergsquartiere entlang der Durchgangsstraße zurück. Während die Häuser im unteren Bereich des

ABB. 127: KARMELITENKLOSTER MIT BIBLIOTHEKSBAU

mittleren Kaulberges schon im 15. Jahrhundert zu weitgehend geschlossenen Zeilen zusammenrückten, war die Bebauung unmittelbar am oberen Tor noch etwas lockerer. Hier wohnten bereits Bauern und Häcker. Die zugehörigen Stadel und Keltern lagen zum Teil außerhalb, vermutlich in geschlossenen Scheunenvierteln. Im Bereich des Karmelitenklosters fehlte, wie der Zweidler-Plan zeigt, noch bis zu Beginn des 17. Jahrhunderts die rechtsseitige Bebauung, sodass die etwas zurückversetzte Klostermauer die Straßenbegrenzung bildete. Der heute an der Gabelung zum Knöcklein stehende Laufbrunnen lag damals noch mitten im Straßenraum.

Karmelitenkloster und Karmelitenkirche St. Theodor

An der Stelle des heutigen Karmeliterklosters wurde 1157 durch Gertrud, Gemahlin des Grafen Hermann von Stahleck und Schwester König Konrads III., ein Frauenkloster gegründet. Im Tausch gegen die Herrschaft Höchstadt war ihr der Besitz eines nahe gelegenen, Domkapitel'schen Spitals überlassen worden. Die Nonnen lebten anfangs nach den strengeren Vorschriften der Zisterzienser, später richteten sie sich aber nach der Benediktinerregel. Die Stiftung eines Frauenklosters neben dem Spital von 1139 dürfte durchaus unter dem Gesichtspunkt karitativer Tätigkeit erfolgt sein, die hier von den Nonnen ausgeübt werden konnte. Pilger und Notdürftige wurden so schon vor dem Eintritt in die Stadt versorgt. Wegen des sich ändernden Ideals klösterlicher Armenfürsorge und vor allem wegen bürgerlicher Spitalgründungen scheint die anfängliche Bedeutung des Hospitals aber nicht lange von Bestand gewesen zu sein. Ende des 13. Jahrhunderts wurde es offenbar aufgegeben. Im 15. und 16. Jahrhundert wurde das Kloster zu einem bloßen Versorgungsinstitut für die unverheirateten Töchter des fränkischen Adels. Mangelnder Nachwuchs und wirtschaftlicher Niedergang führten schließlich 1554 zur Aufhebung durch den Bischof.

1589 übernahmen die Karmeliten den Gebäudekomplex, da sie wegen des Baues des Klerikalseminars, das später von den Jesuiten übernommen und zur Universität erweitert wurde, ihr angestammtes Kloster in der Au räumen mussten. Sie begannen Ende des 17. Jahrhunderts mit der Barockisierung der Kirche, die einem Neubau weitgehend gleichkam. Im 18. Jahrhundert folgte die Erneuerung der Konventgebäude. Nach der Enteignung aufgrund der Säkularisation zogen die Karmeliten 1902 durch Erwerb der Gebäude erneut in das Kloster ein.

Das mittelalterliche Kloster lag mit Kirche, Kreuzgang und Konventgebäuden als regelmäßiges Karree am Fuße des Knöckleins. Ein zugehöriger Wirtschaftshof schloss sich westlich davon an. Entlang der Kaulbergstraße erstreckte sich hinter einer hohen Mauer der Klostergarten. Anschließende Nutzflächen, die sogenannten Karmelitengärten und -wiesen, reichten entlang dem Kaulberg bis in die Senke zum Jakobsberg. Die Klosterkirche war ein bedeutender Sakralbau der Stauferzeit. Mit dem Bau wurde noch in der zweiten Hälfte des 12. Jahrhunderts begonnen, wahrscheinlich mit dem Chor im Osten. Ende des Jahrhunderts waren Teile der Westfassade mit dem sogenannten Löwenportal, dem ältesten noch erhaltenen Kirchenportal Bambergs, sowie die Untergeschosse der Türme fertig gestellt. Den Westbau gliedern flache Vorlagen, die auch an Ecken und Seiten weitergeführt sind. Sie bereiten die Türme vor, die sich erst über dem späteren, wohl aufgrund einer Einwölbung erhöhten Fassadengiebel zu Freigeschossen entwickeln. Der Fertigstellung der Türme erfolgte erst zu Beginn des 14. Jahrhunderts, wie die Verwandtschaft des Bogenfrieses mit jenem am Langhaus der ab 1338 errichteten Oberen Pfarre aufzeigt. 1819 wurde der möglicherweise nie ganz fertig gestellte Nordturm weitgehend abgebrochen.

Wie noch am Außenbau und an den beiden übereinanderliegenden Reihen zugesetzter Seitenschiffsfenster der Nordseite erkennbar ist, war die Kirche eine dreischiffige romanische Emporenbasilika. Sie stellt einen im süddeutschen Raum seltenen Bautyp dar, der hingegen in der rheinischen Baukunst verbreiteter war. Unter den Aufschüttungen des barocken Neubaues sind noch teilweise die Pfeiler des alten Langhauses erhalten. Sie zeigen, dass die Kirche im gebundenen System angelegt war. Jedem der sechs großen Mittelschiffsjoche folgten seitlich zwei kleinere. Die drei östlichen Joche waren über mehrere Stufen erhöht. Vorlagen an den Pfeilern deuten darauf hin, dass der Bau wahrscheinlich auf eine Wölbung mit Kreuzgratgewölben ausgerichtet war. Der ursprüngliche Ostabschluss bestand, wie eine Ansicht aus dem Ende des 15. Jahrhunderts wiedergibt, aus drei parallelen Apsiden, die am Außenbau durch eine reiche Wandgliederung ausgezeichnet waren. Ende des 15. Jahrhunderts wurde er durch einen polygonalen Chor ersetzt. Mit dem Anbau eines zur Kaulbergstraße vortretenden Bibliothekstraktes in den Jahren 1592/93 – er wurde 1675 erneuert – und dem Abbruch der alten Klostermauer östlich der Kirche zugunsten der Anlage eines kleinen Platzraumes war die Umorientierung der Kirche zur Stadt vorgezeichnet. Sie fand bereits kurz nach 1658 statt, als die ursprünglich niedrigere Westpartie des Innenraumes angehoben und die alte Ostung aufgegeben wurde.

Die Grundsteinlegung zu einem zeitgemäßen Neubau erfolgte 1692. Die Bauleitung übernahm Johann Dientzenhofer, von dem auch die Pläne stammen dürften. Bis 1694 war der Kirchenraum weitgehend fertiggestellt. Die Fassade geht auf Leonhard Dientzenhofer zurück, sie wurde erst etwas später, in den Jahren 1701/02, errichtet. Durch die Niveauanhebung im Bereich von Langhaus und Chor wurde die Höhe des neuen Kirchenraumes entsprechend barockem Proportionsgefühl reduziert. Die im basilikalen Schema angelegte Kirche besteht aus einem dreijochigen Saalraum, der von Nebenkapellen begleitet wird. Der Psallierchor der Mönche liegt erhöht hinter dem Presbyterium. Die Kirche blieb, wie auch schon die Jesuitenkirche Georg Dientzenhofers am Grünen Markt, ohne aufwändige Innendekoration, sie besticht nur durch ihre Architektur.

Die neue, auf den Platz ausgerichtete, fünfachsige Front der Kirche ist als Schaufassade angelegt. Sie ist tafelartig flach. Nur ein dreiachsiger, leicht vortretender Mittelrisalit, der zusätzlich durch eine breitere Mittel- und je eine schmälere Seitentravee rhythmi-

ABB. 128: UNTERHALB DES DOMBERGS, KLEINE BÜRGERHÄUSER IN DER SUTTE

siert ist, lockert sie etwas auf. In ihrer Grunddisposition als zweigeschossige, fünfachsige Fassade mit Risalit und einer Übereinanderstellung der Pilasterordnungen geht sie auf Prototypen römischer Kirchenfassaden der zweiten Hälfte des 16. Jahrhunderts zurück. So auf Sangallos S. Spirito in Sassia und in unmittelbarer Nachfolge und Anlehnung daran auf Guidettis 1564 errichtete Fassade von S. Caterina dei Funari. Leonhard Dientzenhofers Fassade ist mithin ein fast verspäteter Rückgriff auf in Rom bereits unmoderne Fassadenvorbilder, wenngleich doch Redaktionen im Detail zeigen, dass er auch spätere Neuerungen mit einzubringen versucht. Der an die Kirche anschließende Klausurbereich des Klosters birgt noch einen sehenswerten Kreuzgang. Er ist mit einer umlaufenden Arkadenreihe von einfachen oder doppelten Säulchen versehen, wobei die Kapitellplastik eine reiche, mitunter rätselhafte Bilderwelt entfaltet. In ihrer Entstehungszeit, in der zweiten Hälfte des 14. Jahrhunderts, griff man dabei bemerkenswerterweise historisierend auf romanische Formen zurück.

Sutte und Matern

Unterhalb von St. Theodor, in der Senke zum Jakobsberg, liegen Sutte und Matern. Beide Quartiere entstanden als vorstädtisch kleinbürgerliche Siedlungen am alten Hauptaufstieg zum Domberg. Dieser führte ursprünglich entlang der Südflanke bzw. in der Abzweigung der Kaulbergstraße über St. Theodor zum alten Burgtor an der rückwärtigen, westlichen Seite des Berges. Der Straßenzug des „Grabens" folgt, wie der Name bereits andeutet, in einer späteren Überbauung dem früheren Verlauf des Burggrabens. Nach der direkten Öffnung des Domberges zur Stadt im ausgehenden 12. Jahrhundert verlor der alte Weg durch die Sutte zunehmend an Bedeutung. Das Quartier bewahrte in der Folgezeit seinen Charakter als kleinmaßstäbliche Handwerkersiedlung, der sich in den geschlossenen traufständigen Reihen der einfachen, meist nur zweigeschossigen Häuschen widerspiegelt. Allenthalben vom Jakobsberg schoben sich im 18. und dann im 19. Jahrhundert vereinzelt, den Stadtrand geschickt ausnutzend, Villen vor, wie etwa

ABB. 129: MATERNKAPELLE – BELIEBTE STATION DES KRIPPENWEGES

das als „villa suburbana" zu bezeichnende Lorber-Anwesen mit seiner einst ausgedehnten barocken Gartenanlage.

Im Bereich dieser alten Siedlung unterhalb der Burg entstand schon früh die St.-Matern-Kapelle. Ihre Gründung Mitte des 11. Jahrhunderts wird Bischof Anno von Köln zugeschrieben, der seine Jugend in Bamberg verbrachte und auch nach seiner Wahl zum Erzbischof die Verbindungen zur Stadt wahrte. Diese romanische Kleinkirche zu Ehren des hl. Maternus, die als kleiner Saalraum angelegt ist, wurde allerdings in späterer Zeit mehrfach verändert und ist heute eine gern besuchte Station des Bamberger Krippenweges.

Oberer Kaulberg mit Laurenziplatz

Der obere Kaulberg entwickelte sich als Siedlung um den ehemaligen Antonisiechhof. Auch Bamberg besaß wie die meisten Städte im Mittelalter neben seinen Spitälern sogenannte Leprosorien, in denen Personen

ABB. 130: KAULBERG, ST.-ANTONI-SIECHHOF, AUSSCHNITT, ZWEIDLER-PLAN, 1602

mit ansteckenden Krankheiten von der Gesellschaft abgesondert wurden. Der Antonisiechhof bestand seit dem Ende des 13. Jahrhunderts. Er lag noch zu Beginn des 19. Jahrhunderts außerhalb des geschlossenen Stadtbereichs vor dem oberen Kaulberger Tor. Untergebracht waren hier nur Männer, für Frauen gab es ein eigenes Siechhaus an der Hallstadter Straße. Die Zahl der Pflegebedürftigen war nie besonders groß, so dass sich die Einrichtung zu einem Armen- und Versorgungshaus wandelte. Durch großzügige Zuwendungen war eine der wohlhabenden Stiftungen der Stadt mit umfangreichem Grundbesitz entstanden. Sie wurde von zwei Spitalpflegern, die Mitglieder des Stadtrates waren, verwaltet. 1803 wurde die Stiftung mit anderen Stiftungen vereinigt. Auf dem Zweidler-Plan ist der Siechhof als nahezu rechteckiges, von einer hohen Mauer umgebenes großes Areal wiedergegeben. Der Zugang erfolgte durch ein eigenes Tor vom oberhalb gelegenen Kaulberger Anger, dem heutigen Laurenziplatz. Um den geräumigen Innenhof standen das eigentliche Siechhaus und weitere Nebengebäude. Die Kapelle, die dem hl. Antonius, dem Patron der Pestkranken, geweiht war, lag an der

talseitigen Nordostecke. Das gesamte Areal wurde im Jahr 1945 durch Bomben, die auch in den umliegenden Gassen große Schäden anrichteten, schwer zerstört. Die Kapelle erstand aber ab 1953 wieder in den alten Formen.

Vor diesem Siechhof gabelte sich nach dem oberen Kaulberger Tor die Straße in mehrere Arme, um am Anger wieder zusammenzuführen. Die Ansiedlung entstand entlang dieser Straßenverzweigung und war um 1600 bereits in den Grundzügen ausgebildet. Es fehlten aber noch die unmittelbar an die Siechhofmauer angelehnten Häuser, sodass das Karree der Anlage vom Platz vor dem oberen Tor zu dieser Zeit frei sichtbar war. Noch bis zu Beginn des 19. Jahrhunderts war die Bebauung nicht weiter als bis zum Laurenziplatz vorgerückt. Von den ursprünglich traufseitigen Häusern sind einige an ihren großen Tordurchfahrten als ehemalige Häckerhäuser erkennbar. Den alten Übergang in die freie Landschaft markieren schließlich die noch erhaltenen, bescheidenen Kleinhäuser. Die zahlreichen Gebäude des 19. Jahrhunderts, mitunter bereits in einer Maßstab sprengenden Dreigeschossigkeit, zeigen, dass dieses ursprünglich agrarisch geprägte Viertel zunehmend eine städtebauliche Aufwertung erfuhr. Die ehedem lockere Bebauung mit Wohngebäuden, Scheunen sowie freien Nutzflächen wurde zu den heute geschlossenen Straßenzeilen verdichtet und eingebettet.

Die Gestaltung des Laurenziplatzes und die Weiterführung der Häuserzeilen entlang der Würzburger Straße fanden hauptsächlich im ausgehenden 19. und frühen 20. Jahrhundert statt. Trotz seiner vollständigen Umbauung hat der Platz viel von seiner einst dörflichen Ausstrahlung bewahrt. Er war der weitläufige, noch im 19. Jahrhundert mit einer großen Viehschwemme versehene Anger der Kaulberger Gemeinde und reichte ursprünglich weiter stadtauswärts. Zu Beginn des 19. Jahrhunderts sollte er nach den Plänen des Magistrats vollständig überbaut werden. Nur der Widerstand der Anwohner und des Wirtes zum „Greifenklau", der um den Besuch seines Sommerkellers fürchtete, verhinderte die Zerstörung dieses alten Angers im Weichbild der Stadt.

Traditionsreicher Weinbau

Bis in die jüngste Zeit waren auf dem oberen Kaulberg vor allem die Bamberger Weinbauern ansässig. In Reisebeschreibungen des 18. Jahrhunderts wird Bamberg ob seines Weinbaues und seiner Bedeutung als Umschlagplatz für fränkische Weine gerühmt. Die zugehörigen Weinberge lagen an den Hängen des Kaulberges, etwa im „Süßen Grund", aber auch noch am Stephansberg und am Westhang des Jakobsberges. Stadtauswärts zogen sie sich über den Lerchenbühl und das Hohe Kreuz bis zur West- und Südseite der Altenburg. Größere Anbauflächen besaßen die Karmeliten im Bereich der so genannten Karmelitengärten und -wiesen in der Senke zum Jakobsberg. Der Weinbau ging, wie insgesamt in den klimatisch weniger begünstigten Lagen Frankens, schon im ausgehenden 18. Jahrhundert stark zurück. Das Ende des Anbaues in der Stadt dürfte aber neben zunehmender Konkurrenz fremder Weine vor allem auf die Schädigung der Rebstöcke durch Mehltau und Reblaus im späten 19. und frühen 20. Jahrhundert zurückzuführen sein. Nach der Säkularisation des Klosters auf dem Michelsberg fehlten zudem die Benediktiner als Fachkräfte zur Behandlung und Veredelung der Weinstöcke. Auf die Tradition des Weinbaues geht noch die Urbani-Prozession der Häcker in der Oberen Pfarre zurück, die schon im 17. Jahrhundert stattfand. Trotz der Beendung des Weinbaues und der Überbauung der ehemaligen Fluren hat sich dieser Bittgang um ein gutes Gedeihen der Feldfrüchte als „innerstädtische" Prozession bis heute erhalten.

Adolf Mörtl

2.8 Der Sand

Werden und Wandel des Sandgebietes

Das Sandgebiet ist wohl das älteste Stadtviertel Bambergs. Die Lage am Fuße des befestigten Domberges an einem wichtigen Flussübergang, der von der von Würzburg kommenden Straße benutzt wurde, bot für Kaufleute eine gute Ansiedlungsmöglichkeit. Eine solche geographische und historische Situation ist typisch für viele mittelalterliche Bischofsstädte. Allmählich wurde die Siedlung größer und erhielt städtische Funktionen, wie etwa einen Markt. Bezeichnend ist auch, dass sich Dominikaner und Franziskaner im 14. Jahrhundert im Sandgebiet niederließen. Bald aber wurde der schmale Streifen am linken Regnitzarm zu

ABB. 131: SAND MIT EHEMALIGEM SANDTURM, AUSSCHNITT, ZWEIDLER-PLAN, 1602

eng für die sich entwickelnde Siedlung, was zu einer Ausweitung auf das Inselgebiet führte, das erheblich mehr Platz bot.

Veränderungen hat das Sandgebiet im Laufe seiner fast tausendjährigen Geschichte schon einige erlebt. Sie gingen auf die Wandlung der Funktion im Rahmen der Gesamtstadt, aber auch auf grundlegende Veränderungen in Wirtschaft, Staat und Gesellschaft zurück. Im Hoch- und Spätmittelalter erfolgte der Verlust bestimmter Funktionen, als die Inselstadt an Bedeutung gewann. So verlor das Sandgebiet das Rathaus, die Münze, das Gericht (alles war wohl in der Nähe des Katzenberges angesiedelt), aber auch das Frauenhaus, das sich an der Stelle des heutigen „Gasthauses zum Pelikan" befand und 1456 in die Frauenstraße verlegt wurde. Verlegt wurde auch das „Püttelhaus" am Sand (Kasernstr. 3) um 1440 in die Keßlergasse. Eine weitere einschneidende Veränderung erfolgte durch die Säkularisation zu Beginn des 19. Jahrhunderts. Damit verloren manche Gebäude des Fürstbischofs oder der Kirche ihre Funktion bzw. erhielten eine neue. Beispielhaft dafür sind das Schicksal des Franziskaner- und des Dominikanerklosters und der Abbruch der Franziskanerkirche. Im Jahr 1821 wurde auch das Sandtor am Beginn der Unteren Sandstraße abgebrochen.

Seit 1950 hat sich im Sandviertel, besonders in der Oberen Sandstraße, ein Wandel vollzogen, wie er für viele historische Viertel kennzeichnend ist. Deutlich wird diese Veränderung am Beispiel der gewerblichen Nutzung. 1954, als es noch üblich und auch notwendig war, täglich einzukaufen, dominierten Geschäfte, die der täglichen Versorgung der dort wohnenden Menschen dienten, also vor allem Lebensmittelgeschäfte. Von diesen Geschäften sind nur wenige erhalten geblieben. Stark vermehrt hat sich dagegen die Zahl der Gaststätten, verändert hat sich ihr Charakter. Die Gaststätten sind nicht mehr das Ziel der im Sand wohnenden Bürger, sondern vor allem jüngerer Menschen aus Bamberg und der Umgebung sowie heute der zahlreichen Besucher der Stadt. So wurde das Sandgebiet allmählich zum bevorzugten Vergnügungsviertel Bambergs. Dabei handelt es sich wohl um einen gewissen Selbstverstärkungseffekt: Wo bereits Gaststätten sind, siedeln sich weitere an, die auch am Ruf der Sandstraße als Vergnügungsviertel teilhaben wollten. Dieser Effekt ist wichtiger als das Vorhandensein vieler konkurrierender Betriebe. Allerdings macht die Menge an gastronomischen Betrieben eine gewisse Spezialisierung notwendig. Immer wieder wechselt der Name eines Lokals: Man passt sich modischen Trends an, will vielleicht auch mit einem neuen Namen ein neues Image schaffen oder neue Gästegruppen anziehen.

Neben Gaststätten finden wir Läden mit Kunstgewerbe und mit Antiquitäten. Es handelt sich hier um einen Ausläufer der „Antiquitätenzone" zwischen Altem Rathaus und Domberg. Der Strukturwandel des Viertels macht sich bemerkbar, wenn man etwa am Vormittag und am Abend durch die Obere Sandstraße läuft. Am Vormittag sehen wir nur wenige Fußgänger auf der mittlerweile verkehrsberuhigten Straße. Vielleicht eine Touristengruppe, die sich auf den Weg zum Dom macht und kaum Interesse an anderem hat, vielleicht gerade noch am berühmten „Schlenkerla" in der Dominikanerstraße. Belebter gestaltet sich die Sandstraße am Abend und in der Nacht, wenn sie zu einem Lokalbummel einlädt.

Der Wandel zum Vergnügungsviertel hat natürlich auch Probleme gebracht. Gaststätten verdrängten andere Nutzungen, die nicht so gewinnbringend waren; so bestand zu Beginn der 1980er Jahre die Gefahr einer Gaststättenmonokultur mit allen negativen Folgen für die dort lebenden Menschen: schlechter Ruf des Viertels, Belästigungen, allgemein ein Verlust an Wohn- und Lebensqualität. Die Stadt Bamberg steuerte dem entgegen, indem sie eine Obergrenze für Gaststätten festlegte. Ein Strukturwandel zeigt sich auch im Gebiet der Unteren Sandstraße. Hier sind es neben Gaststätten vor allem „Nischengeschäfte", die auf eine spezielle Stammkundschaft ausgerichtet sind und daher etwas abseits liegen können. Ein großes Problem für das Geschäftsleben, aber auch für die Bewohner des Sandes ist allerdings der Mangel an Parkplätzen im ganzen Raum, der sich durch den Wegfall der Parkmöglichkeiten am Domplatz und durch andere Maßnahmen verschärft hat. Eine Aufwertung des Gebietes, wie sie in anderen Altstadtvierteln Bambergs zu bemerken ist, kann man von der kürzlich durchgeführten Verkehrsberuhigung und der Umgestaltung der Sandstraße als Fußgängerzone erwarten. Bestrebungen zu einer Aufwertung der Wohnfunktion im Viertel, z. B. durch die Renovierung von Häusern, sind bisher besonders in dem Raum zwischen Oberer Sandstraße und dem Regnitzufer festzustellen, der bereits zuvor abseits des Durchgangsverkehrs lag. Ein Problem der neuesten Zeit ist die Suche nach geeigneten Nutzungsmöglichkeiten für öffentliche Gebäude, die unter Denkmalschutz stehen. Als positiv ist die Nutzung des ehemaligen Krankenhauses als Hotelbetrieb, des Chirurgischen Pavillons als Stadtarchiv und die Wiederbelebung des Dominikanerbaues als Aula der Universität zu sehen.

Kaum ein Viertel Bambergs wurde und wird durch seine Lage so stark beeinflusst wie das Sandviertel. Von grundlegender Bedeutung ist die beengte Situation auf dem schmalen Streifen zwischen dem Domberg und dem Michelsberg auf der einen Seite und der Regnitz auf der anderen Seite, der zu Füßen des Kaulberges relativ breit ist und nach Norden zu immer schmäler wird. Damit war der Raum für eine Erweiterung an dieser Stelle der Stadt von vornherein beschränkt. Die Lage zu Füßen des Dombergs, also in der Nähe des Fürstenhofes, bot zunächst günstige Grundlagen für die Ansiedlung von Kaufleuten, nämlich Abnehmer und Schutz. Später finden wir im Sandgebiet Gebäude, die mit der fürstlichen Hofhaltung in Zusammenhang stehen: so zum Beispiel die Hofbäckerei (Dominikanerstr. 8), den Hofzuckerbäcker (Obere Sandstr. 23), die Hofapotheke (Karolinenstr. 20), fürstbischöfliche Heuwaage und Heustadel (Elisabethenstr. 1–5), die ehemalige Hofwaschküche (Untere Sandstr. 34), den ehemaligen Hofbaustadel (Untere Sandstr. 36). Zu Füßen der Residenz befinden sich zudem die Palais von Adeligen, die am Hof Dienst tun. Als Beispiele seien genannt das „Schrottenberg-Palais" (Obere Sandstr. 6), das „Bibra-Haus" (Karolinenstr. 11) und das „Marschalk-von-Ostheim'sche Haus" (Karolinenstr. 18). Zu erwähnen ist in diesem Zusammenhang auch ein stattliches Beamtenwohngebäude aus dem Jahre 1745 (Kasernstr. 1).

Die Bezeichnung „Sand" weist auf das Ufer des linken Regnitzarmes hin. Die Lage am Wasser war für die Fischer wichtig, die ursprünglich ihren Sitz am Sandufer hatten. So hieß das „Sandbad" vormals „Fischergasse"; in dem Haus Nummer 33 befand sich die Fischertrinkstube, die 1463 in die heutige Kapuzinerstraße verlegt wurde. Das deutet an, dass sich die Fischer nun auf der anderen Flussseite niederlassen, wie es ja dann auch auf der Darstellung im Zweidler-Plan von 1602 deutlich wird. Die Nähe des Wassers führt im 16./17. Jahrhundert zur Ansiedlung von Rotgerbern, die in anderen Vierteln verdrängt wurden. Noch am Ende des 18. Jahrhunderts war die Nähe zum

Wasser und die damit vorhandene Möglichkeit zur Abwassereinleitung für die Errichtung des Allgemeinen Krankenhauses im Sandgebiet wichtig.

Schon immer wurde der „Sand" vom Verkehr durchquert, insbesondere in West-Ost-Richtung, da ja die von Würzburg kommende Straße das Sandgebiet

ABB. 132: BLICK AUF DAS SANDGEBIET VON DER RESIDENZSTRASSE

der Unteren Brücke durch die heutige Aufseßgasse zum großen Westtor der Domburg, wurde aber durch den Bau der Stadtmauer abgeschnitten, die den „Sand" nach Norden abschirmte. Nun musste eine neue Verbindung durch die Schrottenberggasse erfolgen. Aufschüttungen im Raum der heutigen Karolinenstraße im Mittelalter führten zu einer Aufwertung des Osttores der Domburg. Die einschneidenden städtebaulichen Veränderungen in der zweiten Hälfte des 18. Jahrhunderts im Gebiet der Karolinenstraße und am Domplatz steigerten die Bedeutung dieser Verbindung, die einen direkten Zugang von der Stadt zum Dom ermöglichte. Der Fußgängerzugang zum Domplatz über den Katzenberg hat bis heute nichts an Reiz verloren. Die Residenzstraße, die neben der Karolinenstraße einen zweiten Zugang zum Domplatz vom Sandgebiet eröffnet, wurde erst am Ende des 18. Jahrhunderts anstelle einer Gasse angelegt.

Durchgangsgebiet war das Sandgebiet, bedingt durch die Einbahnführung der Oberen Sandstraße auch in Nord-Süd-Richtung, früher teilweise durch das Alte Rathaus, später vor allem über die Bischofsmühlbrücke. Die dadurch entstehenden Staus riefen vermehrt die Proteste von Einwohnern hervor. Die Rolle des Viertels als Randgebiet der Stadt war früher durchaus sichtbar. So stand am Übergang von der Oberen zur Unteren Sandstraße das Sandtor, weiter nach Richtung Norden am Fuß des Maienbrunnens bis zum Anfang des 19. Jahrhunderts das Pfeuferstor. Erinnerungen an die Stadtrandlage sind die frühere Sandschmiede (Untere Sandstr. 2) und die vielen Gasthäuser in der Unteren Sandstraße, die ja auch eine wichtige Einfallstraße aus Richtung Nordwesten war; sie musste bis zum Bau der Markusbrücke 1876/77 jeder passieren, der aus Richtung Gaustadt und Bischberg nach Bamberg wollte. Bei der Schweinfurter Straße 28 befand sich das Zollhaus.

durchschneidet. Diese Verbindung war bis in die 1970er Jahre von Bedeutung, als der Weg vom Westen in die Innenstadt zwangsläufig durch den „Sand" und das Alte Rathaus verlief. Die Einrichtung einer Fußgängerzone auf der Oberen Brücke und der Bau des Münchner Ringes haben dazu geführt, dass sich das starke Verkehrsaufkommen in den letzten Jahren hier deutlich verringert hat. Auch auf dem Weg von der Inselstadt zum Domberg musste der „Sand" durchquert werden. Diese Verkehrswege wurden im Laufe der Zeit geändert. Der Weg führte zunächst von

Moderne Stadtrandfunktionen konnten sich kaum in irgendeiner Weise ausprägen. Eine Ursache dafür ist die Enge des Raumes, die sich vor allem zur alten Stadtgrenze hin bemerkbar macht. Ein weiterer Grund ist wohl, dass sich die Stadt nach Osten entwickelte, wo mehr Platz zu Verfügung stand und auch mehr Menschen in Bamberg oder den Vorortgemeinden lebten.

Typische Viertelstrukturen

Das Sandviertel bietet ein uneinheitliches Bild, das sich am besten vom Kranen her, also von der Ostseite des linken Regnitzarmes, oder beim Blick flussabwärts von der Oberen Brücke zeigt. Kennzeichnend ist das Nebeneinander großer öffentlicher Gebäude aus der Zeit des 18. Jahrhunderts, die sich in die Breite erstrecken, und dicht gedrängter Bürgerhäuser in verschiedenen Größen und farblichen Fassungen. Die unterschiedliche Entstehungszeit dieser Gebäude wird durch die meist barocke Gestaltung der Fassaden etwas verwischt. Dahinter ist häufig ein spätmittelalterlicher Kern zu vermuten bzw. auch nachzuweisen. Mitunter gehen Schilder auf die Hausgeschichte ein. Eine Freilegung von spätmittelalterlichem Fachwerk, wie sie manchmal befürwortet wird, würde aber den barocken Gesamteindruck stören und liegt daher auch nicht im Interesse der Denkmalpflege. An typischen Strukturen sind zu nennen die für das Sandgebiet relativ breiten Durchgangsstraßen, also Herrenstraße, Dominikanerstraße und Karolinenstraße. Gerade in dieser Straße, die ja die Verbindung von der Inselstadt zum Domberg darstellte, finden wir repräsentative Bürger- und Adelshäuser in zwei- und dreischossiger Bauweise aus Sandstein oder verputzt, mit Sattel-, Walm- und Mansarddächern in traufständiger Bauweise. Es ist reizvoll, sich die Zeit zu nehmen, um die unterschiedlichen Bauelemente zu betrachten, die in vielen Variationen auftreten. Gerade diese „Vielfalt in der Einheit" macht das Bild der Straße aus.

Eine besonders einheitliche Bauweise zeigt die Obere Sandstraße, die durch fast gleich hohe Traufseithäuser des 16. bis 18. Jahrhunderts geprägt wird. Sehr ähnlich sind die Häuser Obere Sandstraße 11–17. Sie wurden nach einem verheerenden Brand, der 1787 im „Herzwirtshaus" (heute: Obere Sandstr. 17) ausgebrochen war und sogar das Glas in den Fenstern der Residenz schmelzen ließ, im selben Jahr in einheitlichem Stil aufgebaut. Das spätmittelalterliche Fachwerk im Obergeschoss des „Hauses zum Greif" (Obere Sandstr. 2) wurde erst 1937 freigelegt. Ein eindrucksvolles Beispiel für den Plattenstil des beginnenden 19. Jahrhunderts ist das so genannte „Sandschlössla" (Obere Sandstr. 31). Vergleichsweise verwinkelt, aber dadurch auch malerisch stellt sich das Sandbad dar, ein kleinbürgerliches Viertel zwischen Oberer Sandstraße und Regnitzufer. Giebelständige und traufständige Häuser wechseln einander ab, ebenso wie Fachwerk und Putz. Vom Verkehrslärm und der Unruhe der Oberen Sandstraße ist nichts mehr zu merken. In diesem Viertel befand sich eine öffentliche Badestube (Sandbad 31) und das Schwesternhaus der Zollner vom Brand (Sandbad 9), in dem bedürftige Angehörige und ältere Bedienstete dieser Familie untergebracht wurden. Am Regnitzufer, vom Leinritt aus, bietet sich ein reizvoller Blick auf die Obere Brücke und die Fischerei am anderen Ufer. Beinahe ländlich wirken die Häuser der Elisabethenstraße durch die Fachwerkbauweise und die großen Tore. Hier hinter der früheren Stadtmauer befand sich der fürstbischöfliche Heustadel. Eine kleinbürgerliche Straße des 18. Jahrhunderts von einheitlich schlichtem Charakter ist die Schrottenberggasse, in die das am Haus Nummer 8 angebrachte Renaissanceportal aus dem Jahre 1565 so gar nicht zu passen scheint. Es stammt vom „Wolfstalhaus" am Grünen Markt, das 1772 abgebrochen wurde. Im Gebiet der Sandvorstadt, der Unteren Sandstraße, nehmen Höhe und Breite der bürgerlichen Häuser ab. Eine Ursache dafür ist die geringe Grundstückstiefe zum Michelsberg hin. Dieses Gebiet vor der Sandmauer und dem Sandtor war von den Schweden im Dreißigjährigen Krieg in Brand gesteckt worden. Am früheren Ende der Bebauung in Richtung Gaustadt steht die so genannte Rotenhan'sche Marter aus dem Jahre 1501.

Sandkerwa

Was das Sandgebiet weit über die Grenzen des Bamberger Raumes hinaus bekannt gemacht hat, ist die

ABB. 133: SANDKERWA IM LICHTERGLANZ

Sandkerwa, die berühmteste der Kirchweihen der Bamberger Stadtviertel. Gefeiert wurde diese Kirchweih erstmals im September 1951, als Mitglieder des Bürgervereins des 4. Distrikts beschlossen, dem Beispiel der Wunderburger zu folgen und eine eigene Kirchweih zu feiern, die dem „Not leidenden" Sandviertel aufhelfen sollte. Aufgrund des großen Erfolges wurde die Kirchweih 1952 erneut begangen und bereits von 35 000 Menschen besucht. 1953 legte man das Fest auf die Zeit um den 24. August fest, dem Weihedatum der Kirche des Elisabethenspitals im Jahr 1354. Ein Jahr später warb zum ersten Mal ein Plakat für die Sandkirchweih. Das muntere Treiben in der romantischen Altstadt sprach sich schnell herum. Dazu trugen auch die Attraktionen bei, die heute zur Tradition des Festes gehören, nämlich das Fischerstechen und das Feuerwerk. Heute besteht die Gefahr, dass das Fest, das noch immer vom Bürgerverein organisiert und mit dem Verkauf von Festabzeichen finanziert wird, durch die große Besucherzahl an Charakter verliert. Menschenmassen wälzen sich – auch wenn keine Plakate mehr für die Sandkerwa werben – durch die geschmückten Gassen und Straßen, ein Sitzplatz ist kaum mehr zu bekommen.

Altes Rathaus

Das Alte Rathaus ist eines jener Gebäude, die Bamberg bekannt gemacht haben. Ihm wurde die Ehre zuteil, auf einer Briefmarke der Deutschen Bundespost verewigt zu werden. Auf jeden Besucher übt es einen besonderen Reiz aus, der zunächst von der Lage auf einer Insel inmitten des linken Regnitzarmes herrührt. Vom Schloss Geyerswörth und vom Kranen wirkt es wie ein steinernes Schiff, das in den Fluss gestellt wurde; dem Besucher der Altstadt wendet es die imponierende Breitseite zu. Beeindruckend ist auch und gerade die Tatsache, dass das Rathaus aus Bauteilen verschiedener Zeiten besteht, was ihm eine gewisse

Buntheit verleiht, ohne dass der Gesamteindruck beeinträchtigt wird. Das Rathaus besteht aus drei Baukörpern: dem Turm, dem vorgelagerten Rottmeisterhäuschen und dem dreigeschossigen Hauptgebäude. Der aus Sandsteinquadern erbaute Turm, der mit der breiten Durchfahrt die Bindefunktion des Rathauses zwischen Bergstadt und Inselstadt dokumentiert, wurde als Sitz der Sturmglocke 1321 erstmals erwähnt, das Rathaus selbst im Jahr 1370. Ein Rathausneubau wurde 1461 begonnen und 1467 beendet, das auf dem Wellenbrecher sitzende „Rottmeisterhäuschen" entstand 1386. Im 18. Jahrhundert erfolgte – wie bei vielen Bauten in Bamberg – eine teilweise Umgestaltung des Rathauses, die für das heutige Aussehen bestimmend ist. Der Turm erhielt ein Schieferdach mit einer Laterne. Für seine Ost- und Westseite schuf Bonaventura Joseph Mutschele 1755/56 prächtige Balkone. Der nach Osten zur Bürgerstadt gerichtete Balkon zeigt das Amtswappen von Fürstbischof

Franz Konrad von Stadion, während das Stadtwappen mit dem Ritter nach Westen zur geistlichen Stadt hin zeigt. Beide Balkone mussten bereits am Ende des 19. Jahrhunderts durch Nachbildungen ersetzt werden. Das Original des Stadtwappens ist im Hof von Schloss Geyerswörth zu besichtigen.

1744 wurde das Rathaus umgestaltet und 1755 von Johann Anwander aus Dillingen bemalt. Typisch für die Zeit des 18. Jahrhunderts ist die Mischung von Realität und Symbolik. Die nach Westen zur Residenz gerichtete Wand verbildlicht in der Mittelgruppe die Trauer um den verstorbenen Fürstbischof Johann Philipp Anton von Franckenstein und daneben Gerechtigkeit und Friedensherrschaft als Tugenden der Regenten. Die der Bürgerstadt zugewandte Ostseite zeigt den Einzug des neuen Fürsten Franz Konrad von Stadion und die bürgerlichen Tugenden der Haushalterschaft und der Gottesfurcht. Die Architekturmalerei stellt Säulen, Nischen und Fenstersockel plastisch dar;

ABB. 134: DAS BRÜCKENRATHAUS ZWISCHEN DEN BÜRGERLICHEN QUARTIEREN VON SAND UND INSELGEBIET

auf der Ostseite verstärken in der mittleren Fenster-reihe das plastische Bein eines Engelchens und ein Vorhang, der ein Fenster teilweise bedeckt, die Illusion. Der Rathaussaal, der von der Stadt Bamberg für Empfänge genutzt wird, erhielt 1745 eine Stuckdecke, während die Ausstattung aus dem Jahre 1750 stammt. Auch das „Rottmeisterhäuschen" blieb von Umgestaltungen nicht frei. Um 1750 wurde es verputzt, um eine Angleichung an den Rathausbau zu erreichen. 1949 wurde das spätmittelalterliche Fachwerk freigelegt, die 1945 beschädigten Teile wurden wiederhergestellt und einige Balken erneuert. Die heutige Farbfassung, ein dunkles Gelb, existiert seit 1979 und geht auf einen Befund aus dem 17. Jahrhundert zurück. Neben städtischen Verwaltungsräumen sind heute im Brückenrathaus Schausammlungen der Museen der Stadt Bamberg, insbesondere eine beachtenswerte Porzellansammlung, untergebracht.

Brücken

Erstaunlich ist, dass die Verbindung von der Inselstadt zum Fuß der Bergstadt ursprünglich durch zwei Brücken erfolgte, die unmittelbar nebeneinander liegen, während flussaufwärts wie flussabwärts bis weit in das 19. Jahrhundert hinein keine weitere Brücke existierte. Das Nebeneinander beider Brücken geht wohl bis in die Anfänge der Stadtgeschichte zurück. Als älteste Brücke muss die Untere Brücke angesehen werden, um die es sich wohl handelte, als 1020 anlässlich des Besuches von Papst Benedikt VIII. bei Kaiser Heinrich II. eine Brücke erwähnt wurde. Der Verlauf der Langgasse zielt auf die Untere Brücke, über die damals der Weg zum Westtor der Domburg führte. Die Untere Brücke verband den zum Kloster Michelsberg gehörenden Abtswörth mit dem Berggebiet, ohne dass man den städtischen Brückenturm des Rathauses passieren musste.

Die Baugeschichte der Unteren Brücke ist sehr abwechslungsreich. 1739 wurde unter der Leitung von Balthasar Neumann ein Neubau errichtet und mit Figurenreihen geschmückt, von dem nur ein Pfeiler und die Figur der hl. Kunigunde erhalten sind. 1784 und 1795 erlitt die Brücke durch Hochwasser starke

Schäden. Im 19. Jahrhundert erfolgten Neubauten als Holz- und später als Eisenbrücke, bis man 1916 eine Eisenbetonbrücke errichtete. Diese wurde im April 1945 von deutschen Truppen gesprengt und musste durch einen Holzsteg ersetzt werden. Die 1967 errichtete Betonbrücke in ihrer geraden Form ist sicher keine glückliche Lösung. An der Stelle, wo sich die Untere Brücke an das Alte Rathaus lehnt, erinnern Gedenktafeln an die Opfer des Zweiten Weltkrieges und der nationalsozialistischen Gewaltherrschaft. Die Statue der hl. Kunigunde aus den Jahren 1744/45 von Peter Benkert, die in keinem Bildband über Bamberg fehlt, musste 1989 durch eine Kopie ersetzt werden, die der Würzburger Bildhauer Ernst Singer geschaffen hat. Ursache waren nicht der saure Regen oder andere Umwelteinflüsse, sondern das pietätlose Verhalten von Brückenpassanten, das immer wieder zu Verunstaltungen und Beschädigungen des Kunstwerkes

ABB. 135: VON DER OBEREN BRÜCKE ZUR KAROLINENSTRASSE

ABB. 136: DICHT GEDRÄNGTE BÜRGERHÄUSER IN DER KASERNSTRASSE

führte. Das Original befindet sich seit 1996 in der Kirche St. Jakob. Seit dem Jahr 2000 bietet eine Großplastik von Igor Mitoraj am östlichen Brückenende ein belebendes Spannungsfeld von Stadtdenkmal und moderner Kunst. In der warmen Jahreszeit findet auf der Unteren Brücke ein Flohmarkt statt. Hervorzuheben ist der Blick auf „Klein Venedig" und auf die Wasserfront des Sandviertels.

Die Obere Brücke stellte eine Verbindung zum Osttor der Burg her. 1451 wurde eine Steinbrücke begonnen und der Bau 1456 abgeschlossen. 1504 werden 14 Läden auf der Brücke erwähnt, was auch die Bezeichnung „Unter den Krämen" erklärt. Die Brücke gewann weiter an Bedeutung, als 1777/78 der Aufgang zum Osttor neu geordnet wurde. Beim verheerenden Hochwasser von 1784 wurde die Obere Brücke nur leicht beschädigt. Im April 1945 wurde die Mitte herausgesprengt und 1956 durch einen Betonbogen ersetzt, der mit Sandstein verkleidet ist. Kaum vor-

stellbar ist heute, dass sich bis zur Einrichtung der Fußgängerzone an der Oberen Brücke der Kraftfahrzeugverkehr durch das Rathaus in Richtung Obstmarkt und Lange Straße bewegte. Geprägt wird das Bild der Oberen Brücke nicht nur durch den Torbogen des Rathauses, sondern auch durch die Figur des Brückenheiligen Nepomuk und durch eine von Gollwitzer 1715 geschaffene barocke Kreuzigungsgruppe mit Evangelisten. Eine 1705 auf der Oberen Brücke aufgestellte Figurengruppe steht heute am Hohen Kreuz.

Die Markusbrücke entstand 1876/77 als Verbindung zur Norderweiterung der Inselstadt, an die dann die Löwenbrücke anknüpfte. Um Platz für den Bau zu bekommen, musste der „Klepperstall" abgerissen werden. Die Friedensbrücke im Norden des Sandgebietes wurde am Ende der 1980er Jahre gebaut. Seit 1993 verbindet ein Fußgängersteg das Gebiet des Unteren Sandes mit der „Sinfonie an der Regnitz".

Ehemaliges Franziskanerkloster an der Schranne

An der Schranne liegt das Konventsgebäude des ehemaligen Franzikanerklosters. Das Bamberger Kloster wurde 1223 gegründet, befand sich aber zuerst im Siechenhaus an der Hallstadter Straße. 1313 wurde den Franziskanern Kirche und Kloster des 1311 aufgehobenen Templerordens zugesprochen. Den Chor der Kirche erweiterte man 1374, der heutige Konventsbau wurde von 1716 bis 1719 errichtet. Im Zuge der Säkularisation wurde das Kloster aufgehoben, 1805 die Kirchenglocken versteigert, 1807 die Orgel verkauft. Die Altäre fanden neue Plätze in verschiedenen Kirchen der Umgebung. 1811/12 wurde die Kirche abgerissen bzw. auf Abbruch versteigert, so dass ein rechteckiger Platz entstand, der in einer mittelalterlichen Altstadt etwas befremdlich wirkt. Er hieß 1876 Theresienplatz, seit 1954 gilt die Bezeichnung Schranne (nach der letzten Nutzung der abgebrochenen Kirche als Getreidelager). Der Konventsbau musste im September 1806 geräumt werden und diente als Lazarett für französische Soldaten, die im Feldzug gegen Preußen verwundet worden waren. Seit 1806 waren in dem Bau das Stadtgericht und die Polizei untergebracht. Heute befindet sich in dem renovierten Gebäude eine Polizeidienststelle.

Brudermühle

An der Ostseite der Schranne steht die Brudermühle, die 1314 zum ersten Mal erwähnt wird, aber sicher älter ist. Der Name bezieht sich vielleicht auf die Georgsbruderschaft des Domkapitels oder auf das benachbarte Barfüßerbrüder- oder Franziskanerkloster. Die Mühle wurde mehrfach durch Brände zerstört, das heutige Gebäude stammt aus dem frühen 19. Jahrhundert. Die eindrucksvolle Madonna an der Hausecke wurde 100 Jahre früher wohl in der Werkstatt von Gollwitzer geschaffen. Nach der Einstellung des Mühlenbetriebs im 19. Jahrhundert diente das Gebäude bis 1922 als Wasserwerk, dann als Zählerprüfstation und Reparaturwerkstätte. Seit 1980 ist die Brudermühle als Hotel und Weinlokal genutzt.

Ehemaliges Dominikanerkloster

Eine Niederlassung des Predigerordens der Dominikaner in Bamberg muss schon vor 1310 stattgefunden haben. Der Neubau der Kirche im Sandgebiet an der Abzweigung zur Unteren Brücke erfolgte um 1400; es handelt sich um eine der bedeutendsten Hallenkirchen der Bettelordenskunst in Süddeutschland. Um 1480 dürfte sie die heutige Form erhalten haben. Typisch ist, dass sich die Kirchenfront in die Häuserflucht einreiht und so nur durch die Figur des heiligen Christophorus, des ehemaligen Kirchenpatrons, und die großen Fenster als solche zu erkennen ist. Das gewaltige Dach ist nur von der Ferne, z.B. vom Kranen oder vom Rosengarten der Residenz aus, sichtbar. Zuletzt zog hier die Universität Bamberg ein und nutzt den leeren Kirchenraum als Festsaal. Die der Regnitz zugewandten Konventsgebäude wurden 1732 nach einem Entwurf von Balthasar Neumann zu der heutigen Form umgebaut. Die Säkularisation betraf auch dieses Kloster. So wurde es 1803 geräumt und Militär einquartiert. 1804 wurden die Altäre und die Orgel verkauft. Seit 1817 diente der Kirchenraum als Mauthalle, später als Militärmagazin. 1947 wurden Kirche, Sakristei und Kreuzgang an das Erzbistum als Kulturraum zurückgegeben. Hier fanden auch die Bamberger Symphoniker bis zur Fertigstellung der Konzert- und Kongresshalle ein Zuhause. Als in den 1970er Jahren immer mehr staatliche Behörden unter Raumnot litten, wurden hier das Wasserwirtschaftsamt und das Landbauamt untergebracht. Schmuckstück des Gebäudes ist die Stuckdecke der ehemaligen Bibliothek im zweiten Geschoss des Mitteltraktes.

„Schlenkerla"

Wohl das bekannteste Gebäude im Sandgebiet ist das Gasthaus „Schlenkerla", untergebracht in einem reizvollen spätmittelalterlichen Fachwerkhaus. Hier wird das berühmte Rauchbier ausgeschenkt, das auch als Souvenir oder als Präsent mitgenommen wird, aber nirgends so gut wie in den stimmungsvollen Räumen des „Schlenkerla" selbst schmeckt – dem einen Gast sofort, dem anderen erst nach dem dritten oder vierten „Seidla". Das Rauchbier erhält seinen typischen

ABB. 137: AUSLEGER DER TRADITIONSWIRTSCHAFT „SCHLENKERLA"

Geschmack dadurch, dass die Braugerste über Buchenholz geräuchert wird. Den Namen hat das Gasthaus von einem Wirt des 19. Jahrhunderts, der einen ganz besonderen Gang hatte. Wer den Wirtshausausleger über der Tür genau betrachtet, wird ihn gleich erkennen.

Brunnen

Einer der vielen Brunnen in der Bamberger Altstadt ist der Grünhundsbrunnen an einer seitlichen Abzweigung der Oberen Sandstraße zur Residenz hin. Bevor das Bild des Hundes am Brunnen angebracht wurde, befand es sich am gegenüberliegenden Haus. Der Franziskusbrunnen an einer Wand vor der Kirche St. Elisabeth war im Jahre 1698/99 für das Kapuzinerkloster geschaffen worden. Als man das Kloster am

Ende des 19. Jahrhunderts abriss, wurde der Brunnen 1878 an die Spitalkirche versetzt.

St.-Elisabethen-Spital und Kreuzweg

Das St.-Elisabethen-Spital in der Nähe des Sandtores wurde 1328 von dem Bamberger Bürger Konrad Eseler gestiftet. Bereits 1350 konnte ein Nachbargrundstück erworben, das Spital erweitert und eine Kapelle erbaut werden, die am 24. August 1354 ihre Weihe erhielt. Der heutige Chor stammt aus dem Jahre 1420. Zusammen mit dem St.-Katharinen-Spital stellte es nach Bischof und Domkapitel innerhalb und außerhalb der Stadt den größten Grundherrn dar. Die beiden typischen bürgerlichen Sozialstiftungen des 13. und 14. Jahrhunderts wurden 1738 in einem Neubau am heutigen Maxplatz vereint. 1740 bis 1760 baute

ABB. 138: BLICK VOM KRANEN AUF DAS SANDGEBIET

man die Gebäude im Sand unter der Leitung von J. H. Dientzenhofer zu einem Zucht- und Arbeitshaus um. Im 19. Jahrhundert diente es als Strafarbeitshaus für Gefangene, die eine Freiheitsstrafe unter acht Jahren zu verbüßen hatten. Sie wurden mit Schleifen von Brillengläsern, Brenngläsern und Marmor, aber auch mit Spinnen beschäftigt. Die Kapelle St. Elisabeth diente nach der Säkularisation zunächst als Baustadel, die Einrichtung wurde verkauft. Die Glocken kamen über Oberhaid nach Schweisdorf und an das Kapuzinerkloster. Später kaufte die Stadt Bamberg viele Teile zurück. 1883 wurde der Giebel des Kirchleins in neugotischem Stil erneuert, der Eingang nach Norden an die heutige Stelle verlegt. Veränderungen des Platzes vor der Kirche erfolgten in den 1950er Jahren. Heute befindet sich im Gebäude des einstigen Zucht- und Arbeitshauses das Untersuchungsgefängnis, im Volksmund auch „Café Sandbad" genannt.

Nördlich des Kapelleneinganges finden wir die erste Station eines Kreuzweges in sechs Stationen, der sich bis zu St. Getreu auf dem Michelsberg erstreckt. Heinrich Marschalk zu Rauheneck ließ ihn um 1500 nach der Länge des Kreuzweges in Jerusalem anlegen. Es handelt sich um den ältesten vollständig erhaltenen Kreuzweg in Deutschland. Die Szene an der Kapelle zeigt, wie Jesus aus dem Haus des Pilatus abgeführt wird. Eine Hand mit einem Beil an der rechten Seite der Kreuzwegstation stammt von dem 1821 abgerissenen Sandtor und verbildlicht eine Strafankündigung bei Verletzung des Burgfriedens.

Allgemeines Krankenhaus

Das „Allgemeine Krankenhaus" in der Unteren Sandstraße hat Medizingeschichte geschrieben und war bis zum Jahre 1984, also fast 200 Jahre, in Funktion.

Fürstbischof Franz Ludwig von Erthal, ein frommer und pflichtbewusster Regent, der für Reformen eintrat – also ein typisches Beispiel für einen aufgeklärten Regenten war –, erwarb den „Sandgarten" des Domherrn Karl Graf von Stadion und Thannhausen mit Geldern aus seiner Privatschatulle, um ein Krankenhaus zu errichten. Für die Wahl des Platzes waren die Größe des Grundstückes, die Entfernung von der Stadt, aber auch die Möglichkeit der Abwasserbeseitigung durch den Fluss entscheidend. Gerühmt wurde auch die schöne Aussicht. Sicher aus Ersparnisgründen bezog man vorhandene Bauten in die Anlage ein. Zwei Gebäude, eines für Männer, eines für Frauen, wurden miteinander verbunden; in der Mitte befand sich eine Kapelle, noch heute durch Giebel und überkuppelten Dachreiter zu erkennen. Die Grundsteinlegung erfolgte 1787, die Einweihung sicher nicht zufällig am Martinstag 1789. Bei der Planung wirkte der Leibarzt des Fürstbischofs, Dr. Adalbert Friedrich Marcus, beratend mit. Das neue Krankenhaus sollte Vorbildcharakter bis in die Mitte des 19. Jahrhunderts behalten. Richtungweisend standen „nur" zehn bis zwölf Betten in einem Raum, die mit dem Kopfende zur Wand so aufgestellt waren, dass zwischen Tür und Fenster genügend Platz für die Betreuung war. Zwischen den Zimmern befanden sich aus Gründen der Hygiene schmale Gänge mit Aborten. 1801 wurde in diesem Krankenhaus zum ersten Mal in Süddeutschland die Pockenschutzimpfung durchgeführt. Mit dem Umzug der Krankenhauses und der Zusammenlegung mit der Frauenklinik im modernen Klinikum am Bruderwald war die Nutzung des Baudenkmals ab 1984 ebenso ungewiss wie das Schicksal des benachbarten Chirurgischen Pavillons von 1901. Mit Hotelbetrieb bzw. Stadtarchiv erhielten sie eine neue Funktion.

Wolfgang Rössler

ABB. 139: INNOVATIVE PFLEGESTÄTTE – EHEMALIGES ALLGEMEINES KRANKENHAUS

3. Die Inselstadt

3.1 Das Zentrum der bürgerlichen Stadt seit dem späten Mittelalter

Lage, Funktion und Gestalt

Die Insel- oder Bürgerstadt, die mittlere der drei Teilstädte der Altstadt Bambergs, liegt zwischen den beiden Regnitzarmen und ist auch heute das belebte Hauptgeschäftsgebiet und der zentrale Standort für die Verwaltungs- und Kultureinrichtungen der Stadt. Hier findet man nicht nur das Rathaus mit der Stadtverwaltung und die geisteswissenschaftlichen Fakultäten der Universität, hier prägen auch Kaufhäuser und Banken das geschäftige Leben des Alltags. Historisch gesehen ist dieser Teil der Altstadt der jüngste. Das Gebiet „Inselstadt" ist durch die beiden Arme der Regnitz und durch die mittelalterliche Ummauerung – heute noch im Straßenverlauf erkennbar – klar abgegrenzt, was auch die ältesten Stadtpläne von Zweidler (1602) und Braun-Hogenberg (1609) deutlich zeigen. Dieses Gebiet war bis ins 19. Jahrhundert hinein durch Hochwasser und Überschwemmungen stark gefährdet. Vor der Befestigung schufen dabei die Flussarme ständig Inseln von wechselnder Gestalt und Größe; die Namen solcher Inseln haben sich zum Teil bis heute in Viertelbezeichnungen mit dem Beiwort „-wörth" (= Insel) erhalten: Abtswörth, Zinkenwörth, Geyerswörth. Die Bedeutung dieses Stadtteils als typische Bürgerstadt wird ebenfalls in den Namen vieler Straßen und Plätze deutlich. Es gibt hier den Grünen Markt, den Obstmarkt, den Heumarkt (früher Seumarkt) und den Fischmarkt, die Fleisch-, die Kleber- und die Keßlerstraße und die Plattnergasse.

Durch die Rolle Bambergs in der Reichspolitik des Mittelalters und durch die Verkehrslage zwischen Nord, Süd, Ost und West ergaben sich gute Voraussetzungen für die Entfaltung von Handel und Wirtschaft. Hier kreuzte die Straße von Magdeburg, Erfurt

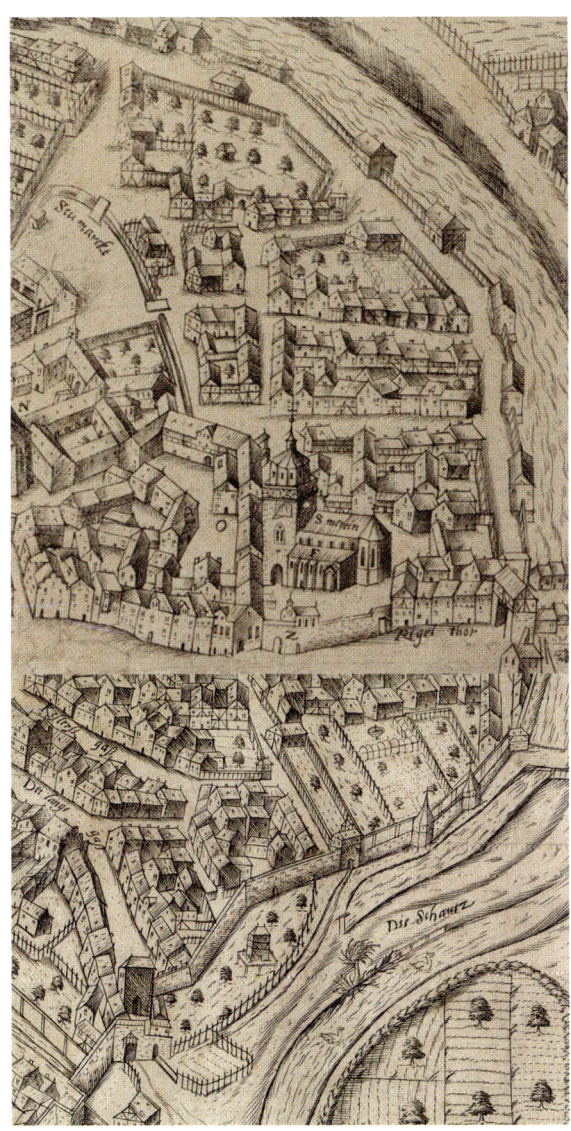

ABB. 141: INSELSTADT, AUSSCHNITT, ZWEIDLER-PLAN, 1602

ABB. 140 LINKS: KLEIN-VENEDIG

und Leipzig nach Nürnberg und Regensburg mit der von Frankfurt und Würzburg nach Prag. Kaiserliche und königliche Privilegien ermöglichten blühende Wochen- und Jahrmärkte, der Stapel- und Verkaufszwang für Waren durchreisender Kaufleute förderte die Entwicklung der Kaufmannssiedlung. Schon 1062 werden urkundlich Bamberger Kaufleute „mercatores" erwähnt, die die gleichen Vergünstigungen wie die aus Regensburg und Würzburg genossen; 1063 sind ihre Getreideschiffe in Bamberg belegt, 1163 bewilligt ihnen Kaiser Friedrich Barbarossa gleichen Schutz und Zollfreiheit wie den Nürnberger Kaufleuten. Kaiser Friedrich II. gewährte ihnen Befreiung von fremden Gerichten und 1245 der Stadt einen weiteren dreiwöchigen Jahrmarkt im Mai anlässlich der Domkirchweih. Die Keimzelle der Bürgersiedlung bot unterhalb der Burg in der Sandstraße bald nicht mehr genügend Platz und so griff die Kaufmannssiedlung schon am Ende des 11. Jahrhunderts auf das Inselgebiet über. In der Biographie Bischof Ottos d. Hl. (1102–1139) wird berichtet, dass dieser Anwesen zu „beiden Teilen des Flusses" erworben habe. Im 13. Jahrhundert werden auch das Martinstor und das Langgassertor auf der Insel erwähnt. Stadtgericht, Rathaus und Münze verlegte man im 14. Jahrhundert von der Sandstadt in den Kernbereich der Inselstadt, da hier mehr Platz und eine bessere Anbindung an die wichtige Nord-Süd-Handelsstraße vorhanden waren. Der Wunsch nach größerer Selbstständigkeit der Bürger und nach einem gewissen Abstand vom Domberg mag dabei eine Rolle gespielt haben.

Straßen und Befestigung

Die Inselstadt weist in ihrem Straßensystem die typischen Merkmale einer hochmittelalterlichen Handelsstadt auf. Die beiden Marktanlagen, der Grüne Markt und die Lange Straße, entwickelten sich an den Wegen zu den beiden Brücken über den rechten Regnitzarm, der Seesbrücke und dem Langen Steg. Diese beiden Märkte prägen, gemeinsam mit der Kapuzinerstraße, der Austraße und der Keßlerstraße, „wie die Finger einer Hand zu den beiden Rathausbrücken zusammenlaufend" den Grundriss der Inselstadt bis heute. Die erste Ummauerung im Hochmittelalter

schloss den Bereich (Alt-)St. Martin, Frauenstraße und Kapuzinerstraße noch aus. Ein Rest dieser ersten Befestigung der Inselstadt ist heute noch im Turm des Burgershofes erhalten. Die spätmittelalterliche Mauer des 14. Jahrhunderts, das Neu-Tor vor (Alt-)St. Martin, 1334 erbaut, bezog dieses Gebiet mit ein; ihren Verlauf kann man heute noch an der Bebauung des Vorderen und Hinteren Grabens und der Kleberstraße erkennen, aber auch im Verlauf der Promenade, deren stadtseitige Häuser auf den Mauerfundamenten aufsitzen. Der davor befindliche Stadtgraben zwischen Martinstor und Langgassertor (heute: Hauptwache und Schönleinsplatz) wurde im späten 18. Jahrhundert mit Schutt von der Umgestaltung des Domplatzes aufgefüllt und zur Promenade umgestaltet. Heute prägen Parkplätze und der Zentrale Omnibusbahnhof (ZOB) diese Promenade. Die nach den Hus-

ABB. 142: ALTE MAUT, ZERSTÖRT 1945

ABB. 143: EINWEIHUNG DER KETTENBRÜCKE, LITHOGRAPHIE, EUGEN NAPOLEON NEUREUTHER, 1829

siteneinfällen 1430 weitergeführte Befestigung bezog die Gebiete Abts- und Zinkenwörth in die Ummauerung mit ein. Von dieser Mauer ist ein beträchtliches Teilstück „Am Zwinger" erhalten und noch gut zu erkennen. Die fünf genannten Straßen gliedern die Inselstadt in abgrenzbare Ensembles. Das bedeutendste dieser Ensembles ist Teil der barocken „Stadtachse", die die Insel vom Obstmarkt bis zur Kettenbrücke durchquert. Schon der Übergang von der Oberen und Unteren Brücke zum Obstmarkt führt zu den in einer mittelalterlichen Handelsstadt wichtigen Gewerben der Müller und Fischer. Die platzartige Erweiterung zwischen dem Obstmarkt und dem ehemaligen Hafen am Kranen entspricht nicht mehr der ursprünglichen Bebauung. Im Mittelalter befand sich hier das eine der beiden Tore, das den Grünen Markt als typischen Straßenmarkt zur Bergstadt hin abschloss. Eine Erweiterung erfolgte allerdings auch schon 1481 am Zusammenschluss mit dem zweiten Markt, der Langen Straße.

Stadtachse zwischen Seesbrücke und Oberer Brücke

Den Eingang zum Grünen Markt bildete auf der Nordseite ein Amtsgebäude, das das Rathaus, einen Getreidespeicher und schließlich, bis zur Zerstörung 1945, in einem mächtigen Renaissancebau die „Alte Maut" beherbergte. Auf der anderen Seite, bei der Einmündung der Keßlerstraße, befand sich ein Schöner Brunnen und auch der Pranger (Eckhaus Grüner Markt 2a/Keßlerstraße). Die Aneinanderreihung schmaler Giebelhäuser an dieser Seite der Umrandung des Marktes wurde seit dem 16. Jahrhundert durch großbürgerliche, traufseitige Wohn- und Geschäftshäuser ersetzt. Die Nordseite des Platzes war durch kleine Seitengassen zur Austraße und durch das ältere Karmelitenkloster an der Stelle der heutigen Martinskirche dagegen etwas aufgelockert. Nach der Verengung des Platzes im Osten im Bereich des Alten Martinstores folgten dann Kirche und Friedhof von

(Alt-)St. Martin, dem Pfarrzentrum des Inselgebietes. Im weiteren Verlauf erreichte man durch die heutige Hauptwachstraße und das Neue Martinstor die Brücke über den rechten Regnitzarm.

In der Barockzeit wurde dieser Weg durch die Inselstadt im Rahmen einer städtebaulichen Gesamtkonzeption als Stadtachse und repräsentativer Zugang zur Residenz der Fürstbischöfe ausgebaut. Schon an der Abzweigung der Nord-Süd-Fernhandelsstraße, die früher „Steinweg" hieß (heute: Königstraße), entstand ein barocker Repräsentationsbau, der in Dachform und Fenstergestaltung an den Eckpavillon der Residenz erinnert. Da die Holzbrücken über den rechten Regnitzarm regelmäßig in allen Jahrhunderten durch Hochwasser und Eisgang zerstört worden waren, entschloss man sich zu einem monumentalen Neubau. Nach den Plänen von Balthasar Neumann und J. J. M. Küchel begann seit

ABB. 144: BRUNNENFIGUR DES NEPTUN ODER „GOBLMOO"

1752 die Errichtung der steinernen, vierbogigen Seesbrücke. Mit den Figuren von Ferdinand von Tietz (1768 aufgestellt) wurde sie zur „Zierde der Stadt" und galt als „Königin der Brücken Frankens". Ein gewaltiges Hochwasser mit Eisgang wurde 1784 auch dieser Brücke zum Verhängnis. Ihre Zerstörung wurde damals in Bamberg mit vielen Zeichnungen und rührenden Gedichten betrauert. Die Nachfolgebauten waren ebenfalls sehr bemerkenswert. Um Schäden durch Hochwasser künftig zu vermeiden, errichtete man zunächst eine einjochige, stützenlose Holzbrücke, die 1809 fertiggestellt war und mit 71 Metern Spannweite zu den längsten in der damaligen Zeit gehörte. Da aber auch sie bald durch Fäulnis angegriffen war, genehmigte König Ludwig I. die Errichtung einer eisernen Kettenbrücke, die 1829 als „Ludwigsbrücke" eingeweiht wurde. Über ihre Aufsehen erregende Konstruktion ließ sich am 8. Februar 1830 sogar der Geheimrat Goethe in Weimar berichten. Ihr Ruhm wurde durch zahlreiche Ansichten und Berichte verbreitet, sie diente als Vorbild für viele Brücken dieser Art in Deutschland und auch in Amerika (z. B. für die Brücke unterhalb der Niagara-Fälle). Im Zusammenhang mit den Dammbauten zum Hochwasserschutz von Insel- und Theuerstadt ersetzte man die Kettenbrücke 1891 durch eine Eisenbogenbrücke. Diese wurde 1945 vor den anrückenden amerikanischen Truppen gesprengt. Die daraufhin errichtete Spannbetonbrücke von 1953 wird nunmehr durch einen Brückenneubau ersetzt.

Doch zurück zur barocken Stadtachse. An der Stelle des mittelalterlichen Martinstores ließ Fürstbischof Lothar Franz von Schönborn das barocke Riegeltor errichten. Der Fürstbischof hatte es als Prunkpforte zur Erinnerung an den Frieden von Ryswijk (1697) geplant, an dessen Zustandekommen er als Erzbischof von Mainz und damit als Kanzler des Reiches maßgeblich mitgewirkt hatte. Dieses Tor war schon am Ende des 18. Jahrhunderts in die Theuerstadt versetzt worden, bevor man es 1938 zur Verbreiterung der Straße abbaute. Reste davon, so die Wappen von Lothar Franz, sind z. Zt. im ehemaligen Jagdzeugstadel in der Siechenstraße untergestellt. Die Hauptwachstraße wird heute durch die 1774 von Hofkriegsrat Roppelt errichtete ehemalige Hauptwache, einen zweigeschossigen, bereits zum Klassizismus

ABB. 145: AM GRÜNEN MARKT

neigenden Barockbau, und durch palastartige, meist dreigeschossige Traufseithäuser geprägt. Einen architektonischen Höhepunkt auf dem Weg zur Residenz bilden dann die beiden Bauten, die heute den Maxplatz einrahmen, das ehemalige Priesterseminar (heute: Rathaus) an der Ostseite und die ehemaligen Vereinigten Spitäler an der Westseite. Auftraggeber für beide Bauwerke war Fürstbischof Friedrich Karl von Schönborn, Architekt Balthasar Neumann. Damals standen beide Bauten nicht an einem freien Platz wie heute, sie umgaben die spätgotische Kirche (Alt-)St. Martin und den dazugehörigen Friedhof. Zur Straße war dieser Bereich durch ein Gitter abgetrennt, dessen Eckpfeiler an den beiden Gebäuden noch erhalten sind. Die kleinen Häuser an der Nordseite des heutigen Platzes waren in der Barockzeit nicht zu sehen, die Südseite entsprachen aber durchaus dem Anspruch einer Prachtstraße, wie das Barockhaus Maxplatz 8 mit dem schönen Wappen der Freiherren von Schaumburg beweist.

Nach dem Abbruch der alten Martinskirche in der Säkularisation wurde der so entstandene freie Platz 1806 nach dem ersten bayerischen König und neuen Bamberger Landesherrn Max I. Joseph benannt. Das auf dem Platz aufgestellte Brunnendenkmal dieses Königs schuf 1888 Ferdinand von Miller. Nach der Verengung an der Ecke des Spitalkomplexes öffnet sich die Straße zum Grünen Markt. Sein barockes Schaustück ist die Fassade der ehemaligen Jesuitenkirche, die 1690 von Georg Dientzenhofer und seinem Bruder Johann Leonhard errichtet wurde. Die mächtige Fassade wirkt durch die starke plastische Gliederung, das Figurenprogramm in den Nischen und das dadurch hervorgerufene Licht- und Schattenspiel zu allen Tageszeiten. Im Inneren erinnert die Kirche an Il Gesù in Rom und St. Michael in München. Die Konsekration der Kirche erfolgte 1693; nach der Auflösung des Jesuitenordens 1773 blieb sie zunächst Universitätskirche. Als die Universität im Zusammenhang mit der Säkularisation aufgehoben und die alte

Martinskirche abgebrochen wurde, übernahm sie deren Patrozinium und die Aufgabe der Pfarrei. Der früher zwischen dem Katharinenspital und der Jesuitenkirche stehende barocke Gasthof „Bamberger Hof" wurde 1908 abgerissen und durch den Bau des Großkaufhauses Tietz (heute: Karstadt) nach den Plänen des Architekten Kronfuß ersetzt. Die der Kirche gegenüberliegenden Großbürgerhäuser stammen im Kern meist aus dem 15. und 16. Jahrhundert, sie haben im 19. und 20. Jahrhundert aber neue Fassaden erhalten. Zum barocken Programm am Grünen Markt gehört noch der Neptunsbrunnen, den die Bamberger „Goblmoo" (= Gabelmann) nennen.

Die Au

Das Gebiet zwischen dieser Stadtachse, der Kapuzinerstraße und dem Graben ist vor allem durch die Bauten der Universität und des Instituts der Englischen Fräulein geprägt. Ursprünglich hieß dieses ganze Gebiet „Die Au". Mit diesem Namen wurden im Mittelalter vom Flusswasser umspülte und bei Hochwasser überflutete Inseln mit Buschwerk und niederem Baumbestand bezeichnet. Heute trägt nur noch die Straße zwischen Grünem Markt und Kapuzinerstraße diesen Namen. Der Übergang von der Unteren Brücke zu diesem Gebiet hieß ursprünglich „Bei den Greden" – nach den Stufen (gradus), die hier zu Hafen und Fluss hinunterführten –, später nach dem Kran an diesem Hafen „Platz am Kranen". Hier wurden Schiffe be- und entladen und Waren umgeschlagen, hier boten die Fischer ihren Fang feil und arbeitete eine Fischmühle. Am und über dem Fluss stand das Schlachthaus. Heute dient der behäbige Barockbau mit dem steinernen Ochsen in der Fassade, ergänzt durch einen Neubau, den Fächern Archäologie und Geographie und einer Teilbibliothek der Universität Bamberg als Heimat. Die Universität nutzt mit Hörsälen und Übungsräumen auch das „Hochzeitshaus" der Stadt, das 1603 anstelle des Wirtshauses „Zum Wilden Mann" als Festhaus der Stadt errichtet worden war. Am Rückgebäude zur Austraße hin erinnert eine Tafel an einen Aufenthalt Albrecht Dürers im Jahre 1520 in

ABB. 146: MARKT AUF DEM MAXPLATZ

ABB. 147: INNENHOF DER THEOLOGISCHEN FAKULTÄT

diesem Wirtshaus. Im Haus Obstmarkt 5 befand sich die Werkstätte der Buchdrucker Pfeil und Sensenschmidt, die dazu beitrugen, dass Bamberg – nach Mainz – zu einem frühen Zentrum der Druckkunst wurde.

Die Geschichte der Häuser in der Austraße lässt sich meist bis in das 13. und 14. Jahrhundert zurückverfolgen. Sie trugen klangvolle Namen und hatten entsprechende Hauszeichen. In der vorderen Austraße häuften sich im Mittelalter die Gaststätten und die Läden der Schuhmacher. Heute wird die Austraße von vorwiegend dreigeschossigen, traufseitigen Bürgerhäusern des 18. und 19. Jahrhunderts geprägt, die durch versetzte Baufluchten, unterschiedliche Traufhöhe und vorspringende Obergeschosse ein sehr abwechslungsreiches Bild bieten. Der monumentale Eckbau des ehemaligen Jesuitenkollegs, der späteren Universität, schließt die Austraße nach Norden optisch ab. Die Kolleggebäude werden von der theologischen Fakultät genutzt. Als Vorläufer dieses Kollegs war hier

1586 von Fürstbischof Ernst von Mengersdorf das „Collegium Ernestinum" mit angeschlossenem Gymnasium errichtet worden, das auch noch Räume des damals hier befindlichen Karmelitenklosters benötigte. In den Jahren 1611/13 übernahmen die nach Bamberg berufenen Jesuiten diese Bildungseinrichtung und bauten das Gymnasium auf dem Gelände des Burgershofes, des Bauhofes der Stadt, weiter aus. Die Aula der Schule wurde bis zum Neubau der Bibliothek im Burgershof als Teilbibliothek für Germanistik und für alte und neue Sprachen der Universität verwendet. Von den ursprünglichen Zierformen des Baues hat sich nur das Portal aus dem Jahr 1613 erhalten. Der im 18. Jahrhundert errichtete Gebäudeteil beherbergte bis zur Wiederbegründung der Universität das „Alte Gymnasium"; heute nutzt es ebenfalls die Universität, einschließlich aller Nebengebäude des Burgershofes.

Das „Collegium Ernestinum" wurde am Ende des Dreißigjährigen Krieges durch Fürstbischof Melchior

Otto in eine Akademie umgewandelt, die nach ihrer Bestätigung durch Papst und Kaiser 1648 die Vorlesungs- und Ausbildungsaufgaben in der theologischen und philosophischen Fakultät aufnehmen konnte. Zur Zeit der Schönborn-Bischöfe entstand in den Jahren 1696 bis 1735 das heute noch erhaltene Kolleggebäude durch Werkleute des Jesuitenordens und durch den Bamberger Baumeister Konrad Fink. Die einzelnen Flügel gruppieren sich um einen etwa rechtwinkligen Innenhof, dessen Schmalseiten Pfeilerarkaden schmücken. Der Chorturm der Jesuitenkirche ragt in diesen Innenhof hinein. Durch die Errichtung einer juristischen (1735) und einer medizinischen Fakultät (1746) wurde die Akademie zur Volluniversität ausgebaut und nach der Auflösung des Jesuitenordens 1773 in diesem Rang bestätigt. Der bedeutende Sozial- und Schulbischof Franz Ludwig von Erthal (1779-1795) verfügte 1789 nach Zusammenlegung der Hofbibliothek mit der ehemaligen Jesuitenbibliothek die Errichtung einer Universitätsbibliothek und ein Jahr später die Gründung eines Naturalienkabinetts, die in ihrer ursprünglichen Anlage im Nordflügel des Kolliengebäudes an der Fleischstraße weitgehend erhalten geblieben sind. Der „Vogelsaal" des Naturalienkabinetts gehört zu den schönsten klassizistischen Museumsräumen in Deutschland. Das Naturkundemuseum zeigt nach seiner Renovierung und Neueröffnung sehenswerte Sammlungen zur Geologie und zu Flora und Fauna des Bamberger Raumes, aber auch naturwissenschaftliche Sonderausstellungen von überregionaler Bedeutung.

Englisches Institut und Umgebung

Zwischen Holzmarkt und Vorderem Graben liegt im Nordteil der inneren Inselstadt das Institut der Englischen Fräulein. Nachdem Fürstbischof Lothar Franz von Schönborn 1716 die Niederlassung des Schulordens genehmigt hatte, kam ein Jahr später Anna von Rehlingen mit sechs Schwestern aus der Augsburger Niederlassung und begründete eine Elementarschule für Mädchen, eine Sonntags-, eine Handarbeitsschule und auch ein Pensional. Die Institutskirche wurde 1727 eingeweiht, der Klosterbau am Holzmarkt 1736 errichtet. Die in den Klosterflügeln am Holzmarkt ein-

bezogene Kirche „Zur Heiligsten Dreifaltigkeit" ist ein Saalbau; der Stuck stammt vermutlich von F. J. Vogel. Nach der Säkularisation und in der Zeit des Nationalismus war der Schulbetrieb zeitweise eingestellt; heute gehört das Institut mit Realschule und Gymnasium und über 1 200 Schülerinnen zu den meistbesuchten Schulen Bambergs. Der heutige Heumarkt, der sich nach kleiner phonetischer Umdeutung im 19. Jahrhundert aus dem alten „Seumarkt" entwickelte, ist heute ein verkehrsberuhigter Teil der Fußgängerzone. Hier fand die Skulptur „Liegende mit Frucht" von Fernando Botero Aufstellung, mit der 1997 der Bamberger Skulpturenweg eröffnet wurde.

Zwischen Zentrum und Stadtgraben

Zwischen dem Institut, dem Maxplatz und der spätmittelalterlichen Stadtmauer liegt ein kleinteiliges, mit kleinbürgerlichen Wohnhäusern bestandenes Stadtviertel, das mit seinen rechtwinkligen Straßen und Gässchen noch die planmäßige Stadterweiterung des 14. Jahrhunderts erkennen lässt. Die Frauenstraße als die mittlere der drei Gassen dieses Viertels erhielt ihren Namen durch das städtische Freudenhaus, das dort 1456 eingerichtet worden war (Frauenstr. 31). Wertvolle Bausubstanz aus der Entstehungszeit weist das bescheidene, aber gut sanierte Handwerkerhaus Frauenstraße 29 auf, das heute, wie viele andere Gebäude in dieser Straße, zum Schülerinnenheim des Englischen Instituts gehört. Die Häuser im Hinteren Graben, die meist noch auf der im Untergrund erhaltenen Stadtbefestigung aufsitzen, sind ein gutes Beispiel für die Stadtsanierung des 19. Jahrhunderts.

Häfnerviertel und Garküchen

Das Gebiet zwischen der Hauptachse, der Promenade und der Langen Straße wird durch die Keßlerstraße und die Franz-Ludwig-Straße erschlossen. Die Keßlerstraße beginnt am südlichen Teil des Grünen Marktes und führt in leichtem Bogen zur Franz-Ludwig-Straße. Ihr Name ist seit 1311 überliefert und deutet wohl auf die früher dort ansässigen Kesselschmiede hin. Das Straßenbild ist heute vorwiegend durch dreigeschossige Häuser aus der Zeit des späten 18. Jahrhunderts geprägt. Am „Haus zum Kamel" (Keßlerstr. 9) hat sich noch ein schönes Exemplar der früher viel häufigeren Hauszeichen aus dem 16. Jahrhundert erhalten. Aus der gleichen Zeit stammt das Haus Keßlerstr. 14, dessen Fassade um 1720 vermutlich von J. Dientzenhofer erneuert wurde. Viele Häuser der Straße waren im 18. und 19. Jahrhundert in jüdischem Besitz; ab dem 15. Jahrhundert befand sich hier auch eine Judenschule und die nicht mehr erhaltene zweite Synagoge Bambergs (Keßlerstr. 11, 13 und 15). Bei den Vorbereitungen für den Durchbruch einer Einkaufspassage wurden die Reste der „Mikwe", des Ritualbades des jüdischen Viertels, freigelegt. Über die Hellerstraße hat die Keßlerstraße eine Verbindung zur Langen Straße. Im Eckhaus Hellerstraße 1 befand sich früher das Lochgefängnis der Stadt; viele Häfner hatten früher in dieser Gegend ihr Anwesen. Das Haus Franz-Ludwig-Straße 6 ist ein letzter Rest der ehemaligen Häfner- und Altmacherläden in dieser

Straße. Die Franz-Ludwig-Straße, die heute den Grünen Markt mit der Promenade verbindet, war früher eine Sackgasse mit vielen Garküchen; an ihrem Ende an der spätmittelalterlichen Stadtmauer wurde 1627 das berüchtigte Hexengefängnis („Trudenhaus") erbaut. Der Fürstbischof sandte 1631 einen Kupferstich von diesem Gefängnis an den Kaiserhof mit dem Vermerk, dass diese Darstellungen guten Absatz fänden und dass viele Fremde den „schönen Bau" besichtigt hätten.

Lange Straße und Nebenstraßen

Die am Obstmarkt beginnende und bis zum Schönleinsplatz führende Lange Straße ist – noch vor dem Grünen Markt – die älteste Hauptstraße durch die erste befestigte Marktsiedlung. Das Langgasser Tor wird 1312 erstmals urkundlich erwähnt. Vielleicht war diese Straße sogar der älteste Markt auf der Insel; er

ABB. 148: ÄLTESTE HAUPTSTRASSE DER INSELSTADT - LANGE STRASSE

wurde aber bald vom Grünen Markt in seiner Bedeutung überholt, da dieser die bessere Anbindung zur Nord-Süd-Fernstraße hatte. Im Mittelalter waren auch nur die Häuser am Beginn der Straße – so wie alle am Grünen Markt – dreigeschossig. Die Gasthöfe „Sternla" (Lange Straße 46) und „Messerschmitt" (Lange Straße 41) erinnern noch an die alte Bebauungshöhe. An den schmalen Grundrissen ist der mittelalterliche Kern dieser Straße noch erkennbar, die Häuser wurden aber auch hier im 18. Jahrhundert um- und aufgebaut. Sehr repräsentativ am Anfang der Straße ist das „Haus zum Saal" (Lange Straße 3). Es ist im Kern noch spätgotisch, wurde aber zum barocken Adelspalais umgebaut. 1813 befand sich darin der Sitz einer Bamberger Lesegesellschaft, des „Neuen Museums". Eine Tafel über dem Portal erinnert an den Aufenthalt des Feldherrn Wallenstein 1632 in diesem Haus. Auch das „Steinerne Haus" (Lange Straße 8) zeigt trotz der barocken Fassade am spitzbogigen Eingangsportal

und am Giebel den gotischen Kern. Viele Gebäude dieser Straße waren früher Gasthöfe, so auch das Doppelhaus „Zum Blauen Löwen" und „Zum Goldenen Löwen" (Lange Straße 13). Eine Tafel weist darauf hin, dass in diesem Haus die von E.T.A. Hoffmann so geliebte und verehrte Julie Marc von 1796 bis 1812 lebte. Ihr Onkel, Dr. Adalbert F. Marcus, Leibarzt des Fürstbischofs Franz Ludwig von Erthal und Direktor des Allgemeinen Krankenhauses, wohnte gleich nebenan, im Haus Lange Straße 27, dem Geburtshaus des Bamberger Humanisten Joachim Camerarius (1500–1574). Dieses Haus musste leider dem Neubau einer Sparkasse weichen. Den Abschluss der Langen Straße bildete das Langgasser Tor, das 1701 durch einen barocken Neubau ersetzt und 1809 ganz beseitigt wurde. Links vor diesem Tor hatte 1739 J. J. M. Küchel sein Wohnhaus im Stil eines französischen Rokokopalais errichtet. Auf der anderen Seite stand an der Stelle der neubarocken „Bayerischen Vereins-

ABB. 149: LANGGASSKASERNE UND „WEINWIRTHSCHAFT MESSERSCHMITT", 1892

ABB. 150: „HAUS ZUM ELEFANT", GENERALSGASSE

ABB. 151: „HAUS ZUM KAMEL", KESSLERSTRASSE

bank" die von Balthasar Neumann erbaute Langgaßkaserne.

Von der Langen Straße bis zum Zinkenwörth erstrecken sich unterschiedliche Stadtviertel. Das Gebiet südlich der Langen Straße bis zur älteren Stadtbefestigung an der Habergasse wies im Mittelalter Rückgebäude und Gärten auf. Der Nonnengraben lieferte das Brauchwasser für die spätmittelalterlichen Rückgebäude der Oberen Brücke, deren Lauben heute einen sehr malerischen Anblick bieten. Die Generalsgasse, die die Lange Straße mit dem Zinkenwörth verbindet, wurde erst 1475 angelegt und hieß bis ins 19. Jahrhundert hinein Neue Straße. Das Eckhaus zur Habergasse zeigt mit seinem Elefanten und der Inschrift zum Erbauungsjahr 1582 wieder eines der typischen Bamberger Hauszeichen. Den Nonnengraben nutzte der Ludwig-Donau-Main-Kanal (1840) zur Umgehung des Mühlenkomplexes am linken Regnitzarm. So entstand eine bescheidene Hafenanlage mit Läden, Kränen und Verwaltungsgebäuden. Dem „Elefantenhaus" gegenüber, in der Generalsgasse 15, lagen eine Judenschule und die dritte Bamberger Synagoge; die in der Hellergasse war im 15. Jahrhundert aufgegeben worden. Der schlichte Rechteckbau der Synagoge von 1853 nahm mit seinen Rundbogenfenstern und anderen romanisierenden Formen stilistische Anleihen beim damals gerade purifizierten Bamberger Dom auf. Da diese Synagoge mit dem Neubau der großen Synagoge in der Herzog-Max-Straße ihre Funktion verloren hatte, verkaufte man sie mit der Judenschule im Vorderhaus an einen Verlag, der eine Druckerei

einrichtete. 1985 wurde der ganze Komplex wegen des Neubauprojekts „Theatergassen" abgerissen.

Zinkenwörth

Am Schnittpunkt der Generalsgasse mit der Habergasse beginnt der Zinkenwörth, früher ein Vorstadtgebiet, dessen Zentrum der heutige Schillerplatz bildete und das bis ins 18. Jahrhundert eine gewisse gemeindliche Eigenständigkeit bewahrte. Auch hier wurden die mittelalterlichen zweigeschossigen Häuser im 18. und 19. Jahrhundert aufgestockt und teilweise neu erbaut und erhielten entsprechende barocke oder historisierende Fassaden. Am Übergang zum Schillerplatz stand einst das Gasthaus „Zur weißen Taube", das von 1938 bis 1942 die letzte Station der Bamberger Juden vor der Deportation war. Der angerartige, nach Süden in Dreiecksform sich erweiternde Schillerplatz blieb in seiner mittelalterlichen Form weitgehend erhalten, wurde aber zu Beginn des 19. Jahrhunderts durch einen Brunnenobelisken, gärtnerische Anlagen und eine vorspringende Baufluchtt beim Theatergebäude zu einem städtischen Platz aufgewertet. Ein dominierendes Element an der Südseite ging 1938 durch den Abbruch der Kirche des Klarissenklosters verloren. Heute steht an dieser Seite das Mansarddacheckhaus Nonnenbrücke 1 im Vordergrund, das sich 1736 der Baumeister Justus Heinrich Dientzenhofer errichten ließ. An der Stelle der Gaststätte „Schillerplatz" befand sich bis 1806 die Kanzlei

ABB. 152: E.T.A.-HOFFMANN-THEATER AM SCHILLERPLATZ

des Kantons Gebürg der fränkischen Reichsritterschaft. Die Westseite des Platzes ist durch eine geschlossene Reihe bürgerlicher Wohnhäuser geprägt, die meist in der Barockzeit umgestaltet wurden. In einem der kleineren Häuser am Südende dieser Platzwand (Schillerplatz 26) wohnte E.T.A. Hoffmann von 1808 bis 1813. Es ist heute als sein Museum eingerichtet. An der Ostseite des Platzes, im Anschluss an das ehemalige Stadtpolizeigefängnis aus dem 18. Jahrhundert, springt die Bauflucht vor die Linie der mittelalterlichen Bebauung. Die ursprüngliche Baulinie zeigt noch Schillerplatz 9, heute der Sitz der Schutzgemeinschaft „Alt-Bamberg". Auf dem Grundstück des „Hauses zur Rose" ließ 1802 Julius Reichsgraf von Soden das Harmoniegebäude, das Theater und die Gaststätte „Theaterrose" errichten. Die erste Aufführung im neuen Theatergebäude fand 1808 unter der Leitung des neu engagierten Musikdirektors E.T.A. Hoffmann statt. Im Harmoniesaal tagte von Mai bis August 1919 der bayerische Landtag, der sich mit der Regierung Hoffmann nach der Ausrufung der Räterepublik in München nach Bamberg zurückgezogen hatte. In den Harmoniesälen entstand die „Bamberger Verfassung" des Freistaates Bayern vom 14. August 1919. Zwischen 1999 und 2003 wurde das Theater vollständig saniert und modernisiert. Heute präsentiert es sich mit neuem Haupteingang, der nach Westen auf den E.T.A.-Hoffmann-Platz orientiert ist.

Horst Miekisch

3.2 Von der Fischerei zum Abtswörth

Abtswörth, Fischerei, Klein-Venedig

Die Regnitz hatte ursprünglich nicht das Aussehen eines nach heutigen Maßstäben schiffbaren Flusses, man muss sich vielmehr einen natürlichen, unregulierten Flusslauf vorstellen, ein Gewässer mit vielen Untiefen und Sandbänken, mit extrem schwankendem Wasserstand (sommerlichem Niedrigwasser und gewaltigen Fluten nach Unwettern oder der Schneeschmelze), wobei sich auch das Flussbett immer wieder ändern konnte und so einzelne aus dem Wasser herausragende Inseln entstanden. Nach und nach griff der Mensch dann regulierend in diese Wasser- und Auenlandschaft ein, um genügend Wasser für Mühlen aufstauen zu können, um Schiffe als Transportmittel für dringend benötigte Güter nutzen zu können und schließlich auch um die Stadt vor der ständigen Hochwassergefahr zu schützen. Letzteres

ABB. 153: FISCHEREI UND ABTSWÖRTH, AUSSCHNITT, ZWEIDLER-PLAN, 1602

ist jedoch in Bamberg jahrhundertelang in nur geringem Maße gelungen – wie die vielen Hochwassermarken an den Bürgerhäusern noch heute zeigen. In Bamberg gibt es einige Straßennamen und Viertelbezeichnungen, die mit „-wörth" enden, ein Hinweis auf eine ursprüngliche Insellage. Die Bezeichnung „Abtswörth" wird man heute jedoch vergeblich auf dem Stadtplan Bambergs suchen. Der Name kommt gegen 1300 erstmals nachweisbar in Quellen vor und bezieht sich auf das Gebiet gegenüber dem Sand am anderen Flussufer. Eine Zeitlang trug auch die heutige Kapuzinerstraße den Namen „Abtswörth". Das als „insula abbatis" bezeichnete Gebiet – vom heutigen Kranen flussabwärts sowie um die Kapuzinerstraße und Weide – war zunächst durch einen Nebenarm der Regnitz von der übrigen „Inselstadt" abgetrennt. Der Arm zweigte am Kranen von der Regnitz ab und verlief zwischen Au- und Kapuzinerstraße zum Holzmarkt, dann weiter über die Weide, um sich schließlich wieder mit der Regnitz zu vereinigen. Erst wenn man um diese heute nicht mehr offen zutage tretende Insellage weiß, wird verständlich, warum dieses Gebiet eine eigenständige Geschichte und Entwicklung aufweist.

Der Abtswörth hatte seine Bezugspunkte zunächst auf das jenseits des linken Regnitzarmes gelegene Berggebiet ausgerichtet. So zeigt sich schon beim Namen die Zugehörigkeit zum Einflussbereich des Benediktinerklosters St. Michael. Das Kloster hatte weit reichende Rechte und Besitzungen auf der Insel, sodass anzunehmen ist, dass das Gebiet Teil vom Ausstattungsgut des 1015 gegründeten Klosters war. Hiermit enden die Beziehungen zum anderen Flussufer aber keineswegs, denn bis zur Säkularisation gehörte der Abtswörth zum Kirchensprengel der „Oberen Pfarre" – woran auch die direkte Nachbarschaft zu (Alt-)St. Martin, der „Unteren Pfarrei", nichts änderte. Das Gebiet lag – zunächst von Wasserläufen eingeschlossen und damit recht isoliert – außerhalb der ersten Stadtbefestigung und wurde als Viehweide, Ackerland und Anbaufläche genutzt. Ab dem 13./14. Jahrhundert ist die Besiedlung quellenmäßig belegbar. Die Grundstücke zur Bergseite waren meist als Erbzinslehen vom Kloster St. Michael vergeben worden, sie befanden sich größtenteils im Besitz des Klosters. Die andere Seite rechts der heutigen Kapuzinerstraße dagegen

ABB. 154: FISCHERSIEDLUNG KLEIN-VENEDIG

war durchwegs im Besitz anderer Lehensträger oder freies Eigentum.

Der Nebenarm der Regnitz als ursprüngliche Begrenzung zur Inselstadt wurde ab dem Holzmarkt für die erste Stadtbefestigung umgeleitet. Der so abgekappte Wasserlauf verlandete allmählich, und auch der Bereich ab dem Kranen wurde im 18. Jahrhundert trockengelegt. Nachdem sich das Stadtzentrum und alle wichtigen Funktionen, z. B. Rathaus, Markt, Kaufmannssiedlung, immer mehr vom Sand weg auf die gegenüberliegende Flussseite verlagerten und ebenso der Hafen der Stadt Am Kranen ein wichtiger Handels- und Verkehrsknotenpunkt wurde, gewann auch der Abtswörth an Bedeutung. Die Insel wurde schließlich durch den Bau der Stadtbefestigung und des Stadtgrabens um die Mitte des 15. Jahrhunderts teilweise in das Stadtgebiet integriert. Der Verlauf der Stadtmauer, der noch heute durch den Straßenzug Hinterer Graben erkennbar ist, teilte den Abtswörth in zwei Hälften, wobei der nördliche Teil bis 1805 nur

mehr über die Kleberstraße zugänglich war. Erst mit der Aufgabe und Verfüllung des Stadtgrabens im 19. Jahrhundert wurde die natürliche Verbindung zum nördlichen Inselbereich wiederhergestellt; eine Bebauung dort erfolgte dann auch relativ spät im Zuge der nördlichen Stadterweiterung des 19. Jahrhunderts.

Färber, Fischer und Schiffer

Beschränken wir uns nun auf das Gebiet, das vom Kranen ausgehend durch die heutige Kapuzinerstraße und die Fischerei gebildet wird. Beim Abtswörth handelt es sich um ein Gebiet, das durch Handwerker und kleine Leute geprägt wurde. Insbesondere Berufsgruppen, für die der Fluss Lebensgrundlage und Ernährungsquelle zugleich war, ließen sich in dieser Gegend nieder. So konzentrierten sich im 15. Jahrhundert die Färber im Bereich der Kapuzinerstraße. Da in dieser Zeit die Lebensbereiche Arbeiten und Wohnen noch nicht in der Form voneinander getrennt waren, wie wir dies heute kennen, prägten bestimmte Arbeitsabläufe und Vorrichtungen die Architektur der Handwerkshäuser; sie durften auch nach außen sichtbar werden. Erst später – besonders in der Barockzeit – wurden die funktionsabhängige Architektur verpönt und die Arbeitseinrichtungen hinter einheitlichen Wohnfassaden versteckt. Doch zurück zu den Färbern. Der Färbevorgang machte eine Feuerstelle mit großen Kesseln zum Kochen der Stoffe und Garne nötig, dann wurde das gefärbte Gut in fließendem Wasser gespült und schließlich zum Trocknen auf großen Flächen ausgebreitet und auf Trockenroste gespannt. Und so prägte dieses Gewerbe mit Sicherheit auch das Aussehen der Häuser im Abtswörth. Allerdings konnte sich das Färberhandwerk nicht allzu lange behaupten, es verschwand im Laufe der folgenden Jahrhunderte fast ganz aus der Stadt. Mit der Errichtung allgemeiner Manufakturen wurde auch ein bislang nicht lokalisiertes bischöfliches Färbehaus in Bamberg errichtet. 1689 erging ein Erlass des Bischofs, dass nunmehr alle Färberei dort vonstatten gehen solle. Ob dies dem Handwerk vollends den Todesstoß versetzte, müsste noch eingehend untersucht werden. Im Abtswörth zumindest ist von diesem Gewerbe und seinen charakteristischen Häusern heute nichts mehr sichtbar.

Eine andere Berufsgruppe aber hat bis heute dem Stadtviertel seinen prägenden Stempel aufgedrückt: die Fischer. Nach ihnen wurde der Straßenzug benannt, der von der Kapuzinerstraße links abzweigt (im 15. Jahrhundert als „Gäßlein zum Goldschmiedts Hof" bezeichnet) und dann parallel der Regnitz bis zum einstigen Stadtgraben verläuft. Die „Fischerei" ist bei Einheimischen wie Bamberg-Besuchern besser bekannt unter dem Namen „Klein-Venedig", der sich auf die malerische Lage der Häuser mit Laubengängen, hölzernen Galerien und romantischen Vorgärtchen direkt am Fluss bezieht. Bei aller Romantik sollte man aber nicht vergessen, dass die früheren Bewohner durch harte Arbeit als Fischer ihren Lebensunterhalt verdienen mussten und dass das Leben am Fluss allerlei zusätzliche Gefahren mit sich brachte.

ABB. 155: SCHIFFSANLEGESTELLE AM KRANEN, 1886

ABB. 156: INNENHOF KAPUZINERSTRASSE 1

Hochwasser, Eisgang, Ungeziefer und feuchtes Mauerwerk seien hier nur exemplarisch genannt.

Regnitz und Main boten mit ihren fischreichen Gewässern die Grundlage für erste Fischersiedlungen unterhalb der Babenberger Burg. Bis ins 19. Jahrhundert blieben die beiden Flüsse frei von künstlichen Staustufen oder Schleusenanlagen, so konnten sogar Lachse, Aale und der Stör von der Nordsee in unsere Gegend kommen, um zu laichen. Bis zu 25 Fischarten und das Vorkommen von Flusskrebsen sorgten für einen recht abwechslungsreichen Speiseplan. Die Fischereihoheit im Bamberger Raum hatte allein der Fürstbischof inne. Er vergab die Fischrechte als Lehen und erließ Pflegeordnungen und spezielle Mandate, die sich vor allem mit dem Verbot bestimmter Fanggeräte oder Vorkehrungen, der Einhaltung von Schonzeiten, Größenvorgaben beim Fischverkauf etc. befassten. Mit dem Erstarken der Städte schlossen sich die einzelnen Handwerker zu losen Vereinigungen zusammen, um so durch gemeinsames Wirtschaf-

ten Vorteile zu erzielen und ihre Ansprüche gegenüber dem Stadtoberhaupt besser durchsetzen zu können. Ihre Zusammenkünfte und Versammlungen fanden in den so gen. Trinkstuben statt, den Vorläufern der Zunfthäuser. Die Trinkstube der Bamberger Fischer lag schon Anfang des 14. Jahrhunderts im Sandgebiet (heute: Sandbad 33), das bis ins 16. Jahrhundert noch „Fischergasse" bzw. „Unter den Fischern" genannt wurde. Die Fischer und Schiffer schlossen sich in einer gemeinsamen Zunft zusammen, da sich ihre Arbeitsbereiche in vielen Teilen überschnitten, z.B. beim Fischtransport oder den Marktgepflogenheiten. Leider ist ein Gründungsdatum für die Bamberger Fischer- und Schifferzunft nicht überliefert. Man kann davon ausgehen, dass schon Anfang des 14. Jahrhunderts eine Zunft bestand. Aber erst mit der Umsiedlung der Fischer vom linken an das rechte Ufer des linken Regnitzarmes wird die Quellenlage besser. 1463 kauften die Viermeister der Zunft das Haus und Grundstück im Abtswörth (heute: Kapuzinerstr. 5), welches sich heute noch im Besitz der Zunft befindet. Die Fischerei war bis zur Mitte des 16. Jahrhunderts nicht nur den Berufsfischern erlaubt, sondern auch die Bürger durften ihren Speiseplan durch die Fische aus den fürstbischöflichen Gewässern aufbessern. Mit dem Verbot des zinsfreien Angelns nahm dann die Schwarzfischerei immer mehr zu. Die Zünfte sahen sich genötigt, mehrmals gegen diese Schädigung ihres Berufsstandes vorzugehen, wie eine Reihe von Beschwerdegesuchen beim Fürstbischof bezeugt. Aufgrund dieser Beschwerden wurden dann häufig neue Mandate erlassen. Aus diesen ist ersichtlich, dass die Schwarzfischer Tag und Nacht aktiv waren, selbst an Sonn- und Feiertagen während der Gottesdienste ausfuhren und verbotene Fanggeräte und -methoden anwandten. So ist z. B. vom Fischfang mit so gen. Zauber- oder Kunstkügeln die Rede. Dabei wurden die Früchte eines indischen Strauches zerrieben, zusammen mit Brot zu Kügelchen gedreht und dann ins Wasser geworfen. Die Frucht hatte eine betäubende Wirkung auf die Fische, die dann mit der Hand gefangen werden konnten. Für die strenge Einhaltung aller Vorschriften unter den Berufsfischern sorgte die Zunft selbst.

In der ersten nachweisbaren Zunftordnung für die Bamberger Fischer aus dem Jahre 1590 und ihrer Erweiterung von 1685 kam es zu einer Neuordnung des Fischereiwesens. Die genauen Aufnahmebedingungen und Ausbildungsvorschriften für Gesellen und Meister wurden schriftlich fixiert, Rechte und auch Pflichten der Zunftmitglieder festgesetzt, ein Marktaufseher musste gewählt werden etc. Interessant sind hier vor allem die Voraussetzungen für die Aufnahme in die Zunft: Der Bewerber musste von ehelicher Geburt sein und ein ordentliches Zeugnis in Lesen, Schreiben und Religion vorweisen können. Erst dann durfte er zwei Lehrjahre bei einem Meister in der Stadt verbringen und anschließend als Geselle auf zweijährige Wanderschaft gehen. Nach einem weiteren Jahr beim Meister konnte er schließlich sein Meisterstück anfertigen: Ein spezielles Netz, der so gen. Garnhammer, musste geknüpft werden. Für die Jungmeister war die Teilnahme an großen Prozessionen, z. B. zu Fronleichnam, obligatorisch. Sie mussten für die bei dieser Gelegenheit auf dem Kopf getragenen Kränze

sorgen und bei Beerdigungen als Sargträger mitgehen. Aber auch die Zunft wurde dem Mitglied gegenüber in die Pflicht genommen. Sie hatte dem Ledigen eine Wohnstube zu stellen, die mit einer sorgsam aufgelisteten Reihe von Haushaltsgegenständen bestückt war.

Fischerhäuser

Die Bamberger Fischer siedelten sich aus rein praktischen Erwägungen im Sand, Mühlwörth und Abtswörth meist direkt unten am Flussufer an. Ganz allmählich gaben sie jedoch das Sandgebiet auf und bildeten im Abtswörth eine geschlossene Gemeinschaft. Größtenteils aus dem 18./19. Jahrhundert stammen die dort heute noch erhaltenen Häuser; teilweise reicht das Alter der Bausubstanz aber auch bis ins 15./16. Jahrhundert zurück, dies ist jedoch durch häufige Umbauten nicht mehr zu erkennen. Die ältesten Bauten zeigen eine eingeschossige Form und sind durch ihre hohen, steilen Dächer gekennzeichnet. Die Grundstücke der Bamberger Fischerhäuser im Abtswörth lassen sich bezüglich ihrer Bebauung und Größe in zwei Gruppen einteilen: Im Bereich der Kapuzinerstraße finden sich lang gestreckte, schmale Grundstücke, die bis zum Fluss reichen. Das Wohnhaus liegt oben an der Straße, dann schließt sich ein schmaler Innenhof z. T. mit Verbindungs- und Nebengebäuden an, am Fluss bildet ein Werkstattgebäude mit wasserseitigen Galerien den Abschluss. Dem stehen die Häuser in der Fischerei gegenüber. Hier sind die Grundstücke viel kleiner, der Wohn- und Arbeitsbereich ist unter einem Dach zu finden. Die Bamberger Fischerhäuser weisen einige Charakteristika auf, die sie als besonders praktisch für diesen Berufszweig auszeichnen und damit die Hausform prägten. Durch die direkte Lage am Fluss konnten die Fischer nach getaner Arbeit ihren Fang leicht heimbringen – ihre Arbeitsstätte lag unmittelbar vor der Tür. Sie konnten Fischkästen und -gruben nicht weit entfernt einrichten und dort ihren Fang lebend bis zum Verkauf aufbewahren. Ihre Boote, die schmalen, flachen Schelche, konnten sie am Haus festmachen und das Arbeitsgerät dort aufhängen. Die meisten Bauten dieser „Reihenhaussiedlung" hatten offene Hallen im Untergeschoss; es waren wohl Pfahlbauten, die im Wasser errichtet waren. Erst nachdem die Fischerei kein einträgliches Gewerbe mehr darstellte, wurden diese Hallen geschlossen und eine kleine Uferanlage in Form der Miniaturgärten vor der Siedlung am Fluss angelegt. Aber nicht nur durch dieses Gartenidyll wirkt die Wasserseite der Häuser heute so romantisch und malerisch, auch die Holzgalerien tragen zu diesem Eindruck bei. Dabei hatten diese ursprünglich offenen Laubengänge einen rein funktionalen Zweck und waren nicht etwa als Hausschmuck oder Balkone für gemütliche Betrachtungen am Abend gedacht. Sie dienten den Fischern vielmehr als Trockengalerien zum Aufhängen der Netze. Da die Wohn- und Arbeitsverhältnisse im Abtswörth sehr beengt waren und auch keine ausreichenden Uferstreifen existierten, wurden Reparaturen, Flickarbeiten und das Trocknen der Netze auf den Galerien durchgeführt. Aber auch für ein Geschäft ganz anderer Art waren diese früher an das Wasser reichenden Balkone geeignet: Man baute vielfach einfache Abtritte am Ende des Ganges ein; ein „Locus" dieser Art machte das leidige Entleeren von Nachttöpfen überflüssig.

Aus der Reihe der Fischerhäuser stechen zwei Gebäude hervor, die besondere Merkmale aufweisen.

Auffallend an dem dreiteiligen, im Kern aus dem 17. Jahrhundert stammenden Fachwerkbau am Ende der Häuserzeile (Fischerei 43) kurz vor der Markusbrücke ist eine große rechteckige Tordurchfahrt, die sich zum Wasser hin öffnet. Diese Einfahrt ist der Hinweis auf die ursprüngliche Funktion des Bauwerks: Bevor die Markusbrücke 1887 errichtet worden war, wartete hier nämlich ein Fährmann auf den Ruf „Hol über", mit dem die Kunden ihrem Wunsch überzusetzen Ausdruck verliehen. Auf diese Weise konnte man sich den Weg über die Brücken am (Alten) Rathaus ersparen. Und da dies die nächste Verbindung zwischen den beiden nördlichen Stadtteilen war, hatte der Fährmann wohl sein Auskommen. Bereits im 15. Jahrhundert ist von der „Überfahrt" die Rede, später wurde dann das „Überfahrhaus" errichtet, in dem der städtische Fährmann auch Wohnung bezog. Ein anderes offensichtlich nicht als Fischerhaus konzipiertes Bauwerk ist als Hinterhaus des Anwesens Kapuzinerstraße 9 am Wasser entstanden. Es handelt sich dabei um ein Sommerhäuschen, das der Vizedomamt-Sekretär und Landgerichtsassessor Balthasar Sauer 1761/62 auf seinem Grundstück errichten ließ und für das möglicherweise Johann Jakob Michael Küchel

ABB. 157: VOR DEM BAU DER MARKUSBRÜCKE UNERLÄSSLICH – ALTES ÜBERFAHRHAUS (VIERTES VON LINKS)

den Plan zeichnete. Ob dieses Haus tatsächlich als Zollhaus genutzt wurde, lässt sich nicht belegen; mit Sicherheit ließ aber der Herr Landgerichtsassessor nicht nur romantische Kahnpartien von hier aus starten, sondern er wusste die Flusslage sehr wohl praktisch zu nutzen, indem er eine Fischgrube mit anlegen ließ. Macht man heute einen Spaziergang durch die Fischerei

ABB. 158: AM KRANEN, IM HINTERGRUND EHEMALIGES SCHLACHTHAUS

und die Kapuzinerstraße am Abtswörth, so wird man vielleicht etwas enttäuscht „Klein-Venedig" von hinten betrachten. Die Fassaden im Bereich der Kapuzinerstraße unterscheiden sich kaum von anderen Wohnhäusern und in der Fischerei sind sie äußerst einfach gestaltet. Dies wird verständlich, wenn man sich klar macht, dass der Lebens- und Arbeitsbereich auf das Wasser hin ausgerichtet war. Eine Entschädigung bieten aber kleine Entdeckungen wie das Sauer'sche Gartenhaus, das auch von der Straßenseite seine Wirkung nicht verfehlt, oder man betrachtet die verwinkelten, bisweilen verzwickten Grenzverläufe der Grundstücke und die dadurch bedingte eigenwillige Straßenführung, die zum Teil in engen Sackgassen endet.

Kranen und Kapuzinerstraße

Enttäuscht wird freilich aber jeder, der auf den Spuren E. T. A. Hoffmanns wandelnd jenes Kloster in B. aufsuchen möchte, in dem die „Elixiere des Teufels" gebraut wurden. Er wird zwar auf seiner Suche an derselben Stelle, an der das Kloster einst lag (Kapu-

zinerstr. 29), bei genügender Ausdauer auch Laboratoriumseinrichtungen entdecken, aber mit den „Elixieren des Teufels" hat dies nichts zu tun. Der Spurensucher befindet sich dann nämlich im Chemiesaal des Clavius-Gymnasiums, das heute anstelle des Kapuzinerklosters und seiner Kirche St. Heinrich und Kunigunde steht. Dieses Kloster, auf das E. T. A. Hoffmann Bezug nahm, wurde ab 1639 für die Kapuziner in der damals recht ruhigen Gegend errichtet. Heute erinnert nur mehr der Name „Kapuzinerstraße" an seine Existenz, denn mit der Säkularisation durften kei-

ABB. 159: OCHSEN-FIGUR AM SCHLACHTHAUS, 18. JH.

ne Einkleidungen von Mönchen mehr vorgenommen werden; das Kloster wurde aufgelöst und 1878 erfolgte der Abbruch der Anlage. Geht man vom Kranen durch die Kapuzinerstraße in Richtung Markusplatz, so scheint es kaum mehr vorstellbar, dass es sich bei dieser Straße einst um eine Wohnlage handelte, die für ein Kloster die nötige Ruhe bot. Heute zählt diese Teilstrecke des innerstädtischen Verkehrsringes zu einer der meistbefahrenen Straßen der Stadt. Nicht ganz unschuldig an diesem Umstand ist die Aufhebung des Stadtgrabens und Wiederanbindung des nördlichen Inselbereichs im 19. Jahrhundert. Zuvor war das Gebiet von der Bergseite her nur durch die schon genannte „Überfahrt" erreichbar oder über die Untere Brücke am Rathaus. Von der Inselstadt selbst führte der einzige Zugang lange Zeit über ein Torhaus an der Hasengasse. Dieses unterbrach wohl die erste Stadtbefestigung. Betrat man den Abtswörth von dort aus, so musste man über den begrenzenden Wasserlauf am Kranen übersetzen. Später wurde der Zugang durch einen hölzernen Steg und ab dem 15. Jahrhundert durch eine Steinbrücke erleichtert.

Die bessere Zufahrtsmöglichkeit war mit Sicherheit durch den Aufschwung bedingt, den der Kranen als Hafen- und Umschlagsplatz für Güter nahm. Die Lage am Zusammenfluss von Regnitz und Main förderte die Entwicklung und den Handel der Stadt schon im Mittelalter. Bereits 1062 werden in Quellen „mercatores bambergenses", unter königlichem Schutz stehende Kaufleute, genannt. Sie brachten ihre Waren wohl nicht nur auf dem Landweg in die Ferne, sondern nutzten auch den Fluss als Transportweg. Damit aber wurden die Flussschiffer als eigener Berufsstand für Bamberg sehr wichtig. Im Jahr 1157 beschwerten sich Bamberger Kaufleute und Bürger bei Kaiser Friedrich I. Barbarossa über die Vielzahl an Zollstellen zwischen Bamberg und Mainz. Nachdem keiner der Zolleinnehmer auf dem angesetzten Hoftag erschienen war, erklärte der Kaiser sämtliche Zölle mit wenigen Ausnahmen für aufgehoben. Dies bedeutete vor allem einen Vorteil für Bamberger Kaufleute und Schiffer, denn nun war die Frankfurter Messe als eine der größten Verkaufsveranstaltungen leichter erreichbar. Trotz aller Widrigkeiten bot der Transport- und Reiseweg zu Wasser nicht von der Hand zu weisende Vorteile: Die Schifffahrt ging im

Allgemeinen schneller, billiger und sicherer voran als ein Transport über Land. Insbesondere wenn man Massengüter wie Getreide, Wein, Salz oder Steine befördern wollte, war das Schiff dem Pferde- oder Ochsenfuhrwerk vorzuziehen. Besonders wenn man Holz über größere Entfernungen flussabwärts zu transportieren hatte, war der Kostenfaktor gering. Die Baumstämme wurden zu Flößen zusammengebunden und am Zielort einfach auseinandergenommen, um das Rohmaterial zu verkaufen. Der Flößer, der während der Fahrt in einer einfach gezimmerten, kleinen Hütte auf dem Floß lebte – und zur Gehaltsaufbesserung durchaus einen Reisenden mitfahren ließ –, kehrte dann auf dem Landweg nach Hause zurück. Für die Regnitz war diese Form der Schifffahrt nicht in demselben Maße von Bedeutung wie für den Main. Dort aber gehörten die Flöße – aus dem Frankenwald – zur Tagesordnung.

Die Boote, Lastkähne und Schelche, die in Bamberg anlegten, durften nur einen recht geringen Tiefgang haben, damit war auch ihre Ladekapazität begrenzt. Die Schiffe verließen die Stadt flussabwärts, indem man sie treiben ließ und zur Beschleunigung bei günstigem Wind manchmal Segel setzte. Der Schiffer steuerte dabei sein Boot mit Hilfe eines Stechpaddels vom Bug aus. Flussaufwärts dagegen war die Reisegeschwindigkeit um ein Vielfaches geringer. Es wurde mühsam gerudert, gesegelt oder getreidelt. Bei der Treidelschifffahrt liefen Pferde- oder Ochsengespanne, manchmal auch Menschen auf einem Pfad am Ufer entlang und zogen das Boot an einem Seil hinter sich her. Das Seil wurde am Mast befestigt, das Boot durch einen Steuermann auf Kurs gehalten. In Bamberg findet sich die Abbildung eines solchen Gespannes in Form eines Reliefs des 18. Jahrhunderts am Gebäude Kapuzinerstraße 1, und auch der Straßenname für den linken Uferweg „Am Leinritt" weist auf diese Art der Fortbewegung von Schiffen hin. Die Leinereiter wurden mit ihren Tieren unterwegs angeworben, wobei der vereinbarte Lohn erst am festgesetzten Ziel ausbezahlt wurde. Der Schiffer hatte Reiter und Gespann während der Fahrt zu verköstigen, die Zugseile zu stellen und in Ordnung zu halten. Manchmal lag ein Schiff aber auch lange Zeit fest, wenn kein Leinereiter angeworben werden konnte oder der Wasserstand nicht ausreichte.

ABB. 160: RELIEF MIT TREIDELSCHIFF, KAPUZINERSTR. 1, 18. JH.

bäude in der Austraße. Dort war einige Zeit das Gasthaus „Zum Wilden Mann" untergebracht, in dem Albrecht Dürer vor einer Reise nach Holland übernachtete. Es versteht sich von selbst, dass er hierzu den Wasserweg gewählt hat. Mit wachsender Bedeutung des Hafens erlebten auch die Gebäude einen Wandel: Aus dem einstigen Hinterhaus am Kranen wurde das Hauptgebäude, das man 1610 bis 1612 neu errichtete und das auch hinsichtlich der städtebaulichen Gestaltung neue Akzente setzte. Leider wurde durch einen Brand und durch Bombeneinwirkung im Zweiten Weltkrieg der Dachbereich weitgehend zerstört, der danach nur in vereinfachter Form wiederhergestellt worden ist. Heute befindet sich darin ein Teil der Universität Bamberg.

Man kann sich also vorstellen, dass das Schifferhandwerk mitunter recht mühsam war.

Trotzdem verstärkte sich der Handel, und der Kranenplatz, der zunächst auch als Fischmarkt genutzt wurde, veränderte sein Gesicht allmählich immer mehr. Anfangs legten die Boote hier an, indem sie auf Sand aufliefen, und es erfolgte die Be- und Entladung durch Träger. Der ursprüngliche Straßenname für diesen Hafenbereich „Uff der Greten" weist dann aber wahrscheinlich schon auf eine Uferbefestigung hin. Als „Grede" wurden Stufen bezeichnet, und so könnte dies der Hinweis auf eine abgetreppte Hafenmauer sein. Ab dem 15. Jahrhundert lassen sich erste Belege für die Existenz einer Hebevorrichtung, eines Kranichs, finden. Dieser wurde im Laufe der Zeit mehrmals ausgebessert, zerstört und wiederaufgebaut. Der Kranich, der schließlich um die Mitte des 19. Jahrhunderts durch die heute noch bestehenden Gusseisenkräne ersetzt wurde, war auch Namen gebend für den heutigen Platz („Am Kranen"). Um den Kranen herum entstanden schließlich Bauten unterschiedlicher Nutzung. So fanden sich dort Wirtshäuser, Verkaufshallen, das Schlachthaus und das so gen. Hochzeitshaus, ein öffentliches Fest- und Tanzhaus der Stadt. Das Grundstück des Hochzeitshauses gehörte zunächst als Hinterhaus-Bereich zu einem Ge-

Ebenfalls zur Universität gehört heute das ehemalige Schlachthaus in direkter Nachbarschaft. Das Bauwerk wurde mit Arkadenbögen direkt über das Wasser gebaut. Hier haben wir es mit äußerst praktischen Überlegungen bei der Standortwahl zu tun: Der Fluss konnte gleich die Abfälle und das Waschwasser wegschwemmen. Die Fischer in der Nachbarschaft hatten sicherlich auch nichts dagegen, denn wohlgenährte Fische waren für das Geschäft nur förderlich. Das Schlachthaus wurde in dieser Form 1741/42 errichtet; nach dem Umbau für Zwecke der Universität erinnert nur noch der steinerne Ochse an der Fassade an die alte Funktion. Der Kranen blieb bis ins 19. Jahrhundert der wichtigste Anlegeplatz der Stadt. Hier übten die so genannten Rangschiffer ihre Tätigkeit aus; sie waren berechtigt, regelmäßige Frachtfahrten auszuführen. Bereits im 18. Jahrhundert war der Platz umgestaltet worden und hatte dadurch ein großzügigeres Aussehen erhalten, das nicht unbedingt zu der kleinteiligen Bebauung des angrenzenden Abtswörths zu passen scheint, aber durch seine Öffnung zur Flusslandschaft eine besondere Wirkung entfaltet.

Barbara Schmitt

3.3 Zwischen Mühlwörth und Geyerswörth

Unterhalb von St. Stephan, ein Stück weiter flussaufwärts, zweigt ein Nebenarm der Regnitz rechter Hand ab und umschließt ein Inselgebiet, das sich bis zum Alten Rathaus erstreckt. Dieser Nebenarm wurde als „Nonnengraben" bezeichnet, da der Wasserlauf direkt an der nicht mehr existierenden Klosteranlage der Klarissen vorbeiführte. Für dieses so abgegrenzte Inselgebiet sind seit dem 14. Jahrhundert zwei Bezeichnungen überliefert: Der nördliche Bereich wurde „Geyerswörth", der südlich liegende „Mühlwörth" genannt.

Geyerswörth

Der Name „Geyerswörth" leitet sich von den ehemaligen Besitzern ab. Seit dem 14. Jahrhundert ließ sich hier am nördlichen Inselteil die wohlhabende Familie Geyer nieder und es entstand aus der lockeren Bebauung nach und nach eine burgähnliche Anlage. Der Zugang führte über den Geyerswörthsteg zu Pforte und Tor, die in einem dreistöckigen Gebäude lagen. Dahinter erhob sich ein Turm, gegen Süden wurde der Hof durch eine Mauer abgeschlossen. Reste dieser alten Anlage sind heute nur noch im Turmkern vorhanden. Durch Erbteilungen blieb der Besitz nicht lange in einer Hand und ab 1507 zeigten die Bamberger Fürstbischöfe zunehmend Interesse an diesem Bereich. Durch schrittweise Erwerbungen gelang es dem Hochstift bis 1580, in den Gesamtbesitz zu kommen. Die etwas heruntergewirtschaftete Bausubstanz wurde schließlich durch einen Neubau der folgenden Jahre ersetzt. Erasmus Braun, der schon am Kanzleibau der Alten Hofhaltung mitgearbeitet hatte, war auch hier für die Pläne mitverantwortlich. Nachdem wohl die Alte Hofhaltung dem Repräsentationsbedürfnis eines Fürstbischofs der Spätrenaissance nicht mehr

gerecht wurde und auch die Altenburg außerhalb der Stadt wegen der Zerstörungen im Markgräflerkrieg als Wohnsitz nicht mehr in Frage kam, verlegten Bischof Ernst von Mengersdorf (1583–1591) und seine Nachfolger für etwas mehr als 100 Jahre ihre Residenz herunter in die Stadt, ins Geyerswörth-Schloss. Zu diesem Zweck wurden die Innenräume auf prachtvollste Weise ausgestaltet. Heute erinnert nur noch der „Renaissancesaal" mit seiner Ausmalung an den früheren Glanz bei Hofe. Die Gewölbefelder des Saales sind mit dichten Rankenmalereien überzogen und an den Wänden zeugen allegorische Darstellungen der „sieben freien Künste" von der Gelehrsamkeit des Bauherrn: Rhetorica, Musica, Geometrica, Grammatica und Astronomia konnten bei Restaurierungen in den 1980er Jahren noch identifiziert werden, die Darstellungen der Dialectica und Arithmetica sind durch frühere Umbauarbeiten zerstört. Heute finden im Saal wieder repräsentative Feierlichkeiten statt, denn der Raum zählt zu den „guten Stuben" der Stadtverwaltung. Wie die landläufige Bezeichnungen „Trausaal" und „Theaterwerkstatt" bezeugen, hatte der Saal aber auch schon anderen Funktionen gedient.

Die künstlerische Ausstattung des Schlosses bezog auch die Gartenanlagen ein. Weithin berühmt war der

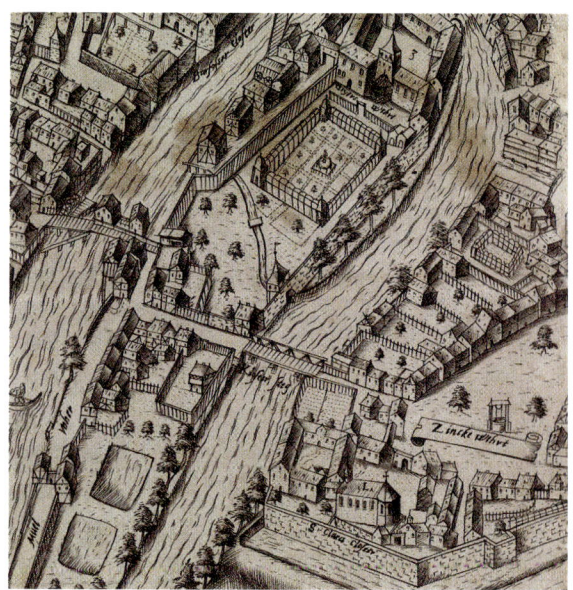

ABB. 161: GEYERSWÖRTH UND MÜHLWÖRTH, AUSSCHNITT, ZWEIDLER-PLAN, 1602

ABB. 162: RENAISSANCE-SCHLOSS GEYERSWÖRTH MIT NEUER PARKANLAGE

Lustgarten, den Fürstbischof Johann Georg Zobel von Giebelstadt (1577–1580) im südlichen Gelände anlegen ließ. Es kamen zahlreiche Besucher, um im fürstbischöflichen Residenzgarten die exotischen Pflanzen zu bewundern, im Zier- und Baumgartenbereich zu lustwandeln, den Irrgarten aufzusuchen oder sich an dem Brunnenspiel mit seinen Wasserkünsten zu ergötzen. Quer durch den Garten zog sich ein Kanal, der die Wasserspiele mit dem nötigen Nass versorgte. Dieser Graben wurde unter Bischof Marquard Sebastian Schenk von Stauffenberg (1683–1693) in seinem Verlauf so korrigiert, dass er die Symmetrie der Gartenanlage nicht störte. Leider wurde diese Anlage nicht erhalten, als der fürstbischöfliche Hof unter Lothar Franz von Schönborn Anfang des 18. Jahrhunderts die Neue Residenz am Domplatz bezog. Der Garten verwilderte; die Gesamtanlage wurde in zwei Teile aufgeteilt und verkauft. Gegen Ende des 19. Jahrhun-

derts ging der einstmals berühmte Gartenbesitz an die Stadt Bamberg über, die dort Wasserreservoirs und ein Stadtbad anlegen ließ. Heute befindet sich hier eine Tiefgarage; die Rosenbeete vor dem Stadtbad ersetzen den fürstbischöflichen Residenzgarten nur unvollkommen. Die glanzvolle Zeit des Schlosses dauerte kaum mehr als ein Jahrhundert, dann wurde aus der Residenz ein Amtssitz für Verwaltungsbehörden des Hochstifts. Im 18. Jahrhundert erfuhr der Bau durch Johann Jakob Michael Küchel tief greifende Veränderungen. Aus der ehemals kunstvoll konzipierten Anlage wurde ein Zweckbau – und Verwaltungsbau ist er noch heute. Wer einen Blick in den Innenhof wirft, wird vielleicht mit etwas Fantasie die vergangenen Zeiten gedanklich heraufbeschwören können. Der Realist aber nimmt besser den Turmaufstieg in Angriff; er wird dafür von der Laterne aus mit einem fantastischen Blick über die Stadt belohnt.

Mühlwörth

Der Name „Mühlwörth" bezeichnete zunächst das gesamte Auen- und Waldgebiet, das sich von Bug aus zwischen den beiden Regnitzarmen flussabwärts erstreckte. Hierbei handelte es sich vorwiegend um Hartholzwälder mit hohem Eichenanteil; man benutzte die Gegend als Viehweide und zur Eichelmast. Eine andere Nutzung aber war für die Namengebung ausschlaggebend. Die Bamberger Müller hatten vom Domkapitel das Recht erworben, Holz zum Bau und für Reparatur- und Instandhaltungsarbeiten ihrer Mühlenbetriebe dort zu schlagen. Wie wichtig die Versorgung mit Holz für die Müller war, ersieht man aus diversen Klagen und Prozessen, in denen es um die Wegerechte, den freien Zugang zu diesem Gebiet, ging. Dies wird auch verständlich, wenn man sich die Mühlenkonstruktionen jener Zeit vorstellt. Viele hölzerne Getriebeteile waren ständiger Reibung und Bewegung ausgesetzt und mussten immer wieder erneuert werden. Als „Mühlwörth" im engeren Sinne wurde dann aber nur der Bereich bezeichnet, der im Anschluss an den Geyerswörth etwa bis zum Walkspund bebaut wurde. Die Auen- und Waldlandschaft südlich davon erhielt 1803 als Volksgartenanlage nach englischem Vorbild eine neue Nutzung und wird nunmehr „Hain" genannt.

Die Bebauung des Mühlwörth läuft als Häuserzeile am rechtsseitigen Ufer des linken Regnitzarms entlang und grenzt dann an das Mühlenviertel. Er war vorwiegend von Fischern und Schiffern bewohnt. Im Gegensatz zu den Flussschiffern, die flussabwärts am Kranen anlegten und durch die Mainschifffahrt den Handel der Stadt prägten, war der Wirkungskreis der Schiffer am Mühlwörth auf die Regnitz bis Forchheim beschränkt. Der Handel mit Salz, Getreide oder allgemeinen Kaufmannsgütern ist hier belegt. Es fand aber auch eine besondere Form der Personenschifffahrt statt: der Transport von Wallfahrern, die nach Gößweinstein unterwegs waren. Die Schiffer im Gebiet des Mühlwörth gehörten nicht zu der Zunft, die im Bereich der Stadtgerichtsbarkeit ansässig war. Sie erhielten 1612 eine eigene Handwerksordnung. Diese enthielt neben den allgemeinen Rechten und Pflichten das alleinige Privileg, auf dem Wasserweg zwischen Forchheim und Bamberg Personen und Güter trans-

portieren zu dürfen. Der Bau des Ludwig-Donau-Main-Kanals brachte im 19. Jahrhundert wirtschaftlich das Ende für viele Fährunternehmer, die sich auf diese Strecke spezialisiert hatten und der allgemeinen Konkurrenz nicht gewachsen waren. Neben einer eigenen Handwerksordnung wurde auch der Zoll im Mühlwörth anders geregelt. Während sonst an den Toren städtische Zöllner die Abgaben erhoben, war der Zoll hier auf Pachtbasis vergeben. Der Zolleinnehmer musste beim Ein- und Ausladen der Ware am Schiff die Abgaben erheben. Interessant ist, dass das Getreide der Müller im Mühlwörth selbst zollfrei blieb, ebenso das Getreide, das für den Eigenbau gemahlen wurde. Die Privilegien und die Förderung der Mühlen werden hier besonders deutlich.

Neben den Schiffern war der Mühlwörth besonders wichtig für die Fischer. Allerdings entwickelten sich hier andere Hausformen als in der Fischerei am Abtswörth. Dort waren die Fischer durch die dichte Bebauung in ihrer räumlichen Entfaltung stark eingeschränkt und mussten sich mit Galerien zur Erweiterung der Hausflächen, z. B. für das Flicken und Trocknen der Netze, behelfen. Hier am Mühlwörth war mehr Platz vorhanden. Hinter den Häusern fand sich auf den Grundstücken genügend Raum, etwa um die Netze am Boden auszubreiten. Trockengalerien waren deshalb nicht nötig. Ein besonderes Kennzeichen für die Nutzung durch Fischer findet sich z. T. noch heute hinter den Häusern: Auf der unbebauten Fläche wurden so gen. Fischwinterungen angelegt. Diese kleinen Teiche dienten zur Aufbewahrung der gezüchteten Fische während der Wintermonate und wurden durch Rohrleitungen oder direkte Öffnungen mit Schiebeverschluss mit Wasser aus dem linken Regnitzarm versorgt. Wasserableitungen – zunächst für die Fischwinterungen, später auch zur Flutung des Stadtgrabens – führten wiederum zu Beschwerden und Klagen der Müller.

Mühlenviertel

Das Alter der Bamberger Mühlen reicht bis in die Anfänge der Stadt zurück. Ob sich eine Mühle bereits unter dem Schenkungsgut Kaiser Ottos II. an den bayerischen Herzog Heinrich den Zänker 973 befunden hat, ist eine viel diskutierte Frage. Fest steht, dass die Siedlung um die Burg schon bald Mühlenbauten erforderlich machte. Sie entstanden am linken Regnitzarm, der vielleicht eigens dafür als Mühlkanal geschaffen wurde. Es entwickelten sich drei große Mühlenkomplexe, die als Verbände angelegt waren und jeweils mehrere Gebäude umfassten. Zunächst wurden diese im Verband befindlichen Mühlen unter einer Leitung geführt. Erst allmählich spalteten sie sich zu eigenständigen Teilnehmern am Wirtschaftsprozess auf. Von den Mühlen, die im Mittelalter unterhalb des Alten Rathauses gelegen waren, ist nichts mehr erhalten, sodass nur noch die „Oberen Mühlen" und die „Unteren Mühlen" verblieben sind. Das Obere Mühlenviertel entwickelte sich aus dem Verband der „Mühle unter St. Stephan", die auch als „Steinmühle" bezeichnet wurde. Nutzungsmöglichkeiten der Wasserkraft gab es in großer Vielfalt, die schon durch die Namen der Mühlen deutlich wird: Steinweizmühle (Dusch'sche Mühle), Steinkornmühle (Wikler'sche Mühle), Steinmalzmühle (Eckertsmühle), Steinölmühle (Schwalbenmühle), Kirscheckmühle (Kresser'sche und Lohmühle), Schleif-, Polier- und Tabakmühle.

Bis in unsere Tage hat sich das Gebiet der Oberen Mühlen fast unverändert erhalten. Einzelne Gebäude wurden zwar immer wieder durch Feuer oder Überschwemmungen zerstört und neu errichtet, aber die charakteristische Struktur und die Lage im Fluss blieben bestehen. Es entstanden Lagerhallen, Silos und Schuppen, die sich auch an den Ufern hinzogen. So hatten beispielsweise die Gerber seit dem 15. Jahrhundert ein gemeinsam genutztes Rindenlager (Untere Mühlbrücke 8), wo die Rinde getrocknet wurde. Dies war besonders wichtig, da Feuchtigkeit und Schimmelbefall den Gerbstoff zerstören konnten. Gleich daneben lag die Lohmühle, die zur Zerkleinerung der Rindenstücke diente. Interessant sind auch die Besitzverhältnisse an den Mühlen. Die Müller waren zwar unmittelbare Besitzer und Käufer der Mühlen, mussten aber dennoch Abgaben und Zins an das Domkapitel zahlen, denn die Mühlrechte gehörten zu dessen Ausstattungsgut und wurden nur als Lehen vergeben. Neben den Müllern gab es noch andere Teilhaber an den Mühlen, die ebenfalls Zins an das Domkapitel abgeben mussten, dafür aber am Ertrag der Mühle beteiligt waren. Der Müller hatte ihnen einen Anteil an der so gen. Mitz zu überlassen, dem beim Mahlvorgang verbleibenden Rest am Mahlgut.

Aus den Quellen wird deutlich, dass sich die Müller gegen unterschiedlichste Versuche der Übervorteilung oder Einschränkung ihrer Freiheiten zur Wehr setzen mussten. Es ging dabei meist um Bau- oder Fischrechte, die Mühlgerechtigkeit oder auch Wassernutzungsrechte. Außerdem waren die Mühlen den

ABB. 163: UNTERE MÜHLEN

ABB. 164: RANKENMALEREI IM SCHLOSS GEYERSWÖRTH

und dem Verfall preisgegeben. In den letzten Jahrzehnten wurde der Bereich „Obere Mühlen" als Sanierungsgebiet ausgewiesen, und man machte sich daran, eine neue Nutzung zu finden. Es entstanden ein Studentenwohnheim, diverse Wohnungen und gastronomische Betriebe. Das Gebiet wurde von den nun überflüssigen, aber so charakteristischen Schuppen, Silos und Lagerbauten befreit. Einige Mühlbauten, z. B. die ehemalige Eckertsmühle, wurden dabei abgebrochen und imitiert wieder aufgebaut. Das Gebiet stellt nun eine Kompromisslösung zwischen Denkmalpflege und Wirtschaftsinteressen dar.

Ähnlich verhält es sich mit dem Bereich der „Unteren Mühlen", allerdings ging hier die Sanierung noch nicht so vereinheitlichend vonstatten. Der Brudermühlverband bestand aus den Einzelbauten zwischen dem Alten Rathaus und der heutigen Bischofsmühlbrücke. Diese waren miteinander durch die Untere Mühlbrücke verbunden, die im Volksmund den Namen „Ochsenklavierbrücke" trug, weil die Ochsengespanne auf den Holzbalken knarrende Laute erzeugten. Im Zweiten Weltkrieg wurde die Brücke zerstört, sie wurde 1999 durch einen Neubau ersetzt, der wieder eine Verbindung zum linken Ufer herstellte. Die Unteren Mühlen haben zunächst der Brudermühle angehört, die ihren Namen von ihrer Lage neben dem ehemaligen Franziskanerkloster hatte. Zu diesem Verband gehörten die Bruderweizenmühle (später Wasserwerk und heute Restaurant), die Dreiradmühle (Huth- und Vogtherrenmühle), die Brudermalzmühle (Stadtmühle; ehemals Leibelsmühle), die Bauernmühle (Sterzermühle), die Bischofsmühle

Naturgewalten in besonderem Maße ausgesetzt. Überschwemmungen waren ebenso gefürchtet wie zu geringe Wasserstände im Sommer oder Winter, und auch die Feuergefahr war enorm groß. Die Müller hatten aber auch eine Reihe von Privilegien erhalten. Sie genossen Wettbewerbsschutz in der Stadt, wonach in einem bestimmten Umkreis keine weitere Mühle gebaut werden durfte und es den Bäckern verboten war, ihr Getreide außerhalb der Stadt mahlen zu lassen. Erst als – durch den Strukturwandel der Wirtschaft bedingt – die mit Wasserkraft betriebenen Mühlen keinen Gewinn mehr erwirtschaften konnten, wurde das Mühlenviertel als Gewerbestandort aufgegeben

(heute Restaurant) und die Kaufmannsmühle. Gegenwärtig ist man dabei, für diesen Bereich ein Sanierungskonzept zu erarbeiten, das Wohnungen und Gastronomiebetriebe beinhalten könnte.

Ludwig-Donau-Main-Kanal

Als am 25. September 1962 der letzte Streckenabschnitt des Rhein-Main-Donau-Kanals eingeweiht wurde, ging damit ein über tausendjähriger Wunsch in Erfüllung: Die durchgehende Verbindung von Nordsee und Schwarzem Meer auf schiffbaren Flüssen ist nun auf insgesamt 3 600 km möglich. Die grundlegende Idee zu diesem Jahrtausendprojekt wurde jedoch schon von Karl dem Großen aufgebracht. Er ließ 793 ein Teilstück bei Weißenburg für die Kanalisierung ausheben, kam aber nicht allzu weit bei seinem Vorhaben. Doch seit diesen Anfängen gab es immer wieder Versuche und Überlegungen, die Idee in die Tat umzusetzen. Auf Betreiben des bayerischen Königs Ludwig II. wurde der Kanalbau zwischen Donau und Main schließlich nach einem Entwurf von Heinrich Freiherr von Pechmann 1836 in Angriff genommen. Eine eigens gegründete Aktiengesellschaft sollte die Finanzierung dieses ehrgeizigen Projektes sicherstellen. 1846 wurde der Kanal mit seinen 173 km zwischen Kelheim und Bamberg schließlich nach zehnjähriger Bauzeit feierlich seiner Bestimmung übergeben. Die Teilstrecke Bamberg–Nürnberg war bereits einige Zeit früher fertig gestellt, schon 1843 wird von Transporten auf dieser Etappe berichtet.

Um eine genaue Vorstellung von diesem technischen Bauwerk zu erhalten, ist Bamberg als Standort geradezu prädestiniert. Hier findet sich nämlich fast alles, was es an Besonderheiten bei dem Kanalbau gab. Die Schiffe wurden über den linken Regnitzarm an die Stadtgrenze geführt und mussten um die Wehranlagen und Staustufen des Mühlenviertels herumgeleitet werden. Dazu bediente man sich des Nonnengrabens. Hier musste das Gefälle ausgeglichen werden, um das Wasserniveau, wie es am Kranen vorlag, zu erreichen. Daher errichtete man die letzte von insgesamt 100 Schleusen am Walkspund in Bamberg. Jede dieser Schleusenanlagen hatte eine Kammer von 34,15 m Länge und 4,67 m Breite; sie wurde von einem Schleusenwärter betreut, der mit seiner Familie in einem kleinen Haus gleich daneben wohnte. Diese Anlage ist in Bamberg noch betriebsbereit erhalten, sie liegt am südlichen Ende des Mühlwörth. Insgesamt wurde durch solche Schleusenanlagen ein Höhenunterschied von etwa 184 m aufwärts bis Hilpoltstein ausgeglichen und dann 80 m abwärts bis Kelheim. Der Kanal selbst hatte eine Tiefe von 1,46 m und eine Breite von 10,70 m. Dass dies bald nicht mehr ausreichen sollte, um eine Gewinn bringende Beförderung zu ermöglichen, wurde dem Kanalprojekt zum Verhängnis. Größere Schiffe, die eine bessere Rentabilität boten, konnten den Kanal und die Schleusen nicht befahren. Auch der noch nicht voll kanalisierte Verlauf des Mains schränkte die Transportmöglichkeit ein. Als dann die Eisenbahn als direkte Konkurrenz auftrat, musste man eingestehen, dass sich das Jahrhundertprojekt als Fehlschlag entpuppt hatte. Auf die Wirtschaftlichkeit des Kanals angesprochen, soll ein damaliger Staatsminister geantwortet haben, dass die einzigen Gewinn bringenden Objekte des Ludwig-Donau-Main-Kanals nur die zu beiden Seiten gepflanzten Obstbäume und die Fischzucht seien. So war das hoffnungsvoll begonnene Kanalprojekt schon nach wenigen Jahren fast zur Bedeutungslosigkeit herabgesunken. Als technische Denkmäler sind die alte Schleuse und der Kanalverlauf durch den Nonnengraben aber trotzdem sehenswert.

Bis heute zeugen in Bamberg noch einige Besonderheiten von den hohen Erwartungen der Kanalbetreiber. Das rechte Ufer zwischen der heutigen Nonnenbrücke und der Oberen Brücke wurde zum Kanalhafen ausgebaut. Dort finden sich zwei Gusseisenkräne von 1846 und 1914, es wurden Rampen und Treppen in die Kaimauer aus Sandstein geschlagen, um die Mitte des 19. Jahrhunderts errichtete man zudem ein Lagerhaus (Am Kanal 15). In diesem Bereich sollte es offensichtlich zu einer Entlastung der ursprünglichen Schiffsanlegestelle am Kranen kommen. Die gesamte Bebauung entlang dem Kanal war jedoch nie einheitlich geplant. So führte der Wasserweg von Süden kommend am Grundstück des ehemaligen Klarissenklosters entlang zu den Bauten, die z. T. als Rückgebäude zu den Häusern am Schillerplatz gehörten und manchmal durch Gartenanlagen mit diesem verbunden waren.

ABB. 165: SCHLEUSE 100

Im nördlichen Bereich, kurz vor der Mündung des Kanals in die Regnitz, finden sich einige alte Gerberhäuser, die z. T. in den letzten Jahren restauriert wurden. Seit dem 14. Jahrhundert sind Gerber in Bamberg vorwiegend am Zinkenwörth, um die Habergasse, vereinzelt auch am Mühlwörth und in der Klebergasse nachgewiesen. Sie unterschieden sich nach der Art der Lederverarbeitung. Neben den Rotgerbern, die die gröberen Lederstücke herstellten und vorwiegend Rinderhäute verarbeiteten, gab es die Weißgerber, die feines, weiches Leder aus Ziegen- oder Kalbshäuten herstellten. Spezifische Gestaltungselemente kennzeichneten die Gerberhäuser. So hat sich ein Haustyp entwickelt, der durch die Lage am Fluss geprägt ist; es findet sich eine Werkstatt mit einem Grubenhof, manchmal gewölbte Kellerräume und – als auffallendstes Kennzeichen – Trockengalerien und ausgedehnte Trockenböden im Dachraum. Der Pro-

duktionsprozess begann mit dem Lagern der frischen, so gen. grünen Häute in kühlen Kellergewölben, wobei die Häute zuvor meist mit Salz eingerieben worden waren. Das Säubern der Felle von Verunreinigungen, Fett, Fleischresten und Haaren erfolgte in der Werkstatt. Die Bamberger Gerber hatten hierfür wahrscheinlich Holzplattformen direkt in den Wasserlauf gebaut, um dort mit fließendem Wasser arbeiten zu können. Schließlich wurde der eigentliche Gerbprozess in den Lohgruben eingeleitet. Dazu lagerte man die vorbereiteten Häute in Gruben ein, die ein Gemisch aus Wasser und einem speziellen Gerbstoff enthielten. Bevor man industriell gefertigte chemische Mittel einsetzte, gewann man die Gerbsäure aus Baumrinde. Besonders Eichenrinde beinhaltet diesen Stoff; sie wurde getrocknet, zerkleinert und dem Sud beigemengt. Je nach der Stärke und Lederqualität konnte der Gerbvorgang bis zu drei Jahre dauern.

Schließlich wurden die so gegerbten Lederstücke zum Trocknen in Galerien oder in Trockenböden unter dem Dach aufgehängt. Auf diese Zusammenhänge weisen mehr oder weniger deutlich einige Häuser hin (Habergasse 12 und 14, ehemalige Hinterhäuser zu Oberer Brücke 6, 8a und 10). Da einige der Häuser erst nachträglich in den Besitz von Gerbern kamen, hat man dort erst später die Galerien vorgebaut. Ob die Gerber, die in direkter Nachbarschaft zum Geyerswörth-Schloss ihrem geruchsintensiven Gewerbe nachgingen, vertrieben wurden, als der Fürstbischof im 16. Jahrhundert seine Residenz hierher verlegte, ist nicht nachweisbar, aber zu vermuten.

Barbara Schmitt

4. Die Theuerstadt

4.1 St. Gangolf und die Theuerstadt

In der Mitte des 11. Jahrhunderts gründete Bischof Gunther (1057–1065) auf dem nahezu unbesiedelten rechten Ufer der Regnitz das Stift St. Gangolf. Hier entwickelte sich als Siedlungszelle an einer Fernstraße, die Nürnberg und Erfurt verband, die so genannte Theuerstadt. Damals in der Nähe des Hauptsmoorwaldes, ist der Name wohl von einer Tierstätte herzuleiten. Neue archäologische Grabungen weisen für das Gebiet der Theuerstadt Siedlungsspuren des 10. Jahrhunderts nach. In Höhe der späteren Seesbrücke traf die Fernstraße auf eine Furt durch die Regnitz, die über das Gebiet der Insel eine Verbindung zu Burg und „suburbium" herstellte.

Stift und Pfarrkirche St. Gangolf

Bei der Wahl des Ortes für das neue Stift St. Gangolf dürfte 1058 ausschlaggebend gewesen sein, dass vier wichtige Bamberger Kirchen symbolträchtig in einer Kreuzform um den Dom als Mittelpunkt angeordnet werden sollten. Sieht man St. Stephan, den Michelsberg und St. Jakob als obere Enden des Kreuzes, so liegt St. Gangolf an dessen Basis. Wie St. Jakob und St. Stephan war auch St. Gangolf bis ins 18. Jahrhundert rechtlich gesehen eine Immunität, die eine eigene Gerichtshoheit besaß und von Abgaben weitgehend befreit war. Dies führte naturgemäß im Laufe der Jahrhunderte mehrmals zu Konflikten mit der Bürgerschaft, dem Bischof oder dem Domkapitel um verschiedene Rechte oder Besitzungen. Überregionale Bedeutung gewann St. Gangolf durch das Wirken des Scholasters Hugo von Trimberg (ca. 1230–1313) an der dortigen Stiftsschule, dessen „Renner"-Dichtung

eine Anleitung zum guten Leben darstellte, und durch den Stiftskustos Johann Schwanhausen, der 1523/24 die lutherische Lehre predigte. Schwanhausens Predigten fanden ein großes Publikum, zumal zu jener Zeit überall in Franken – so etwa in der nahen Großstadt Nürnberg – die Reformation Fuß fasste. Die Verfolgung Schwanhausens durch Bischof Weigand von Redwitz (1522–1556) führte zu einem Aufstand der Stadtbevölkerung. Der Bischof verschanzte sich in der Altenburg, bis ein zu Hilfe gerufenes kaiserliches Heer die Revolte blutig niederschlug. Diese Geschehnisse hatten freilich mit der rechtlichen Stellung des Stiftes nur sehr indirekt etwas zu tun. Unter normalen Umständen waren die Stiftsherren von St. Gangolf ohne Frage Teil des Bamberger Klerus, wenngleich sie verhältnismäßig häufig bürgerlicher Herkunft waren.

In der Topographie der Theuerstadt war und ist der Kirchenbau St. Gangolf der unbestrittene und prägende Mittelpunkt. Schon 1063 wurde eine erste

ABB. 167: THEUERSTADT, AUSSCHNITT, ZWEIDLER-PLAN, 1602

ABB. 166 LINKS: BAMBERGER GÄRTNERTRADITION, 1949

ABB. 168: TURMFASSADE UND HAUPTEINGANG DER STIFTSKIRCHE ST. GANGOLF

wohl zu deutlich im Schatten der dominanten Oberen Pfarrkirche zu Unserer Lieben Frau. Von dem 1063 geweihten Bau sind noch die Mauern des Langhauses und des Querschiffes erhalten. St. Gangolf ist damit im Kern der älteste erhaltene Kirchenbau Bambergs. Von Anfang an war St. Gangolf eine dreischiffige Pfeilerbasilika mit – in Anlehnung an den Heinrichsdom – durchlaufendem Querhaus. Im Gegensatz zu heute war der Innenraum mit einer flachen Holzdecke versehen. Der ursprünglich viel kleinere Chor bestand, wie ergraben wurde, aus einem quadratischen Joch und einer halbrunden Apsiskonche. Der massige westliche Vorbau mit seiner markanten Doppelturmfassade wird gerne in die Zeit Bischof Ottos des Heiligen (1102–1139) datiert, was in dieser absoluten Form als Legende gelten muss. Aus dem früheren 12. Jahrhundert stammen höchstens die beiden unteren Geschosse, fertig gestellt wurden die Türme wohl erst nach einem Brand der Kirche 1185. Zudem sind die jetzigen Turmobergeschossen nicht mehr original, sondern um 1300 entstanden, wie die gotischen Maßwerköffnungen zeigen. Ursprünglich besaßen die Türme einfache Zeltdächer, wie auf dem Stadtplan Zweidlers von 1602 gut zu sehen

Kirche geweiht. Patrone waren die Muttergottes und der lothringische Märtyrer St. Gangolf. Anders als heute wurde der Bau vorrangig als Marien-, nicht als Gangolfskirche gesehen. Erst 1640 erwarb das Stift eine größere Gangolfsreliquie, was der entscheidende Schritt für die Umorientierung des Patroziniums gewesen sein dürfte. Als Marienkirche stand St. Gangolf

ist. Die heutigen zwiebelförmigen Turmhauben sind viel jüngeren Datums. Etwa gleichzeitig mit den Turmobergeschossen wurde der Eingangsraum zwischen den Türmen gewölbt. Noch im frühen 14. Jahrhundert entstand anstelle des alten ein neuer, viel größerer Chor, bestehend aus vier Jochen und einem 5/8-Schluss. Das Kreuzrippengewölbe des neuen Chores wurde erst 1458 vollendet, musste aber nach einem Teileinsturz 1564 erneuert werden. Beide Jahreszahlen finden sich in den Schlusssteinen des Gewölbes. Der Chorraum ist länger als das Langhaus, sein ausladender Baukörper prägt noch heute den Innenraum sowie das äußere Erscheinungsbild der Kirche. Die südlich angebauten, gewölbten Sakristeiräume stammen aus derselben Zeit wie der neue Chor. Um 1530 ist das südlich an die Doppelturmfassade angebaute Gehäuse mit einer Ölbergdarstellung zu datieren. Im späten 17. Jahrhundert wurden die hohen Zeltdächer der beiden Türme durch niedrige Hauben ersetzt (1671) und in die Fassade zwischen den Türmen ein Barockportal eingefügt (1689). Heute sind gerade die beiden Zwiebelhauben das charakteristische Merkmal der Kirche und als solche nicht mehr aus der Bamberger Silhouette wegzudenken. Dennoch wirken sie gegenüber der strengen, kantigen und wehrhaften Westfassade wie Fremdkörper.

Im 18. Jahrhundert wurde St. Gangolf, wie fast alle Bamberger Kirchen, umfassend barockisiert, d. h. in barocken Formen umgestaltet und mit einer neuen Inneneinrichtung versehen. Um eine Symmetrie im Innenraum zu erreichen, baute man 1752 bis 1754 – entsprechend den Seitenkapellen im südlichen Seitenschiff – auch am nördlichen Seitenschiff vier Kapellen an. Dafür musste ein Flügel des unmittelbar an die Nordwand grenzenden Kreuzganges geopfert werden. Alle Fenster des Langhauses wurden gemäß dem neuen Geschmack vergrößert. Der Innenraum erhielt ab 1753 ein neues Gesicht. Alle Altäre wurden durch barocke Aufbauten ersetzt. Die Nebenaltäre der Seitenkapellen schufen die in der Theuerstadt wohnenden Brüder Franz Martin und Bonaventura Joseph Mutschele, ebenso den 1769 fertig gestellten neuen Hochaltar. 1753 wurde der Bamberger Schreiner Franz Anton Thomas mit einem neuen Chorgestühl beauftragt. In Bamberg wurden im 18. Jahrhundert Chorgestühle auf sehr hohem handwerklichem und künstlerischem

ABB. 169: ST. GANGOLF, CHOR

Niveau angefertigt, wie diejenigen in St. Michael, St. Stephan und St. Getreu zeigen. Ebenfalls 1753 erhielten Lang- und Querhaus ihr jetziges Lattengewölbe und in ihrem Schnittpunkt eine durch Gurtbögen betonte Vierung. Das flache Vierungsgewölbe wurde von Johann Joseph Scheubel d. Ä. mit einem Deckengemälde versehen. Allerdings hat eine Überarbeitung des 19. Jahrhunderts die Malerei stark verändert.

Nach Auflösung des Stifts 1803 begann ein neues Kapitel in der Geschichte der Theuerstadt. 1806 wurde St. Gangolf zur Pfarrkirche bestimmt und mit einigen Objekten aus säkularisierten Bamberger Gotteshäusern versehen. So stammt etwa der Kruzifixus im Südquerhaus, datiert in die Mitte des 14. Jahrhunderts, aus der abgerissenen alten Martinskirche. Eine einschneidende Veränderung des Innenraumes brachte gegen 1900 eine umfassende „Regotisierung", ein Schicksal, das unter anderem auch den Bamberger Dom traf. Überall in Lang- und Querhaus wurde der Stuck entfernt, außen wurde das barocke Hauptportal durch eine steif wirkende Vorhalle ersetzt. Zwar blieben die Mutschele-Altäre in den Seitenkapellen und der barocke Hochaltar erhalten, doch bestimmten mehrere neugotische Ausstattungsteile die Innenraumwirkung, so die Kanzel, die Orgel und zwei Seitenaltäre im Querhaus. Die Seitenaltäre wurden allerdings später wieder entfernt, und die Kanzel ersetzte man 1938 durch die barocke Kanzel (1786) aus der abgebrochenen Kirche des Katharinenspitals.

Unmittelbar an das Nordquerhaus angebaut und von dort zugänglich ist die Göttlich-Hilf-Kapelle, ein einfacher, relativ großer Rechteckraum, ehemals Kapitelsaal des Stifts, später Grablege und schließlich Kapelle. Seit 1806 befindet sich dort das Gnadenbild der „Göttlichen Hilfe" aus der Dominikanerinnenkirche zum „Heiligen Grab", dem die Kapelle ihren heutigen Namen verdankt. Dargestellt ist ein bekleideter, gekrönter, lebender Christus am Kreuz. Diese eindrucksvolle und seltene Ikonographie geht auf ein weithin bekanntes und verehrtes italienisches Gnadenbild, den so genannten „Volto Santo" im Dom von Lucca, zurück. Die heutige Christusfigur entstand wohl erst im 18. Jahrhundert, belegt ist aber ein sehr viel älteres Vorgängerbild, das bereits 1356 von dem Patrizier Franz Münzmeister für das Heilig-Grab-Kloster gestiftet worden war. An die Göttlich-Hilf-Kapelle öst-

lich angebaut ist eine weitere kleine Kapelle, die ehemalige Nikolaus-Kapelle, die zugleich auch Winterchor der Stiftsherren war. An einen einfachen Rechteckraum schließt ein kürzeres Sanctuarium an, dessen Kreuzrippengewölbe noch aus dem 14. Jahrhundert stammt. Der heutige Name Anna-Kapelle rührt von einer Schnitzgruppe der Anna Selbdritt aus dem frühen 16. Jahrhundert her. Auch diese Skulptur stand nicht ursprünglich hier, sondern wurde aus der 1812 abgerissenen Anna-Kapelle am Hauptsmoorwald hierher verbracht. Bemerkenswert ist auch das Tafelbild der acht Seligkeiten, das zahlreiche Heilige kreisförmig um die Muttergottes und die Deesis gruppiert zeigt.

Von dem um 1488 vollendeten, schlichten Kreuzgang sind nur mehr zwei der ehemals vier Flügel erhalten. Der Südflügel ging mit dem Anbau der Seitenkapellen 1752 bis 1754 verloren. Auf Kosten des Westflügels wurde 1730 bis 1732 ein neues, größeres Kapitelhaus erbaut, ein zweigeschossiger Walmdachbau, der im 19. Jahrhundert zum Schulhaus verlängert wurde. Von weiteren, direkt mit dem Kirchenbau zusammenhängenden Stiftsgebäuden ist heute nichts mehr vorhanden. Seit der jüngsten Restaurierung (1984 bis 1990) präsentiert sich der Bau, obwohl er doch eines der ältesten Mauerwerke Bambergs in sich birgt, in neuem, etwas zu strahlendem Glanz. Dem an alter Bausubstanz interessierten Betrachter sei der Blick vom – leider nicht leicht zugänglichen – Kreuzgang auf die unverputzt gebliebene Nordseite der Kirche empfohlen.

Stiftskurien

Um die Kirche als Zentrum waren die übrigen Gebäudes des Stifts und der Einwohner der Immunität gruppiert. Die Stiftsherren bewohnten eigene Stiftskurien, nicht besonders aufwändige, aber doch standesgemäße Wohn- und Versorgungsgebäude, zumeist mit einem eigenen Wirtschaftshof. Nach dem Tod eines Stiftsherrn fiel die Kurie zurück an das Stift und wurde wieder neu vergeben. Zum Stift St. Gangolf gehörten seit etwa 1200 elf Stiftskurien. Ausschlaggebend für deren Anordnung war zum einen die Nähe zur Kirche, zum anderen die belebte Fernstraße, die

ABB. 170: GÖTTLICH-HILF-KAPELLE MIT KRUZIFIX DER SÄKULARISIERTEN
HL.-GRAB-KIRCHE

platz 4) wurden weitgehend verändert, doch verweisen Reste alter Bausubstanz auf ihre lange Geschichte. Entlang der Hauptstraße sind weitere drei Kurien größtenteils in ihrer Erscheinung des 18. Jahrhunderts überkommen, so der breite Walmdachbau des „Scheckethofes" (Obere Königstr. 42), das „Kleine Höflein" (Obere Königstr. 46) und der zweigeschossige „Schwanenhof" (Obere Königstr. 53), die noch am besten erhaltene Kurie mit einer beachtenswerten Marienkrönung des späten 18. Jahrhunderts als Hausschmuck. Der „Schindelhof" und der „Schwanenhof" markieren in etwa den engeren Bereich der ehemaligen Immunität St. Gangolf, zumindest von der Fernstraße aus gesehen.

Der von Nürnberg kommende Reisende erreichte am „Schindelhof" den jetzigen Gangolfsplatz, der, von Kurien gesäumt, unmittelbar hinter dem Chor der Kirche lag. Am massigen Baukörper der Kirche selbst musste er in gewissem Abstand vorübergehen, denn zwischen St. Gangolf und der Hauptstraße lag der mauerumfriedete, verhältnismäßig große Friedhof. Rechter Hand die Friedhofsmauer und linker Hand weitere Kurienhöfe, durchquerte der Reisende die Theuerstadt, bis er sie am „Schwanenhof" in Richtung Seesbrücke (heute: Kettenbrücke) wieder verließ. Dort markierte einst die direkt an der Hauptstraße gelegene kleine Kapelle St. Gertrud die Grenze der Immunität zur Stadt. Das Gebäude wurde im 19. Jahrhundert zu einem Wohnhaus umgebaut und später abgerissen. Der Bereich südlich der Kirche um die Hauptstraße, den Gangolfsplatz und den Friedhof war so exponiert und öffentlich, dass gerade hier die wichtigen Kurienhöfe standen.

Die schlichten bürgerlichen Wohnhäuser lagen dagegen – von der Fernstraße aus gesehen – jenseits der Kirche, das heißt gegenüber der Westfassade und nördlich des Kapitelhauses. Der Platz vor der Westfas-

für die topographische Situation der Theuerstadt ein prägender Faktor war. So häuften sich die Stiftskurien von St. Gangolf hinter dem spätgotischen Chor und entlang der Hauptstraße, die fast unmittelbar südlich der Kirche vorbeiführte.

Trotz tief greifender späterer Veränderungen vermitteln die noch vorhandenen Gebäude ein gutes Bild der alten Grundstruktur. Von der Kurie „St. Nikolaus" (Gangolfsplatz 1) ist noch der Torbau des 18. Jahrhunderts erhalten, ein lang gestrecktes, zweigeschossiges Mansarddachgebäude. Die Kurien „Zum Zuckenmantel" (Gangolfsplatz 2), „Steine Kemmeten" (Gangolfsplatz 3a) und „Schindelhof" (Gangolfs-

sade von St. Gangolf gibt einen ungefähren Eindruck der ursprünglichen bürgerlichen Bebauung wieder, wenngleich nahezu alle der heutigen Gebäude erst im 19. Jahrhundert und später entstanden sind. Allerdings war der Platz ehemals kleiner, da der Friedhof um die Kirche herum bis zum Kapitelhaus hin reichte. Bis der Friedhof 1801 aufgelassen wurde, war die Gangolfskirche von außen nur über den Friedhof zugänglich. Am Rande des Platzes, neben dem Kapitelhaus, ist eine lebensgroße Skulptur des heiligen Sebastian aufgestellt. Diesen Pestheiligen stiftete und skulpierte Franz Martin Mutschele 1780 als Dank dafür, dass sein Bruder Bonaventura Joseph in Moskau einer Pestepidemie entkommen war. Die auch überregional bedeutende Bildhauerfamilie der Mutschele wohnte in unmittelbarer Nähe am selben Platz. Die beiden besagten Brüder waren bereits an der Barockisierung der Gangolfskirche maßgeblich beteiligt gewesen.

„Obere Gärtnerei"

Der Immunitätsbereich St. Gangolf war nicht befestigt, also nie von einer Wehrmauer umgeben. So war die Bebauung nie eng gedrängt und konnte sich besonders nördlich der Kirche recht frei entfalten. Dort reihten sich in wenigen Straßenzügen (heute: Josephstraße und Kaimsgasse) einfache, zumeist kleine Gärtnerhäuser aneinander. Wie in dem ursprünglich dem Stadtgericht zugehörigen Gärtnerviertel um die Memmelsdorfer Straße und die Mittelstraße, wo sich heute das Gärtner- und Häckermuseum befindet, der „Unteren Gärtnerei", wurden hier in der „Oberen Gärtnerei" Gemüse, Obst und Gewürze zur Versorgung der Stadtbevölkerung angebaut. Charakteristisch für die oft traufständigen

und nur eingeschossigen Gärtnerhäuser ist eine große Tordurchfahrt für das landwirtschaftliche Gerät. Unmittelbar dahinter lagen die Gemüsefelder.

Riegeltor

Trotz fehlender Befestigungsmauern besaß die Theuerstadt ehemals ein monumentales Tor. Das so genannte Riegeltor war trotz seiner Größe kein Wehrbau, sondern vielmehr ein architektonisches Ho-

ABB. 171: RIEGELTOR, UM 1935

heitszeichen, das in Höhe des „Schindelhofs" die Grenzen der Immunität markierte. Das Riegeltor war 1697 von Fürstbischof Lothar Franz von Schönborn, dem Bauherrn der Neuen Residenz, gestiftet und nach Plänen von Antonio Petrini, dem Architekten von St. Stephan und Schloss Seehof, erbaut worden. Ursprünglich hatte es nahe der Hauptwache gestanden, als prunkvolles Zeichen an der Stelle, wo von der Seesbrücke (heute: Kettenbrücke) kommende Reisende die Innenstadt betraten (heute: etwa Beginn der Fußgängerzone). 1774 war es nach St. Gangolf versetzt worden. Dort stand das Riegeltor, bis es vor dem Zweiten Weltkrieg als Verkehrshindernis beseitigt wurde. An diesem Standort verdeutlichte das Bauwerk die unangefochtene Machtstellung des Bischofs über die bürgerliche Stadt. An unübersehbarer und zentraler Stelle prangte sein Wappen am monumentalen Giebelaufbau über der Durchfahrt. Wenngleich Lothar Franz längst nicht mehr lebte, als das Tor vor der Theuerstadt stand, machte sein Wappen das Bauwerk auch dort zur Manifestation bischöflicher Macht über das Stift St. Gangolf.

Nach Auflösung der Immunitäten konnte Bamberg zu einer Stadt mit einheitlicher Verwaltung zusammenwachsen, die nicht mehr in verschiedene, voneinander unabhängige und oft rivalisierende Bereiche geteilt war. St. Gangolf wurde zur Pfarrkirche umgewidmet, die ehemalige Immunität zu einem Stadtteil unter anderen. Doch auch heute noch verbreitet die Theuerstadt einen eigenen Charme und lässt den Besucher die frühere Sonderstellung im Gefüge der Stadt spüren.

Franz Hofmann

4.2 Im Gärtnerviertel

Vom Steinweg zur Königstraße

Der Verlauf von König-, Siechen- und Hallstadter Straße hatte für Jahrhunderte eine weit über die Grenzen Bambergs hinausreichende Bedeutung. Er war Teil einer Fernhandelsstraße, die die Bischofsstadt auf dem rechten Regnitzufer tangierte. Diese stark frequentierte Durchgangstraße wurde schon früh gepflastert, was ihr den Namen Steinweg verlieh, der heute noch einen kleineren Abschnitt der Straße bezeichnet. Anlässlich eines Besuches des bayerischen Königs Ludwig I. im Jahr 1830 wurden größere Teile der Straße in Königstraße umbenannt. Die Trennung in Untere und Obere Königstraße erfolgt in Höhe der Kettenbrücke, die die wichtige Verbindung zur Inselstadt herstellt.

Durch das Aufeinandertreffen der Fernhandelsstraße mit der wichtigsten innerstädtischen Straße besaß dieser Kreuzungsbereich schon immer eine große Bedeutung, der auch städtebaulich Rechnung getragen wurde. So fällt die Gestaltung des von Leonhard Dientzenhofer errichteten Hauses Königstraße 1 auf.

ABB. 172: HALLSTADTER STRASSE, AUSSCHNITT, ZWEIDLER-PLAN, 1602

Obwohl im Zweiten Weltkrieg ausgebrannt, zeugt sein Äußeres bis heute von den städtebaulichen Bestrebungen Bambergs im 18. Jahrhundert. Es überragt die Häuser der Umgebung. Ferner hat es, anders als die Bauten der Umgebung, bogenförmige Fensterverdachungen, die sich mit dreieckigen abwechseln. Hinzu kommt das auffällig geschweifte Dach. Offensichtlich war beabsichtigt, hier einen Akzent zu setzen, der die Wichtigkeit der Kreuzung unterstrich. Denn an dieser Stelle beginnt die „Lange Steige", jene barocke Auffahrtstraße, die zum Dom und der Residenz führt. Entstanden war die Prachtstraße durch die planmäßige Barockisierung der Altstadt. Teil dieser Umgestaltung war der Neubau des Hauses Königstraße 1. An ihm blieb nichts dem Zufall überlassen. Ganz im Gegenteil, das Haus orientierte sich an jenem Gebäude, an dem die Prachtstraße endet: dem Vierzehnheiligen-Pavillon der Neuen Residenz. Von ihm stellt das Haus Königstraße 1 eine verkleinerte Kopie dar. Ähnliche städtebauliche Bedeutung hatte auch die „Zierd der Stadt", die viel gerühmte Seesbrücke. Sie war die Vorläuferin der heutigen Kettenbrücke und verband die Fernstraße mit der Innenstadt. Obwohl sie erst 1752 unter Mithilfe von Balthasar Neumann entstanden war, ging sie schon 1784 samt ihrer bedeutenden St.-Georg-Skulptur von Ferdinand Tietz in den Fluten der Regnitz unter.

Kehren wir zur Königstraße zurück. Ein Teil jenes Fernhandelsweges zu sein, hatte Auswirkungen auf die Gewerbestruktur der heutigen Königstraße. Um den Durchreisenden Unterkunft bieten zu können und für ihr leibliches Wohl zu sorgen, siedelten sich verstärkt Brauereigasthöfe an. Die Gebäude dieser Gasthöfe ähneln einander, denn sie hatten jeweils denselben Zweck zu erfüllen: Bewirtung und Beherbergung. Entsprechend sind ihre Fassaden von großen Toren und Durchfahrten geprägt, da Pferde und Kutschen der Gäste im Inneren der Anwesen untergebracht werden mussten. Darüber hinaus sollte das Äußere der Gasthöfe durch aufwändige Gestaltung die Qualität der Häuser demonstrieren. Der Differenzierung der Gasthöfe untereinander dienten die schmiedeeisernen Ausleger, von denen einige heute noch von der reichen Vergangenheit der Straße künden. Schöne Beispiele haben sich am Haus der früheren Brauerei „Großkopf" (Obere Königstr. 5), aber auch

Abb. 173: Ausleger Brauerei Spezial, Obere Königstrasse

Abb. 174: Ausleger Brauerei Fässla, Obere Königstrasse

bei den bestehenden Brauereien „Spezial" (Obere Königstr. 10) und „Fäßla" (Obere Königstr. 19) erhalten. Bis in die Gegenwart ist die Königstraße mithin eines jener Quartiere in Bamberg, an deren Architektur sich die einst prägende Gewerbestruktur ablesen lässt.

Beleg für die einstige Bedeutung der Straße sind aber auch die vielen prominenten Gäste, die hier logierten. So übernachtete Johann Wolfgang von Goethe 1797 im „Weißen Lamm" (Untere Königstr. 28), Fürst Pückler stieg 1834 für längere Zeit im „Deutschen Haus" (Obere Königstr. 4) ab, das er sehr lobte: „Ich trat im Deutschen Hause ab, einem sehr guten Gasthofe, wo man mir ein elegantes Appartement einräumte, das voriges Jahr, wie man rühmte, die Königin bewohnt, deren Portrait mit dem des Königs von Griechenland daher auch noch meinen Salon ziert. Hier denke ich einige Wochen zu bleiben [...]" Leider hat sich von dem ursprünglichen Geflecht aus Straße und Gastronomie trotz einiger Neuzugänge wenig erhalten. Die zwei hier noch verbliebenen Brauereien leben schon lange nicht mehr vom Durchgangsverkehr. Die ehemalige Fernhandelsstraße ist zur Einbahnstraße degradiert.

„Untere Gärtnerei"

Folgt man dem barocken Straßenzug stadtauswärts in Richtung Hallstadt, so ändert sich nicht nur der Name in „Siechenstraße", sondern auch die Architektur. Waren es in der Königstraße vorwiegend mehrstöckige Häuser, so verringert sich die Bebauungshöhe in der Siechenstraße, was den Übergang vom Städtischen hin zur Gärtnerarchitektur verrät. Sieht man von späteren Veränderungen wie etwa der hohen gründerzeitlichen Bebauung an der Abzweigung der Memmelsdorfer Straße ab, so besitzt die Siechenstraße jene für den Bamberger Gärtnerstand so typische Bebauung, die ganz besonders auch in den Seitenstraßen wie der Mittelstraße und der Heiliggrabstraße angetroffen werden kann. Es sind meist ein- oder zweistöckige Häuser, die in langen Fluchten die Straßen säumen. Zwischen den wenigen Fenstern zur Straße hin liegt die große Einfahrt, durch die man die Innenhöfe und die schmalen, bis zu 200 Meter langen Gartengrundstücke erreicht. Diese Hausform entspricht einem ab dem 18. Jahrhundert in Europa weit verbreiteten Typus von Häusern für kleine landwirtschaftliche Betriebe.

Doch haben sich auch andersartige, ältere Gärtnerhäuser erhalten. So findet sich in der Mittelstraße ein Gärtneranwesen aus dem 15. Jahrhundert (Mittelstr. 72). Eine Durchfahrt durch das Innere des Hauses wurde wegen der seitlichen Hofeinfahrt nicht benötigt. An der Giebelseite lässt sich gut die alte Fachwerkkonstruktion des Gebäudes erkennen, die das hohe Walmdach trägt. Das Alter des Hauses braucht nicht zu verwundern, lässt sich doch in Bamberg eine mindestens 600-jährige Gärtnertradition nachweisen. Neben Gemüse und Kräutern war es das Süßholz, das – weit über Bamberg hinaus verkauft – einen besonderen Wirtschaftsfaktor bildete. Heute beschränkt sich der Anbau dieser Pflanze auf wenige Exemplare im Schaugarten des Gärtner- und Häckermuseums in der Mittelstraße 34. Doch werden die bis

ABB. 175: IN DER UNTEREN GÄRTNEREI, IM HINTERGRUND ST. OTTO

ABB. 176: HISTORISCHE WOHNSTUBE IM GÄRTNER- UND HÄCKERMUSEUM, MITTELSTRASSE

zu zwei Meter langen Süßholzwurzeln heute nicht mehr als Naschwerk oder für die Lakritzproduktion nach auswärts verkauft. In der Nähe des Museums, tief eingebettet in altes Gärtnerland, steht bis heute das Dominikanerinnenkloster zum Heiligen Grab. Seine Gründungsgeschichte im 14. Jahrhundert, die auf einem Hostienfrevel beruht, kann einem langen Zyklus liebenswert gearbeiteter Gemälde im Inneren der Kirche entnommen werden. Während die gotische Kirche mit ihrem interessanten Gewölbe des 15. Jahrhunderts erhalten blieb, wurden die Klostergebäude Opfer der Säkularisation.

Hier in der „Unteren Gärtnerei" – im Unterschied zu der „Oberen Gärtnerei" in der Theuerstadt bei St. Gangolf – entstand aber auch eine neue Einrichtung, die für das geistliche Wohl der Bewohner sorgen sollte. So wurde an der Siechenstraße die Pfarrkirche St. Otto errichtet. Der zwischen 1911 und 1914 ent-

standene Kirchenbau darf als einer der eigenwilligsten Bambergs gelten. Stilistisch kann er weniger dem Jugendstil als vielmehr dem Monumentalstil am Ende des Kaiserreiches zugerechnet werden. Die architektonischen Ideen, wie die Turmfassade, wurden zum Teil aus der romanischen Baukunst entliehen, ohne dieser jedoch sklavisch zu folgen. Von der Kirche verborgen, liegt auf dem Gelände des ehemaligen Ochsenmarktes das Gaswerk, das seit 1855 von dem Augsburger Unternehmer Riedinger betrieben wurde. Was die „Untere Gärtnerei" auszeichnet, ist aber nicht nur ihre Vergangenheit: Bis heute hat sich auch die Kultur der Gärtner erhalten. So wird noch immer Gemüseanbau betrieben, es werden auch alte Bräuche wie eigene Flurumgänge und Prozessionen gepflegt. Weiterhin wurde das Gärtner- und Häckermuseum (Mittelstr. 34) gegründet, um die eigenständige Kultur zu dokumentieren und zu bewahren. Doch ist die Anzahl der

Gärtnereibetriebe rückläufig. Immer häufiger wird Gärtnerland ohne Rücksicht auf die gewachsene Umgebung zu Spekulationsgut. Durch ständiges Schaffen neuen Wohnraumes, Abriss und Neubau stirbt der eigenwillige Charme, der Charakter dieses Stadtteils. So bleibt zu befürchten, dass sich der Erhalt der Gärtnerkultur einmal ganz auf das Museum beschränken wird.

In der Hallstadter Straße

Folgt man der Siechenstraße weiter stadtauswärts, so trifft man auf die Kreuzung der in Richtung Bayreuth führende Memmelsdorfer Straße – gekennzeichnet durch den wiedererrichteten klassizistischen Wegweiser in Form eines Obelisken. Schräg gegenüber befindet sich der ehemalige fürstbischöfliche Jagdzeugstadel von 1738. Einst diente er der Unterbringung von Gerätschaften zur Jagd im Hauptsmoorwald und auf den Seen der Umgebung. Heute werden in ihm die Reste vieler Skulpturen aufbewahrt, die vor der Witterung geschützt werden sollen.

Auf der rechten Seite der nunmehrigen Hallstadter Straße schließen sich ein ehemaliges Siechenhaus und die Sebastianikapelle sowie der 16 ha große Hauptfriedhof der Stadt an. Bis in das 13. Jahrhundert geht die Gründung des Sondersiechenhauses zu Unserer Lieben Frau an der Eingangsstraße zur Stadt zurück; 1223 pflegten hier Franziskaner Aussätzige. Während der St.-Antoni-Siechhof am Oberen Kaulberg bedürftige Männer aufnahm, sollten nordöstlich der Stadt „sundersieche frawen" unterhalten werden. 1757 entstand ein Neubau (Siechenstraße 92), der mehrere Sozialstiftungen zusammenfasste. Im Zuge der Säkularisation siedelte man die Insassen in das Bürgerspital um und veräußerte das Anwesen (heute Sparkasse). Auch die Sebastianikapelle wurde als „überflüssig" angesehen, doch erwarben engagierte Gärtner die Kirche ihres Schutzpatrons und deren Ausstattung.

ABB. 177: SEBASTIANIKAPELLE UND EHEMALIGES SIECHENHAUS, HALLSTADTER STRASSE

ABB. 178: GRABMAL, HAUPTFRIEDHOF

Erfolgreich konnte gegenüber der bayerischen Regierung die Wiederaufnahme der Sebastianiprozession erreicht werden. Der Zweidler-Plan von 1602 zeigt die früheste historische Darstellung der Kapelle. Das heutige Erscheinungsbild geht auf Pläne des Architekten Georg Gottfried Kallenbach aus der Mitte des 19. Jahrhunderts zurück.

Nach anfänglichen Versuchen des Fürstbischofs Christoph Franz von Buseck, die Friedhöfe der Stadt zu zentralisieren, gelang in bayerischer Zeit zwischen 1817 und 1822 der Ausbau eines älteren Bestattungsplatzes an der Hallstadter Straße zum Hauptfriedhof. Als Friedhofskapelle diente die Gönninger-Kapelle, jener blockhafte Bau mit der reliefierten Fassade neben dem alten Haupteingang. Ihr gegenüber wurde 1821/22 ein halbkreisförmiges Säulenportikus angelegt, der die herrschaftlichen Grüfte des Bürgertums beherbergt. In der Nähe der Aussegnungshalle liegt ein Soldatenfriedhof, für den Hans Leitherer 1927 das Mahnmal eines aufgebahrter Soldaten schuf. Seit der

Mitte des 19. Jahrhunderts schließt sich an die II. Abteilung ein israelitischer Friedhof an, in jüngerer Zeit wurde in der VI. Abteilung ein muslimisches Grabfeld eingerichtet.

Im Bereich der äußeren Hallstadter Straße weicht die Struktur der Gärtneranwesen immer mehr modernen, raumgreifenden Industrieansiedlungen und Gewerbenutzungen unserer Tage. Zu den unterschiedlichen Nutzungen im Mischgebiet zählen auch die beiden Moscheen der Stadt. Erwähnenswert ist zudem die 1945 gegründete und an der Stadtgrenze errichtete chemische Fabrik Prof. Dr. Robert Pfleger, deren Verwaltungsbau sich als gelungene Architektur der Wirtschaftswunderzeit präsentiert. In nordöstlicher Richtung, am Ende einer Schrebergartenkolonie, hält das sogenannte Aufseßhöflein einen Dornröschenschlaf. Heute in einem Gleisdreieck gelegen, war es einst das barocke Sommerhaus eines hohen Beamten der bischöflichen Residenzstadt.

Ekkehard Arnetzl

4.3 Die Wunderburg

Bis zur Regulierung des rechten Regnitzarms 1887/89 und der damit einhergehenden Hochwassersicherung im Bereich des heutigen Kunigundendamms war die Wunderburg als südwestlichstes Gebiet des jetzigen Stadtdenkmals Bamberg durch zwei Verkehrsstränge, Egelsee- und Nürnberger Straße (ehemals Hundsbühl), an die Kernstadt angebunden. Diese beiden Straßenzüge sind in ihrem Verlauf, allerdings mit noch aufgelockerter Bebauung, schon auf dem Zweidler-Plan (1602) festgehalten. Nicht unmittelbar zur topographisch dreigeteilten Kernstadt gehörig, steht die Wunderburg doch in steter Wechselfunktion zum Stadtganzen.

Die konzentrierte Niederlassung von „Zerstreuungsstätten" in der äußeren Nürnberger Straße in unmittelbarer Nähe der zwischen 1883 und 1887 entstandenen Holzhofkaserne für die Kavallerie brachte die Wunderburg als Gesamtes nach dem Zweiten Weltkrieg in den Ruch eines „Glasscherbenviertels", was manchen Kulturreisenden von ihrem Besuch

abgehalten haben mag. Der 1350 ausgestellte Schutzbrief des Fürstbischofs Friedrich von Hohenlohe an seinen Forst- und Küchenmeister Friedrich von Rotenstein ist Gründungszeugnis für die Keimzelle der Wunderburg und erklärt auch ihren Namen: „[…] und hat darauf gepauet ein werehafft Hauße und Stadell und andere Heußere, nach seinem Nutze und Notdurfft also vestiglichen und kostlichen, das man es heyßet die Wunderburg." Friedrich von Rotenstein erbaute sich also eine Art Aussiedlerhof in der Nähe seines Arbeitsplatzes, des zu dieser Zeit noch kaum durch Rodungen zurückgedrängten Hauptsmoorwaldes. Diese eigentliche Wunderburg lag vermutlich auf dem Terrain des nachmaligen Koppenhofes, d. h. einer Fohlenzuchtstätte, der, nach erfolgter bayerischer Besetzung des Hochstifts Bamberg zur Chevauxleger-Kaserne umgewidmet, bereits im ersten Drittel des 19. Jahrhunderts die künftige Ausweitung militärischer Nutzung am Rande der Stadt markiert. Auf dem Zweidler-Plan von 1602 noch dokumentiert ist die ehemalige St. Margareta und St. Ottilia geweihte Hauskapelle des Hofgutes, die mit dem größten Teil der umliegend entstandenen Anwesen 1632 niedergebrannt wurde.

Die Wiederaufbauleistung der Wunderburger Bevölkerung nach dem Dreißigjährigen Krieg wird archivalisch fassbar mit der Initiative des Schneiders Andreas Klubenspieß, der 1684 den Bau einer kleinen Marterkapelle zu Ehren des Maria-Hilf-Kultes veranlasst hatte, um schon fünf Jahre später mit ausdrücklicher fürstbischöflicher Genehmigung die Errichtung einer geräumigen Kapelle auf einem von dem Ziegler Jakob Hofmann zur Verfügung gestellten Grundstück zu avisieren. Die Bauholzstiftung zu diesem Projekt seitens des Fürstbischofs Marquard Sebastian Schenk von Stauffenberg ist Inhalt einer der beiden simultan dargestellten Szenen eines zeitgenössischen Ölbildes, welches heute im Pfarrheim deponiert ist – um 1690 entstanden, ist dieses Werk von anonymer Hand die älteste detaillierte Darstellung der Wunderburg. Vor dem Bildhintergrund räumlich komprimierter Gebäudefronten sind im Vordergrund zwei Szenen zu sehen: links die Gründung der kleinen Marterkapelle, an sich nur ein wettergeschützter Schrein für das Gnadenbild, rechts der mit dem Schriftzug „Fundator" kenntlich gemachte Klubenspieß in einer Gruppe von Geist-

ABB. 179: WUNDERBURG, AUSSCHNITT, ZWEIDLER-PLAN, 1602

ABB. 180: EHEMALIGE HOLZHOFKASERNE, NÜRNBERGER STRASSE

lichen vor der frühbarocken Wallfahrtskapelle. Den aufmerksamen Betrachter wird die Gestalt einer Hausiererin interessieren: Die in der Trachtenforschung nicht unwidersprochen „wendisch" genannte Art des Kopftuches findet ebenfalls in diesem Bild den frühesten Beleg. Ausdruck der tiefen Religiosität der Zeit ist sowohl die Gründung der Wunderburger Mariahilf-Bruderschaft 1692 wie die schnell anwachsende Stiftung von Vermächtnissen und Verlöbnissen an die Kapellenstiftung im Laufe des 18. Jahrhunderts, aus deren Vermögen 1790 mehr als 3 000 Gulden zum Bau einer Schule verwandt wurden.

War die Wunderburg bis 1816 als Kuratie der Stadtpfarrkirche St. Martin zugeordnet, wurde sie dann dem Pfarrsprengel St. Gangolf inkorporiert. Vor der erst 1905 erfolgten Verselbstständigung der Pfarrei Mariahilf kam es vor allem auf Bestreben der Wunderburger Gärtner 1888/89 zum Bau der historistisch geprägten Kirche, wie sie sich heute noch zeigt, an-

stelle der damals abgebrochenen Barockkapelle. Ihr Grundriss einer dreischiffigen Hallenkirche mit fünfjochigem Langhaus wird räumlich proportioniert durch die schlanke Säulenfolge und den gut durchlichteten, geosteten Chor mit 5/8-Abschluss. Zwischen den Säulenschäften des Mittelschiffs beziehungsweise halbrunden, den Seitenschiffwänden vorgelagerten Diensten und den Rippen der Kreuzgewölbe sind Kapitelle mit eigenwilligem Eichenlaubmotiv gelegt. Das Gnadenbild, eine ikonographisch nach Cranach-Vorlage gestaltete, farbig gefasste frühbarocke Pieta-Skulptur, wurde im Zuge der Purifizierung 1966 mit einem Ausschnitt des neugotischen Altaraufbaus vom Hochaltar an die Stirnwand des linken Seitenschiffs versetzt. Die ältere Forschung erklärte Anfang des 20. Jahrhunderts die nachlassenden Wallfahrten mit dem Verlust der gewohnten architektonischen Umgebung des Gnadenbildes.

1996 wurde auf Bestreben des Bürgervereins Bamberg-Süd vor der Kirche ein neuer sandsteinerner Brunnen errichtet. Die Brunnensäule trägt die Skulptur eines Gärtnerpaares bei der Arbeit. Auf den acht Feldern der Einfassung stellt der Bildhauer Reinhard Klesse in seinem kräftig-gegenständlichen Stil verschiedene Szenen aus der Arbeitswelt in diesem Stadtviertel beheimateter Handwerke und ebenso erinnernde Motive wie die alte Mariahilf-Kapelle, Kirchweihtreiben und die Bamberger Ulanen dar.

Gegenüber dem Hauptportal der Kirche, auf dem Bleichanger, steht ein 1924 von Konrad Roth geschaffener bronzener Lanzenreiter. Dieses Denkmal erinnert an die Attacke Bamberger Ulanen am 11. August 1914 bei dem lothringischen Dorf Lagarde. Der jetzige Standort des Denkmals scheint folgerichtiger als der ursprüngliche am Obstmarkt, waren die Angehörigen des 1. Bayerischen Ulanenregiments doch seit den 1890er Jahren in der nahen Koppenhof- und Holzhofkaserne untergebracht. Beide Gebäudekom-

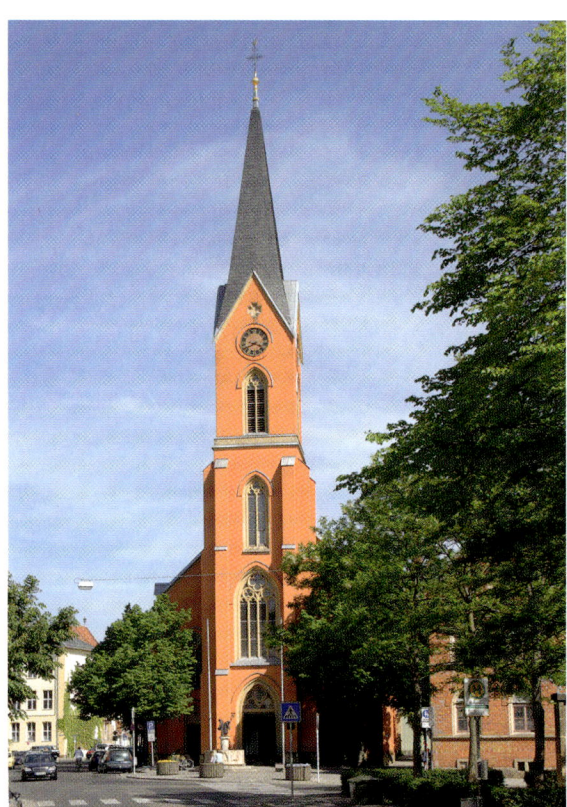

ABB. 181: PFARRKIRCHE MARIA HILF, WUNDERBURG

plexe, heute mit ziviler Wohnnutzung, grenzen als architektonisch bemerkenswerte Dominanten die innere Wunderburg zur Nürnberger Straße hin optisch ab. Wenngleich im Zuge der Stadtentwicklung mehrfach überschabloniert, kann die Wunderburg mit bedeutenden Baudokumenten aufwarten. So verkörpert das Gärtnerhaus Egelseestraße 43 noch den spätmittelalterlichen Typus eines Ackerbürgeranwesens und fand sogar Aufnahme in W. v. Erffas Standardwerk „Das Bürgerhaus im westlichen Oberfranken". Welchen ästhetischen Richtlinien dagegen die Bamberger Architektur der 1970er Jahre verpflichtet war, mag der Betrachter aus dem Baukomplex Egelseestraße 41 ersehen, dem ein ebenfalls giebelständiges Gärtnerhaus aus dem 16. Jahrhundert zum Opfer fiel. Die Spätform des Bamberger Gärtnerhauses verkörpern die kettenartig aneinandergereihten Traufseithäuser in der Nürnberger Straße 88/92 mit ihren korbbogigen Hausdurchfahrten. Zu Recht fühlt sich der Betrachter hier an die Kolonistenhöfe des Burgenlandes und Westungarns erinnert, standen die dortigen, älteren Hofanlagen doch den Baumusterplänen Pate, die um 1760 als anzustrebender Standard den neu zu errichtenden Gärtneranwesen als Vorlage dienten. Das von der Straßenflucht etwas zurückgesetzte Haus Nürnberger Straße 26 hingegen zeigt sich in Bezug auf Baumasse und Aufteilung als Zwischenglied.

Ebenfalls auf den Gärtnerstand zurückzuführen sind die auffallenden Kleindenkmäler des Quartiers wie Bildstöcke, Flurkreuze und erhaltene Prozessionsaltäre. Hervorgehoben sei die „Bäckermarter" in der Egelseestraße aus der Mitte des 17. Jahrhunderts, die das Zunftzeichen der Bäcker trägt. Schon die ältere Forschung wies auf das einzigartige ikonographische Programm des Bildstocks hin: An den Schmalseiten flankiert von Ritter St. Georg und dem heiligen Bischof Otto, zeigt die Frontseite eine seltsame Dreifaltigkeitsdarstellung in derb-gekonnter, halbplastischer Ausführung. Gottvater hat den Sohn als Kind auf den Armen, darüber steht der Heilige Geist in Gestalt einer Taube; als Assistenzfiguren, gleichfalls frontal gezeigt, ist das heilige Kaiserpaar Heinrich und Kunigunde erkennbar. Tatsächlich erschließt sich aus der Sockelinschrift „Haec Statua divo Josepho Christi in terris patri" eine für das 17. Jahrhundert sehr seltene, frühe Josefsverehrung. Gegenüber der Einmündung

ABB. 182: Kirchweihszene am Brunnen, Wunderburg

Hirtenstraße, am Rande einer noch gärtnerisch genutzten Anbaufläche, steht auf dem Grundstück Egelseestraße 99 ein mit der Jahrzahl 1720 datierter Bildstock. Er trägt am Abschluss des balusterartigen Schaftes das Zunftzeichen der Gärtner, gekreuzte Rechen und Spaten, und den Namen des Stifters Andreas Hümmer. In den Feldern der würfelförmigen Ädicula sind neben der zentralen Kreuzigungsszene die Apostel Paulus und Petrus im Flachrelief abgebildet. Wer hier an dieser Stelle über die Einfriedungsmauer der Gärtnerei blickt, gewinnt einen Eindruck von der topographischen Weitläufigkeit dieses Stadtteils.

Ein gutes bildliches Zeugnis vom beginnenden Schwund gärtnerischer Anbaufläche, der zähen Gärtnerarbeit und dem Beginn der Uferzeilenbebauung des Kunigundendamms ist das Panoramagemälde von Anton Messerschmitt. Wo auf Messerschmitts Bild, um 1900 entstanden, noch Gärtnerinnen kniend bei der Arbeit sind, entstand in dieser Zeit eine bis heute weitgehend homogen erhaltene, durchgehend dreigeschossige Wohnbebauung, in der architektonischen Sprache überleitend vom Historismus zum Jugendstil. Zeigen die Häuser Kunigundendamm 36 und 41–44

verschiedene, interessante Erkerlösungen und anspruchsvolle Wandgliederungen durch Kontrastierung zwischen Werkstein und Putz, so besticht das Anwesen Kunigundendamm 45 durch seine floralen Elemente, die aus dem grob bearbeiteten Haustein zu wachsen scheinen und ihrerseits in Spannung stehen zu einigen glatten Werksteinpartien: Aus volutenähnlichem, sich überschneidendem Wurzelwerk „erwächst" die Pfortenausbildung der Eingangstür.

Allein drei traditionsreiche Brauereien – Mahrs-Bräu, Keesmann und Maisel – stehen dem Gast neben zahlreichen Metzgereien zur Verfügung. Im Jahr 1977 war der Brauereiausschank des Mahrs-Bräu Drehort im Zuge der Verfilmung von Leonhard Franks „Ochsenfurter Männerquartett" und wurde zum „Schwarzen Walfisch zu Askalon", diesem Prototyp einer fränkischen Quartiersschwemme. Merkwürdigerweise als Weinlokal fand sich die Brauereigaststätte dann in der Fernsehserie „Der König" wieder. Schließlich bleiben bis heute Gärtnereien mit angeschlossenen Ladengeschäften zu nennen, welche hervorragendes Bamberger Gemüse anbieten und diesem Quartier eine Subidentität innerhalb des Stadtganzen ermöglichen.

Georg A. E. Habermehl

5. Schloss Seehof – Sommerresidenz der Fürstbischöfe

Im Osten Bambergs liegt ein ausgedehntes Waldgebiet, der so genannte Hauptsmoorwald. Er hat über Jahrhunderte in üblicher Weise der Stadt als Nutzwald und den Fürstbischöfen als Jagdgebiet gedient. Heute ist er in großen Teilen als militärisches Sperrgebiet der US-Armee ausgewiesen. Nach Durchquerung des Waldes auf der Memmelsdorfer Straße, die zu dem gleichnamigen Ort führt, fallen zunächst vier kuppelartige Turmhelme, so gen. welsche Hauben, ins Auge, auf deren hochgezogenen Spitzen tropfenähnliche Knäufe mit abschließenden vergoldeten Kugeln und Fahnen balancieren. Dies ist die einprägsame Silhouette, die Schloss Seehof, fürstbischöfliches Jagdschloss und Sommerresidenz, schon von weitem sichtbar macht.

Die heutige Schloss- und Parkanlage ist das Ergebnis einer mehrere Generationen umfassenden Bauzeit und einer wechselvollen Geschichte seit der Säkularisation. Vier Fürstbischöfe von Bamberg haben die Gestalt von Schloss und Park bestimmt. In der Regierungszeit des Fürstbischofs Sebastian Marquard von Stauffenberg wurde 1683 bis 1685 in der Nähe eines älteren „Seehauses" zunächst mit der Anpflanzung von 225 jungen Linden- und 300 Buchenbäumchen für die spätere Gartenanlage begonnen. Die vierflügelige Schlossanlage entstand zum überwiegenden Teil in den Jahren 1687 bis 1696, wobei hauptsächlich der Architekt Antonio Petrini als Baumeister mit der Projektierung betraut war. Das Schloss erhielt eine festungsartige Form mit vier zweigeschossigen Gebäudeflügeln, die einen Arkadenhof umschließen. Die ebenerdig risalitartig vorbereiteten Ecktürme ragen um zwei Geschosse über sie hinaus. Es ist eine schon zur Bauzeit eher altertümlich zu nennen-

ABB. 184: SCHLOSS SEEHOF MIT PARK UND FISCHWEIHERN

ABB. 183 LINKS: SCHLOSS SEEHOF, KASKADE MIT HERKULESGRUPPE

ABB. 185: GARTENPLAN VON SCHLOSS SEEHOF, UM 1770

de Bauform, mit der sich der Bischof hier offenbar absichtlich traditionell und auch wehrhaft gibt und für deren Form vor allem das etwa 80 Jahre ältere Aschaffenburger Schloss vorbildlich war.

Die Fassaden des Schlosses entsprechen einander an den jeweils gegenüberliegenden Seiten. Sie haben insgesamt neun Fensterachsen, wobei die mittlere auf der West- und Ostseite jeweils ein großes Portal besitzt. Man wählte für sie die bescheidenste der Säulenordnungen, die dorische, was der Nutzung des Gebäudes als ländlichem Jagd- und nicht als Residenzschloss entspricht: Nach hinten dreifach abgestuft finden wir kannelierte Säulen der dorischen Ordnung vor flache Pilaster mit Spiegeln gestellt, die ihrerseits wiederum vor Pilastern mit hohen Postamenten stehen. Die Bekrönung des Tores besteht aus einem gesprengten Giebel, der zwischen sich das mittlere Fenster dieser Achse einfasst. Über den Portalen befinden sich große Doppelwappen der Fürstbischöfe Marquard Schenk von Stauffenberg (1683–

1693) und Lothar Franz von Schönborn (1693–1729). Im Sinne der bescheideneren, ländlichen Architektur sind auch die rustizierten Wandvorlagen an den Ecken der Türme zu verstehen. Die Fenster sind im Erdgeschoss mit Dreieckgiebeln, im ersten und zweiten Geschoss mit Segmentgiebeln bekrönt. Diese Giebel sitzen auf Gesimsen, die sich wie Bänder um das ganze Schloss herumziehen. Beginnend bei der äußeren Fensterachse und jeweils eine überspringend, befinden sich insgesamt fünf sehr große Lukarnen im Dach. Sie werden von den Flügelbauten unten vorbereitet, insofern als die jeweiligen Fensterachsen ganz am Schluss noch einen profilierten Segmentbogen erhalten, der praktisch über das Gesims der Dachtraufe hinausstößt und so als Auftakt für die darüberliegende Lukarne dient. Überhaupt werden die Geschosse, die durch die Gesimse horizontal so streng getrennt wurden, in raffinierter Weise wieder zusammengefasst: Jeweils in den Fensterachsen sind sowohl die Fenster als auch die Wandfelder, die darüber und darunter liegen, leicht erhaben gegenüber dem Rest der Wand. Auf diese Weise befinden sich die Fenster in einer durchgehenden vertikalen Schicht, die sich als Einheit von der eigentlichen Wand abhebt. Die Türme erhielten eine zusätzliche Gliederung durch Nischen, die jeweils zwischen die Fenster eingetieft sind und deren Ränder unter die Fensterrahmen zu liegen kommen. Solche Nischen gehören in das Motivrepertoire der antiken Triumphbogenarchitektur. In Bamberg gibt es sie unter anderem an der Fassade von St. Stephan, dem ältesten Bamberger Werk des A. Petrini aus

quetscht oder abgeschnitten wirken. Es war vielleicht eine zeichnerische, weniger jedoch eine dreidimensional durchdachte Lösung, denn das Vorspringen des Turmes um eben die Tiefe der Rustikagliederung war nicht berücksichtigt worden.

Ab 1689 wurde die Gestaltung des Gartens vorgenommen, zunächst noch durch den Fürstbischof Marquard Sebastian Schenk von Stauffenberg, später durch den bedeutenderen Bauherrn und Kunstfreund Fürstbischof Lothar Franz von Schönborn. Das rechteckige Gartenterrain (ca. 360 m x 600 m) wird durch

ABB. 186: ORANGERIE (FERDINAND-TIETZ-MUSEUM)

den Jahren nach 1677. Doch die Architektur des Schlosses hat auch ihre Schwächen. Unglücklich gelöst erscheinen die Lukarnen, die sich ganz in der Ecke zwischen den Flügelbauten und dem dritten Geschoss der Türme befinden. Sie liegen wenig logisch einerseits unter der Pilastergliederung der Turmecke, andererseits mit ihren zugehörigen Segmentgiebeln über dieser Rustikagliederung, sodass sie einge-

eine Längs- und zwei Querachsen in sechs annähernd quadratische Felder gegliedert. Das südliche und nördliche Mittelquartier schließen das Schloss zwischen sich ein und nehmen unmittelbar darauf Bezug. Von den ehemals das Schloss direkt umgebenden Parterres, d. h. geometrischen Blumenbeeten, ist nichts mehr erhalten. Die südliche Blickachse zum See dehnte sich zur Zeit der Fürstbischöfe bis zur Stadt

ABB. 187: INNENANSICHT DES MEMMELSDORFER TORES

hin aus, wofür eine breite Schneise durch den Hauptsmoorwald geschlagen wurde. In dieser Achse befinden sich im südlichen Mittelquartier noch Teile der großen Kaskade, einer bedeutenden Anlage der Wasserkunst aus der Regierungszeit des Fürstbischofs Adam Friedrich von Seinsheim (1757–1779). Sie besteht aus einer Hauptfigurengruppe um den mythologischen Helden Herkules sowie geschwungenen Wasserbecken mit Springbrunnenanlagen, parallelen Treppenläufen und reichem Ornament- und Figurenschmuck. Die Kaskade, in den Quellen „Hauptstiege" genannt, entstand in den Jahren 1765 bis 1771 unter Mitwirkung von Ferdinand Tietz. Den Abschluss der südlichen Achse bildet heute der Breitenauweiher mit zwei Figureninseln.

Ferdinand Tietz hatte für den Garten über 400 Figuren hergestellt, von denen sich jedoch nur noch eine geringe Anzahl im Garten befindet, darunter der „Raub der Proserpina" und „Kampf der Giganten" vor der Westfassade des Schlosses. Sie erhielten jüngst eine den Schriftquellen entsprechend rekonstruierte Fassung in Bleiweiß. Die zwei westlichen und die zwei östlichen Quartiere bildeten jeweils in sich geschlossene Abschnitte mit eigenen Attraktionen. So befand sich im südwestlichen ein Heckentheater, das sich – wenn auch verwildert – erhalten hat. Vom Labyrinth im nordwestlichen Quartier ist nichts mehr zu sehen und auch die östlichen Quartiere wurden zwischenzeitlich landwirtschaftlich bebaut und sind erst in jüngster Zeit wieder zum Schlossterrain zurückgekommen. Der Garten war ringsum von einer Mauer mit Toren in den Hauptachsen umgeben. Das Haupteingangstor liegt im Westen und wird von zwei Wachthäusern (ab 1736) eingefasst. Sie stammen von J. M. Küchel und nehmen mit feinen architektonischen Zitaten auf den Hauptbau Bezug. So auch die mit Voluten und Knäufen verzierten Dachgauben und die Rustikaquaderung an den Ecken und auf den Wänden. Es lohnt sich, hier dem raffinierten Fugenbild der Rustika genauere Aufmerksamkeit zu schenken, da es den Fensterachsen entsprechend so verläuft, dass es Keilsteine über und unter ihnen bildet.

In der Nordachse, dem Rückprospekt des mittleren Quartiers, liegt die Orangerie (1733–1737) mit dem Memmelsdorfer Tor. Sie wurde nach Plänen Balthasar Neumanns von Justus Heinrich Dientzenhofer errichtet und ist eine ausgefeilte Glas- und Werksteinarchitektur mit bemerkenswerten heiztechnischen Anlagen zur Klimatisierung. Die angrenzenden Feigenhäuser (1736) und abschließenden Eckpavillons (1753) wurden nach Plänen J. M. Küchels ebenfalls von J. H. Dientzenhofer errichtet. Hiervon blieb nur das westliche, heute so genannte Gärtnerhaus stehen, während das berühmte „Franckenstein-Schlösschen", benannt nach dem Bauherrn Fürstbischof Philipp Anton von Franckenstein (1746–1753), bereits im 19. Jahrhundert abgebrochen wurde. In Weiterführung der west-östlichen Wegachse befindet sich im Osten die „Schweizerei". Es handelt sich um ein bemerkenswertes Ökonomiegebäude von Lorenz Fink (1783), das Fürstbischof Franz Ludwig von Erthal in Auftrag gab, ein aufgeklärter Fürst, der sich mit der Errichtung von Krankenhäusern und Schulen verdient machte und mit konsequenter Sparsamkeit den auch in seinen Unterhaltskosten verschwenderischen Figurenschmuck des Parks im Depot verschwinden ließ. Der „Schweizerei" entspricht im äußersten Westen die „Fasanerie", ein rekonstruiertes Gebäude, welches als Aussegnungshalle für den danebenliegenden Friedhof dient.

Von der Innenausstattung des Schlosses ist vor allem ein berühmtes Deckenfresko (1751) von Giuseppe Appiani im „Weißen Saal" zu nennen, das die mythologische Götterwelt in Bezug auf die Jagd und Fischerei darstellt. Mit der Säkularisation nahm das fürstbischöfliche, höfische Leben in Seehof ein Ende. Zunächst wurde das Schloss Witwensitz der Herzogin Amalie von Bayern. Von 1840 bis 1975 sind Schloss und Garten im Privatbesitz des Husarenobristen von Zandt und seiner Erben. Die landwirtschaftlichen Erträge waren zu spärlich für den Unterhalt; so wandelte man zunächst die östlichen Gartenquartiere in Ackerland um. Vor allem in den Jahren nach 1951 wurde Stück um Stück der Gartenskulpturen und des Schlossinventares veräußert. 1975 konnte die Anlage vom Freistaat Bayern erworben werden. Das Schloss ist heute Sitz einer Außenstelle des Bayerischen Landesamtes für Denkmalpflege. Mit Hilfe des neu gegründeten Vereins der „Freunde von Schloss Seehof" sowie anderer Förderer wurde der Rückkauf einiger Ausstattungsteile möglich, die in den Museumsräumen im Obergeschoss zu besichtigen sind.

Barbara Fischer-Kohnert

ABB. 188:
WÄCHTERHÄUSCHEN, 1990

6. Stadtentwicklung im 19. und 20. Jahrhundert

In der zweiten Hälfte des 19. Jahrhunderts dehnte sich Bamberg weit über die Grenzen der mittelalterlich geprägten Kernstadt aus. Die planmäßige Erschließung neuer Stadtgebiete wird zum Charakteristikum dieser Zeit. Die Expansion der Stadt im Zuge der Industrialisierung hing eng mit dem sprunghaften Anstieg der Bevölkerung zusammen. Im Jahr 1844 fand Bamberg einen frühen Anschluss an das Schienennetz der Ludwig-Süd-Nord-Bahn. Innerhalb eines halben Jahrhunderts sollte sich die Bevölkerung bis 1890 auf fast 36 000 Einwohner verdoppelt haben. Gleichzeitig mussten neue Verkehrsmittel und Verkehrszentren, wie Eisenbahn, Straßenbahn und Bahnhof, so eingebunden werden, dass neue Wohngebiete entstehen, andererseits aber die alten Stadtteile sinnvoll angeschlossen werden konnten. Für die städtebauliche Erweiterung boten sich vor allem Flächen im Süden, Norden und Osten der Stadt an. So entstand um die Altstadt eine Reihe neuer Quartiere, die zusammen mit den Eingemeindungen des letzten Drittels des 20. Jahrhunderts bis heute Raum bieten für neue Wohnbebauung, Gewerbe- und Industrieflächen.

einigermaßen unbeschadet überstanden. Die Fülle einzigartiger Baudenkmäler wurde 1981 auf einer Fläche von 250 Hektar mit über 2200 Gebäuden als Einheit unter Schutz gestellt, 1993 folgte für das Gebiet der Altstadt die Eintragung in die UNESCO-Liste als Weltkulturerbe. Private Initiative und städtisches Engagement versuchten, den Anforderungen dieses wertvollen Stadtdenkmals gerecht zu werden.

ABB. 190:
ERSTES FREMDENVERKEHRSPLAKAT
DER STADT BAMBERG, 1886

6.1 Das Stadtzentrum und seine Erweiterungen

Der Umgang mit dem Stadtdenkmal

Seit der Barockzeit war die Altstadt von Bamberg nicht mehr von größeren baulichen Veränderungen betroffen. Selbst den Zweiten Weltkrieg hat Bamberg

ABB. 189 LINKS: ENTWICKLUNGSACHSE BAHNLINIE, VORNE LINKS STADTTEIL GEREUTH

Einbrüche in die erhaltenen und gewachsenen Strukturen, wie bei dem Bau des Kaufhauses „Honer" am Maximiliansplatz, würde heute wohl niemand mehr befürworten. Eine Gefahr für den Baubestand geht aber immer noch von der Meinung aus, historische Gebäude jederzeit durch eine maßstabsgetreue Kopie ersetzen zu können. Dieses Denken und falsch verstandenes Bewusstsein technischer Möglichkeiten haben den Bestand an alten Gebäuden von Jahr zu Jahr reduziert. An einigen Stellen steht der Besucher, ohne es zu wissen, heute vor neuen und nachgebauten Fassaden, wie z. B. an der Nordseite des Maximiliansplatzes.

Einen gewaltigen Kahlschlag musste auch das Mühlenviertel über sich ergehen lassen. Bei einer Flächensanierung wurden sieben der zehn Bauten dieses technischen Denkmals einer Zunft, die schon seit dem Mittelalter in Bamberg schriftlich belegt ist, abgerissen. Neue Stahlbetonbauten mit aufgeklebten Fachwerkimitationen sollen eine altertümliche Stimmung erzeugen. Beispiele dieser Art mahnen, sich die Werte und Lebensqualitäten der Stadt immer wieder aufs Neue bewusst zu machen und sie als lebendigen, aber auch als echten Organismus zu erhalten. Dazu gehört die Bewältigung der Verkehrsmassen, die das Fassungsvermögen der alten Stadt mit ihren engen Gassen noch immer gewaltig übersteigen. Bamberg hat nicht nur ein engagiertes Bürgertum und eine erfahrene Bauverwaltung, sondern z. B. auch an der Universität modernste, theoretisch und praktisch ausgerichtete Wissenschaftszweige der Denkmalpflege und Bauforschung, die Wege aufzeigen, wie zeitgerechte Lebensformen in der Atmosphäre einer menschenfreundlichen und gewachsenen Umgebung möglich sind.

Stadtverschönerung im 19. Jahrhundert

Die Zeit nach der Säkularisation brachte der Architektur der Insel- und der geistlichen Bergstadt keine spektakulären und Stadtbild prägenden Großbauten, sondern in erster Linie die Systematisierung der Strukturen. Möglichkeiten dazu boten sich bei Neubauvorhaben oder bei durch Brandschäden entstandenen Lücken in der Bebauung. Die Folge waren Straßenbe-

gradigungen und die Begradigungen von Fassadenreihen. Die Reihenhäuser im Hinteren Graben sind hierfür ein typisches Beispiel. Das 19. Jahrhundert hatte andere Vorstellungen von Denkmalpflege und Stadtplanung als unsere Zeit. So waren die Anlage von Plätzen und die Beseitigung der nutzlos gewordenen Befestigungsanlagen stadtplanerische Ideale. Mit solchen Maßnahmen wollte man die Stadt verschönern.

Unter diesem Aspekt wurde schon im ausgehenden 18. Jahrhundert der Domplatz zur Stadt hin durch den Abbruch des Osttores und der Kurienkapelle „St. Hippolyt" geöffnet und der heutige Zugang von der Stadt her durch umfangreiche Auffüllungsarbeiten möglich gemacht. Damit war der Endpunkt der lange vorher geplanten klassischen barocken Stadtachse Seesbrücke–Dom ausgebaut. Die Stadtmitte erhielt mit dem Maximiliansplatz einen neuen Akzent. An seiner Stelle stand bis 1804 die Stadtpfarrkirche St. Martin, umgeben von einem Friedhof. Erst seit dem Abbruch der Kirche sind die Seitenfassaden der Neumann-Bauten von Priesterseminar und Vereinigten Spitälern sowie die kleinteilige Bebauung der Fleischstraße einsehbar, ein Umstand, den Balthasar Neumann bei seiner Ausführung nicht eingeplant hatte. Ursprünglich stand im Zentrum der neuen Anlage der Maximiliansbrunnen, 1877 bis 1880 von Ferdinand von Miller ausgeführt. Sein jetziger Standort am Rande des Platzes und die Tiefgaragenzufahrten im Norden bieten ein zergliedertes, unruhiges Gesamtbild des Platzes, der heute hauptsächlich als Marktplatz dient.

Markante Plätze und Straßenzüge entstanden aus dem Wunsch nach einer innerstädtischen Gliederung, orientierten sich aber auch am Verlauf der Fernhandelsstraßen. So gab es z. B. unter den Fürstbischöfen Planungen zum Ausbau der alten Fernstraße nach Würzburg. Dazu sollten der Mittlere und der Untere Kaulberg zu einer breiten Trasse ausgebaut werden. Davon waren die Teile der Oberen Pfarrkirche am schwersten betroffen. Geplant war der Abriss der Katharinen- und Ottilienkapelle an der Nordseite der Kirche und einer Sakristei. Sogar der Friedhof sollte verschmälert und die alte Friedhofsmauer gegen die Kirche zurückverlegt werden. Schwerwiegende Folgen ergaben sich auch für an-

ABB. 191: OBERE MÜHLEN VOR DER SANIERUNG

ABB. 192: OBERE MÜHLEN NACH DER SANIERUNG

dere Anlieger. Im Frühjahr 1761 war mit dem Neubau des „Ebracher Hofes" begonnen worden. Als die Grundmauern schon standen, änderte man den Straßenverlauf zugunsten einer geraden Straßenflucht. Der „Ebracher Hof" wurde verpflichtet, die begonnenen Fundamente abzureißen und mit seinem Neubau nach hinten einzurücken. Nach der Säkularisation griff man diese Linienführung wieder auf und setzte nun die Straßenverbreiterung durch. Die Friedhofsmauer wurde nun tatsächlich zurückversetzt und der nördliche Baukomplex an der Kirche abgerissen.

Diese Maßnahme war kein Einzelfall. Neben der Kaulbergtrasse wurde in diesem Sinne 1829 bis 1832 auch die Herrenstraße im Sandgebiet verbreitert. Dadurch war die Sicht auf die Dominikanerkirche nicht mehr verstellt. Den Planern ging es nämlich nicht nur um die Anlage kommoder Straßen und Plätze, sondern auch um die Akzente malerischer Ansichten und Blickbezüge. Veränderungen waren also nicht unbedingt funktional festgelegt und „keineswegs zur Erweiterung der Straße nothwendig, sondern lediglich der Verschönerung willen wünschenswert". Nach solchen Vorstellungen gehörte ein Platzgebilde als End- und Höhepunkt einer Wegstrecke dazu. So entstand der Schrannenplatz, und mit ihm ein Gegenstück zum Maxplatz. Der Raum hierfür konnte erst mit dem Abbruch der zuletzt als Getreidespeicher (Schranne) genutzten ehemaligen Franziskanerkirche 1811/1812 frei werden. Er sollte sogar durch ein Brunnendenkmal akzentuiert werden, das allerdings nie ausgeführt wurde.

Im Rahmen der Umbauarbeiten an der Oberen Pfarre wurde 1809 das mittlere Kaulberger Tor abgebrochen. Weiterhin fiel 1820, zusammen mit einem Tor im Sand, das obere Kaulberger Torhaus. Nach Beseitigung dieser im damaligen Zeitgeschmack städtebaulichen Mängel war zum erstenmal eine freie, gerade verlaufende Fahrt auf das „Haus zum Marienbild" am Unteren Kaulberg gegeben. Das 19. Jahrhundert hat hier trotz eigener Vorstellungen an beinahe 100 Jahre alte Planungen aus fürstbischöflicher Zeit angeknüpft. An eine Fortführung der Trasse am Unteren Kaulberg wurde auch im frühen 20. Jahrhundert gedacht. Landesbaurat Peter Andreas Hansen, freischaffender Architekt, Städtebauer und Mitglied des Münchner Architekten- und Ingenieursvereins, lieferte 1918 der Stadt Bamberg einen allgemeinen Bebauungsplan. Darin stellte er eine weiträumige Verkehrsplanung vor, die auch den Kaulbergfuß betraf. Hansen wollte die letzte Engstelle beseitigen und den Riegel zwischen Pfahlplätzchen und Schranne durchstoßen. Allen neuen Denkmalbegriffen zum Trotz wurden die Ideen Hansens in den 1980er Jahren ausgeführt und das „Haus zum Marienbild" abgebrochen. Der Neubau eines Studentenwohnheimes ersetzte nun ein Baudenkmal und das Balthasargässchen wurde für den Verkehr aufgebrochen.

Ein wesentlicher Bestandteil der gedachten Stadtverschönerung war die Entfestung, um den „Bewohnern der dortig Gegenden reinere Luft und schönere Aussicht zu geben". Zur Beurteilung dieser Bauwerke wurden ästhetische und funktionale Wertmaßstäbe angelegt, die zum Abbruch der als unnütz

ABB. 193: AN DER SCHRANNE

empfundenen Zufahrtssperren führten. Für die Stadtplaner waren vor allem die Torbauten „[…] seit langem schon ein Stein des Anstoßes, ein auffallender Skandal". Bamberg war in einer besonderen Lage. Das Bürgertum hatte im Spätmittelalter nicht das Ziel erreicht, einen für das Stadtgebiet vollständigen Befestigungsring durchzusetzen. Im 17. Jahrhundert waren zudem Torbauten durch repräsentative Triumphpforten ersetzt worden. Selbst diese wurden nun ohne jeden fortifikatorischen Zweck als beengend empfunden und entweder entfernt, wie das Langgasser Tor am Ausgang der heutigen Langen Straße, oder versetzt, wie z. B. das Riegeltor. Auch in anderen Städten gab es solche Bestrebungen und es wurden alleeartige Ringanlagen, so genannte Promenaden, angelegt, wie z. B. in Würzburg oder in Regensburg. In Bamberg entstand nur ein kleines Stück davon, als im ausgehenden 18. Jahrhundert der Stadtgraben, die heutige „Promenade", mit Abraummaterial vom Domplatz aufgefüllt wurde. Heute dient sie überwiegend als zentraler Omnibusbahnhof.

Das Haingebiet im Süden

Seit dem Jahr 1865 gab es unter dem Stadtbaurat Karl Georg Lang Planungen für eine Stadterweiterung

und Verkehrsregelung im südlichen Teil der Inselstadt. Vor der planmäßigen Erweiterungsmaßnahme war dieses Gebiet unbebaut und beinahe ausschließlich landwirtschaftlich genutzt. Noch heute erinnert eine moderne Apartmenthausbebauung mit Namen „Kaipershof" an den ursprünglichen Gutshof inmitten des Gebietes. Er ist schon im 14. Jahrhundert erstmals als bischöfliches Lehen urkundlich erwähnt und bewirtschaftete einen Großteil der dortigen Fluren.

Planung und Ausführung wurden immer wieder durch die Hochwassergefahr behindert und verzögert. Die Überschwemmungsgefahr ging von der Regnitz aus, die mit mehreren Armen durch das Gebiet floss. Das Gelände trug daher sogar einmal den Flurnamen „Zu den sieben Flüssen". Mehrmalige Flusskorrektur- und Dammbauten Mitte des 19. Jahrhunderts hatten nicht die erhoffte Wirkung erzielt. Noch 1881 musste ein Bauverbot in Flussnähe erlassen werden. Erst die 1887 bis 1889 geplanten und errichteten Dämme und Stützmauern von Friedrich Hohmann sorgten für ausreichenden Schutz und gewährleisteten den zügigen Ausbau des Geländes. Es dauerte bis zur Jahrhundertwende, bevor hier ein Wohnviertel mit Plätzen und Straßenanlagen entstehen konnte. Es wurde in deutlichem Kontrast zu der kleinteiligen und verwinkelten Altstadt konzipiert. Die Struktur zeichnet sich durch den Verlauf gerader Straßen auf einer schematischen Rastergrundlage aus. Dies war als städtebauliche Konzeption zu dieser Zeit in den deutschen Städten üblich. Bamberg orientierte sich dabei am Münchener Vorbild. Gemäß den breiten, gesäumten Prachtstraßen König Ludwigs I. entstanden zwei tragende Achsen, die heute noch die Hauptverkehrsadern in diesem vorher unbebauten Gebiet bilden: die Sequenz Schönleinsplatz–Friedrichstraße–Wilhelmsplatz und beinahe rechtwinkelig dazu die Folge von Hainstraße–Schönleinsplatz–Willy-Lessing-Straße.

Mit dem Schönleinsplatz entstand in den 1890er Jahren ein neuer Verkehrsverteilungsplatz. Die Anlage ist von Repräsentationsbauten umgeben, wie dem Hotel „Bamberger Hof" und der Staatsbank von C. Walther, einem neubarocken Komplex der Jahre 1894 bis 1896, der die Langgaßkaserne ersetzte. Gegenüber stand das von Gustav Haeberle 1892/1893 erbaute Schützenhaus. Der historistische Prunkbau wurde 1954/1955 abgebrochen und durch die Stadtsparkasse ersetzt, die seither wiederum einen Neubau folgen ließ. Eine weitere Umwandlung erfuhr der Platz an der Einmündung zur Schützenstraße. Dort wurde 1986 ein Parkhaus fertiggestellt, das mit seinen vor- und zurückspringenden Bauteilen wie ein Fremdkörper die geschlossene Anlage des 19. Jahrhunderts unterbricht. Zwar war das bauliche Ideal im 19. Jahrhundert nicht mehr nur die strenge geometrische Anlage von runden und rechteckigen Plätzen. Die Planer entwarfen unregelmäßige und malerische Anlagen, doch waren diese, im Gegensatz zum Parkhaus, von monumentalen und in sich geschlossenen Fassaden begrenzt.

Nach Süden entstand ein neues Wohngebiet. Es wurde in der Verlängerung von der Langen Straße durch die Friedrichstraße erschlossen. Dreigeschossige Mietshäuser zeichnen die Bebauung nach Norden zum Fluss und entlang der Straße aus. Den südlichen Abschluss bildet der Wilhelmsplatz. Er wurde 1894 konzipiert und leitet den Schwenk zur Regnitz ein. Noch heute, wenn auch durch den Verkehr stark beeinträchtigt, stellt er ein beeindruckendes Ensemble dar. Zwei Bauwerke fallen vor allem auf: der neue Justizpalast im Norden und die Oberpostdirektion auf der gegenüberliegenden Seite. Das Gerichtsgebäude lockert die kreisförmige Verkehrsführung des einst rund geplanten Platzes auf und öffnet ihn trapezförmig zum Fluss.

Der lang gestreckte Bau, 1900 bis 1903 von Max Höfl erbaut, ist durch seine Turmbauten akzentuiert. Was dem Betrachter als malerische und imposante Turmlandschaft erscheint, ist zur Unterstreichung der Straßen- und Platzsituation bewusst eingesetzt worden: Die runden Ecktürme betonen die Schräge des Baues und markieren den Übergang von gerader Straße und runder Platzsituation. Nicht nur zur Gebäude-, sondern auch zur Platz- und Straßenakzentuierung ist der hohe Turm an der Flussseite eingesetzt. Die gegenüberliegende Oberpostdirektion von 1905 nimmt weniger Rücksicht auf das Platzrund. Sie ist in ihrer Asymmetrie und aufgelockerten Dachstruktur spielerischer und freier gestaltet. Eindrucksvoll ver-

ABB. 194: VILLENVIERTEL IM HAIN, 1930

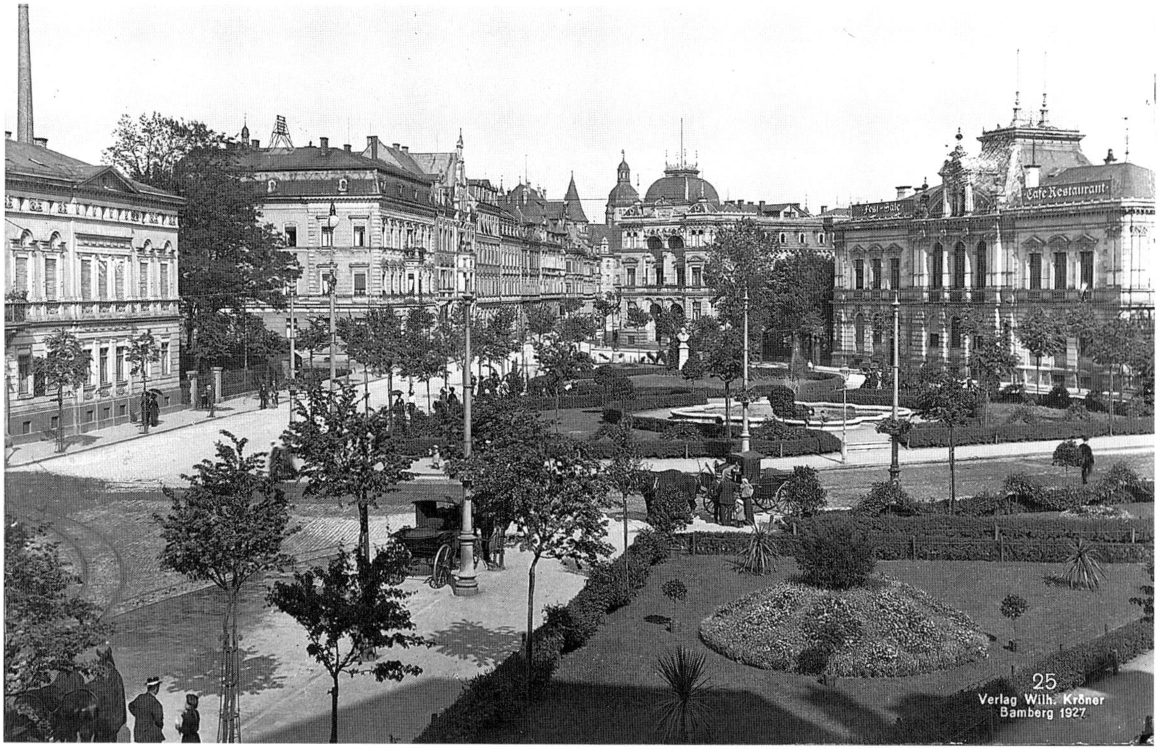
Fest-Säle
Cafe Restaurant
25
Verlag Wilh. Kröner
Bamberg 1927

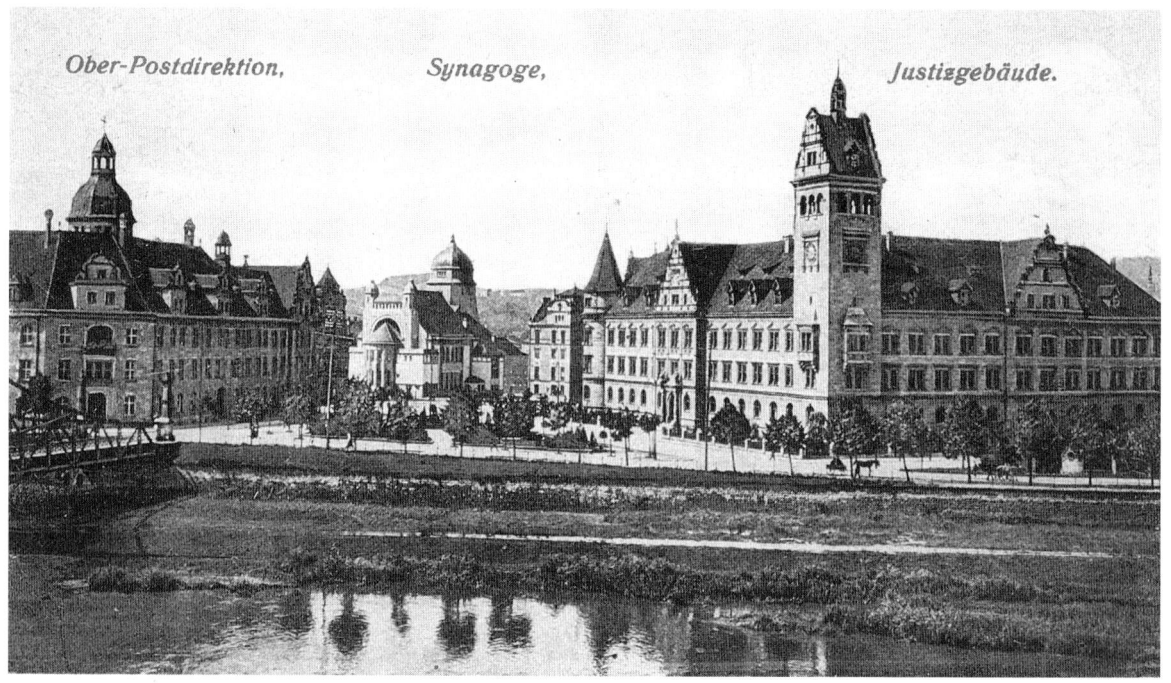

ABB. 195: SCHÖNLEINSPLATZ MIT SCHÜTZENHAUS (RECHTS), 1927

Ober-Postdirektion,
Synagoge,
Justizgebäude.

ABB. 196: WILHELMSPLATZ, POSTKARTE, UM 1910

vollständigte 1910 eine Synagoge mit 37 m hohem Turm die Dach- und Turmlandschaft des Wilhelmsplatzes. Das Gebäude des Jugendstil-Architekten Johannes Kronfuß, der auch das Kaufhaus „Hertie" errichtet hatte, war besonders im Blick von der Luitpoldbrücke (heute: Marienbrücke) ein Höhepunkt dieses Ensembles. Am 9. November 1938, in der so genannten Reichskristallnacht, wurde die Synagoge angezündet. Im Frühjahr 1939 sprengte man die Ruine, die Kosten hatte die israelitische Kultusgemeinde zu tragen. Die Trümmer liegen heute in der Breitenau auf dem Platz, der für Messen und Zirkusgastspiele genutzt wird.

Eine ganz andere Ausformung großstädtischer Bauweise des 19. Jahrhunderts hat die Straßenachse, die vom Bahnhof in das Haingebiet führt. Sie wurde im Zusammenhang mit der 1856 geplanten zweiten Regnitzbrücke als Verbindung zum Bahnhof projektiert. In dem Teilstück Willy-Lessing-Straße fällt die nicht ganz regelmäßige Reihung freistehender Villen auf. Im Vergleich zu den zusammenhängenden Mietshausreihen sind diese Einzelhäuser blockhafter und mit gleichförmigeren, strengeren Stuckarbeiten verziert. Durch den Verlust der ehemals vorhandenen Allee und wegen der heutigen hohen Verkehrsbelastung ist viel von der Eleganz des 19. Jahrhunderts verloren gegangen. Die Noblesse der Willy-Lessing-Straße und des angrenzenden Hainviertels ist zu einem Großteil dem Engagement ihrer jüdischen Bauherren zu verdanken. Es war überwiegend eine großbürgerliche Gruppe der jüdischen Bevölkerung, die die Provinzstadt Bamberg im 19. Jahrhundert in ein Zentrum des Hopfenhandels und der Mälzerei verwandelte. Zu den Villen gehörte eine „Hinterhofindustrie" mit Bauten, in denen der Hopfen gelagert und getrocknet wurde. Sie sind zum Teil noch heute in den Hinterhöfen einsehbar. So wurde auch die neue Synagoge Bambergs 2005 in einer ehemaligen Nähseidenfabrik in der Willy-Lessing-Straße eingeweiht.

Die noble Ausstrahlung steigert sich in der Hainstraße. Von 1862 bis 1878 baute auch hier vor allem die wohlhabende, großbürgerliche jüdische Bevölkerung mit dem Ziel, komfortables Wohnen und Repräsentation mit gewerblicher Nutzung zu verbinden. Das Ergebnis der ersten Bauphase bis 1878 sind zwei-

geschossige Villen mit gleich fluchtenden Vorgärten an einer baumbestandenen Straße. Meistens handelt es sich um einfache kubische Gebäude, die im Aufbau und Dekor die klassische Architekturtheorie der italienischen Renaissance aufgreifen. Typisch dafür ist z. B. das Hervortreten des Mittelteils der Vorderfront in voller Höhe mit Dreiecksgiebel als Bekrönung. Auch die quader- oder bänderartige Stuckierung des Erdgeschosses und die Hervorhebung des Obergeschosses als „bel etage" mit Lisenen ist beispielhaft für diese Baugestaltung. Die Gärten hinter den Häusern hatten teilweise parkähnlichen Charakter, sind mitunter aber mit modernen Neubauten versehen. Einschneidenden Verbesserungen infrastruktureller Einrichtungen, wie die Anbindung an den nun ausgebauten Schönleinsplatz, die Eröffnung der Straßenbahn 1897 und die Fertigstellung der Synagoge am Wilhelmsplatz, führten gegen Ende des 19. Jahrhunderts zu einer erneuten Bautätigkeit im Hainviertel. Der Baustil hatte sich aber nun deutlich gewandelt und es entstanden

ABB. 197: VILLA DESSAUER, HEUTE STADTGALERIE BAMBERG

durch Um- und Neubauten Villen und Wohnhäuser, die heute noch charakteristisch das Bild des Viertels prägen.

Das neue Stilideal löste sich von der scharf umrissenen, streng kubischen Auffassung zu einer Formen- und Dekorationsvielfalt, die ihre Anleihen etwa in der Vorstellungswelt der deutschen Romantik hatte. Gern griff man für die repräsentativen Neuschöpfungen auch auf das Formenrepertoire des Rokoko und des Barock zurück. So zum Beispiel bei der reichen Bauplastik der Villa Hainstraße 4 a. Gebaut 1883 für den Hopfenhändler Karl E. Dessauer, dient sie unter diesem Namen heute der Stadt Bamberg als Stadtgalerie. Im Inneren war sie, wie viele andere Villen aus dieser Zeit, nicht mehr als Haus für eine Familie, sondern für mehrere Wohnparteien konzipiert. In dem unregelmäßigen Grundriss, der Erkerbildung, der Zergliederung der Dachlandschaft repräsentiert sie die neue Bauhaltung.

Das Staatsarchiv, 1902 bis 1905 von Fritz Fuchsenberger an der Ecke Hain-/Sodenstraße errichtet, ist ein Beispiel heimatverbundener Bauweise. In seiner Monumentalität, besonders aber durch die Verwendung von Sandsteinquadern, wirkt die mehrteilige Anlage wie ein fränkischer barocker Schlossbau, der rückwärtig eine kleine, wiederhergestellte Gartenanlage aufweist. Zur Straße unterstreichen Wandgliederungselemente wie die Lisenen und Fensterbekrönungen sowie die Betonung von Mittel- und Eckteilen den schlossähnlichen Eindruck.

Die anschließende neuere Wohnbebauung wird von der mächtigen Gebäudegruppe des erzbischöflichen Priesterseminars beherrscht. Im Jahr 1914 hatte der Nürnberger Architekt Ludwig Ruff den Wettbewerb für sich entscheiden können, doch konnte der Neubau erst nach der Inflationszeit ausgeführt werden. In seiner Gestaltung verlässt der 1926 bis 1928 erbaute Komplex, der das barocke Priesterseminar am Maxplatz ersetzte, das Repertoire traditioneller Formen. Anklänge moderner Architekturvorstellungen herrschen vor, wenn man das flache Dach und die glatten, symmetrischen Flächen betrachtet. Allerdings war das neue Priesterseminar nicht unumstritten: „Den Altmodischen zu modern, den Modernen zu

ABB. 198: SCHLOSSARTIGER BAU DES STAATSARCHIVS IM HAIN

ABB. 199: PRIESTERSEMINAR/BISTUMSHAUS ST. OTTO AM HEINRICHSDAMM

rückständig, den Bambergern unbambergisch, den Rationalisten zu repräsentativ, den Internationalisten zu bodenständig." Als Bistumshaus St. Otto beherbergt es seit 2007 zahlreiche Einrichtungen der Erzdiözese Bamberg.

Bürgerpark Luitpold- und Theresienhain

An der Südspitze der Insel schließt sich der Hainpark an. Die heute beliebteste Bamberger Parkanlage, der „Theresienhain", war im Mittelalter den Bamberger Müllern als Domkapitel'-

ABB. 200: WIRTSHAUS IM THERESIENHAIN, TUSCHEZEICHNUNG, SEBASTIAN SCHARNAGEL, NACH 1815

ABB. 201: BÜRGERPARK HAIN

sches Lehen gegeben, um Holz für die Instandhaltung ihrer Mühlen ziehen zu können. Der im Mittelalter noch wilde Auwald wurde seit Anfang des 19. Jahrhunderts systematisch zur Volksgartenanlage erschlossen. An den Zugängen legte man zwei Alleen an: Das Vogelgässchen, Vorgänger der heutigen Hainstraße, erhielt eine Pappelallee, der Zugang am linken Regnitzarm besaß eine Lindenallee. Die Planung der Parkanlage zeigt ein scheinbar ungeordnetes Nebeneinander von Baumgruppen und Rasenflächen. Selbst der gewundene Lauf des Hollergrabens wurde mit einbezogen. Statt regelmäßig angelegten und ge-

pflegten Blumenbeeten findet man unbeschnittene Baumgruppen. Dennoch handelt es sich um ein wohldurchdachtes, arrangiertes Konzept der Bepflanzung und der Bodenmodellierung. Der Spaziergänger sollte in den Genuss kommen, ein sich stets wandelndes und scheinbar unberührtes Naturerlebnis zu erfahren.

Schöpfer und Initiator des Volksgartens war Stephan Freiherr von Stengel, seit 1803 als Vizepräsident der bambergischen Landesdirektion tätig. Aus München kommend ist seine Bewunderung für den dortigen Englischen Garten bekannt. Der neue Gartenstil hat seine formalen Voraussetzungen in den englischen Gärten des 18. Jahrhunderts, aber auch eine neue Funktion. Christian Caius Hirschfeld beschreibt sie in seinem Werk von 1780, der „Bibel" für die Landschaftsgartenbewegung: „Für den Spaziergang des Volkes zur Bewegung, Genuß der freyen Luft" und „Erholung von Geschäften". Damit war die Idee des Volksparks geboren, wie ihn auch der Bamberger Hain verkörpert. Nach dem Englischen Garten in München war er die zweite derartige Anlage überhaupt. Außer einem kleinen Holzhäuschen, in dem sich der Besucher mit Imbissen erfrischen konnte, ist in der ersten Phase keine weitere Bebauung bezeugt. Erst 1810 kam es hier zu einer Bereicherung. Doch das Badehaus und eine Gastwirtschaft, von Ferdinand von Hohenhausen gestaltet und als Palast des Volkes erdacht, fanden in ihrer strengen Formgebung keinen Gefallen bei den Besuchern. Heute sind nur noch Reste der Fassade des Badehauses als Bestandteile des Musikpavillons erhalten. Die Inschrift „Salubritati" (d. h. der Gesundheit) verweist noch auf die ehemalige Funktion.

Daneben existieren noch zwei kleine Bauten der Anfangszeit. Am Südende der Schillerwiese findet man den „Kleinen Ruhesitz", eine Exedra mit übergiebelter Säulenfront. Sie soll dem Besucher bei überraschenden Niederschlägen Schutz gewähren. Schräg gegenüber liegt der „Monopteros", auch Druidentempel genannt. Er steht noch an der ursprünglichen Stelle und war bewusst erhöht angelegt, um dem Besucher einen reizvollen Blick zu ermöglichen. Dieser Eindruck hat sich heute durch die mächtige Betonbrückenkonstruktion der Umgehungsstraße gewandelt. Nördlich daran grenzt der „Luisenhain", nach der Gemahlin des Herzogs von Bayern benannt. Als jüngster Beitrag zum Hainpark wurde hier 1923 der botanische Garten angelegt.

Stadtverschönerung und Stadterweiterung nach Norden

Die Erweiterung der Inselstadt nach Norden war aufwändig, aber technisch weniger problematisch als nach Süden. Mit der Markusstraße entstand eine neue West-Ost-Achse, und zwei neue Brücken über die Regnitzarme schafften einen nördlichen Verkehrsan-

schluss und damit die Verbindung von Berg- und Theuerstadt. Mit dem Bau der Markusbrücke über den linken Regnitzarm 1886/1887 und dem Aufbruch der Sandstraße konnte auch die in Richtung Gaustadt oder dort selbst angesiedelte Industrie straßenmäßig angeschlossen werden. Vorher hatte hier ein Fährbetrieb den Übergang über den Fluss geregelt. Die neuen Verbindungen zogen eine rege Wohnbebauung nach sich. An der historischen Altstadtperipherie entstand Ende des 19. Jahrhunderts eine Hochbebauung, die auch weit in die vorhandene Altstadtstruktur eingriff und sie veränderte. Im Norden der Insel waren bis zu dem Zeitpunkt adelige Bauten aus dem 16. bis 18. Jahrhundert und das niedrige Fischereiviertel „Klein-Venedig" als einheitliches Kleinbürgerquartier zusammengewachsen. Am eindrucksvollsten demonstriert der Neubau des Schulgebäudes in der Kapuzinerstraße diese Situation und den neuen Anspruch gründerzeitlicher Architektur. Zunächst als Realschule 1879/1880 von Karl Georg Lang errichtet, ist es heute das Clavius-Gymnasium. Zuvor war dort das ehemalige Kapuzinerkloster abgebrochen worden. Wie ein übergroßer Palazzo, lang gestreckt mit 21 Achsen, dreigeschossig und mit einem flachen Satteldach, sprengt das Gebäude den überkommenen Maßstab, so, wie es laut zeitgenössischer Aussage von einem „stolzen, die ganze Straße zierenden Gebäude erwartet wurde". Auch Form und Gliederung der Fassade stehen der Nachbarbebauung des 18. Jahrhunderts kontrastierend gegenüber. Die Fassade ist mit den schweren Erdgeschossquadern, weit ausladenden Gesimsen und den Dreiecksgiebeln über den Fenstern im ersten Stock kräftig ausgebildet. Akzente setzen der Mittelrisalit, dessen drei mittlere Achsen als Eingangsbereich abermals leicht vorgezogen sind, und der polygonale Eckpavillon im Norden.

Vom Markusplatz bis zur „Mayer'schen Gärtnerei"

Der neue Maßstab des 19. Jahrhunderts setzt sich bis zum Markusplatz fort und bleibt für das Straßenbild der Markusstraße bestimmend. Geschlossen gebaute Mietshausfassaden begleiten den ehemaligen Stadtgraben mit dem Blickziel St. Jakob im Westen. Die

ABB. 202: MARKUSPLATZ, IM HINTERGRUND ALTE SCHIFFSWINTERUNG, 1891

Fassaden sind aufwändiger gestaltet als bei der Bebauung der südlichen Stadterweiterung. Das ist vor allem an den Neurenaissance- und Neubarockformen um den Markusplatz zu beobachten. Am Markusplatz ist eine mehrteilige monumentale Baugruppe auffälliger Blickpunkt. Das Gebäude wurde 1905/1906 von Roman Boxberger als Entbindungshaus und Hebammenschule errichtet. Später diente es als Frauenklinik und ist heute Bestandteil der Universität. In seiner Form unterscheidet es sich deutlich von der klassisch anmutenden Bebauung der Markusstraße und erinnert eher an die Bauten am Wilhelmsplatz. Es ist ein Merkmal der Architektur des beginnenden 20. Jahrhunderts, sich an die Vorbilder heimatlicher Architektur zu erinnern. Die Vorstellungen fränkischen Barocks oder der Renaissance, wie man sie an der Alten Hofhaltung vorfindet, kommen in dieser Bauform und Gliederung zum Ausdruck. Das Gelände um die ehemalige Hebammenschule war bis dahin völlig unbebaut. Ein Regnitzarm reichte bis an den Rand des

heutigen Markusplatzes. Er diente der Bamberger Schifferzunft als so gen. Schiffswinterung und bot Schutz bei Hochwasser und Eisgang. Aus hygienischen Gründen wurde der Regnitzarm 1875 teilweise und 1893 endgültig aufgefüllt.

Einen ganz anderen Reiz bietet die Villenkolonie an der Weide zwischen Steinertstraße und Markusplatz. Sie erhält ihre Ausstrahlung vor allem durch die exklusive Bauweise. Im Gegensatz zur voluminösen und geschlossenen Hochbebauung der angrenzenden Verkehrsadern wurde die Fläche im ersten Jahrzehnt des 20. Jahrhunderts mit zweigeschossigen Doppelhäusern offen bebaut. Der Dekor der nobel wirkenden bürgerlichen Siedlung reicht von historisierenden Elementen bis zu Formen des Jugendstils. Erscheint diese Bauweise im unmittelbaren Stadtbereich ungewöhnlich, so gibt auch die Umgebung der Siedlung eine besondere Note. Im Westen wird sie durch das Bergstadt- und Regnitzuferpanorama begrenzt. Am Ufer liegt auch eine kleine Grünanlage, die dem Gebiet seinen Namen gegeben hat. Im Osten ist sie ebenfalls von Grünflächen umgeben. Der Markusplatz führt hier mit einem Knick bis an den Fluss.

Das anschließende Flussufer des linken Regnitzarmes war noch im frühen 20. Jahrhundert fest in den Händen von Industrie und Schiffbau. Stolz präsentierte man Fabrikgebäude und hohe Schornsteine im Einklang mit der Turmsilhouette der gegenüberliegenden Bergstadt als städtebauliches Panorama. Davon ist heute nicht mehr viel zu sehen. Das Gelände wird neuerdings von der Konzert- und Kongresshalle (1993) und einem dahinterliegenden Hotelkomplex (2004) beherrscht. An den Schiffbauplatz erinnert nur noch eine gleichnamige Straße entlang dem Regnitzufer. Wo heute die Bamberger Symphoniker ihre Heimstatt haben, Messen und Großveranstaltungen stattfinden, hatten sich in den 1870er Jahren

zwei Textilveredelungsbetriebe niedergelassen. Schräg gegenüber dem ehemaligen Krankenhaus lag die Türkischrotfärberei des altansässigen Philipp Meyer. Für die nahe liegende Baumwollspinnerei und Weberei war dieser Veredelungsbetrieb nicht ausreichend und man bemühte sich um eine Vergrößerung der Kapazität. Auf Initiative des Gaustadter Unternehmens und mit seiner finanziellen Unterstützung gründete Carl F. Wiecking aus dem heutigen Niedersachsen nördlich der bestehenden Färberei eine Bleicherei, Färberei und Appreturanstalt. Zusätzlich wurde Buchbinderleinen erzeugt, sodass den Bambergern dieses Unternehmen als „Kaliko" in Erinnerung ist.

Überwiegend nach der Jahrhundertwende wurde auch das weiter östlich angrenzende Gebiet zu Wohnzwecken erschlossen. Das Viertel zwischen Markusplatz und rechtem Regnitzarm ist von dreigeschossi-

ABB. 203: MODERNES WOHNQUARTIER MAYER'SCHE GÄRTNEREI

ger Mietshaus-Hochbebauung mit zurückhaltenderen Formen und glatteren Wandflächen als denen der Häuserreihe am Wasser geprägt, mit der ansatzweise die projektierte Frontbildung zur Regnitz verwirklicht wurde. Das Fragment dieser Planung ist heute an den drei- bis viergeschossigen Mietshäusern von 1910/11 am Weidendamm zu sehen. Eine reiche Gliederung durch Dachausbauten und mehrstöckige Obergeschosserker kennzeichnen die flach reliefierten Fassaden der geschlossenen, prospektartigen Häuserzeile. Die Mussstrasse erschließt ein neueres Wohnquartier, das vom Weidendamm bis zu den direkt ans Wasser grenzenden Grundstücken „Am Weidenufer" und „Am Uferholz" reicht. Jenseits des Regensburger Rings mit der Europabrücke, der seit 1986 das Berggebiet und Gaustadt mit dem Industrie- und Gewerbegebiet am Hafen verbindet, entstand seit 1998 der neue Stadtteil „Mayer'sche Gärtnerei". Direkt an der Verbindungsstraße schuf der Bamberger Architekt Norbert Johannes Püls den interessanten und gelungenen Neubau des Archivs des Erzbistums Bamberg, das im Frühjahr 2002 eröffnet wurde.

Thomas Starke

6.2 Neue Quartiere für Industrie und Wohnen

Anschluss an das Schienennetz

Ein bedeutsamer Einschnitt in Bambergs Stadtentwicklung ist der Bau der Eisenbahnlinie. Die Ludwig-Nord-Süd-Bahn erreichte Bambergs Osten bereits 1844. Die Linienführung am Ostrand der Stadt lässt sich aus der überregionalen Planung verstehen: Von Lindau kommend führte die Strecke weiter Richtung Osten, um bei Hof die sächsische Eisenbahn aufnehmen zu können. Damit lag das Bahnzentrum außerhalb der Stadt, auf einem topographisch geeigneten Gelände inmitten des traditionellen Gärtnergebietes. Noch heute stehen daher die Strukturen der alten Gärtnerstadt kontrastierend hinter der neuen Bebauung entlang der Bahnlinie und der Zufahrt zur Stadt. Um Bahnhof und Stadt zu verbinden, wurde 1867 mit der Luitpoldbrücke ein zweiter Regnitzübergang geschaffen und die Willy-Lessing-Straße verlängert. Von dort führt seit 1873 die prächtige, boulevardähnliche Luitpoldstraße auf den Bahnhof zu. Die Bebauung ist eine geschlossene, monumentale Straßenfront mit überwiegend dreigeschossigen Mietshäusern in stattlicher Fassadenausbildung. Die Formen reichen von der Neurenaissance bis hin zu neubarocken Gliederungen.

Der Bahnhof Bamberg erhielt ein repräsentatives Empfangsgebäude. In bewusster Abgrenzung zu kleineren Stationen wurde er hufeisenförmig angelegt und mit großen, segmentbogigen Fenstern belichtct. Die Seitenflügel waren erhöht. Der Eingangsbereich, anfangs mit einem Türmchen bekrönt, wurde später mit einem Risalit und einem Dreiecksgiebel betont. Zu Beginn des 20. Jahrhunderts ist ein Eingangspavillon mit flachen Wandvorlagen mit Kapitell und Basis vorgesetzt worden. Das Kapitell hatte eine Volute, einen

ABB. 204: LUITPOLDSTRASSE VOM BAHNHOF AUS GESEHEN, UM 1900

schneckenförmig aufgerollten Pilaster. Die alte Platzbebauung hat sich nicht mehr erhalten. Die axial zur Stadt ausgerichtete Straße wird heute an der Anbindung zum Bahnhofsplatz durch Maßstab sprengende Verwaltungsgebäude und ein großes Einkaufszentrum dominiert.

An der Bahnlinie

Im Gebiet östlich des Bahnhofs siedelten sich zunächst nur einige Industriezweige an. Daran änderte auch der Ausbau des Schienennetzes 1852 über Schweinfurt und Würzburg nach Aschaffenburg,

terhofindustrie integriert, so entstanden im Kontrast dazu in den nun erschlossenen Gebieten neuartig Stadtbild prägende Großbauten. Im zeitgenössischen Verständnis wurden sie wohlwollend als „Neue Residenzen" der Industrie, als konsequente und zeitgemäße Ergänzung zu den barocken Anlagen der inneren Stadt angenommen. Heute wird diesen industriellen Denkmälern des 19. Jahrhunderts immer noch zu wenig Verständnis entgegengebracht. Entspricht ihre Infrastruktur nicht mehr neuestem technischem Standard oder stehen sie Neubauplanungen im Wege, werden sie bedenkenlos abgerissen. So erging es auch dem Gebäude der ersten Bamberger Exportbierbrauerei Frankenbräu an der Pödeldorfer Straße,

ABB. 205: TRADITIONSREICHE MÄLZEREI WEYERMANN AN DER BAHNLINIE

1885 bis nach Berlin nichts. Im Bereich der Bahnlinie bauten vor allem Mälzereien und Brauereien ihre Fabriken und profitierten von den neuen Transportmöglichkeiten. Waren im alten Bamberg Werkstätten und Lagerhallen in die Wohnbebauung als eine Art Hin-

1885 vom Kaufmann Simon Lessing gegründet. Der große Komplex wurde erst 1983 niedergelegt, um Platz für Wohn- und Verwaltungsanlagen zu schaffen. Ebenfalls 1885 entstand in der Nähe der Nürnberger Straße die Malzfabrik Karl J. Dessauer, später

ABB. 206: LAGERHALLE DER BAMBERGER HOFBRÄU, PÖDELDORFER STRASSE, 1962

Bamberger Mälzerei AG. Ihre Gründer gehörten der für Bamberg wie auch Nürnberg traditionellen Gruppe jüdischer Hopfenhändler an.

Die Gebäude des bedeutendsten Unternehmens dieser Art, der 1885 von einer alteingesessenen Getreidehändlerfamilie gegründeten Mälzerei Weyermann an der Bahnlinie nach Lichtenfels, sind noch erhalten. Auffallend an der Gebäudegruppe ist die für Industriebauten aus dieser Zeit typische Bauweise aus unverputztem Ziegelmauerwerk, was sie deutlich von ihrer Umgebung unterscheidet. Entgegen den Funktionsbauten unseres Jahrhunderts kam es den Erbauern darauf an, neben innerer Funktionalität nach außen „Baukunst" im historisierenden Sinne vorzuführen. So ist z. B. der älteste Teil der Anlage mit Ecktürmchen und Spitzbögen verziert und sieht wie eine preußische Ordensburg aus. Südlich des Bahnhofes siedelte sich 1894 die Brauerei Maisel an. Ihr Hauptgebäude wendet der Bahn einen großen Staffelgiebel

zu. In ähnlicher Bauweise entstanden an der Bahnlinie auch militärische Bauten. Im Stadtteil Wunderburg dominieren noch heute die stattlichen Gebäude der Koppenhofkaserne. Sie wurde 1862/63 errichtet und 1885/86 um die Holzhofkasernen erweitert. Auffällig ist auch hier die Blankziegelbauweise, die Gliederung durch in voller Höhe vorspringende Gebäudeteile und die Aufteilung in einen Dreiflügelkomplex.

Bebauung des flussnahen Bereiches

Um die Jahrhundertwende wurde im Zuge der Stadterweiterung in Richtung Wilhelmsplatz auch das Gebiet östlich der Insel erschlossen. Geplant war zunächst die durchgehende Bebauung des rechten Regnitzufers. Voraussetzung dafür waren auch hier ein wirksamer Hochwasserschutz und die Anbindung an die Inselstadt. Hohe Dammbauten und der Bau der

ABB. 207: ERLÖSERKIRCHE AM KUNIGUNDENDAMM

dieses Bebauungskonzept fragmentarisch. Statt der Hochbebauung sind hier noch die Relikte der älteren Uferbebauung anzutreffen. Niedrige Rückgebäude, Gartenterrassen und Gartenhäuser begrenzen das Ufer.

In einem Baulinienplan von 1907 war als Akzent für dieses Gebiet eine Kirche vorgesehen. Sie wurde 1930/33 von German Bestelmeyer (1874–1942) verwirklicht. Die Erlöserkirche ist in ihrer Größe nicht mit den katholischen Neubauten zu vergleichen. Der erste evangelisch-lutherische Kirchenbau Bambergs erweckt die Aufmerksamkeit aber durch seine Form und die Wahl des Baumaterials. Entstanden ist ein zehneckiger Zentralraum mit Vorhalle und Zeltdach. Der Glockenturm steht beinahe frei. Bauweise und Anordnung der Gebäudeteile erinnern an frühchristliche Kirchenbauten. Das Baumaterial, außen unbehauene Quader aus Muschelkalk und Juragestein, innen Ziegel, vermittelt eine strenge, trutzige Monumentalität, wie sie Bestelmayer, der ein gefragter Architekt des „Dritten

Marienbrücke und des Marienplatzes als Gegenstück zum Wilhelmsplatz erfüllten diese Bedingungen. Die Bauvorhaben auf dieser Flussseite wurden aber einzig am oberen Abschnitt, dem Kunigundendamm, verwirklicht. Das neue Bamberg des Industriezeitalters zeigt sich auch hier im Südosten mit einer geänderten Wohnhausbebauung von geschlossenen, drei- bis vierstöckigen Mietshäusern. Der malerische Prospekt besteht aus unterschiedlich dekorierten Fassaden. Die Palette der Formen ist vielfältig und reicht vom Jugendstil bis hin zu Neurenaissance- und Neubarockmotiven. Aufgelockert und individualisiert werden die Baufluchten durch die unterschiedlichen Höhen der Gebäude, durch Loggien und die abwechslungsreiche Dachlandschaft mit Zwerchgiebeln. Stadteinwärts blieb

ABB. 208: RECHTER REGNITZARM MIT NEUEM E-WERK, 1903

Reiches" wurde, z.B. Jahre vorher beim Bau der Eingangshalle für das Germanischen Nationalmuseum in Nürnberg erzielte. Die Ausstattung ist bewusst sparsam gehalten. Neue Skulpturen sind etwa die „eherne Schlange" über dem Seitenportal und das Taufbecken. Es wurde nach einem Entwurf Bestelmayers in der Akademie der bildenden Künste in München gegossen. Während des Bombenangriffs von 1945 fast

ABB. 209: PFARRKIRCHE ST. OTTO UND NEUE LUITPOLDSCHULE, UM 1910

vollständig zerstört, konnte die Erlöserkirche bis 1950 wieder aufgebaut werden. Im dahinterliegenden Viertel entstanden nach dem Zweiten Weltkrieg eine Berufsschule, das Arbeitsamt und das Finanz-amt, das bis heute die Formensprache der 50er Jahre bis hin zu Details der Innenarchitektur erhalten konnte.

Weiter nördlich in der Königstraße hatte die Stadt mit dem Bau des E-Werkes fortschrittlich-städtisches Selbstbewusstsein demonstriert. Entwurf und Planung stammten von Hans Jakob Erlwein (1872–1914), der als Stadtbaurat den enormen Bedarf an neuen Bauaufgaben der Jahrhundertwende wie öffentliche Gebäude und städtische Industriebauten auszuführen hatte. Mit umfassenden Kompetenzen für den Hoch- und Tiefbau ausgestattet, prägte Erlwein mit seinen eigenständigen, städtebaulich einfühlsamen und dabei funktionalen Bauten nachhaltig das Bamberger Stadtbild. Im Jahre 1905 folgte er dem Ruf nach Dresden, und Bamberg verlor einen seiner letzten überregional bedeutenden Architekten. Das alte E-Werk ist vielen Bambergern schon deshalb ein Begriff, da es erst massiven Protestes einschließlich einer Hausbesetzung bedurfte, um es überhaupt zu erhalten. Heute ist es, sogar mit Teilen der ehemaligen technischen Ausstattung, schmucker Sitz der

städtischen Volkshochschule. Die Aufteilung in mehrere Trakte hängt mit der alten Funktion zusammen. Der zum Fluss hin dominierende Bauteil mit den großen Rundbogenfenstern beherbergte Maschinen- und Kesselhaus. Die Wände sind mit Lisenen gegliedert. Mit einem flachen Giebel wendet sich das ehemalige Kranhaus zum Fluss. Vor dem Umbau war es mit einem Dachreiter bekrönt. Entsprechend seiner Funktion aufwändig gestaltet und mit einem Mansarddach versehen, steht der Verwaltungsbau zur Tränkgasse.

Die starke Zuwanderung östlich der Regnitz machte zu Beginn des 20. Jahrhunderts neben St. Gangolf eine weitere Pfarrkirche erforderlich. Nach Plänen des Münchner Architekten Otho Orlando Kurz errichtet, erinnert die Pfarrkirche St. Otto (1912–1914) mit dem wuchtigem Westbau und der basilikalen Anlage im ersten Moment an die romanische Baukunst. Der nördliche Turmstumpf lässt an unfertige mittelalterliche Kirchen denken. Die Planung unterscheidet sich aber eindrucksvoll von einem dogmatischen Historismus. Auch bei St. Otto sind vergangene Stile spürbar, doch wandelte Kurz die Vorbilder ab: Traditionelle Elemente wie Turm, Langhaus und Chor werden zwar beibehalten, aber nicht mehr so deutlich voneinander abgesetzt. Stattdessen erscheinen große

ABB. 210: SCHLACHTHOF

ABB. 211: DETAIL DER SCHLACHTHOF-MAUER, 1982

Flächen, und monumentale Blockhaftigkeit bestimmt das Gesamtbild. Der Innenraum erscheint konservativer. Er ist von einer Deckenkonstruktion geprägt, die auf mittelalterliche Vorbilder Oberitaliens anzuspielen scheint.

Einen Kontrast zur Pfarrkirche St. Otto bietet die schräg gegenüber liegende Prinzregent-Luitpold-Schule (1899–1901). Der Erlweinbau ist eine asymmetrische Dreiflügelanlage um einen fast quadratischen Innenhof. Die abwechslungsreiche Umrisslinie und die reichhaltige Detailgliederung zur Memmelsdorfer Straße lockern das Gebäude trotz seiner Größe und Fernwirkung auf. Der Baukörper ist dreiteilig, mit zwei überhöhten Eckpavillons und einem breiten Mitteltrakt. Die Fassade zeigt neben Varianten von Rechteck- und Rundbogenfenstern eine reichhaltige senkrechte und waagerechte Gliederung mit Wandfeldern und Lisenen. Die Giebel sind abgestuft und von Plastiken bekrönt. Die Pavillons mit ihren zwei Eingängen bilden die architektonische Umsetzung der damals üblichen Trennung in eine Mädchen- und Knabenschule. Zusätzlichen Schmuck erhält der Südwestpavillon durch mehrere Reliefs. Man sieht lernende Kinder, den Gründer des Schulordens der Priaristen, José de Calaszana, zwei Drachen und eine Büste des Prinzregenten Luitpold. Am Nordostpavillon sind eine Sonnenuhr mit Mond, Komet und Sternen, zwei blasende Tritonen und ein Hochrelief der Bamberger Wappenfigur, des Stadtritters, zu sehen.

Die Kritik an den hygienischen Verhältnissen beim alten Schlachthaus am Kranen rief den Wunsch nach einem neuen Schlachthof wach. Im Jahr 1902 wurde der Neubau im Bereich Lichtenhaide beschlossen, wo die Stadt im Norden über das nötige Gelände verfügte. Der Zweidler-Plan von 1602 verzeichnet hier den „Ochsenanger". Die Planung von Erlwein sah 14 Einzelbauten mit Fleischhackerei und Kühlhäusern bis hin zu Häutelager und Pferdeschlachthof vor, funktional ergänzt durch Maschinen- und Kesselhaus sowie Verwaltungsgebäuden. Noch heute ist der große Wasserturm über dem ummauerten Gelände weithin sichtbar. Bei der Gestaltung der Fassaden setzte Erl- wein neobarocke Formen ein; in der Umfassungsmauer sind Szenen des Schlachterhandwerks in Schmiedeeisen wiedergegeben. Bereits 1904 konnte der weitläufige Komplex in Betrieb genommen werden.

Gereuth und Bamberg-Süd

Erst nach dem Zweiten Weltkrieg erfolgte die städtebauliche Ausweitung nach Bamberg-Süd. Im Gebiet zwischen Bahnlinie, Münchner Ring und Forchheimer Straße entstand in den 1950er Jahren der Stadtteil Gereuth. Namen gebend für das Viertel wurde eine Flurbezeichnung, die sich von der Rodung des Hauptsmoorwaldes ableitet. Insbesondere der gemeinnützige Wohnungsbau der Joseph-Stiftung schuf mit einfachen Baublöcken Lösungen für die Wohnungsnot der Nachkriegszeit. Neue Impulse bringt an der Forchheimer Straße die Anlage einer großen Veranstaltungshalle (2001), östlich sind am Berliner Ring weitere Gewerbegebiete mit dem Verlagskomplex des „Fränkischen Tags" zu nennen.

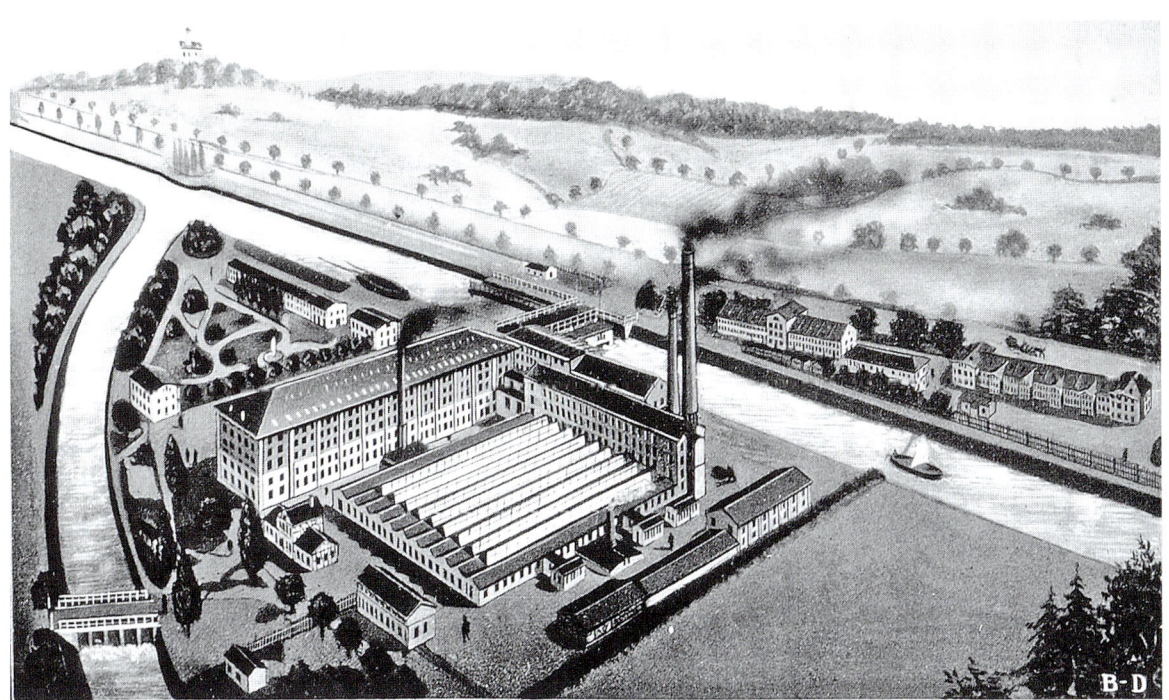

ABB. 212: MECHANISCHE BAUMWOLLSPINNEREI UND WEBEREI AG MIT WERKSSIEDLUNG, UM 1900

ABB. 213: EHEMALIGER CHIRURGISCHER PAVILLON, HEUTE STADTARCHIV BAMBERG

Stadterweiterung nach Norden

Im Norden Bambergs sollte sich um die Mitte des 19. Jahrhunderts eines der größten und bedeutendsten Industrieunternehmen Bambergs ansiedeln. Im Jahr 1858 nahm die Mechanische Baumwollspinnerei und Weberei AG ihren Betrieb auf. In Art, Größe und Struktur stellt dieser Betrieb etwas Einzigartiges im Bamberger Stadtgebiet dar. Als man 1883 in Gaustadt 25-jähriges Bestehen feierte, waren hier schon 1 400 Personen beschäftigt. Für den Standort, der an der nördlichen Spitze zwischen den beiden Regnitzarmen liegt, hatte man sich aus mehreren Gründen entschieden. Neben dem ebenen Gelände und der verkehrsgeographischen Lage sind vor allem zwei Umstände hervorzuheben: Zum einen gab es eine Rohrverbindung zu dem weiter östlich liegenden, beinahe gleichzeitig gebauten städtischen Gaswerk. Damit war die Stromversorgung der Beleuchtung sichergestellt. Zum anderen ließ sich die Wasserkraft der Regnitz nutzen. Man baute einen künstlichen Kanal und zwei Sperrwerke, um das notwendige Gefälle zu erzeugen, und konnte somit Turbinen installieren, die die Antriebskraft der Spinnmaschinen und Webstühle erzeugten.

Der Gebäudekomplex setzte einen neuen landschaftlich wirksamen Akzent, vor allem die fünfgeschossige Spinnerei und die ihr vorgelagerte niedrigere Weberei. Der Betrieb dehnte sich bis 1887 noch weiter aus und erhielt ein eingeschossiges Sheddachgebäude für nochmals 25 000 Spindeln mit eigener Dampfmaschinen- und Kesselanlage. Gleichzeitig mit dem Ausbau des Betriebsgeländes entstand als einmaliger Vorgang in Bamberg bzw. Gaustadt die industrielle Werkssiedlung. Lang gestreckte, dreigeschossige Baukörper wurden entlang der Schweinfurter Straße und an der Gaustadter Hauptstraße errichtet. Den Erbauern ging es dabei nicht in erster Linie um eine Wohlfahrtseinrichtung mit billigen Wohnungen, sondern – nach zeitgenössischer Aussage – darum, die Einflussnahme auf „die sittlichen und materiellen Verhältnisse" in den Vordergrund zu stellen mit der Maßgabe, „ein zufriedener Arbeiter wird eine andere Arbeitskraft entwickeln". Im 19. Jahrhundert war man stolz auf die neue Stadtlandschaft mit Schloten und hohen Gebäuden und präsentierte sie auch in Plakaten und Prospekten. Heute möchte man im stadtnahen Bereich lieber „entindustrialisieren". Die Werkssiedlung wurde Anfang der 1990er Jahre an der Schweinfurter Straße dezimiert.

In der Unteren Sandstraße setzte ein weiterer Erlwein-Bau neue Maßstäbe. Dort entstand nach Plänen des Stadtbaurates 1899 bis 1901 der „Chirurgische Pavillon" als Erweiterung des bestehenden Erthal'schen Krankenhauses aus dem 18. Jahrhundert. Ein Miteinander von Form, Funktion, Gliederung und Schmuck zeichnet das Gebäude aus. Die Aufteilung in unterschiedliche Gebäude ist mit der Kenntnis der alten Funktion zu verstehen. Der höhere Kopfbau im Norden beherbergte Räume für Verwaltung und Publikumsverkehr, während der schmalere als Bettenhaus konzipiert war. Ambulanz und Operationssäle befanden sich in den eingeschossigen Anbauten. Der quer gelagerte Trakt war Aufenthaltsräumen, einer Teeküche und Gemeinschaftszimmern vorbehalten. Von dort aus konnte man den ursprünglich vorhandenen Garten betreten. Die reichhaltige Giebelfront im Norden erinnert an die Architektur des 15. und frühen 16. Jahrhunderts, indem sie Elemente aufgreift, die man von der Alten Hofhaltung kennt. Unterschiedliche Fensterformen lockern den Verwaltungsblock auf, die waagerechten Gesimse lassen ihn optisch niedriger erscheinen. Dagegen gliedern Lisenen den Bettenflügel. Reliefs und Malereien beziehen sich konkret auf Nutzung und Thematik. Man beachte nur den Äskulapstab am nördlichen Giebel oder zwei aus einer Schale trinkende Schlangen als Symbole der Wissenschaft. Erlwein stellt ohne Zweifel den Bau selbstbe-

wusst in Höhe und Größe dem historischen Komplex des alten Krankenhauses gegenüber. Die ansteigende Dachlinie bezieht sich aber auf die Häuser der Unteren Sandstraße und die Abstufung nach Süden belässt die großräumigen Blickbezüge zum Dom und zum Michelsberg. Das Schicksal dieses Baues war, ähnlich wie beim E-Werk, lange Zeit ungewiss. Glücklicherweise hat es mit dem Stadtarchiv Bamberg eine neue Nutzung erfahren, als nach umfangreichen Umbauten in den Jahren 1989 bis 1991 hier das „Gedächtnis der Verwaltung" einzog.

Vom Kranen zum Staatshafen

Das Stadtbild Bambergs ist geprägt durch seine Lage als Stadt am Fluss. Die Regnitzarme gliedern die Stadt in Bereiche, die noch heute topographische, städtebauliche und baukünstlerische Eigenarten vorzeigen können. Seit jeher wurde der Fluss auch wirtschaftlich

ABB. 214: KRANEN MIT SCHIFFLADEPLATZ, KOLORIERTE LITHOGRAPHIE, UM 1830

genutzt. Malerisch erinnert die Partie von „Klein-Venedig" an die harte Arbeit der Fischer, die eigene Hausformen in der Fischerei und dem Zinkenwörth ausbildeten. Die Laubengalerien der spätmittelalterlichen Häuser am Zinkenwörth erinnern noch heute an das traditionelle wassergebundene Gewerbe der Gerber. Ein weiterer wichtiger Wirtschaftszweig waren die Bamberger Mühlen. Das Wasser lieferte den Müllern über Jahrhunderte hinweg die Voraussetzung, Energie für mechanische Anlagen zu gewinnen.

Eine traditionell wichtige Funktion hat der Fluss für die Stadt als Verkehrsader. Schon vor dem Bau des Rhein-Main-Donau-Kanals profitierte man von der Lage am Beginn des schiffbaren Mains und verfügte über einen riesigen wirtschaftlichen Einzugsbereich. Der Verkehrswegeausbau im 19. Jahrhundert betraf dann auch bezeichnenderweise zuerst den Wasserweg. Das Lieblingsprojekt König Ludwigs I. von Bayern, der Ludwig-Donau-Main-Kanal, erreichte von Kelheim kommend über den linken Regnitzarm um 1840 Bamberg. Über den Nonnengraben führend,

konnten die Mühlwehre des Hauptarmes umgangen werden. Den Höhenunterschied regulierte die einhundertste, noch heute funktionsfähige Schleuse. Gleichzeitig waren Teile des Nonnengrabens und der Bamberger „Kranen" bis zum Beginn des 20. Jahrhunderts die einzigen Anlegestellen der Stadt. Mit Hilfe eiserner Kräne wurden die Schiffe beladen und gelöscht. Der wirtschaftliche Erfolg des neuen Kanals blieb allerdings gering. Zu groß war die Konkurrenz durch die beinahe gleichzeitig eröffnete Eisenbahn.

Die Situation änderte sich mit dem Bau des Prinz-Ludwig-Hafens 1912 am nördlichen Stadtrand. Bamberg hatte erstmals einen Hafen außerhalb des Stadtkerns. Das neue Konzept bezog nun den rechten Regnitzarm als Hauptschifffahrtslinie mit ein. Die hohen Speicherbauten entlang der Mole prägen noch heute das Bild der Anlage. Der neue Hafen verfügte über Zoll- und Umschlagshafen, Lagerhaus, Industriehafen, Holz- und Floßhafen sowie einen Petroleumhafen. Einen weiteren Impuls erhielt die Schifffahrt mit dem Projekt des Rhein-Main-Donau-Kanals. Als

ABB. 215: REGATTA ZUR ERÖFFNUNG DES PRINZ-LUDWIG-HAFENS, 1912

ABB. 216: BAYERNHAFEN BAMBERG

1962 die Main-Kanalisierung abgeschlossen war, war auch der rechte Regnitzarm als Trasse für die Großschifffahrtsstraße fertig gestellt. Im selben Jahr wurde in Bamberg der neue Staatshafen eingeweiht. Dies bedeutete keine grundsätzliche Neuerung, sondern die Modernisierung und Vergrößerung der bestehenden Anlage. Die Erweiterung auf jetzt drei rund 100 Meter breite und 700 bzw. 1000 Meter lange Becken war aufgrund der Reserveflächen in diesem Gebiet unproblematisch. Der heutige „Bayernhafen Bamberg" unterstreicht die Bedeutung der Flussstadt Bamberg. Mit einem jährlichen Güterumschlag von 2,4 Millionen Tonnen (2005) stellt er eine leistungsstarke Komponente des Wirtschaftsraumes Oberfranken dar. Schließlich kommen zahlreiche Touristen auf dem Wasserweg nach Bamberg, denn seit 2006 ist der Hafen Anlegestelle für Kreuzfahrtschiffe.

Thomas Starke

6.3 Bamberg-Ost

Jenseits der Bahnlinie

Im Laufe des 19. und 20. Jahrhunderts war das Gebiet Bamberg-Ost einem tief greifenden Wandel unterworfen und stellt mittlerweile den bevölkerungsreichsten Stadtteil dar. Um die Mitte des 19. Jahrhunderts wurde das große Gärtnergebiet östlich der Regnitz von der Trasse der Eisenbahnlinie in zwei Teile zerschnitten. Jenseits des Bahnhofs entwickelte sich ein auf Gärtnerfeldern gebautes, ausgedehntes Wohn- und Industriegebiet. Im Anschluss an zwei Bahnunterführungen erschließen Memmelsdorfer und Zollnerstraße ein Quartier des beginnenden 20. Jahrhunderts mit geschlossener Blockrandbebauung. Hinter den mehrstöckigen Gebäuden hat sich teilweise die alte Parzellenstruktur des Gärtnergewerbes bis heute erhalten. Wo auf dem Stadtplan von 1869 vorbei am „Weiherlein" der Weg aus Pödeldorf noch

auf die ersten Gärtnerhäuser „an der Lausing" traf, sollte die Pfisterbrücke von 1888 einen bloßen Übergang über die Schienen ersetzen. In der Georgenstraße unterhielt die Bamberger Straßenbahn ab 1897 eine „Central-Kraft-Station" und eine Unterstellhalle (heute Städtischer Verkehrsbetrieb) für ihre Fahrzeuge. Bis 1922 verkehrte die elektrische Straßenbahn zwischen Kaulberg und dem Friedhof in der Hallstadter Straße, zwischen Theresienhain und Infanterie-Kaserne in der äußeren Pödeldorfer Straße. Denn neben der Kavallerie in der Nürnberger Straße sollte auch die Infanterie ab 1890 über eigene Kasernenanlagen am Stadtrand verfügen. Diese werden heute ebenso wie die am Hauptsmoorwald gelegenen Panzerkasernen des Jahres 1935 von den amerikanischen Streitkräften auf einem weitläufigen, abgeschlossenen Areal genutzt. Bereits in den 1890er Jahren war mit der Firma „Groß & Bohrer" in der Pödeldorfer Straße ein elektrotechnischer Betrieb ansässig, benachbart gründete 1910 der Ingenieur Fritz Wieland ein Werk für „Elektrische Industrie", das hier erfolgreich expandierte.

ABB. 217: BAMBERG-OST: INDUSTRIE-, UNIVERSITÄTS- UND WOHNSTANDORT

ABB. 218: MODERNE GOTTESBURG - PFARRKIRCHE ST. HEINRICH

Den geistlichen Mittelpunkt des neuen Wohnquartiers sollte die Kirche St. Heinrich bilden. Sie wurde 1926 bis 1929 von dem Augsburger Architekten Michael Kurz (1871-1957) errichtet, als die umliegenden Felder noch großteils unbebaut waren. Chor und Türme wirken als selbstständige Kuben, plastischer Bauschmuck ist kaum zu finden, stattdessen große Wandflächen und monumentale Baukörper, die nur gelegentlich durch schmale Fensterschlitze unterbrochen werden. Markant sind die über Eck gestellten Glockentürme. Über den Haupteingängen im Westen wurde ein weiterer Bauteil wie ein Mittelsporn über Eck gestellt. Wie bei der Er-

löserkirche kam es dem Architekten darauf an, Baumaterialien möglichst unverfälscht und ungestört zu zeigen. Hier sind es die unverputzten Bruchsteinmauern, die nur gelegentlich durch Ziegel aufgelockert werden. Auch im Innern spielen Materialqualitäten die herausragende Rolle. Die Pfeilerreihen sind aus Beton. Noch nie vorher wurde im deutschen Kirchenbau so konstruiert. Ebenso wird die Holzdecke von Betonträgern gestützt, und der Chorraum ist mit einer Betonschale überdeckt. Mit ihrem wehrhaften Charakter war St. Heinrich Vorbild für viele Sakralbauten der Erzdiözese.

Unweit der Kirche zeugt am Heinrich-Weber-Platz das umgenutzte „Capitol", ein trutziger Bau der 1930er Jahre, von vergangener Kinowelt. In Höhe der Kloster-Banz-Straße war 1910 der dreigeschossige Walmdachbau der Rupprechtschule entstanden. An der Kreuzung Pödeldorfer Straße/Weißenburgstraße liegt mit dem ehemaligen „Tivoli" (heute Frankenluk) eine bürgerliche Ausflugsgaststätte des 19. Jahrhunderts, gegenüber ist in den Backsteinkasernen die Bereitschaftspolizei untergebracht. Auf einem Teil des Geländes der ehemaligen Großbrauerei „Bamberger Hofbräu" steht seit 1982 das Verwaltungsgebäude der AOK. Davor erinnert ein Erthal-Denkmal an den großen fürstbischöflichen Sozialreformer, etwas ungewohnt inmitten moderner Bebauung, stand das Denkmal doch einst auf dem Domplatz. In der benachbarten Hartmannstraße

ABB. 219: UNIVERSITÄTSGEBÄUDE MIT RECHENZENTRUM, FELDKIRCHENSTRASSE

zeugt ein Mansarddachbau mit großen Fenstern von der Schuhproduktion der Gebrüder Neuburger, die 1910 von der Stadt Bamberg zur Neuansiedlung bewogen wurden.

Erste Hochhäuser und Campus-Universität

Nach dem Zweiten Weltkrieg sollte sich die Bebauung östlich der Bahnlinie weiter verdichten. Den Troppauplatz mit bemerkenswerter Hochhausarchitektur („Haus im Haus") umgeben Wohnbauten der Nachkriegszeit. Der anschließende Park gehört zu einer wichtigen Frischluftschneise der Stadt, welche die Bamberger Innenstadt mit dem großen Waldgebiet des Hauptsmoorwaldes verbindet. Aus dem Bau der ehemaligen Pädagogischen Hochschule Bamberg von 1966 erwuchsen 1978 in der Feldkirchenstraße die ersten Campus-Universitätsgebäude. 1987 schloss sich ein neues Bibliotheksgebäude an, weitere Ausbauten wie das Rechenzentrum von 2001 folgten. Benachbart stellt das Dientzenhofer-Gymnasium einen der

schülerstärksten Ausbildungsorte der Stadt dar. Im Quartier sind mehrere Studentenwohnheime bemüht, den zahlreichen Neu-Bambergern eine Unterkunft zu schaffen.

Die Gartenstadt

Heute präsentiert sich in Bamberg-Ost um das Stadtteilzentrum „Gartenstädter Markt" mit Kunigunden-Kirche, dem so genannten „Haus der Begegnung" und Ladengeschäften ein attraktiver Stadtteil, der seit den 1930er Jahren als Kleinsiedlung entstand und ein eigenes Flair bewahren konnte. Als Entwicklungsachse durchzieht die Hauptsmoorstraße das Gebiet von Norden nach Süden; von West nach Ost liegen an der Seehofstraße eine Grundschule, die ehemalige Siedlergaststätte und weitere Ladengeschäfte. Im Osten und Süden schließt sich an die Gartenstadt das weitläufige Areal der amerikanischen Streitkräfte an.

In einer Stadt wie Bamberg, mit ihrer über tausendjährigen Geschichte und Architektur, erscheinen

ABB. 220: VON DER KLEINSIEDLUNG ZUM GRÜNEN WOHNVIERTEL – DIE GARTENSTADT

ABB. 221: INTENSIV BEWIRTSCHAFTETER SIEDLERGARTEN, UM 1950

große Siedlungen anzulegen, geht auf die in England Ende des 19. Jahrhunderts entstandene „Gartenstadtbewegung" zurück. Diese beabsichtigte, möglichst vielen Menschen ein gesundes Wohnen im eigenen Heim zu ermöglichen. Vorzugsweise Handwerker und Industriearbeiter sollten kleine Häuser mit Gärten erwerben können, um im Grünen einen Ausgleich zu ihrer Arbeit in dunklen, schlecht belüfteten Betrieben zu finden. Gleichzeitig sollten Gartenbau und Kleintierhaltung ein zusätzliches wirtschaftliches Standbein bilden. In der sozial eingestellten Weimarer Republik wurde dieses Ideengut in größerem Umfang auch auf deutsche Verhältnisse übertragen. Immerhin bestand seit der Revolution von 1919 ein verfassungsmäßiges Recht auf Wohnung, zu dessen Finanzierung ein Anteil von 15 Prozent der Mieteinnahmen aus schon bestehendem Wohnraum abgeführt werden musste. Diese Gelder flossen an gemeinnützige Wohnungsbaugenossenschaften, die mit Wohnungsneubauten betraut wurden, um der Spekulation entgegenzuwirken.

Dank dieser Rahmenbedingungen entstand auch in Bamberg eine Reihe von Siedlungsprojekten, etwa

städtebauliche Planungen und Bauten des 20. Jahrhunderts fast zwangsweise als nebensächlich. Abseits der großen architektonischen Schöpfungen des historischen Stadtzentrums wird gestalterisches Niemandsland erwartet. Zu Unrecht, denn wie das Beispiel der Gartenstadt zeigt, ließen sich auch in Bamberg beeindruckende Projekte verwirklichen. Zudem zeigt sich gerade an dieser Großsiedlung, dass bis heute Architektur die allgemeinen geschichtlichen Zusammenhänge widerspiegelt. Die Idee, außerhalb von Städten

ABB. 222: GARTENSTÄDTER MARKT MIT KATH. PFARRKIRCHE ST. KUNIGUND, UM 1960

im Bereich der 1928 fertig gestellten St.-Heinrichs-Kirche. Zusätzlich benötigten Grund für neue Siedlungen fand man am Rande des Hauptsmoorwaldes. Dort war schon 1926 durch das Stadion und den Volkspark mit der Erschließung begonnen worden. Gleichzeitig hatte die Post an der Memmelsdorfer Straße ein Hauptinstandsetzungswerk für ihren bayerischen Fuhrpark errichtet und eine Werkssiedlung angeschlossen. Dieser als reiner Zweckbau errichtete Komplex strebte durch verbesserte Lichtführung und Belüftung etwas an, das später einmal „Humanität am Arbeitsplatz" heißen sollte. Durch Post- und Stadionbau gewann das Waldgebiet zwischen Memmelsdorfer Straße und den Sportstätten an Interesse für zukünftige Siedler. Ohnehin war der Wald durch Holzfrevel und Windbruch stark geschädigt. Spätestens 1928 wurde hier von der Handwerkerbaugenossenschaft eine größere Siedlung ins Auge gefasst. Doch zögerte sich die Verwirklichung des Planes hinaus, bedingt nicht zuletzt durch den extrem hohen Grundwasserspiegel. Aufzuhalten war der Siedlungsneubau aber nicht mehr, was an der Initiative der Siedlungswilligen lag. In Eigenarbeit wurden die Rohre für die Entwässerung des Waldstückes gefertigt und unter größten Mühen verlegt. Damit war die Grundvoraussetzung geschaffen, ab 1935 eine Vielzahl von Typenhäusern zu errichten. Um die Kosten für die Einfamilienhäuser möglichst gering zu halten, erwarb die Handwerkerbaugenossenschaft in der Brückenstraße ein altes Hopfenlager, das abgebrochen wurde. Die Steine wurden gereinigt und wieder verwendet. Auch wenn die Siedlung 1935 beim Richtfest als etwas gefeiert wurde, das einer Idee Hitlers entstammte, darf nicht übersehen werden, wie hier durch die Nationalsozialisten lediglich die Früchte geerntet wurden, die schon viel früher angelegt und durch Siedler aller politischen Couleur in harter Eigenarbeit verwirklicht worden waren. Zu der schnell wachsenden Siedlung gehörten Ladeneinheiten und die Kunigunden-Schule von 1941.

An der Memmelsdorfer Straße – ursprünglich außerhalb der Gemarkungsgrenze – entstand durch Vertriebene mit den „Greiff-Werken" ein großer Textilbetrieb. Aus Schlesien kommend, produzierte man ab 1949 in der neuen Fabrik. Erst ab 1951 hieß die Siedlung offiziell „Gartenstadt", nachdem die Siedlergemeinschaft „Spinnseyer" auf ihrer Mitgliederversammlung in der Gaststätte „Freie Scholle" (heute Pizzeria) den neuen Namen beschlossen hatte. Der Bau zweier Kirchen konnte im Viertel ab 1952/53 mit der katholischen Kunigunden- und ab 1956 mit der evangelischen Auferstehungskirche in Angriff genommen werden. Die beiden schlicht gehaltenen Gotteshäuser sind Werke ihrer Zeit, in denen sich christliche Tradition mit angemessen dezenter Modernität verbinden. Die letzte große Bauphase in der Gartenstadt fällt in die 1960er Jahre. Im Bereich um die Auferstehungskirche entstand eine weitere Neubausiedlung, noch ehe dieses Gebiet um 1970 durch den Bau des Berliner Rings vom übrigen Siedlungsgebiet abgeschnitten wurde. Wachsender Wohlstand nach dem Krieg ließ die Siedlerhäuser oft als zu klein erscheinen. Um- und Anbauten waren und sind die Folge. Dennoch lässt sich bis heute die ursprüngliche Struktur erkennen.

Flugplatz und Kramersfeld

Das Gebiet an der Breitenau war ursprünglich Seengebiet, das Ende des 19. Jahrhunderts von der Stadt Bamberg erworben und zum Truppenübungsplatz ausgebaut wurde. Die Anfänge des Flugplatzes reichen bis zum Beginn des 20. Jahrhunderts zurück. Vor dem Ersten Weltkrieg bestand hier eine Flugzeughalle des Infanterie-Regiments, in den 1920er Jahren gründete Willy Messerschmitt, Sohn eines örtlichen Weingroßhändlers, eine Fluggesellschaft. Doch sollte er ab 1927 seine Fabrikation nach Augsburg verlegen. Die Flugtage des Vereins „Aero-Club Bamberg" vermitteln heute die Faszination am Fliegen. Der benachbarte Plärrerplatz ist ein regelmäßiges Ziel für Kirmes- und Zirkusbesucher. Aus den Eingemeindungen von Kramersfeld, Hirschknock und Bruckertshof hat sich ein Quartier entwickelt, das der Berliner Ring westlich von einem ausgedehnten Gewerbegebiet trennt, das Firmen der Kfz-Zulieferindustrie, der Elektrotechnik und des Autogroßhandels dominieren. Namen gebend für das Gebiet war ein barockes Landhaus, der „Bruckertshof", das Anfang des 18. Jahrhunderts Antonius Brockhard gehörte. Um die Mitte des 19. Jahrhunderts errichtete sich Hermann Kramer, ein Verwalter aus Schloss Seehof, ein Gebäude. Nach dem Zweiten Weltkrieg folgte eine kleine Siedlung in „Kramersfeld", die heute von einem Neubaugebiet umschlossen wird.

Malerviertel und Volkspark

Folgt man vom Bahnhof kommend der Pfisterbrücke und Starkenfeldstraße Richtung Osten, so liegt rechter Hand das so genannte „Malerviertel", dessen Straßennamen bekannte Bamberger Künstler wie Katzheimer oder Treu zu Ehren kommen lassen. Eingebettet in moderne Wohnbebauung und Behördenbauten unterstreichen hier mehrere Schulen die Bedeutung der Schulstadt Bamberg. Ab der Moosstraße schließt der ausgedehnte Komplex der Robert-Bosch-Werke an. Im Jahr 1939 wurde die Zündkerzenproduktion in den markanten Bauten des Stammwerks mit seinem dreistöckigen Uhrenturm aufgenommen. In der Von-Ketteler-Straße produziert seit dem Beginn der 1970er Jahre die traditionsreiche Optikfirma Rupp &

Hubrach. Jenseits des Berliner Rings, der ab dem Ende der 1960er Jahre als wichtige Tangente angelegt wurde und an dem sich mehrere Punkthochhäuser aufreihen, war in den 1920er Jahren der „Volkspark" mit Stadion entstanden; weitere Sportstätten sollten folgen. In naher Zukunft wird die Stadt Bamberg hier ihr neues Hallenbad errichten. Zwischen Moosstraße und Geisfelder Straße nannte man die Straßen des Wohnquartiers nach bekannten Naturwissenschaftlern wie Planck, Siemens oder Hertz; 1979 wurde hier St. Anna geweiht, ein Sichtziegelbau, der in der Tradition der abgegangenen St.-Anna-Kapelle im Hauptsmoorwald steht.

Wenngleich sich im 19. und 20. Jahrhundert das Siedlungsgebiet östlich der Kernstadt als Expansionsfläche vor allem um Mischgebiete und Wohnviertel erweitert hat und damit Gärtnerfelder und Waldbestand zurückdrängte, bleibt der Staatsforst Hauptsmoor bis heute in Bamberg-Ost eine natürliche Grenze. Er ist Naherholungsgebiet und grüne Lunge der Stadt.

Ekkehard Arnetzl/Angelika Kühn

ABB. 223: SCHWIMMBAD IM STADION

ABB. 224: AN DER BUGER SPITZE

6.4 Der Stadtteil Bug

Im Jahr 1821 fertigte Sebastian Scharnagel eine Lithographie des „Allgemeinen Vergnügungsortes Bug oberhalb Bamberg" an, und bis heute lockt an der Buger Spitze der 1972 eingemeindete Stadtteil Bug die Besucher des Hains mit Minigolfplatz, Gaststättenbetrieb und Bootsfahrten. Schon längst hat sich Bug zu einem expandierenden Vorort entwickelt.

Erstmals erwähnt wird der Ort „Buch" – die heutige Schreibweise wird erst um 1800 üblich – im Jahr 1385 im Rahmen eines Verkaufs in der Immunität St. Stephan. Ende des 14. Jahrhunderts war hier die reiche Bamberger Bürgerfamilie Tockler begütert. Als Rodungsort lag das Dorf zwischen Regnitz und dem „Bruderholz". Die komplizierte Dorfherrschaft weist um die Mitte des 16. Jahrhunderts für 25 Familien und ihre Anwesen neun Herrschaften aus, darunter den Domdechant, den Dompropst und den Propst von St. Gangolf. Das Steuerbuch von 1724 betont die „mittelmäßige Gattung" der Felder, Gärten und Weingärten, doch könnten die Bewohner ihre Erzeugnisse leicht in der Stadt absetzen. Nach wechselvoller Besitzgeschichte ließ um 1747 der Reichstagsgesandte Georg Karl Karg von Bebenburg das so genannte Schlösschen erbauen. Als typischer Adelssitz auf dem Land entstand ein zweigeschossiger, flach gegliederter Mansarddachbau, der ab 1825 königl.-bayerisches

ABB. 225: ANSICHT BUGS VON NORDOSTEN, SEBASTIAN SCHARNAGEL, 1821

Forstamt wurde. Seit 1965 ist hier das Missionsmuseum der Missionsbrüder des hl. Franzikus untergebracht. In der Mitte des 18. Jahrhunderts hatte Elias Adam Försch an der Überfahrt eine Gaststätte errichten lassen, die heute noch als Café Lieb existiert. •

Im Jahr 1844 beschloss die Gemeinde den Bau zweier Backöfen. Dank bürgerlicher Initiative besteht bis heute eines dieser Backhäuschen weiter. Die Kapelle zur Heiligsten Dreifaltigkeit ermöglichte es den katholischen Gläubigen seit 1837 den Gottesdienst in Bug zu besuchen; zuvor musste hierfür die Obere Pfarre am Kaulberg aufgesucht werden. Das Recht zur Überfahrt mit Schelchen bewahrte die Obere Schifferzunft bis in das 19. Jahrhundert hinein, endgültig veränderte erst der Brückenbau der 1920er Jahre in Höhe Bughofs die Zugangssituation aus dem Theresienhain nach Bug. Mehrfach hielt sich E.T.A. Hoff-

mann in den Buger Gaststätten auf. Im „Hund Berganza" vermerkt er: „Bekanntlich wird man in Bug dicht bei dem Wirtshaus erst über den Strom gesetzt und tritt dann jenseits in den Park, der sich bis zur Stadt hinzieht."

Einen neuen Siedlungsschwerpunkt gewann der eingemeindete Stadtteil Bug mit dem Bau des Klinikums. Als typisches Zeugnis des Krankenhausbaus der zweiten Hälfte des 20. Jahrhunderts verbindet es funktional Bettenhochhaus und Flachgebäude für Behandlungsabteilungen im so genannten Breitfußsystem. Seit dem Beginn der 1980er Jahre erweiterte man den markanten Komplex am Bruderwald um fachmedizinische Einrichtungen und anschließende Wohngebiete.

Angelika Kühn

ABB. 226: KLINIKUM AM BRUDERWALD

6.5 Der Stadtteil Wildensorg

Die Entstehung der ehemals selbstständigen Gemeinde Wildensorg reicht bis in das Spätmittelalter zurück, als auf den begünstigten Lagen unterhalb der Altenburg Bamberger Häcker Weinbau betrieben. Bischöfliche Privilegien legten den Grundstein zur Entwicklung des Dorfes, dessen größter Grundbesitzer bis in das Zeitalter der Säkularisation das Kollegiatsstift St. Jakob blieb. Der Name Wildensorg bezeichnete ursprünglich eine Siedlung am wüsten, wilden Waldrand. So zeigt das alte Gemeindesiegel einen mit Weinlaub umkränzten nackten Mann im „Sigillum Gemin Wiltensorg". Seit 1972 gehört der Ortsteil Wildensorg im Südwesten zu den Eingemeindungen der Stadt Bamberg.

Im Jahr 1435 hatte Fürstbischof Anton von Rothenhan den beiden Weinbauern Conz Pratengeyer und Burgkart Hetzer aus dem Stift St. Jakob das Recht gewährt, unterhalb der Altenburg in der Nähe ihrer Weinberge Häuser mit Keltern zu errichten. Beim Burgvogt von „Sloss Alttenburg" mussten die beiden Weinbauern, wenn gefordert, bewaffnet erscheinen. In den nachfolgenden Jahrhunderten werden auf der Altenburg immer wieder besoldete Wächter aus Wildensorg erwähnt. 1462 folgte ein weiteres bischöfliches Privileg für drei Bamberger Weinbauern, die ebenfalls von ihren Häusern und Grundstücken jeweils „ein vaßnachthennen auf unser Slos Altenburg alle Jar jerlichen und ewiglichen geben und reichen sollen" und „yder mit einem Armbrust" zur Verteidigung der Altenburg beitragen mussten. Bis in die Zeit des Dreißigjährigen Krieges stieg die Zahl der Anwesen im Häckerdorf auf 23 an. Man verfügte über drei Ziehbrunnen. Zu den gemeindlichen Grundstücken gehörten auch drei Dorfweiher. Ende des 17. Jahrhunderts wird das älteste Schulhaus erwähnt, das gleichzeitig als Gemeindehaus diente. Die Gemeindeordnung von 1695 regelte Gebühren und Abgaben, legte die Bedingungen für Neuansiedler fest, die gegenüber „Ihrer Kurfürstlichen Gnaden oder deren Kammer" sowie gegenüber der Gemeinde ihre Redlichkeit nachweisen mussten, und ging ausführlich auf Verordnungen zum Schutz von Feld und Flur ein. Nach der Ordnung von 1781 achtete der

ABB. 227: GEMEINDEHAUS IN WILDENSORG, 1890

ABB. 228: WILDENSORG, BRUNNEN IN DER ORTSMITTE

älteste Dorfmeister unter anderem auf die Erhaltung der Obstbaumzucht und die Reinhaltung der Weiher; außerdem teilte er die Tag- und Nachtwachen ein.

Im 19. Jahrhundert sorgte der klimatische Wandel für den Rückgang der Weinreben; gemäß der Chronik des Ortes wurde 1842 das letzte Fest zur Weinlese gefeiert. Das Jahr 1846 verzeichnet für Wildensorg 50 bewohnte Häuser mit Nebengebäuden, Scheunen, Viehställen, Backöfen und Dörröfen. Die Zählung des Viehbestandes erbrachte 27 Arbeitsochsen, 1 Mastochsen, 1 Zuchtstier, 83 Kühe, 40 Stück junges Rindvieh, 66 Mastschweine, 13 Ziegen, 9 Schafe und 20 Bienenstöcke, dazu zahlreiches Federvieh. Nach den Weinreben setzte man auf Hopfen, gefolgt von Obstanbau. Bis heute nimmt der Obst- und Gartenbau einen wichtigen Platz im regen Vereinsleben ein. Obstbäume und Streuobstwiesen sind prägend für das Orts- und Landschaftsbild geblieben.

In Höhe des Landgasthofes „Heerlein" mit schönem, baumbestandenem Wirtsgarten treffen die beiden Ortsteile „Oberland" und „Unterland" zusammen. Ergänzend kam in den 1970er Jahren das Neubaugebiet „Die Bergner" hinzu, wodurch sich die dörfliche Gemeinde um wichtige Wohnfunktionen für die Stadt Bamberg erweiterte. Die Weihe der katholischen Kirche St. Joseph, ein schlichter Saalbau mit frei stehendem Turm, erfolgte im Jahr 1968, doch reichen die Bemühungen zum Bau einer Filialkirche bis in die erste Hälfte des 19. Jahrhunderts zurück. Kirche, Friedhof und Schule umgeben heute die kleine Marienkapelle, die 1891 als Stiftung eines Kriegsheimkehrers errichtet worden war.

In seiner „Einladung in das Tusculanum in dem Dörfchen Wildensorg" hatte 1829 der örtliche Dichter Johann Baptist Bockeld hier zu Geselligkeit und Biergenuss aufgefordert, und bis heute ist Wildensorg ein beliebtes Ausflugsziel der Bamberger geblieben.

Angelika Kühn

6.6 Die ehemalige Gemeinde Gaustadt

Dorfentwicklung

Die Entwicklung des Dorfes Gaustadt, das 1972 durch Eingemeindung nach Bamberg seine Selbstständigkeit verlor, wurde lange Zeit durch die Lage auf einer schmalen Niederterrasse bestimmt, die auf der einen Seite von der Regnitz, auf der anderen Seite von einem Geländeanstieg begrenzt wird und damit nur geringe Ausdehnungsmöglichkeiten im Tal ermöglicht. Eine wichtige Rolle spielte und spielt die Nähe zur Stadt Bamberg.

Die Keimzelle des Dorfes lag wohl dort, wo heute die Sebastianikapelle steht. Hier flossen von den Hängen im Südwesten zwei Wasserläufe, der Rudelbach und das Lange Bächlein, und es bestand Platz für eine

Ansiedlung, die möglicherweise bis auf die Zeit der Thüringerherrschaft im 5. und 6. Jahrhundert n. Chr. zurückgeht. Aus dieser Zeit sollen auch die so genannten Bamberger Götzen (besser: „Gaustadter Bildsteine") stammen, die im Historischen Museum Bamberg ausgestellt sind. Die erste Erwähnung des Ortes erfolgt aber erst um das Jahr 1020, als Erchanbrecht, ein Kanoniker am Neumünster in Würzburg, sein Gut in Gaustadt für sein Seelenheil dem Kloster Michelsberg übergibt. Bis zum Jahre 1802 hatte das Kloster die Dorfherrschaft über 36 Wohnstätten, das St.-Elisabethen-Spital in Bamberg über acht. An diese Epoche der Geschichte erinnern der „Fischerhof", der „Cherbonhof" (beide Michelsberger Lehen) und der „Gumbrechtsbrunnen" unweit der alten Ortsgrenze in Richtung Bamberg. Beim heutigen Fischerhof trat eine Quelle aus dem Hang, deren Wasser gefasst wurde und Fischbehälter und Winterungen speiste. Sie hieß „Gumbrechtsbrunnen", bis der Name auf den Brunnen vor der „Schönen Marter" am Ortseingang übertragen wurde. Der „Fischerhof", auch „Schlösschen"

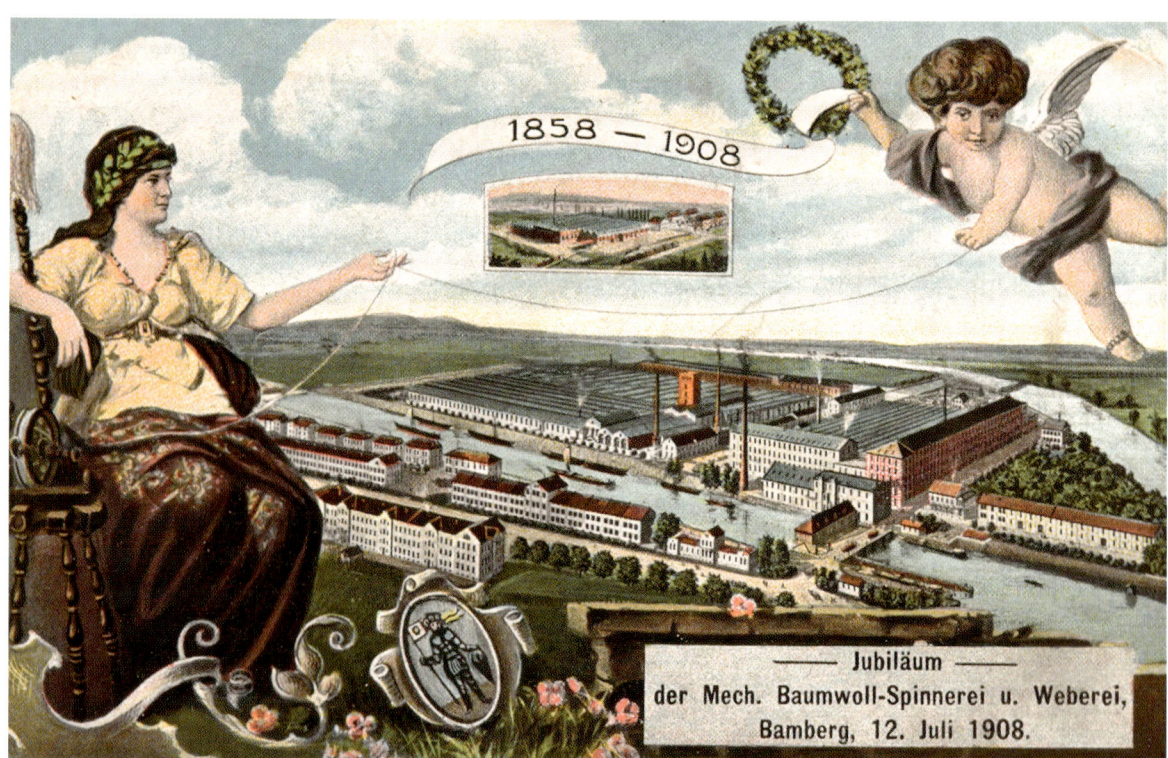

ABB. 229: JUBILÄUMSPOSTKARTE DER MECHANISCHEN BAUMWOLL-SPINNEREI UND WEBEREI IN GAUSTADT, 1908

ABB. 230: DER FISCHERHOF IN GAUSTADT, KREIDE-LITHOGRAPHIE, KARL THEODOR VON BUSECK, UM 1821

genannt, besaß die Gast- und Schenkgerechtigkeit, war also ein Wirtshaus. Die Brunnenhalle stammt aus dem Jahre 1756. Das landwirtschaftliche Anwesen in der Nähe wurde nach Georg Michel Cherbon, der es seit 1782 besaß, „Cherbonhof" genannt. Gaustadt gehörte kirchlich aufgrund der geringen Einwohnerzahl und der Nähe zu Bamberg bis 1805 zur Oberen Pfarre. An der Stelle der ersten Ortsgründung, wo die von Bamberg kommende Straße eine leichte Kurve beschreibt, ist links und rechts der Straße die alte dörfliche Struktur bis heute sichtbar.

Industriestandort

Geprägt wurde die Entwicklung Gaustadts im 19. und 20. Jahrhundert in entscheidender Weise durch die Gründung der Mechanischen Baumwoll-Spin-nerei und Weberei Bamberg im Jahre 1858 (seit 1927 Baumwollindustrie Erlangen-Bamberg, abgekürzt „Erba"). Hauptgrund für die Ansiedlung des Industriebetriebes in Gaustadt war die Möglichkeit, die Wasserkraft der Regnitz zu nutzen. Eine Flussschleife wurde durch einen Werkkanal von zwei Kilometern Länge abgeschnitten, um den auf diese Weise entstandenen Höhenunterschied für ein Wasserkraftwerk zu nutzen. Die Energie erwies sich aber bald wegen der unregelmäßigen Wasserführung des Flusses als nicht ausreichend, sodass zwei Dampfmaschinen eingesetzt werden mussten. Weitere Standortfaktoren der Fabrik waren die gute Verkehrsanbindung des Raumes Bamberg und das Vorhandensein von Arbeitskräften aus der bäuerlichen Schicht, die bis aus dem Raum von Lisberg kamen. In der Nähe der Fabrik entstand ab der zweiten Hälfte des 19. Jahrhunderts vornehmlich im Raum zwischen Straße und Fluss eine

Werksiedlung, deren Gebäude in letzter Zeit teilweise ihr typisches Aussehen durch moderne Renovierung verloren haben. Während die Wohnhäuser entlang der Straße zu einer langen Reihe zusammengefasst sind, überwiegt zum Kanal hin lockere Bebauung. Zwei Arbeiterwohngebäude auf Bamberger Stadtgebiet wurden ungeachtet ihrer Aussagekraft für die industrielle Entwicklung des 19. Jahrhunderts abgerissen und durch Neubauten ersetzt. Die Fabrik prägte also durch ihre weiträumigen Anlagen nicht nur das Bild der Landschaft, sie beeinflusste die Entwicklung des Dorfes vor allem durch den Zustrom von Menschen und die deshalb notwendigen Wohngebäude. Auch auf das soziale Leben übte sie Einfluss aus. Bereits vor der Sozialgesetzgebung Bismarcks bestanden eine Kranken- und eine Pensionskasse. Seit 1872 gab es einen Kindergarten und eine Strick- und Arbeitsschule für junge Mädchen. Für die Arbeiter entstand 1908 ein Badehaus – und 1925 eine der ersten Mehrzweckhallen der Region. Zum Schul- und Kirchenbau wurden Zuschüsse geleistet. Schwer traf Gaustadt der Umstand, dass die „Erba" als Hauptarbeitgeber im Sommer 1993 nach fast 140 Jahren ihren Betrieb einstellte. Bis in das 16. Jahrhundert lassen sich die Anfänge des Gaustadter Ziegeleiwesens zurückverfolgen; die im Jahr 1910 gegründete „Kaiserdom-Brauerei" zählt heute zu den größten Braustätten der Bierstadt Bamberg.

Struktur

Die Einwohnerzahl Gaustadts vergrößerte sich sprunghaft, das Dorf wuchs linienhaft entlang der Straße in Richtung Erba bis zur damaligen Bamberger Stadtgrenze, sodass der alte Dorfkern heute am entgegengesetzten Ende liegt. Entlang der Hauptstraße finden wir Geschäfte aller Art und am Abhang die katholische Pfarrkirche St. Josef, die 1906 geweiht wurde, nachdem Gaustadt 1878 eigene Pfarrei geworden war. Die ncugotische Kirche steht unweit der Sebastianikapelle auf der Höhe und wendet dem Ort ihre Längsseite zu. Ihr Bau war notwendig geworden, da die alte Kapelle aus dem Anfang des 19. Jahrhunderts wegen der steigenden Einwohnerzahl nicht mehr ausreichte. Die Pestmarter an der Sebastianika-

pelle soll an eine Seuche im Jahre 1630 erinnern. Der Zuzug von Heimatvertriebenen und der steigende Wohlstand, der den Erwerb eines Eigenheimes für breite Bevölkerungsschichten ermöglichte, führten nach dem Zweiten Weltkrieg zu einer Erweiterung der Bebauung nach Westen auf die Höhe. Hier finden wir wie in allen Dörfern in der Nähe Bambergs eine typische Vorortsiedlung, geprägt durch Wohnhäuser städtischen Zuschnitts. Die Zahl der protestantischen Christen nahm zu, sodass der Bau einer Kirche notwendig wurde. 1964 wurde die Kirche St. Matthäus geweiht, 1965 entstand eine evangelisch-lutherische Pfarrei, womit die Bindung an die Pfarrei St. Stephan in Bamberg aufgehoben wurde. Gaustadt erhielt also aufgrund der steigenden Einwohnerzahl immer mehr Funktionen, die vorher von anderen Orten ausgeübt

ABB. 231: GUMBRECHTSBRUNNEN, IM HINTERGRUND ERBA-GEBÄUDE

worden waren. Durch die Eingemeindung nach Bamberg 1972 wurde diese Entwicklung aber gestoppt.

In der zweiten Hälfte der 1980er Jahre entstand an der früheren Stadtgrenze zu Bamberg auf rund 14 Hektar Fläche die Siedlung Cherbonhof. Aufgrund einer Initiative des Bundes Naturschutz bildete sich 1981 eine Bauherrengemeinschaft, deren Siedlungskonzept sich durch eine abwechslungsreiche Folge von Straßen, Gassen und Plätzen auszeichnet. Privaten, möglichst sichtgeschützten Innengärten stehen Wohnhöfe und Straßenräume gegenüber, die bis an die Häuser reichen. Ziel war es, einen Mittelweg zwischen der Monotonie von Bauträgersiedlungen und dem oft gestalterischen Chaos von Baugruppen frei stehender Einfamilienhäuser zu finden. Seit 2002 beheimatet Gaustadt das neue Bamberger Tierheim „Berganza" und eine nahe gelegene Tierklinik. Neue Wohnanlagen und Erholungsflächen sollen in Gaustadt im Zuge der Planungs- und Veränderungsprozesse der Landesgartenschau von 2012 entstehen.

Wolfgang Rössler

Literatur (in Auswahl)

ALBART, RUDOLF: Die letzten und die ersten Tage. Bamberger Kriegstagebuch 1944-1946, Bamberg 1953.

ALBART, RUDOLF: Rücklichter aus einem Bamberger Jahrhundert 1899-1991. Ein auf unsere Stadt reduziertes Zeitgeschehen, Bamberg 1991.

ALBART, RUDOLF: Vom Hakenkreuz zum Sternenbanner. Die Jahrhundertmitte. Ein Bamberger Report, Bamberg 1979.

ALBRECHT, ALOIS/BUSKE, NORBERT: Bischof Otto von Bamberg, Schwerin 2003.

ARNETH, KONRAD: Bug ob Bamberg, Bug 1972.

BAUER, KARLHEINZ/FRIEDRICH, FRANZ: Bamberg. Alte Ansichtskarten, Brüssel 1975.

BAUMGÄRTEL-FLEISCHMANN, RENATE (HG.): Bamberg wird bayerisch. Die Säkularisation des Hochstifts Bamberg 1802/03, AK Bamberg 2003.

BAUMGÄRTEL-FLEISCHMANN, RENATE/RENCZES, STEPHAN (HG.): 300 Jahre Jesuitenkirche St. Martin Bamberg 1693-1993, Bamberg 1993.

BAUMGÄRTEL-FLEISCHMANN, RENATE: Ausgewählte Kunstwerke aus dem Diözesanmuseum Bamberg, Bamberg 1992.

BAUMGÄRTEL-FLEISCHMANN, RENATE (HG.): Franz Ludwig von Erthal. Fürstbischof von Bamberg und Würzburg, Bamberg 1995.

BDKJ-ERZBISCHÖFLICHES JUGENDAMT BAMBERG (HG.): Spuren auf unserem Weg. Katholische Jugend im Erzbistum Bamberg 1933-1973, Bamberg 2001.

BENDER, OLIVER/FIEDLER, CHRISTIAN/ GÖLER, DANIEL U.A.: Bamberger Extratouren. Ein geographischer Führer durch Stadt und Umgebung, Bamberg 2001.

BREUER, TILMANN/GUTBIER, REINHARD/KIPPES-BÖSCHE, CHRISTINE, BÜTTNER, HORST: Stadt Bamberg 3/2: Immunitäten der Bergstadt: Kaulberg, Matern und Sutte, München 2003.

BREUER, TILMANN/GUTBIER, REINHARD/KIPPES-BÖSCHE, CHRISTINE / BÜTTNER, HORST: Stadt Bamberg 3/1: Immunitäten der Bergstadt: Stephansberg, Bamberg 2003.

BREUER, TILMANN/GUTBIER, REINHARD/RUDERICH, PETER: Stadt Bamberg 3/3: Jakobsberg und Altenburg, München 2008.

BREUER, TILMANN/GUTBIER, REINHARD: Stadt Bamberg 4: Bürgerliche Bergstadt, 2 Bde., München 1997.

BREUER, TILMANN/GUTBIER, REINHARD: Stadt Bamberg 5: Innere Inselstadt, 2 Bde., München 1990.

BURANDT, WERNER: Die Baugeschichte der Alten Hofhaltung in Bamberg, Bamberg 1998.

BÜRGERVEREIN WILDENSORG: Chronik Wildensorg 1435-1985, Bamberg 1985.

DENGLER-SCHREIBER, KARIN: Bamberg, Bamberg 1985.

DENGLER-SCHREIBER, KARIN: Bamberg für alte und neue Freunde, Ein Führer durch die Stadt, Bamberg 2007.

DENGLER-SCHREIBER, KARIN: Der Michelsberg in Bamberg, Bamberg 2003.

DENGLER-SCHREIBER, KARIN: Kleine Bamberger Stadtgeschichte, Regensburg 2006.

DENGLER-SCHREIBER, KARIN: So ein Theater. Geschichte aus 200 und einem Jahr Bamberger Stadttheater, Bamberg 2003.

DRESSENDÖRFER, WERNER: Der „Himmelsgarten" von St. Michael zu Bamberg, Gerchsheim 2007.

DUBLER, MARION: Bambergs schöne Gärten. Geschichte und Geschichten, Bamberg 2001.

DÜMLER, CHRISTIAN: Der Bamberger Kaiserdom, Bamberg 2005.

DÜMLER, CHRISTIAN: Die Neue Residenz in Bamberg. Bau- und Ausstattungsgeschichte der fürstbischöflichen Hofhaltung im Zeitalter der Renaissance und des Barock, Neustadt (Aisch) 2001

ERICSSON, INGOLF (HG.): Aus Grabungen. Schicht für Schicht ins Mittelalter, Bamberg 1998.

FREISE-WONKA, CHRISTINE: Bamberger Frauengeschichten, Bamberg 2006.

FREISE-WONKA, CHRISTINE: Rundflug über das alte Bamberg, Gudensberg-Gleichen 2001.

FREISE-WONKA, CHRISTINE/EBERTS, PETER: Bamberg Weltkulturerbe, Bamberg 2007.

FRÖBA, KLAUS: Bamberg. Erinnerungen in Bildern, Horb am Neckar 1990.

FRÖHLING, STEFAN/REUSS, ANDREAS: Bamberg entdecken. Spaziergang durch die Weltkulturerbestadt, Bamberg 2004.

FUCHS, MARGA/HORN, CHRISTINE: Die jüdische Minderheit in Bamberg. Schutzjuden – Staatsbürger mosaischen Glaubens – Rassefeinde, Bamberg 1992.

FUCHS, MARGA: „Ihr habt euer Leben dem Führer geweiht!". Aspekte des Nationalsozialismus in Bamberg, Bamberg 1989.

GAASCH, UWE/KAHLE, ULRICH: Der Bamberger Domberg. Bilder einer geistlichen Stadt, Bamberg 2006.

GEHM, BRITTA: Die Hexenverfolgung im Hochstift Bamberg und das Eingreifen des Reichshofrates zu ihrer Beendigung, Hildesheim 2000.

GÖLLER, LUITGAR (HG.): 1000 Jahre Bistum Bamberg 1007-2007. Unterm Sternenmantel, AK Petersberg 2007.

GREVING, ANNE-MARIE: Bamberg im 16. Jahrhundert. Untersuchungen zur Sozialtopographie einer fränkischen Bischofsstadt (BHV, Beiheft 25), Bamberg 1990.

GUTH, KLAUS: Kaiser Heinrich II. und Kaiserin Kunigunde, Das heilige Herrscherpaar. Leben, Legende, Kult und Kunst, Petersberg 2002.

HÄBERLEIN, MARK (HG.): Bamberg in der Frühen Neuzeit. Neue Beiträge zur Geschichte von Stadt und Hochstift, Bamberg 2008.

HANEMANN, REGINA (HG.): Kostbares aus den Sammlungen des Historischen Museums Bamberg, Bamberg 2001.

HANEMANN, REGINA/ZINK, ROBERT/RIPP, MATTHIAS/RUDERICH, PETER: Rundgänge durch Bamberg 1: Sechs Themen-führungen in die Weltkulturerbestadt, Bamberg 2002.

HECKEL, WILLY: Bamberg im 20. Jahrhundert. Beschreibungen eines Stadtlebens in 80 Kapiteln und 10 Exkursen, Bamberg 2. Auflage 2000.

HECKEL, WILLY/BAUER, EMIL: Ein Tag für Bamberg. Wege durch die Traumstadt, 5. Auflage Bamberg 2003.

HENNIG, LOTHAR (HG.): Die Andechs-Meranier in Franken, AK Mainz 1998.

HENNIG, LOTHAR (HG.): Geschichte aus Gruben und Scherben. Archäologische Ausgrabungen auf dem Domberg in Bamberg, AK Bamberg 1993.

HENNIG, LOTHAR (HG.): Symbol, Objekt, Motiv. Der Bamberger Dom und seine Darstellungen in Malerei, Graphik und Kunsthandwerk vom Mittelalter bis zur Gegenwart, AK Bamberg 1987.

HOFMANN, MICHAEL/KLAUSNITZER, WOLFGANG/NEUNDORFER, BRUNO (HG.): Seminarium Ernestinum. 400 Jahre Priesterseminar Bamberg, Bamberg 1986.

KATHOLISCHE ARBEITNEHMER-BEWEGUNG (HG.): KAB. Dokumentation des 100jährigen Weges, Bamberg 1986.

KERNER, ELMAR/THEUERER, WINFRIED/URBAN, JOSEF/ZINK, ROBERT: Sakralbauten in Bamberg, AK Bamberg 2007.

KESTEL, STEFAN/TAPKEN, KAI UWE: „Drum frisch, Kameraden, den Rappen gezäumt", Bamberg 1999.

KIRMEIER, JOSEF/SCHNEIDMÜLLER, BERND/WEINFURTER, STEFAN/BROCKHOFF, EVAMARIA (HG.): Kaiser Heinrich II. 1002-1024, AK Augsburg 2002.

KIST, JOHANNES: Fürst- und Erzbistum Bamberg, Bamberg 1962.

KLEINER, MICHAEL/UNGER, LUDWIG (HG.): Unterm Sternenmantel. 1000 Jahre Bistum Bamberg. Die Geschichte in Lebensbildern, Bamberg 2007.

KNEFELKAMP, ULRICH (HG.): Stadt und Frömmigkeit. Colloquium zum 70. Geburtstag von Gerd Zimmermann, Bamberg 1995.

KRAUS, WERNER (HG.): Schauplätze der Industriekultur in Bayern, Regensburg 2006.

KRISCHKER, GERHARD C. (HG.): Bamberg in alten Ansichtskarten, Frankfurt am Main 1978.

KRISCHKER, GERHARD C.: Bambergs unbequeme Bürger, Bamberg 1987.

KRISCHKER, GERHARD C./WEISS, ERICH: Mein Bamberg, Bamberg 2004.

LIESKE, NORMAN P.: Zeitreise durch Bamberg. Ausflüge in die Vergangenheit, Wartberg 2007.

LINK, STEPHAN: Politischer Katholizismus, Liberalismus, Sozialdemokratie. Das politische Bamberg im 19. Jahrhundert, Bamberg 2005.

LOEBL, HERBERT: Juden in Bamberg. Die Jahrzehnte vor dem Holocaust, Bamberg 2000.

MACHILEK, FRANZ (HG.): Haus der Weisheit. Von der Academia Ottoniana zur Otto-Friedrich-Universität Bamberg, AK Bamberg 1998.

MACHILEK, FRANZ: Das Dominikanerinnenkloster zum Heiligen Grab in Bamberg, Passau 2006.

MAYER, HEINRICH: Bamberg als Kunststadt, 1952 (Nachdruck Bamberg 1988).

MAYER, HEINRICH: Bamberger Residenzen, München 1951.

MAYER, OTTO: Oberfranken im Hochmittelalter, Bayreuth 1987.

MIEKISCH, HORST: Absolutismus und Barock in Bamberg. Vom Westfälischen Frieden zur Schönbornzeit 1648-1746, Bamberg 1988.

MIEKISCH, HORST: Stadt Bamberg. Geschichte – Zeugnisse – Informationen, Bamberg 1986.

MISTELE, KARL HEINZ: Bamberg – Verlorene Heimat der Juden, Bamberg 1986.

MOSER, PETER: Das Album des Alois Erhardt (1859-1902), Bamberg 2002.

MOSER, PETER: Bamberg. Geschichte einer Stadt, Bamberg 1998.

MOSER, PETER/SCHRAUDNER, JÜRGEN: Bamberg, Gestern und heute, Gudensberg-Gleichen 1997.

MUTH, HANSWERNFRIED: Aigentliche Abbildung der Statt Bamberg. Ansichten von Bamberg aus vier Jahrhunderten, Bamberg 1957.

PASCHKE, HANS: Studien zur Bamberger Geschichte und Topographie, Bd. 1-56, Bamberg 1953-1975.

PFEIL, CHRISTOPH, VON: „Die Altenburg ob Bamberg". Baugeschichte und Funktion, Bamberg 1986.

PFLEVKA, SVEN: Das Bistum Bamberg, Franken und das Reich in der Stauferzeit. Der Bamberger Bischof im Elitegefüge des Reiches 1138-1245, Castell 2005.

REDDIG, WOLFGANG F.: Armut, Krankheit, Not in Bamberg.
Sozial- und Gesundheitswesen bis zum Beginn des
19. Jahrhunderts, Bamberg 1998.

REDDIG, WOLFGANG F.: Bürgerspital und Bischofsstadt.
Das St. Katharinen- und St. Elisabethenspital in
Bamberg vom 13.-18. Jahrhundert, Bamberg 1998.

REDDIG, WOLFGANG F.: Handwerker und ihre Organisationen
in Bamberg. Von der Zunft zum Gewerbs-Verein,
Bamberg 1991.

REINDL, ALWIN: Die vier Immunitäten des Domkapitels
zu Bamberg. In: 105. BHVB 1969, S. 213-509.

RENCZES, ANDREA: Wie löscht man eine Familie aus?
Eine Analyse Bamberger Hexenprozesse,
Pfaffenweiler 1990.

RÖHRIG, HANS-GÜNTHER (HG.): Dieses große Fest aus Stein.
Bamberger Dom, Bamberg 1987

RÖSSLER, WOLFGANG/GUNZELMANN, THOMAS: Bamberg aus der
Luft, Bamberg 2006.

ROTH, ELISABETH (HG.): Oberfranken im 19. und
20. Jahrhundert, Bayreuth 1990.

ROTH, ELISABETH (HG.): Oberfranken im Spätmittelalter
und zu Beginn der Neuzeit, Bayreuth 1979.

ROTH, ELISABETH (HG.): Oberfranken in der Neuzeit bis zum
Ende des Alten Reiches, Bayreuth 1984.

SCHEMMEL, BERNHARD (BEARB.): Friedrich Karl Rupprecht
1779-1831, AK Bamberg 1981.

SCHEMMEL, BERNHARD (BEARB.): Karl Theodor von Buseck
1803-1860, Fränkische Ansichten, AK Bamberg 1985.

SCHEMMEL, BERNHARD (BEARB.): Staatsbibliothek Bamberg.
Handschriften, Buchdruck um 1500 in Bamberg,
E.T.A. Hoffman, AK Bamberg 1990.

SCHIMMELPFENNIG, BERNHARD: Bamberg im Mittelalter.
Siedelgebiete und Bevölkerung bis 1370, Lübeck 1964.

SCHNEIDER, RICHARD: Bamberg um 1900, Bamberg 2007.

SCHUTZGEMEINSCHAFT ALT-BAMBERG E.V. (HG.): Bamberg –
Stadt – Denkmal. Eine Dokumentation. Konzept und
Gestaltung Volkmar Eidloth, Bamberg 1990.

SCHWARZMANN, PETER: Die ehemalige Benediktiner-
Klosterkirche St. Michael in Bamberg, Lichtenfels 1992.

SIEDLERGEMEINSCHAFT BAMBERG-GARTENSTADT: 50 Jahre
Gartenstadt 1935-1985, Bamberg 1985.

STAATSBIBLIOTHEK BAMBERG (HG.): Hortulus floridus
Bambergensis. Studien zur fränkischen Kunst- und
Kulturgeschichte, Petersberg 2004.

STADT BAMBERG (HG.): Bamberg. Die Altstadt als Denkmal,
München 1981.

STADT BAMBERG/FRÄNKISCHER TAG (HG.): Bamberg 1000
(973-1973). Ein Bericht über die Tausendjahrfeier,
2. ergänzte Auflage 1974.

STADTARCHIV BAMBERG (HG.): Stadtentwicklung in Bamberg
um 1900. Hans Erlwein 1872-1914, AK Bamberg 1997.

STEIN, ANNA ELISABETH: Mit Hannes und Lena durch die
Bamberg, Ein Stadtführer für Kinder, Bamberg 2002.

STEINHORST, RENATE: Weißt du noch? Geschichten und
Anekdoten aus dem Bamberg der 50er Jahre, Kassel
2006.

STUCKENBERGER, PETER: Gottesburgen. Kirchenbau unter
Erzbischof Jacobus von Hauck, 1912-1943,
Bamberg 2004.

SUCKALE, ROBERT/HÖRSCH, MARKUS/SCHMIDT, PETER/
RUDERICH, PETER: Bamberg. Ein Führer zur Kunstgeschichte
der Stadt für Bamberger und Zugereiste, Bamberg 1993.

THEUERER, WINFRIED: Bamberg 1945-1949. Aspekte eines
Neubeginns, AK Bamberg 1988.

URBAN, JOSEF (HG.): Das Bistum Bamberg um 1007.
Festgabe zum Millennium, Bamberg 2006.

URBAN, JOSEF (HG.): Die Bamberger Erzbischöfe.
Lebensbilder, Bamberg 1997.

URBAN, JOSEF: Das Bistum [Bamberg] im Hochmittelalter,
Straßburg 1992.

URBAN, JOSEF: Der Dom zu Bamberg. Kathedrale und
Mutterkirche, 2. erweiterte und überarbeitete Auflage,
Bamberg 2007.

URBAN, JOSEF: Die Zeit des Erzbistums [Bamberg],
Straßburg 1996.

URBAN, JOSEF: Pfarreien, Klöster und Stifte.
Religiöses Leben im Spätmittelalter, Straßburg 1994.

WAGENHÖFER, WERNER/ZINK, ROBERT: Räterepublik oder
parlamentarische Demokratie? Die „Bamberger"
Verfassung 1919, AK Bamberg 1999.

WEISS, DIETER J.: Reform und Modernisierung.
Die Verwaltung des Bistums Bamberg in der Frühen
Neuzeit. In. 134. BHVB 1998, S. 165-188.

WIENKÖTTER, HELM (HG.): Die Bamberger Industrie,
Bamberg 1949/50.

WINKLER, RICHARD: Die handgezeichneten Karten des
Staatsarchivs Bamberg bis 1780, Bayreuth 2005.

WUSSMANN, WOLFGANG: Bamberg – Ereignisse, die die Stadt
bewegten, Bamberg 2005.

WUSSMANN WOLFGANG: Bamberg Lexikon von Apfelweib bis
Zwiebeltreter, Bamberg 1996.

WUSSMANN, WOLFGANG: „Ein Zwiebeltreter bin ich gern".
Bamberg und seine Gärtner, Gundelsheim 2002.

ZEISSNER, WERNER: Hans Wölfel, Lebensbild eines
Blutzeugen unseres Jahrhunderts, Bamberg 1994.

ZEISSNER, WERNER: Reformation, Katholische Reform,
Barock und Aufklärung, Straßburg 1992.

ZEUNE, JOACHIM: Burgen. Symbole der Macht,
Regensburg 1996.

ZINK, ROBERT (HG.): Bild der Stadt – Stadt im Bild.
Frühe Photographie in Bamberg, AK Bamberg 1989.

ZINK, ROBERT: Luftkrieg und Kriegsende in Bamberg,
Bamberg 1995.

Abbildungsverzeichnis

STADTARCHIV BAMBERG
  191 (BS 342 Am Kranen H 2 B 1),
  206 (D 2020 Gardill 553-20), 211 (BS 334/10),
  212 (BS 334/10), 222 (BS 334-25a, H 2, B 2),
  229 (D 1046, Limmer 72180), 235 (BS 331/2a),
  236 (D 2007, Nr. 122),
  242 (BS 342, Markusplatz, H1 B2),
  245 (BS 342 Luitpoldstraße H 8 B 1),
  247 (D 1046 Limmer, 243 Pödeldorferstraße 75),
  248 unten (D 2007, Nr. 230),
  250 unten (D 1046, Limmer, Nr. 73099),
  251 (BS 537-32-4, H 6 B 1),
  252 (BS 333, Sandstraße, Untere 30a, H 501 B 1),
  254 (BS 557-8), 259 unten (BS 334-37),
  262 unten (A 22, C II 8a),
  264 (BS 972/2 Wildensorg H 1 B 1),
  266 (BS 53732-4 H1 B1).

THOMAS HELMS VERLAG, SCHWERIN
  S. 15
UNIVERSITÄTSBIBLIOTHEK LEIDEN
  S. 27 (Cod. Voss. Germ.).
AUS: BAUER/FRIEDRICH, BAMBERG
  S. 138 rechts (Nr. 93).
AUS: KRISCHKER, ANSICHTSKARTEN
  S. 249 (68).
AUS: LOEBL, JUDEN IN BAMBERG
  S. 81 (S. 257), 90 unten (S. 241).
AUS: RÖHRIG/EBERTS, BAMBERGER KRIPPENBUCH
  S. 161.
AUS: WAGENHÖFER/ZINK, RÄTEREPUBLIK
  S. 86 (S. 172 und S. 173).
AUS: ZEISSNER, REFORMATION, KATHOLISCHE REFORM,
  S. 55.

ABB. 232: STADT AM FLUSS – NEUE LUITPOLDBRÜCKE

Autorenliste

EKKEHARD ARNETZL,
Kunsthistoriker, Bamberg

BARBARA FISCHER-KOHNERT, DR. PHIL.,
Kunsthistorikerin, Bamberg

GEORG A.E. HABERMEHL,
Kulturhistoriker, Bamberg

FRANZ HOFMANN, DR. PHIL.,
Kunsthistoriker, Konstanz

MICHAEL KLEINER, HISTORIKER,
Projektreferat des Erzbischöflichen Ordinariats
Bamberg, Bamberg

ULRICH KNEFELKAMP, DR. DR. PHIL.,
Professur für Mittelalterliche
Geschichte Mitteleuropas,
Frankfurt/O.

ANGELIKA KÜHN,
Historische Geographin, Bamberg

BERND MAYER, DR. PHIL.,
Kunsthistoriker, Kunstsammlungen der Fürsten zu
Waldburg-Wolfegg, Schloss Wolfegg

HORST MIEKISCH, DR. PHIL.,
Studiendirektor a. D., Bamberg

ADOLF MÖRTL,
Kunsthistoriker, Bamberg

WOLFGANG F. REDDIG, DR. PHIL.,
Historiker,
Büro für angewandte Geschichte, Bamberg

WOLFGANG RÖSSLER,
Kreisheimatpfleger, Studienrat a. D., Altendorf

URSULA RÜTER,
Kunsthistorikerin, Artefakt, Berlin

BARBARA SCHMITT M. A.,
Kunsthistorikerin,
Stegaurach-Mühlendorf

THOMAS STARKE,
Kunsthistoriker, Rattelsdorf

ANDREA WITTKAMPF-RENCZES,
Historikerin, Bamberg

JOACHIM ZEUNE, DR. PHIL.,
Archäologe,
Büro für Burgenforschung,
Eisenberg-Zell

ROBERT ZINK, DR. PHIL.,
Historiker, Stegaurach